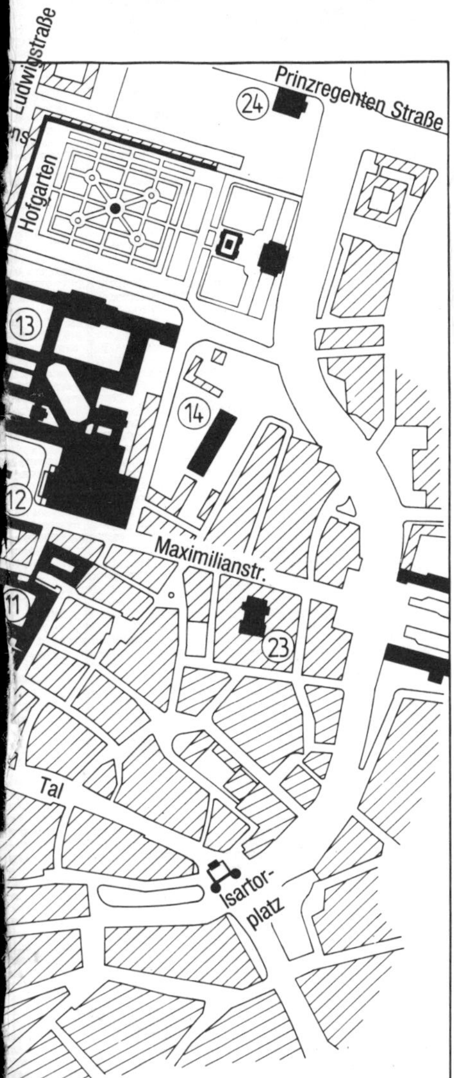


*München, Altstadt*

1 *Dom (Frauenkirche)*
2 *St. Peter, Hl. Geist, Altes Rathaus*
3 *Ehem. Augustinerkirche, Polizeipräsidium*



*Feldherrnhalle, ehem. Palais Moy, ehem. Palais Preysing*
8 *Asamkirche St. Johann Nepomuk mit Asamhaus und Mesnerhaus*
9 *Allerheiligenkirche am Kreuz*
10 *St. Anna, Damenstiftkirche*
11 *Alter Hof und ehem. Münze*
12 *Max-Joseph-Platz mit Residenz, Nationaltheater und Hauptpost*
13 *Residenz*
14 *Ehem. Marstall*
15 *Ehem. Stadtschreiberhaus*
16 *Neues Rathaus*
17 *Ehem. Palais Holnstein/ Erzbischöfliches Palais, andere Adelspalais, Griechische Kirche (Salvatorkirche)*
18 *Ehem. Palais Lerchenfeld*
19 *Münchner Stadtmuseum*
20 *Meisterschule für Mode/ ehem. Landschaftsgebäude*
21 *Städtisches Hochhaus*
22 *Gärtnerplatztheater*
23 *Münchner Kammerspiele im Schauspielhaus*
24 *Prinz-Carl-Palais*
25 *Haus Böhler*
26 *Industrie- und Handelskammer*
27 *Lenbachplatz mit Künstlerhaus, Deutscher Bank, Bernheimer Haus und Wittelsbacher Brunnen*
28 *Eingang des Alten Botanischen Gartens*
29 *Justizpalast*
30 *Ev. Matthäuskirche*
31 *Postgiroamt*

# Georg Dehio
# Handbuch der Deutschen Kunstdenkmäler
# München

Überarbeiteter und erweiterter Auszug aus Bayern IV:
München und Oberbayern

DKV

# München

Bearbeitet von Ernst Götz,
Heinrich Habel, Karlheinz Hemmeter
und Friedrich Kobler

1996
Deutscher Kunstverlag

Georg Dehio
Handbuch der Deutschen Kunstdenkmäler
Begründet vom Tag für Denkmalpflege 1900
Fortgeführt von Ernst Gall
Neubearbeitung
besorgt durch die Dehio-Vereinigung
(Wissenschaftliche Vereinigung zur Fortführung
des kunsttopographischen Werkes von Georg Dehio e. V.)

Dieses Werk wurde mit Mitteln des Bundesministeriums für Bildung,
Wissenschaft, Forschung und Technologie gefördert.
Die Verantwortung für den Inhalt liegt
bei der Dehio-Vereinigung.

Die Deutsche Bibliothek – CIP-Einheitsaufnahme

*Handbuch der Deutschen Kunstdenkmäler* / Georg Dehio.
Begr. vom Tag für Denkmalpflege 1900. – Neubearb. / besorgt durch die
Dehio-Vereinigung. – München ; Berlin : Dt. Kunstverl.
Teilw. fortgef. von Ernst Gall
NE: Dehio, Georg [Begr.]; Gall, Ernst [Hrsg.]

München / bearb. von Ernst Götz . . . – 1996
Überarb. und erw. Ausz. aus Bayern IV: München und Oberbayern
ISBN 3-422-03049-2
NE: Götz, Ernst [Bearb.]

# INHALT



Übersichtspläne von München auf den Vorsatzblättern.

Die Bearbeiter und ihre Beiträge

ERNST GÖTZ
Residenz mit Hofgarten, Schloßanlage Nymphenburg, Schloß Blutenburg, Schloß Fürstenried, Englischer Garten, Maximiliansanlagen, Ruhmeshalle mit Bavaria, Hubertusbrunnen sowie die Schloßanlage Schleißheim mit Lustheim und ehem. Flugwerft in Oberschleißheim

HEINRICH HABEL
Historischer Vorspann sowie zahlreiche Hinweise für den Teil Profanbau

KARLHEINZ HEMMETER
Profanbau ohne Bauten der Schlösserverwaltung

FRIEDRICH KOBLER
Sakralbau

Ein Sternchen am Rand der Seiten bezeichnet Kunstdenkmäler von besonderem Rang oder exemplarischer Bedeutung.

Soweit nicht anders angegeben, sind alle Grundrisse und Pläne geordnet.

# ABBILDUNGSNACHWEIS

Michael A. Auer: 48. – BLfD: (Foto: Prof. Dr. Germann): 5; (Foto: Meta Köhler): 86; (Foto: Dieter Komma): 52; (Foto: Eberhard Lantz): 3, 54, 56, 66, 78, 85, 87, 89, 90, 91, 92, 93, 94; (Foto: Joachim Sowieja): 1, 4, 6, 7, 11, 14, 15, 20, 23, 29, 30, 31, 32, 34, 40, 49, 50, 51, 53, 57, 58, 60, 62, 63, 64, 65, 67, 68, 69, 70, 71, 72, 73, 74, 75, 76, 77, 79, 80, 81, 82, 83, 84, 88, 95, 96, 97, 98, 99. – Bayer. Verwaltung der staatl. Schlösser, Gärten und Seen: 35, 36, 37, 38, 39, 42, 101, 102, 103. – Bayer. Staatslehranstalt f. Photographie: 8. – Anton Brandl, München: 26, 27. – Achim Bunz, München: 9, 10, 13, 16, 17, 18, 19, 21, 28, 33, 43, 46, 47, 48, 55, 61, 100. – Hirmer Verlag, Archiv: 41, 44, 45. – Wolf-Christian von der Mülbe, Dachau: 2. – Zentralinstitut für Kunstgeschichte München (Foto: Margrit Behrens): 12, 22, 24, 25

Anläßlich des 75jährigen Jubiläums des Deutschen Kunstverlags hat sich die Dehio-Vereinigung entschlossen, in einem Auszug aus dem Band Oberbayern die Texte von München – verbessert, erweitert und ausnahmsweise bebildert – als Sonderband herauszugeben.

Im Sinn Georg Dehios will das HANDBUCH DER DEUTSCHEN KUNSTDENKMÄLER „ein urteilender und klärender Führer durch die Denkmälermasse" sein (Dehio auf dem Tag für Denkmalpflege 1901), der einer Orientierung „am Schreibtisch" wie vor den Denkmälern selbst dient. Das Handbuch ist in seiner ersten, von Georg Dehio selbst verfaßten fünfbändigen Auflage 1905–1912 erschienen, darunter auch die Stadt München als Teil des Bandes Süddeutschland. Nachdem schon 1914 der Deutsche Verein für Kunstwissenschaft die Betreuung des Handbuchs übernommen hatte, empfahl Dehio kurz vor seinem Tod 1932, das Handbuch durch Ernst Gall neu bearbeiten zu lassen. Dieser hinterließ das Werk unvollendet, und 1958 rekonstituierte sich dann die Vereinigung zur Herausgabe des Dehio-Handbuchs, die schon einmal, 1941, statt des Deutschen Vereins für Kunstwissenschaft, die Betreuung des Handbuchs übernommen hatte.

1952 legte Ernst Gall erstmals einen eigenen Band Oberbayern mit der Bezirks-und Landeshauptstadt München vor, da diese „wohl wichtigste Kunstlandschaft für die Geschichte des deutschen Barock nicht gebührend ausführlich behandelt" worden sei, wie er im Vorwort seiner Neubearbeitung schrieb. Dieser Band, der im Vergleich zu den früheren Ausgaben einen stark erweiterten Denkmälerbestand aufweist, wurde 1964 letztmals in einer nahezu unveränderten vierten Auflage herausgegeben.

Im Rahmen einer gesamten Neubearbeitung der bayerischen Bände des Handbuchs der Deutschen Kunstdenkmäler unter der Ägide des langjährigen Vorsitzenden Professor Dr. Michael Petzet, 1974–1992, erschienen 1979 der Band Franken (Bayern I), der die Regierungsbezirke Ober-, Unter- und Mittelfranken umfaßt, 1988 und 1989 die Bände Niederbayern (Bayern II) und Schwaben (Bayern III), 1990 der Band München und Oberbayern (Bayern IV) und schließlich 1991 der Band Oberpfalz (Bayern V). Die Bearbeitung hatte einem modernen Denkmalverständnis Rechnung zu tragen, wobei neben den bereits Ende des vergangenen Jahrhunderts erschienenen Inventaren der Reihe „Die Kunstdenkmäler von Bayern" vor allem die vom Bayerischen Denkmalschutzgesetz geforderten und 1985/86 publizierten Denkmallisten einen Überblick über den gesamten Denkmalbestand vermitteln konnten.

Die wissenschaftliche Bearbeitung des 1990 publizierten Bandes Oberbayern war nur Dank der mehrjährigen Förderung möglich, welche das Bundesministerium für Bildung, Wissenschaft, Forschung und Technologie (hervorzuheben ist die stets wohlwollende Unterstützung durch die Herren Bernhard Döll und Karl-Friedrich Wiesmath) der Vereinigung zur Herausgabe des Dehio-Handbuches gewährte. In gleicher Weise ist hervorzuheben, daß der Bezirk Oberbayern mit den Damen und Herren des Bezirkstags, Herrn Bezirkstagspräsident Hermann Schuster und Herrn Ltd. Verwaltungsdirektor Dieter Draf, die wesentlichen finanziellen Voraussetzungen für die Neubearbeitung geschaffen haben.

Die Grundrisse und Schnitte für den Band Oberbayern wurden nach Unterlagen des Bayerischen Landesamtes für Denkmalpflege, der Bayerischen Verwaltung der staatlichen Schlösser, Gärten und Seen und des Architekturmuseums der Technischen Universität München von Albrecht Schober angefertigt. Die Ausstattung des Bandes mit Stadtgrundrissen erforderte eine topographisch und kunsthistorisch das Wesentliche herausstellende, wohldurchdachte Zeichensprache. Besonderer Dank gilt dem Diözesanbauamt München-Freising für die Finanzierung einer Reihe von Grundrißzeichnungen. Für den hier vorgelegten Sonderband München haben das Bayerische Landesamt für Denkmalpflege und das Zentralinstitut für Kunstgeschichte zahlreiche Photographien zur Verfügung gestellt, die von den Amtsphotographen Joachim Sowieja und Eberhard Lantz sowie von Margrit Behrens aufgenommen wurden. Weitere Aufnahmen stammen von Achim Bunz, München, und aus den Beständen der Bayerischen Verwaltung der staatlichen Schlösser, Gärten und Seen.

Der Deutsche Kunstverlag, der das Gesamtwerk seit 1929 betreut, hat unter der Leitung von Elisabeth Motz und Rudolf Winterstein auch diesen Sonderband mit gewohnter Sorgfalt herausgebracht.

Prof. Dr. Michael Petzet
(Generalkonservator, Bayerisches Landesamt für Denkmalpflege)

Vereinigung zur Herausgabe des Dehio-Handbuches

Prof. Dr. Ernst Badstübner
(Erster Vorsitzender)

Dr. Johannes Habich
(Zweiter Vorsitzender)

Dr. Dieter Martin
(Schriftführer)

# GESCHICHTE UND STADTENTWICKLUNG

*München gehört zur Gruppe hochmittelalterlicher Stadtgründungen auf wesentlich älterem Kulturboden. Das heutige Stadtgebiet weist zwar Besiedlungsspuren seit dem jüngeren Neolithikum auf, so in Denning eine dorfartige, weit ältere Niederlassungen ersetzende Ansiedlung der römischen Kaiserzeit mit Badegebäude und zwei Reihengräberfriedhöfen, die 1928–30 freigelegt wurden, doch tritt die Stadt erst lange nach den benachbarten Zentren Augsburg, Regensburg und Salzburg in das Blickfeld der Geschichte, später auch als viele ihrer eingemeindeten Vororte, die bereits im frühen Mittelalter urkundlich erwähnt werden (Föhring 750, Sendling 760, Pasing 763, Bogenhausen um 776, Schwabing 782, Giesing 790, Haidhausen 808, Menzing 817). Grundsätzlich haben die archäologischen Befunde zu der Erkenntnis geführt, daß die Münchner Schotterebene einen an präurbanen Strukturen auffallend reichen Siedlungsraum darstellt.*

*Die wichtige Römerstraße zwischen Salzburg und Augsburg überquerte das Isartal im Süden des heutigen Ballungsraumes bei Grünwald und wurde bei Gauting, der größten, marktortähnlichen Römersiedlung im Münchner Raum, von einer Nordsüdstraße entlang der Würm gekreuzt. Im Frühmittelalter wurde ein schon in der Römerzeit (als Teil der Straße Wels – Augsburg) benützter, weiter nördlich gelegener Verkehrsweg, der den Fluß bei Oberföhring überschritt, zur wichtigsten Ostwestverbindung. Die dortige Holzbrücke des Bischofs von Freising zerstörte der Welfe Heinrich der Löwe 1157, ein Jahr, nachdem ihm das um Österreich reduzierte Herzogtum Bayern zugesprochen worden war. Im Zuge seiner zielstrebigen Territorialpolitik verlegte er den Übergang flußaufwärts auf eigenes Gebiet zu einer älteren Ansiedlung „Munichen“, deren nach dem Namen wohl zu vermutende klösterliche Ursprünge oder Bezüge bis heute unklar geblieben und umstritten sind.*

*Das von der „Salzstraße“ zwischen dem Reichenhaller Raum und Augsburg bzw. Oberschwaben als etwa 400 m langer Ostwestachse durchschnittene Oval der unter Heinrich dem Löwen mit Marktrecht, Zoll und Münze ausgestatteten Siedlung zeichnet sich noch deutlich erkennbar im Stadtgrundriß ab; Straßennamen wie Färbergraben (im Südwesten) und Hofgraben (im Nordosten) erinnern an den ältesten Befestigungsring; Torsituationen sind nur noch an der Ostseite im Turm des Alten Rathauses und im sog. Schlichtingerbogen (neben Burgstraße 8) anschaulich; die Tortürme im Norden, Westen und Süden existierten noch bis in die Neuzeit. Zentrum der Stadt ist bis heute der als nordseitige Erweiterung der Ostwestachse in der dichten Bebauung der welfischen Urstadt ausgesparte, langgestreckte, von zwei parallelen Nordsüdstraßen überquerte Marktplatz (später Schrannen-, seit 1854 Marienplatz). Als Keimzelle der Sied-*

*München, Altstadt*

1 *Dom (Frauenkirche)*
2 *St. Peter, Hl. Geist, Altes Rathaus*
3 *Ehem. Augustinerkirche, Polizeipräsidium*
4 *St. Michael, ehem. Alte Akademie*
5 *Bürgersaal*
6 *Turm der ehem. Herzog-Max-Burg mit „Neuer Maxburg", Dreifaltigkeitskirche, ehem. Karmelitenkirche*
7 *Theatinerkirche St. Kajetan, Feldherrnhalle, ehem. Palais Moy, ehem. Palais Preysing*
8 *Asamkirche St. Johann Nepomuk mit Asamhaus und Mesnerhaus*
9 *Allerheiligenkirche am Kreuz*
10 *St. Anna, Damenstiftskirche*
11 *Alter Hof und ehem. Münze*
12 *Max-Joseph-Platz mit Residenz, Nationaltheater und Hauptpost*
13 *Residenz*
14 *Ehem. Marstall*
15 *Ehem. Stadtschreiberhaus*
16 *Neues Rathaus*
17 *Ehem. Palais Holnstein/Erzbischöfliches Palais, andere Adelspalais, Griechische Kirche (Salvatorkirche)*
18 *Ehem. Palais Lerchenfeld*
19 *Münchner Stadtmuseum*
20 *Meisterschule für Mode/ehem. Landschaftsgebäude*
21 *Städtisches Hochhaus*
22 *Gärtnerplatztheater*
23 *Münchner Kammerspiele im Schauspielhaus*
24 *Prinz-Carl-Palais*
25 *Haus Böhler*
26 *Industrie- und Handelskammer*
27 *Lenbachplatz mit Künstlerhaus, Deutscher Bank, Bernheimerpalais und Wittelsbacher Brunnen*
28 *Eingang des Alten Botanischen Gartens*
29 *Justizpalast*
30 *Ev. Matthäuskirche*
31 *Postgiroamt*

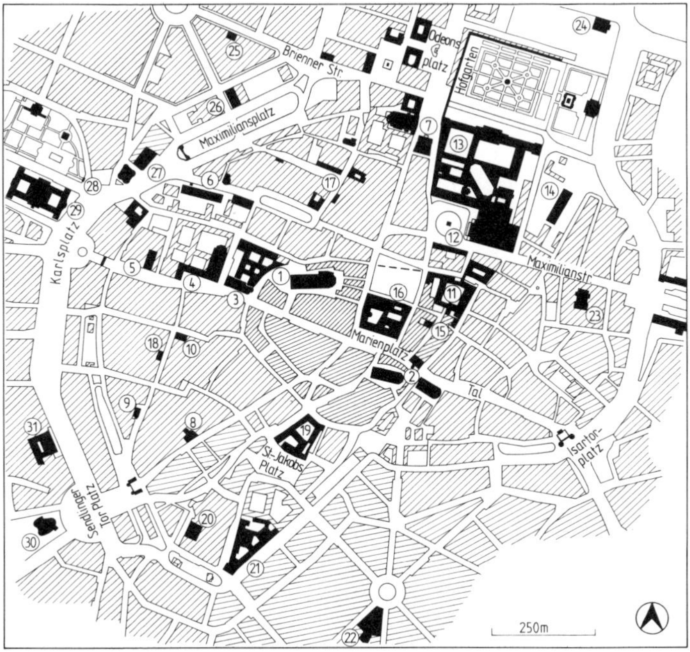
Brienner Str.
Odeons platz
Hofgarten
Maximiliansplatz
Karlsplatz
Maximilianstr.
Marienplatz
Tal
Isartor-platz
St.-Jakobs Platz
Sendlinger Tor Platz
250m
1
2
3
4
5
6
7
8
9
10
11
12
13
14
15
16
17
18
19
20
21
22
23
24
25
26
27
28
29
30
31

*lung ist die südlich davon auf einer hochwasserfreien Erhöhung gelegene älteste Pfarrkirche St. Peter anzusehen; schon 1167 wird ein „decanus de Munichen" erwähnt.*
*Die Herrschaftsrechte und Einnahmen mußten die Herzöge, seit dem Sturz Heinrichs des Löwen (1180) aus dem Hause Wittelsbach, bis 1240 weitgehend den Freisinger Bischöfen überlassen. Das durch den Handel vor allem mit Salz, Wein und Tuch, durch Verkehr – auch die Isarflößerei – und Gewerbe rasch aufblühende Gemeinwesen, 1214 und 1221 als Stadt erwähnt, wurde bei der Landesteilung von 1255 Sitz der in Oberbayern regierenden Linie des Herzogshauses. Ihre in der Nordostecke der Stadt gelegene (durch jüngste Grabungen bereits für das 12. Jahrhundert nachgewiesene) Residenz, den „Alten Hof",verband die Burgstraße mit dem Bereich um Marktplatz und St. Peter.*
*Schon im 13. Jahrhundert wuchs München weit über den ersten Befestigungsring hinaus, vor dem wahrscheinlich 1208 im Osten das Heiliggeistspital gegründet wurde und die Bettelorden ihre Klöster errichteten: die Franziskaner im Süden bei St. Jakob am Anger (angeb-geblich 1221/22) und nach Überlassung ihres Klosters an die Klarissen 1284 im Norden am heutigen Max-Joseph-Platz, die Augustiner 1294 im Westen an der Neuhauser Straße. Unweit südlich davon lebt vielleicht im Straßennamen „Altheimer Eck" eine in die Stadterweiterung einbezogene ehem. dörfliche Siedlung „Altheim" fort. Die Filialkirche zu Unserer Lieben Frau im nordwestlichen Randbereich der welfischen Urstadt wurde 1271 zur zweiten Pfarrei erhoben, deren Sprengel die Nordhälfte der Stadt mit der Ostwestachse als Grenze umfaßte.*
*Seit dem Ende des 13. Jahrhunderts wurden die gesamten äußeren Siedlungsbereiche durch einen neuen, aufwendigen Befestigungsring mit turmbewehrter (im 15. Jahrhundert verdoppelter) Mauer in einem weiten Halbkreis zusammengefaßt. Nach Osten hin waren dem Wachstum wegen des von Wasserläufen durchzogenen Geländes Grenzen gesetzt, eine Erweiterung erfolgte hier nur in Keilform im Anschluß an das welfische Stadtoval: in einer ersten Etappe bis zum (1318 erstmals erwähnten) Taltor am Kaltenbach, dann bis zum 1337 vollendeten Isartor, dem einzigen von einst vier Haupt- und drei Nebentoren, das mit seinem Hauptturm erhalten geblieben ist. Die Achse dieser Osterweiterung, das annähernd 400 m lange Tal, hat die Gestalt eines üblichen Straßenmarktes und übernahm ergänzende Funktionen zum vergleichsweise kleinen Marktplatz. Das Achsenkreuz aus der Salzstraße zwischen Neuhauser-(heute Karls-)Tor und Isartor – der 1200 m langen Folge von Neuhauser- und Kaufingerstraße, Marienplatz und Tal – und der 1400 m langen Hauptverbindung zwischen dem ehem. Schwabinger Tor im Norden und dem Sendlinger Tor im Süden mit Theatiner-, Wein-, Rosen- und Sendlinger Straße teilte die Stadt auch verwaltungsmäßig in Kreuz-, Graggenauer-, Hacken- und Angerviertel.*

*Die Zeit Ludwigs des Bayern († 1347), der – zunächst mit seinem Bruder Rudolf – ab 1294 in München (und der seit 1214 wittelsbachischen Pfalz) regierte, war der erste Höhepunkt in der Geschichte der Stadt, die für einige Jahrzehnte – Ludwig wurde 1314 zum deutschen König gewählt, 1328 in Rom zum Kaiser gekrönt – Mittelpunkt des Reiches und Aufbewahrungsort der Reichskleinodien war. Nach seinem Rückzug aus Italien wurde der Münchner Hof zum Sammelpunkt der den Herrscher in seiner Auseinandersetzung mit dem avignonesischen Papsttum unterstützenden, für die Entwicklung der modernen, weltlichen Staats- und Gesellschaftstheorien maßgebenden Denker wie William Occam, Marsilius von Padua, Johann von Jandun, Michael von Cesena und Bonagratia von Bergamo. Das Münchner Bürgertum, an dem der Kaiser einen starken Rückhalt fand, stattete er großzügig mit Vorrechten aus: besonders wichtig die Goldene Bulle von 1332 (Bestätigung des Salzmonopols, Stapelrecht), die Stadtrechtskodifizierung von 1340 und das Baurecht von 1342, dem gemäß Neubauten möglichst in Stein aufzuführen und mit Ziegeln zu decken waren. Im Grundrißgefüge der erweiterten Stadt war die Anlage eines zweiten Platzes, des Angers (heute St.-Jakobsplatz), für die Messen des Fernhandels, die 1311 erstmals erwähnten Dulten, von Bedeutung. In Baudenkmälern ist die Zeit Kaiser Ludwigs allerdings nicht mehr anschaulich, abgesehen von dem später mehrfach erweiterten und umgebauten Isartor, das König Ludwig I. 1835 restaurieren und durch ein Wandgemälde gleichsam zu einem Denkmal für seinen Vorfahren ausgestalten ließ.*

*Die Epoche nach Kaiser Ludwig ist durch weitere Erbteilungen, welche die Dynastie zugunsten der Häuser Luxemburg und Habsburg schwächten, durch Spannungen zwischen dem Münchner Patriziat und den Zünften – die nach Unruhen einige Jahre (bis 1403) allein regierten – und durch Machtkämpfe zwischen Bürgern und Herzögen gekennzeichnet. Aus Sicherheitsgründen ließen diese deshalb im späten 14. Jahrhundert ihre Neuveste, eine Wasserburg und Urzelle der späteren Residenz an der Nordostecke der erweiterten Stadt, errichten. Schließlich ergab sich ein Gleichgewicht zwischen dem Landesherrn und der Stadt, die ihre weitgehende Selbstbestimmung durchgesetzt hatte.*

*Die künstlerische Blüte der Spätgotik beruhte zu einem wesentlichen Teil auf der Symbiose von Hof und Bürgertum. Von der Wirtschaftskraft der damals etwa 13 000 Einwohner zählenden Stadt und dem Organisationstalent des von ihr berufenen Baumeisters Jörg von Halspach († 1488) zeugt der mächtige, einzigartig schnell durchgeführte Neubau der Frauenkirche: 1468 legte Herzog Sigismund den Grundstein, bereits 1479 war der Rohbau samt Dachstuhl fertig. Ihre Bedeutung als herzogliche Hofkirche und Grablege, Anlaß auch für die nach ihrer Vollendung 1494 erfolgte hierarchische Erhöhung zum Kollegiatstift, wird heute zugunsten des dominierenden bürgerlichen Anteils vielleicht zu wenig gewürdigt. Dies gilt auch für das Alte*

*Rathaus desselben Meisters Jörg, dessen großer Fest- und Tanzsaal (1470/80) auch höfischen und gemeinsamen Veranstaltungen diente und an der Holzwölbung und im Fries ein umfassendes heraldisches Programm aufwies, das Rang und Anspruch des Hauses Wittelsbach im Rahmen des Reiches demonstrierte.*

*In die neue Frauenkirche wurden viele Kunstwerke aus dem Vorgängerbau übernommen, heute nur in Resten erhaltene Zeugnisse der bruchstückhaft faßbaren Produktion der Münchner Werkstätten der drei ersten Viertel des 15. Jahrhunderts. Als deren Hauptvertreter können als Maler der sog. Drusiana-Meister (Altarflügel aus der ehem. Augustinerkirche), Gabriel Angler d. Ä., die Meister der Pollinger Tafeln und der Münchner Domkreuzigung sowie Gabriel Mäleskircher, die Steinmetzen Hans, Matthäus und Markus Haldner und der Bildhauer Ulrich Neunhauser gen. Kriechbaum gelten. Als Rarität ist der steinerne, farbig gefaßte Schrenck-Altar von etwa 1400 in St. Peter hervorzuheben.*

*Wesentlich überschaubarer ist die Leistung der Künstlergeneration am Ende des Jahrhunderts mit dem Bildhauer Erasmus Grasser, zu dessen Hauptwerken die Moriskentänzer im Rathaussaal (jetzt im Stadtmuseum) und das Aresinger-Epitaph in St. Peter zählen, dem sog. Meister der Blutenburger Apostelfiguren und dem Maler Jan Polack, der die Hochaltäre für St. Peter und die ehem. Franziskanerkirche schuf. Die beiden letztgenannten arbeiteten in der Schloßkapelle Blutenburg zusammen, die – wie die benachbarte Wolfgangskirche in Pipping – als „Gesamtkunstwerk" der Münchner Spätgotik ungewöhnlich vollständig erhalten geblieben ist. Beide Kirchen an der Würm erfreuten sich der Förderung Herzog Sigismunds († 1501), in dem uns gleichsam der erste Mäzen aus dem als besonders kunstverständig geltenden Hause Wittelsbach entgegentritt. Erhaltene Hauptwerke der spätgotischen Domausstattung sind die postume Grabplatte Kaiser Ludwigs, Grassers Chorgestühlfiguren, zahlreiche Glasgemälde mit Peter Hemmels Scharfzandtfenster von 1493 als Höhepunkt sowie die Großplastiken der hll. Georg, Rasso und Christophorus aus dem Leinberger-Umkreis (um 1515/25).*

*Das bürgerliche München konnte seine wirtschaftliche Bedeutung bis zum Dreißigjährigen Krieg bewahren, doch ist das 16. Jahrhundert durch eine ständige Zunahme der landesfürstlichen Zentralgewalt gekennzeichnet. Dank der Vereinigung von Ober- und Niederbayern nach dem Landshuter Erbfolgekrieg, deren Dauer das Primogeniturgesetz Albrechts IV. von 1506 garantierte, fiel München die Rolle der alleinigen Landeshauptstadt zu. Der Hof und die vom Herzogshaus als Vormacht der Gegenreformation gestützte Kirche waren fortan die Hauptauftraggeber von Architektur und Kunst. Repräsentationsbedürfnis, humanistische Bildungsideen und der fast familientypische Kunstsinn, der auch wiederholte politische Rückschläge kompensierte, waren die Voraussetzungen der fürstlichen Sammelleidenschaft und Kulturpflege, die im 16. Jahrhundert Münchens Bedeutung als „Kunststadt" begründeten. Wilhelm IV. (1508–50) war der Auftraggeber eines Zyklus von Historienbildern mit Albrecht Altdorfers Alexanderschlacht als Höhepunkt. Albrecht V. (1550–79) erbaute das Marstall- und Kunstkammergebäude mit Arkadenhof (s. ehem. Münze), den ehem. Georgssaal der Neuveste und das Antiquarium für seine Antikensammlung, gründete die Hofbibliothek und berief Orlando di Lasso als Leiter der Hofkapelle. Der an seinem Hof wirkende Maler Hans Müelich schuf vor allem qualitätvolle Porträts und in Prachthandschriften zusammengefaßte Miniaturen. – Wilhelm V. (1579–97) setzte mit weiteren, vor allem um den Grottenhof und den Schwarzen Saal gruppierten Trakten die Entwicklung der Neuveste zur großräumigen unbefestigten Residenz fort. Im Zusammenwirken mit dem 1556 berufenen Jesuitenorden wurde Bayern – offensiv im Kurkölnischen Krieg von 1583 – maßgebend für die Erhaltung und Festigung des Katholizismus im deutschen Westen und Süden, wie es auch die Habsburger bei der Rekatholisierung ihrer Länder unterstützte. St. Michael (erbaut 1583–97), neuartiger Einheitsraum mit mächtiger Tonne und beherrschendem Hochaltar, ist somit nicht nur der monumentalste, für die Architekturentwicklung wichtigste Sakralbau des 16. Jahrhunderts nördlich der Alpen, sondern – zusammen mit dem nur in Resten erhaltenen Jesuitenkollegium – die eindrucksvollste Verkörperung geschichtlich wirksam gewordener Kräfte und Inhalte, die München aufzuweisen hat. Durch den für die Herzöge tätigen Kreis internationaler wie heimischer Künstler – u. a. Friedrich Sustris, Peter Candid, Hubert Gerhard, Carlo Pallago, Hans Krumpper – stand München in Austausch und Wettbewerb mit den Nachbarzentren Augsburg, Prag und Wien und im Schnittpunkt des Spannungsfeldes zwischen Italien und den Niederlanden.*

*Den Gipfel seiner politischen Geltung erreichte Bayern unter Maximilian I. (1597–1651), der als Haupt der katholischen Liga im Dreißigjährigen Krieg 1623 die Kurwürde und die Oberpfalz gewann. Ein streng absolutistisches Regiment bildete die Voraussetzung solcher Erfolge. Sein konformer Ausdruck ist die großzügige Vierflügelanlage der maximilianischen Residenz mit Kaiserstiege und (kürzlich rekonstruiertem) Kaisersaal sowie nördlich vorgelegtem Hofgarten – insgesamt eine vorbildhaft wirkende, von Gustav Adolf bei der vorübergehenden Besetzung 1632 bewunderte Anlage. Damals war die 1619 begonnene moderne Wallbefestigung, die München bis ins späte 18. Jahrhundert schützte und beengte, noch nicht vollendet gewesen. Dankeszeichen für den 1620 auf dem Weißen Berg bei Prag errungenen Sieg war der mächtige Hochaltar der Frauenkirche mit dem noch erhaltenen Gemälde von Peter Candid; zum neuen Einrichtungskonzept gehörten weiters der prächtige Überbau des Kaisergrabes und ein Triumphbogen für die Reliquien des hl. Benno, die Wilhelm V. aus dem protestantisch gewordenen Meißen erworben hatte. Dank für Errettung aus Kriegsnöten bezeugte die 1638 aufgestellte*

*Mariensäule, die eine kaum zählbare Nachfolge gefunden hat. Als Kunstsammler erwarb Maximilian I. vor allem Werke Albrecht Dürers, so 1627 die „Vier Apostel“ aus Nürnberg.*
*Das barocke, kurfürstliche München ist durch das eindeutige Übergewicht des Hofes bei wirtschaftlichem Rückgang infolge des Großen Krieges und langsamem Wachstum – von 22 000 um 1620 auf nur 38 000 (mit Vororten ca. 46 000) um 1780 – gekennzeichnet. Während die Hofhaltung zu den aufwendigsten Europas gehörte, blieb die Stadt in ihrer Entwicklung zurück und wurde um 1700 von Berlin und Dresden überholt.*
*Unter dem auf Erhaltung des Friedens bedachten Kurfürsten Ferdinand Maria (1651–79) bahnte sich die folgenreiche politische Annäherung an Frankreich an. Seine Gemahlin Henriette Adelaide von Savoyen wurde maßgebend für das Einströmen der italienischen Barockkultur in Bayern, für höfische Feste und Konzerte, Opern und Ballette; in dieser Ära verstärkte sich Münchens immer spürbare Affinität zum Süden. Zu ihrem Hauptdenkmal wurde die auf Grund eines Gelöbnisses des Kurfürstenpaares erbaute Theatinerkirche von Agostino Barelli und Henrico Zuccalli. In diese Zeit gehen auch die Anfänge der Schloßanlage Nymphenburg zurück; nicht mehr erhalten sind die (später so genannten) „Päpstlichen Zimmer“ der Kurfürstin in der Residenz samt einer zweiseitig belichteten Galerie zum Gedenken an Maximilian I.*
*Max Emanuels Regierung von 1679 bis 1726 bezeichnet den an Widersprüchen, Glanz und Schwächen überreichen Höhepunkt des Barockzeitalters in Bayern. Sein Selbstbewußtsein als Feldherrr in den Türkenkriegen und seine weitgespannten politischen Ambitionen, die im Spanischen Erbfolgekrieg scheiterten, spiegeln die riesigen Schloßanlagen in Nymphenburg und Schleißheim wider, die er auch nach seiner Rückkehr aus zehnjährigem Exil – nunmehr mit Joseph Effner statt Zuccalli als bevorzugtem Hofbaumeister – mit ungebremstem Eifer weiterführte. In diesem Zusammenhang erhielt die Ebene nördlich von München durch ein niederländischen Vorbildern verpflichtetes Kanalsystem zwischen Würm und Isar ihr Gepräge.*
*Das politische Ungeschick Max Emanuels wiederholte sich ähnlich bei seinem Sohn Karl Albrecht (1726–45), der – mit der Kaisertochter Maria Amalia vermählt – im Österreichischen Erbfolgekrieg erfolglos seine Ansprüche verfocht. Die 1742 erlangte Kaiserkrone brachte, da Karl VII. bereits drei Jahre später verstarb, keine bleibenden Ergebnisse für Land und Dynastie. In Erwartung seiner Rangerhöhung stattete der Kurfürst die Flucht der Reichen Zimmer in der Residenz wie die daruntergelegene Ahnengalerie mit einem Höchstmaß an repräsentativem Aufwand und gestalterischem Raffinement aus. Hier wie in der Amalienburg im Nymphenburger Park erreichte das höfische Rokoko im Zusammenwirken einer sorgsam ausgewählten und ausgebildeten Künstlerschaft mit François Cuvilliés und Johann Baptist Zimmermann an der Spitze den Gipfel erlesener Verfeinerung.*

*Die andauernde Bindung an Frankreich wird am unmittelbaren Einströmen der jeweils modernsten Pariser Stilnuancen sichtbar, die hier allerdings eine eigenständige Abwandlung erfahren haben.*
*Im kirchlichen Bereich wie überhaupt draußen im Land gehen diese modischen Einflüsse eine Synthese ein mit dem einheimischen Formgefühl, mit volkstümlichen Auffassungen und eigenen Traditionen, in die auch das italienisch-barocke Erbe und manche Anregung aus den Habsburgischen Ländern eingeschmolzen ist. Es entsteht jene von Frömmigkeit durchwirkte, geschlossene und alle Lebensbereiche umfassende Kultursphäre, die bis heute als geglückteste Ausprägung bayerischer Wesensart empfunden wird. Noch während der österreichischen Besetzung wurde Viscardis Dreifaltigkeitskirche mit ihrer guarinesken Prachtfassade und frühen Deckenbildern Cosmas Damian Asams begonnen (1711–16). Die sakrale, die verschiedenen Künste zusammenfassende Gesamtinszenierung des bayerischen Spätbarocks und Rokoko repräsentieren in der Hauptstadt vollendet die maßstäblich intime Johannes-Nepomuk-Kirche der Brüder Asam und zwei Kirchenbauten Johann Michael Fischers, der ovale Wandpfeilerraum von St. Anna im Lehel mit (zerstörtem) Asam-Fresko und die zweitürmige Wallfahrtskirche St. Michael in Berg am Laim, ein von dem Kölner Kurfürsten Clemens August von Bayern gefördertes Projekt, an dem die führenden Münchner Ausstattungskünstler der Zeit, Johann Baptist Zimmermann als Stukkator und Freskant und Johann Baptist Straub als Bildhauer und Altarbauer mitwirkten. Von dem bei Straub geschulten (Franz) Ignaz Günther sind in München vor allem die Schutzengelgruppe im Bürgersaal sowie mehrere Arbeiten in der Peterskirche zu nennen. Diese erfuhr im 17. und 18. Jahrhundert, ebenso wie die benachbarte, im Kern gleichfalls mittelalterliche Heiliggeistkirche, eine völlige barocke Überformung.*
*Dem zum Verzicht auf die Großmachtpolitik und zur Sparsamkeit gezwungenen Kurfürsten Max III. Joseph (1745–77) sind immerhin solche Hauptleistungen des späten Rokoko zu verdanken wie das alte Residenztheater und der Steinerne Saal in Nymphenburg, beide von Cuvilliés mit Fresken von J. B. Zimmermann, überdies auch die noble Ausgestaltung des Speisesaales in Schleißheim. Die Bildhauer-Modelleure Franz Anton Bustelli und Dominikus Auliczek führten die Nymphenburger Porzellanmanufaktur auf ihren künstlerischen Höhepunkt. Mit der Gründung der Akademie der Wissenschaften 1759 begann Münchens bedeutende Rolle auch auf dem Sektor des Geisteslebens.*
*Zur Zeit des – nach dem Aussterben der Münchner Linie – 1777–99 auch in Bayern regierenden Kurfürsten Karl Theodor von der Pfalz ist die Stagnation unverkennbar, trotz gewisser, vor allem dem zum Reichsgrafen von Rumford aufgestiegenen Amerikaner Benjamin Thompson zu verdankender militärischer, wirtschaftlicher und sozialer Reformversuche, mit denen auch die Anlage des Englischen Gar-*

*tens ab 1789 im Zusammenhang steht. Karl Theodor öffnete auch den Hofgarten, die an seiner Nordseite neu eingerichtete Gemäldegalerie und die ins aufgehobene Jesuitenkollegium übertragene Hofbibliothek der Allgemeinheit. Ab 1791 leitete er die Entfestigung der Hauptstadt ein; längst schon war die militärisch nie erprobte Wallbefestigung mit ihren Bastionen samt Gräben und Glacis weitgehend privater Nutzung durch Gärten und gewerbliche Anlagen überlassen worden.*

*Die Topographie des kurfürstlichen München ist keineswegs nur auf das Gebiet innerhalb der Mauern beschränkt – zu ihr gehören die umliegenden kurfürstlichen Landresidenzen Nymphenburg, Schleißheim und Dachau, die Jagdschlösser Fürstenried und Neuhausen sowie ein Netz sie untereinander und mit der Stadt verbindender, weitausgreifender Achsen wie Nymphenburger Straße und Auffahrtsallee samt Kanal, Hirschgartenallee, Fürstenrieder Straße und Auffahrtsallee. Zu ihr gehören die kurfürstlichen Jagdreviere, Forsthäuser und Fasanerien sowie ein reicher Kranz von einstigen Edelsitzen, Hofmarksschlössern und Sommerschlößchen mit z. T. aufwendigen Barockgärten. Erhalten sind davon nur wenige, darunter das Suresnes- und das Stubenrauchschlößchen in Schwabing, der Edelsitz Birkenleiten in Giesing und das Gut Freiham. Zur Stadtlandschaft gehören die suburbanen Wallfahrtskirchen in Ramersdorf, Berg am Laim, Harlaching, Forstenried – mit monumentalem romanischen Kruzifix als Gnadenbild – und Thalkirchen samt der auf dem Weg dorthin gelegenen Schmerzhaften Kapelle (einem Rundbau von 1703).*

*Außerhalb der Mauern entwickelten sich vorörtliche Bebauungen vor allem im Osten um das Hieronymitenkloster St. Anna im Lehel mit gewerblichen Betrieben an den Mühlbächen, wuchernden Kleinhausagglomerationen und der Floßlände an der Isar; im Süden entstanden Stephanskirche und Friedhof, im Südwesten die Klöster der Elisabethinerinnen und der Barmherzigen Brüder als Keimzellen des späteren Klinikviertels. Der Englische Garten im Nordosten hatte die Anlage des Schönfeldviertels (ab 1795) an seinem Westrand mit offener, villenartiger Bebauung zur Folge.*

*Von größter Bedeutung im Lebenszusammenhang der Stadt waren die amtlich erst 1854 eingemeindeten Vororte rechts der Isar, von Norden gezählt Bogenhausen (seit 1892 zur Stadt) mit seinen Edelsitzen, Ausflugslokalen und Ziegeleien, Haidhausen mit seinen Gartenschlössern und Bierkellern, vor allem die volkreiche Au mit dem Paulanerkloster und dem Frauenkloster am Lilienberg, mit Gewerben und Manufakturen und einer in und für München tätigen Arbeiterbevölkerung, schließlich Giesing im Südosten – insgesamt ein unlösbar mit der Stadt verbundenes Umfeld, in dem die alten dörflichen Strukturen durch eine an südosteuropäische Siedlungsgewohnheiten erinnernde übervölkerte Kleinhausbebauung – vielfach der Rechtsform nach sog. Herbergen mit mehreren Eigentumsanteilen – erweitert worden waren.*

*Kurfürst bzw. (ab 1806) König Max I. Joseph († 1825) aus dem bis 1918 regierenden Hause Pfalz-Zweibrücken, selbst der Typ des volkstümlichen „Landesvaters", stellte in einem sich glücklich ergänzenden Zusammenwirken mit dem rücksichtslosen Reformer und Organisator Maximilian Graf von Montgelas den bayerischen Staat auf neue Grundlagen und verstand es, ihn beträchtlich erweitert über die Stürme der napoleonischen Zeit hinweg zu erhalten. München begann sich unter ihm von der antiquierten Territorialfürstenresidenz zur modernen Hauptstadt eines Mittelstaates zu wandeln. Ihr nunmehr sprunghaft einsetzendes Wachstum wurde mit dem über einen Wettbewerb von 1808 entwickelten, abschließend von Karl von Fischer und dem Gartenarchitekten Friedrich Ludwig Sckell redigierten Generalplan für die rasterförmige Anlage der Maxvorstadt (Hauptachse: Brienner Straße) bevorzugt auf den Bereich nordwestlich der Altstadt konzentriert. Bezeichnend ist das bezuglose Nebeneinander alter und neuer Strukturen, die ungenügende Anbindung an die Altstadt, die erst Leo von Klenze durch seine nachträglich eingefügte Ludwigstraße wenigstens an einer entscheidenden Nahtstelle städtebaulich meisterhaft korrigierte. Der Umstand, daß es nur an der Westseite der Altstadt gelang, die ehem. Wallbefestigung durch boulevardmäßige Neuanlagen – Maximiliansplatz, Lenbachplatz, Karlsplatz mit Halbrondell vor dem Tor, Sonnenstraße und Sendlinger-Tor-Platz – zu ersetzen, wirkt sich bis heute als Mangel aus. Von der großzügig homogenen, im Detail schlichten Erstbebauung dieser Ringstraße ist fast nichts mehr erhalten. – Durch F. L. Sckell, Hofgartenintendant seit 1804, erhielt der Englische Garten – an dessen Zugang 1804–06 Karl von Fischers nobles Frühwerk, das Salabert-(Prinz-Carl-)Palais entstand – erst seine eigentliche künstlerische Gestaltung, ebenso der Nymphenburger Schloßpark seine anglisierende Überformung.*

*Nicht zu vergessen sind andererseits die in dieser Umbruchszeit eingetretenen gravierenden Verluste, vor allem auch infolge der Säkularisation, so der Abbruch des Franziskanerklosters an der Stelle des neuen Max-Joseph-Platzes, des Kapuzinerklosters am späteren Lenbachplatz und der Laurentiuskirche des Alten Hofes sowie die Profanierung der Augustinerkirche und der architektonisch originellen Paulanerkirche in der Au (1621–23 von Hans Krumpper, 1902 abgebrochen).*

*Für München als künftiges Zentrum der bildenden Künste maßgebend wurde die Gründung der kgl. Kunstakademie 1808 (in Fortsetzung einer bis 1766 zurückgehenden Institution). Der die Ära Max Josephs schlechthin repräsentierende Großbau wurde zeittypisch Karl von Fischers klassizistisches Hof- und Nationaltheater (1811–18), für ein halbes Jahrhundert das größte in Mitteleuropa. Architektonische und künstlerische Initiativen überließ der König in der Folge dem hierfür prädestinierten Thronfolger Ludwig, dessen Wirken für die städtebauliche Entwicklung Münchens mit der Berufung Klenzes und*

*München, erweiterter Innenstadtbereich*

1 *Ev. Erlöserkirche*
2 *St. Sylvester*
3 *St. Ursula*
4 *St. Josef*
5 *St. Benno*
6 *St. Bonifaz*
7 *St. Paul*
8 *St. Margareth (alte Pfarrkirche)*
9 *St. Margareth (neue Pfarrkirche)*
10 *St. Maria in Thalkirchen*
11 *St. Anna (Harlaching)*
12 *Heilig Kreuz (Giesing)*
13 *St. Mariä Himmelfahrt (Ramersdorf)*
14 *Maria-Hilf-Kirche*
15 *St. Nikolaus (Am Gasteig)*
16 *St. Johannes Baptist (Haidhausen)*
17 *St. Michael in Berg am Laim*
18 *St. Anna im Lehel*
19 *St. Georg (Bogenhausen)*
20 *Alte und Neue Pinakothek*
21 *Haus der Kunst*
22 *Bayerisches Nationalmuseum*
23 *Prinzregententheater*
24 *Müllersches Volksbad*
25 *Deutsches Museum*

A *Alter Nördlicher Friedhof*
B *Alter Südlicher Friedhof*
C *Alter Israelitischer Friedhof*
D *Ostfriedhof*
E *Nordfriedhof*

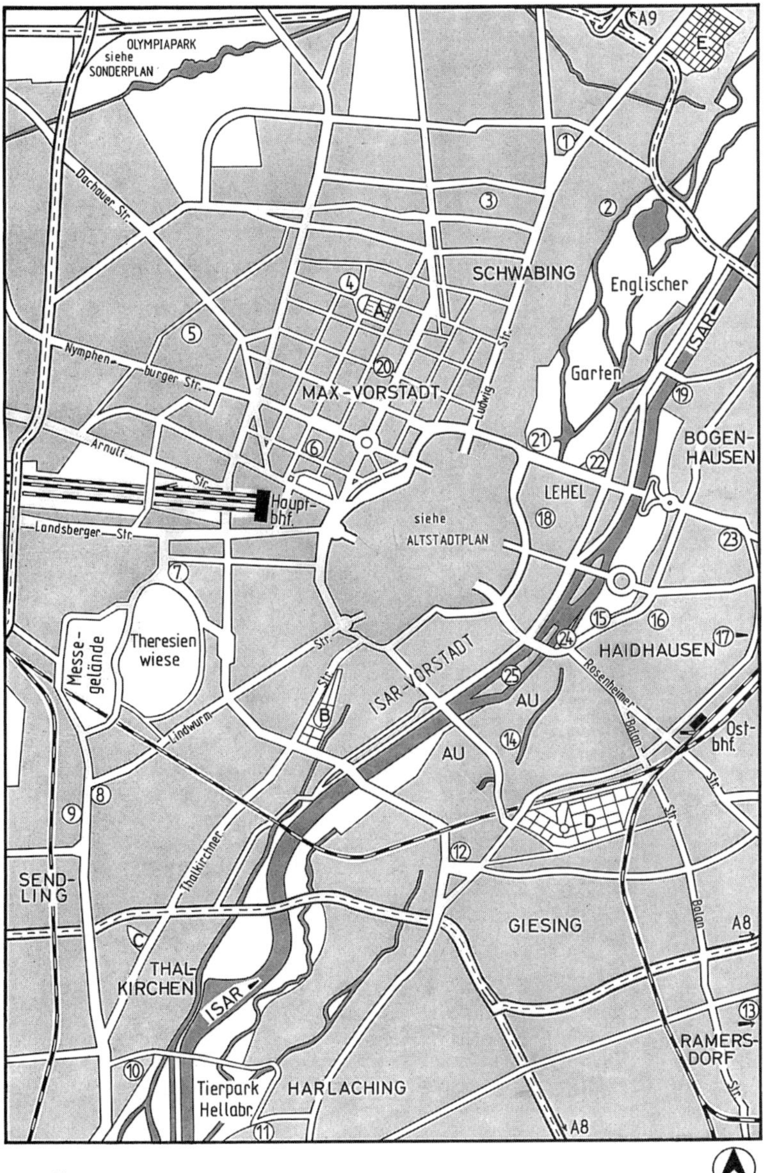

A9
E
OLYMPIAPARK siehe SONDERPLAN
Dachauer Str.
SCHWABING
Englischer
Garten
ISAR
MAX-VORSTADT
Nymphenburger Str.
Ludwig Str.
Arnulf Str.
Hauptbhf.
Landsberger Str.
siehe ALTSTADTPLAN
LEHEL
BOGENHAUSEN
HAIDHAUSEN
Theresienwiese
Messegelände
ISAR-VORSTADT
Lindwurm Str.
Rosenheimer Str.
Balan Str.
Ostbhf.
AU
Thalkirchner Str.
SENDLING
GIESING
THALKIRCHEN
ISAR
Tierpark Hellabr.
HARLACHING
RAMERSDORF
A8
1 km

*mit dessen ersten Bauten einsetzte – 1816 begann er die Glyptothek am Königsplatz und das Leuchtenbergpalais am nachmaligen Odeonsplatz, eine ungewöhnlich frühe Auseinandersetzung mit der italienischen Renaissance.*

*Während seiner Regierung (1825–48) entfaltete König Ludwig I. († 1868) dann größte architektonische und künstlerische – fördernde wie sammelnde – Aktivitäten im Rahmen seines restaurative wie fortschrittliche Züge vereinenden staats- und kulturpolitischen Programms, das ihn als Repräsentanten der romantischen Generation kennzeichnet. Durch ihn wurde München – nach der in Bayern besonders radikalen Säkularisation – zu einem Zentrum der neuen Sakralbaukunst. Leider ist von den entwicklungsgeschichtlich bedeutsamen frühen Gesamtschöpfungen romantisch-nazarenischen Gepräges nur die Ludwigskirche erhalten geblieben, während die Bonifatiusbasilika – Ludwigs Grablege –, die neugotische Mariahilfkirche mit durchbrochenem Turmhelm und die Allerheiligen-Hofkirche mit ursprünglich reicher Polychromie nur fragmentarisch den Bombenkrieg überdauerten; Jean-Baptiste Métiviers klassizistische (alte) Synagoge von 1824–1826 stand nur bis 1889, der quergerichtete Zentralbau der evangelischen Matthäuskirche (1827–33 von Johann Nepomuk Pertsch) wurde 1938 abgebrochen. An der Kirchenausstattung hatten die von Ludwig wiederbelebte Glasgemäldetechnik – er gründete die kgl. Glasmalereianstalt – und die von ihm besonders geförderte monumentale Wandmalerei wesentlichen Anteil; 1826 berief er Peter Cornelius als Akademiedirektor und übertrug ihm große Aufgaben vor allem in der Glyptothek und in St. Ludwig (Jüngstes Gericht).*

*Ludwigs Bautätigkeit zeigte städtebaulich großes Format – Ludwigstraße mit Odeonsplatz und Universitätsforum, abschließende Bebauung und Gestaltung der Brienner Straße samt Wittelsbacher-, Karolinen- und Königsplatz sowie des Marstall- und Max-Joseph-Platzes –, sie war auch typologisch innovativ, da außer dem ehem. Jesuitenkollegium kaum ältere Monumentalbauten zur Adaptierung für neue Funktionen verfügbar waren. So entstanden gerade in München markante Frühbeispiele neuer Bauaufgaben wie Museum (Glyptothek), Galerie (Alte und Neue Pinakothek), Universität, Staatsbibliothek, Konzertsaal (Odeon), Ausstellungsgebäude, Verwaltungsbauten (Kriegsministerium, Salinendirektion), sämtlich mit neuem Öffentlichkeitscharakter. Die vom König energisch verteidigten Rechte der Krone im Rahmen der Verfassung von 1818 machte er durch die Erweiterung der Residenz anschaulich, der er mit Königs- und Festsaalbau ihre abschließende Gestalt gab.*

*Generationsmäßig gehörte Ludwig zu den frühesten Hauptvertretern nationalromantischer Ideen. Von seinen zahlreichen Nationaldenkmälern sind diejenigen mit bayerisch-patriotischen und zugleich dynastischen Bezügen großenteils auf München konzentriert: die Ruhmeshalle und davor die Bavaria – Hauptleistung der wiederbelebten Erzgie-*

*ßerei und Kolossalplastik –, Obelisk, Feldherrnhalle, Siegestor und das denkmalhaft restaurierte Isartor; die Propyläen bezeugen Ludwigs philhellenische Gedankenwelt und Politik, in deren Konsequenz sein Sohn Otto 1832 den neuen griechischen Königsthron bestieg.*

*In der Pluralität ihres stilistischen Spektrums verkörpern Ludwigs Bauschöpfungen eine frühe Stufe des Historismus. Von seinen bevorzugten Baumeistern vertrat Klenze entschieden die im zeitlosen Sinn klassische, sich auf die Antike und die von ihr abgeleiteten neuzeitlichen Richtungen seit der Renaissance berufende Variante, während Friedrich von Gärtner seinen zweckhaften, mitunter etwas nüchternen „Rundbogenstil" auf der Grundlage italienisch-mittelalterlicher Elemente entwickelte (Staatsbibliothek, Ludwigskirche, Universität, Salinendirektion). Klenzes Leistung als Städtebauer ist heute weithin noch oder wieder erlebbar, seine bedeutendsten Raumschöpfungen jedoch – Glyptothek, Odeon, Hofkirche, Reitschule, Alte Pinakothek mit Loggia, Thronsaal und Treppe im Festsaabau, Interieurs im Leuchtenberg- und Herzog-Max-Palais – sind vernichtet.*

*Maximilian II. (1848–64), der vor allem Wissenschaft und Literatur förderte, erschloß durch die nach ihm benannte Monumentalstraße den Bereich von der Innenstadt bis über die Isar hinaus. Mit ihrer in einem Wettbewerb (1851) ermittelten synkretistischen Formensprache, in der gotisierende Elemente dominieren (sog. Maximilianstil), blieb sie ein Experiment. Durch Einbeziehen von Geschäften, Restaurants und Begrünung unterschied sie sich absichtsvoll von der objektiven Strenge der Ludwigstraße; im europäischen Zusammenhang steht sie als eigene Leistung neben den ersten Boulevards Baron Haussmanns und der Konzeption der Wiener Ringstraße. Der aus dem Landschaftspark der Maximiliansanlagen prospekthaft aufragende Abschlußbau, das Maximilianeum von Friedrich Bürklein, wurde bei seiner hinausgezögerten Fertigstellung in renaissancistisch-rundbogigen, „modernen" Formen redigiert. Die Studienstiftung Maximilianeum wie Gründung und Gebäude des (alten) Bayerischen Nationalmuseums am Forum der Maximilianstraße bezeugen die staatspolitisch wie dynastisch motivierte Bildungsfürsorge des Königs. Seine Aufgeschlossenheit für Zeitströmungen kommt in der ersten deutschen Industrieausstellung von 1854, für die August Voit den (1931 abgebrannten) Glaspalast errichtete, und dem gleichzeitigen „Gesamtgastspiel", einem Vorläufer des Festspielgedankens, zum Ausdruck. Während mit der Gebärklinik an der Sonnenstraße (später zum Postscheckamt umgebaut) ein Musterbau des Maximilianstils erhalten blieb, wurden andere Großbauten dieser Ära wie Bürkleins Hauptbahnhof, das Beamtentöchterstift hoch am Isarhang und die mächtige Eisenkonstruktion der Schrannenhalle an der Blumenstraße (Reste ausgelagert) zerstört.*

*Nach dem Scheitern des von Gottfried Semper 1864–68 ausgearbeiteten Projektes für das Richard-Wagner-Festspielhaus auf der Isarhöhe samt Brücke und Auffahrtsstraße verlagerte sich die private Bautätig-*

*keit Ludwigs II. (1864–86) auf seine „Königsschlösser" im Oberland, von denen allerdings die Leistungsfähigkeit und der Ruf des Münchner Kunsthandwerks wesentlich mitbestimmt wurden. Der Rückzug des Monarchen aus der Öffentlichkeit kongruiert mit dem allgemeinen Übergang von Kompetenzen an Regierung und Verwaltung. Die beiden großen Staatsbauten dieser Ära, die (völlig zerstörte) Technische Hochschule und die Kunstakademie, entwarf Gottfried Neureuther in dem Geiste Sempers verpflichteten Renaissanceformen. Für die Stadtentwicklung werden hinfort private Spekulation (Anlage des radial um den kreisrunden Gärtnerplatz und das 1865 eröffnete Actien-Volkstheater gruppierten Viertels) und vor allem die kommunale Planung maßgebend (Anlage des sog. Französischen Viertels auf einem, vom 1872–76 erbauten Ostbahnhof ausgehenden Dreistrahlgrundriß). Im bürgerlich geprägten Verwaltungsstaat spielte Prinzregent Luitpold (1886–1912) zwar nur noch eine repräsentierende Rolle, doch verkörperte er die existierenden günstigen Rahmenbedingungen für die Entfaltung kultureller Aktivitäten (die nach 1918 spürbar fehlten). München, mit einer halben Million Einwohnern im Jahre 1900, war zu einer selbstbewußten Kommune mit vielbeachteten Initiativen hinsichtlich der Bewältigung großstädtischer Organisationsaufgaben geworden: vor allem im sozialen Bereich, etwa im Bau von Schulen, Brause- und Hallenbädern, Krankenhäusern, Altersheimen und der Anlage von Friedhöfen. Als typisch „münchnerisch" galt die Verbindung fortschrittlicher Funktionsmodelle mit traditionsbezogenen, gestalterisch anspruchsvoll vorgetragenen Formen. Für das Niveau des städtischen Bauwesens maßgebend waren Architekten wie Hans Grässel (Friedhöfe, Heiliggeistspital), Carl Hocheder (Volksbad), Richard Schachner (Großmarkthalle, Schwabinger Krankenhaus) und vor allem Theodor Fischer (Schulen Haimhauserstraße und Elisabethplatz), der auch für die fast bis in die Gegenwart die Stadtstruktur bestimmende, für ihre Zeit bemerkenswerte Staffelbauordnung (1900 ff.) die Voraussetzungen schuf. Dieses bis heute vielgerühmte Bebauungsreglement humanisierte und harmonisierte das Stadtbild, freilich zum Teil eher in einer restriktiv-provinziellen als großstädtisch-zukunftsorientierten Weise. In der Stadtplanung erfolgte damals der Übergang von der geometrischen Tradition, wie sie noch das vornehme Quartier um den Bavariaring verkörperte, zum „malerischen" Städtebau im Gefolge der Theorien Camillo Sittes. In Georg Hauberrissers sich an den Kommunalbauten Flanderns orientierendem, bis heute volkstümlichem Rathaus gab die Stadt ihrem Selbstbewußtsein Ausdruck. Hoher Qualitätsanspruch kennzeichnet auch die großen Staatsbauten der Prinzregentenzeit wie den Justizpalast von Friedrich Thiersch, das (zerstörte) Verkehrsministerium von Hocheder mit Kuppeldominante, das Hauptzollamt von Kaiser und Schacky sowie den bemerkenswert reformistischen Universitäts-Erweiterungsbau von German Bestelmeyer. Der zeittypisch asymmetrische Gruppenbau des Bayerischen Nationalmuseums von Gabriel*

*Seidl mit dem vorgelagerten, ehemals künstlerisch gestalteten Forum und das Säulendenkmal des Friedensengels jenseits der Isar sind die Hauptakzente an der jüngsten der Münchner Monumentalachsen, der Prinzregentenstraße, die bezeichnenderweise das Werk der Stadtplanung ist. Zu den gelungenen stadtlandschaftlichen Baumaßnahmen der Zeit gehört die als Hochwasserschutz motivierte Neugestaltung der Isarkais einschließlich der Brücken.*

*Trotz ungelöster Sozialprobleme, die sich vor allem in den Herbergenvierteln rechts der Isar konzentrierten, erlebte München um die Jahrhundertwende den Höhepunkt seiner nationalen wie europäischen Geltung. Neben Architektur und Kunst dürfen im kulturellen Gesamtzusammenhang Musik und Theater, Literatur und Wissenschaft nicht vergessen werden. Während der anhaltenden Diskussion um „Münchens Niedergang als Kunststadt" (im Wettstreit mit Dresden, Berlin und Wien) wirkten hier die Künstler der „Secession", der „Scholle", der „Phalanx", des „Blauen Reiters" und anderer Gruppen, die Dachauer Malerkolonie, die Ažbé-Schule, das Lehrinstitut von Wilhelm Debschitz und der Nagybánya-Kreis; hier schrieben neben vielen anderen Thomas und Heinrich Mann, Stefan George, Frank Wedekind und Ludwig Thoma, erschienen die „Gesellschaft", der „Simplizissimus" und die „Jugend", die der deutschen Spielart des Art nouveau ihren Namen gab, und blühte das Kabarett. Schwabing mitsamt der benachbarten Maxvorstadt erlebte um die Jahrhundertwende seine legendäre Blütezeit als Künstler- und Bohème-Viertel. In München, der Geburtsstadt von Richard Strauß, wurden Gustav Mahlers „Symphonie der Tausend" und „Lied von der Erde" uraufgeführt sowie 1917, schon mitten im Kriege, Pfitzners „Palestrina".*

*Von den vielen Architekten der Prinzregentenzeit wurde und wird noch heute Gabriel Seidl (1848–1913) dank seiner künstlerisch freien Abwandlung historischer Vorbilder und ihrer gewandten Anpassung an zeitgenössische Bedürfnisse als der schlechthin kennzeichnende Repräsentant einer „münchnerischen" Auffassung am Ende des Historismus empfunden. Der ähnlich gesinnte, doch stärker regionalbezogene Franz Zell stand zugleich als Volkskundler an der Wiege der Heimatschutzbewegung. In allen Stilarten versiert und dabei von erlesenem Geschmack waren Deutschlands führender Theaterbauer Max Littmann (Prinzregententheater, Hofbräuhaus, Anatomie) und Emanuel Seidl (Villen und Privathäuser). Franz Stuck, 1892 Mitbegründer der die Vorherrschaft des „Künstlerfürsten" Franz von Lenbach brechenden „Secession", verwirklichte mit seinem eigenen Wohnhaus an der neuen Prinzregentenstraße 1897/98 das Erstlingswerk eines mit Jugendstilanklängen durchsetzten Neuklassizismus. Gleichzeitig setzt im langen Schaffen Martin Dülfers die Jugendstilphase ein (Häusergruppe Ohm-/Königinstraße; Leopoldstraße 77 mit kürzlich rekonstruierter Fassade; ehem. Allgemeine Zeitung). Von seinen phantasievollen Fassadengestaltungen, wie denen seiner Nach-*

*folger Franz Popp und Max Langheinrich, haben nur wenige die Kriegs- und Nachkriegszeit überdauert. In ihrer originalen Polychromie restauriert werden konnten die extravaganten Schwabinger Mietshäuser Ainmillerstraße 22 und Römerstraße 11 von Henry Helbig und Ernst Haiger. Verloren ist die bis heute legendäre abstrakt-dekorative Fassade des Fotoateliers Elvira von August Endell (1897/98). Seine originale Gestaltung zeigt hingegen noch das Schauspielhaus von Richard Riemerschmid (1900/01), einem der wichtigsten Vertreter der architektonischen Reform wie der Erneuerung kunsthandwerklicher Gesinnung. Er war sowohl an der Gründung der „Vereinigten Werkstätten für Kunst im Handwerk" 1898 – zusammen mit Hermann Obrist, Peter Behrens, Bernhard Pankok, Bruno Paul u. a. – wesentlich mitbeteiligt wie auch an der Gründung des Deutschen Werkbundes in München 1907. Eine zentrale Rolle spielte München – wie früher schon für die Entstehung des Steindrucks – auf den Gebieten des graphischen Gewerbes und der Lichtbildkunst.*

*1921, das Todesjahr des Bildhauers und Kunsttheoretikers Adolf Hildebrand (Wittelsbacher Brunnen, 1893–95) und des Architekten und einflußreichen Hochschullehrers Friedrich Thiersch, deren Werk in zeitlos traditionellen Auffassungen wurzelte, mag symbolisch gelten für das Ende einer Epoche. Mit dem Umbruch von 1918 waren altüberlieferten Wertvorstellungen die Grundlagen entzogen, München – politisch zwischen Räterepublik (1919) und Hitlerputsch (1923) hin- und hergerissen – geriet in den Ruf einer vergangenheitsbezogenen Stadt, eines abgeschlossenen Gesamtkunstwerkes gemäß den gerade ungültig gewordenen städtebaulichen und architektonischen Prinzipien. Es konnte unter diesen Umständen auch nicht zu den Zentren des Neuen Bauens gehören, das jedoch durch eine Reihe qualitätvoller Bauten der Postverwaltung (von Robert Vorhoelzer und Walther Schmidt) vertreten ist. Von Theodor Fischer sind einige respektable Spätwerke zu nennen wie das Ledigenheim an der Bergmannstraße und die polygonale evangelische Waldkirche in Planegg (beide um 1925); seine sozialgeschichtlich bedeutsame Kleinwohnungssiedlung Alte Heide (1919–27) wurde mit ihrer Zeilenstruktur zum Prototyp ungezählter ähnlicher Anlagen bis in die Gegenwart. Die gemäßigt moderne Wohnanlage der Borstei (1924–30 von Bernhard Borst und Oswald E. Bieber), die unter Einsatz historisierender Elemente ein um Gartenhöfe gruppiertes harmonisches und menschliches Ambiente erstrebte, gilt bis heute als charakteristisch „münchnerische" Lösung. Hermann Leitenstorfers Städtisches Hochhaus von 1926–29 sucht – ähnlich zeitgleichen Großbauten in den Hansestädten – mit seiner Backsteinverkleidung den Anschluß an heimische, hier spätgotische Baugewohnheiten.*

*Neben dem von der Erzdiözese protegierten barockisierenden Sakralbau der zwanziger Jahre – wie St. Korbinian in Sendling, 1924–1926 von Hermann Buchert, mit Zweiturmfront und riesigem Dek-*

*kenfresko von Richard Holzner, oder zuletzt 1928 der ovalen, zweitürmigen Christkönigskirche in Nymphenburg von August Blößner – entstehen als frühe Auseinandersetzungen mit neuen Strömungen die Kirchen St. Gabriel und St. Sebastian von Herbert und Kurz und in der Zeit des „Dritten Reiches" 1936/37 die demonstrativ stattliche Pfarrkirche Maria Königin des Friedens (Giesing, Untersbergstraße 1) von Robert Vorhoelzer, mit Chorfresko von Albert Burkart.*

*Neben Berlin und Nürnberg bildete München einen Schwerpunkt nationalsozialistischen Bauens. Paul Ludwig Troost († 1934) prägte mit den beiden Parteiverwaltungsgebäuden am umgestalteten Königsplatz und dem Haus der Deutschen Kunst den für diese Zeit bezeichnenden offiziellen Monumentalstil. Die Mehrzahl der damals geplanten Maßnahmen wurde zwar nicht mehr realisiert, doch waren die gewaltsamen Eingriffe in die Stadtstruktur – etwa im Bereich um den Königsplatz, an Ludwig-, Von-der-Tann- und Prinzregentenstraße – bereits schwerwiegend genug. Die Purifizierung des Ateliers Elvira und der Abbruch von Klenzes Herzog-Max-Palais 1937, der neuromanischen Hauptsynagoge (1884–87 von Albert Schmidt) und der evangelischen Matthäuskirche im Jahre 1938 waren Vorboten der Katastrophe.*

*Nach weitgehender Kriegszerstörung gerade der älteren Stadtbereiche (1943–45) erlitt München weitere beträchtliche Verluste durch Abbrüche von noch aufbaufähiger wie von unzerstörter historischer Substanz, vor allem aber durch Vereinfachungen und Modernisierung. Dabei wurde vor allem der in der Prinzregentenzeit ausgeprägte großstädtisch-urbane Charakter spürbar reduziert – es genügt, an den Abbruch des kriegsbeschädigten Verkehrsministeriums mit seiner das Bahnhofsviertel beherrschenden Kuppel zu erinnern. Bestürzend ist der weitgehende Verlust historischer Interieurs vom Klassizismus bis zum Jugendstil im öffentlichen wie noch mehr im privaten Bereich. Insgesamt jedoch hat München dank der Wiederherstellung der meisten prägenden sakralen und profanen Monumentalbauten, weitgehender Erhaltung des Stadtgrundrisses und einer zurückhaltend neutralen, gleichsam lückenfüllenden Bauweise in den älteren Vierteln im Vergleich mit anderen zerstörten Großstädten viel von seinem gewohnten Erscheinungsbild und Charakter bewahrt bzw. zurückgewonnen. Inmitten der Fülle überwiegend bescheiden-mittelmäßiger, zudem staffelgemäßer, durch eine unentschlossene Haltung der Moderne gegenüber gekennzeichneter Architektur der Wiederaufbauzeit fallen bestimmte eigen geprägte Werkgruppen auf, etwa die feinfühligen Auseinandersetzungen Josef Wiedemanns mit historischen Vorgaben (Wiederaufbau des ehem. Odeons und der Glyptothek; Bayerische Landesbausparkasse, Karolinenplatz 1, von 1955/56) oder das isoliert gebliebene Phänomen der zurückhaltend-vereinfachenden Ergänzungsmaßnahmen von Hans Döllgast (Alte Pinakothek, St. Bonifaz, Südfriedhof). Stellenweise moderne Akzente setzten im zentralen Stadtbereich Stahlbeton-Skelettbauten mit*

*Flachdach wie der Kaufhof am Stachus (1950/51 von Theo Pabst), das achtgeschossige, scheibenförmige Wohnhaus Theresienstraße 46/48 (1950–52 von Sep Ruf), die Neubaugruppe mit Geschäften und Justizbehörden an Stelle der kriegszerstörten Herzog-Max-Burg (1953–57 von Theo Pabst und Sep Ruf), der neue Hauptbahnhof (1953–59, mit Bahnsteighalle von Franz Hart), das Deutsche Patentamt am Isarkai (1953–59 von Franz Hart und Georg H. Winkler) und das Siemens-Verwaltungsgebäude am neuen Oskar-von-Miller-Ring (1954–56 von Eduard von der Lippe und Hans Maurer); an der Peripherie entstanden offene Großwohnanlagen mit ersten Hochhäusern wie die Parkstadt Bogenhausen oder in Obersendling die Siemenssiedlung von Emil Freymuth (1954).*

*Unter den zahlreichen Kirchenbauten nach 1945 sind hervorzuheben die Herz-Jesu-Klosterkirche (Buttermelcherstraße 10, 1953–55 von Alexander von Branca und Herbert Groethuysen) wegen ihrer Synthese moderner Formensprache und Materialien mit sakralem Ausdruck sowie die asketisch-strengen, liturgisch innovativen Kirchen St. Laurentius in Gern (Nürnberger Straße 59, 1954/55 von Emil Steffann und Siegfried Östreicher) und St. Johannes Capistran in der Parkstadt Bogenhausen (Rundbau, 1959/60 von Sep Ruf) sowie vor allem die evang. Matthäuskirche (siehe dort).*

*In der Folgezeit sind in der als konservativ geltenden Millionenstadt – freilich meist außerhalb des von profiliert zeitgenössischem Bauen freigehaltenen Zentrums – nicht wenige herausragende Beispiele moderner Architektur mit zum Teil sogar heute selten gewordenem Wahrzeichencharakter entstanden wie die Bauten für die Olympischen Spiele 1972 (Günther Behnisch & Partner) samt Fernsehturm, das benachbarte BMW-Verwaltungsgebäude samt Museum (1970–73 von Karl Schwanzer) und das Hochhaus der Bayerischen Hypotheken- und Wechselbank (1975–1981 von Walther und Bea Betz) im Neubauviertel Arabellapark. Die Herausbildung solcher Epizentren mit neuem Schwerpunktcharakter ist kennzeichnend für das heutige München, dessen kleinmaßstäblich wiederaufgebaute Kernstadt die zeitgemäßen Großstrukturen von Wohn- und Verkehrsanlagen, Einkaufszentren, Industrie und Verwaltung nicht mehr aufnehmen kann und – im Zusammenhang mit einer verstärkten Abwanderung von Funktionen (wie der Technischen Universität nach Garching oder des neuen Großflughafens) und von Bewohnern über die nach dem Krieg nicht mehr erweiterten Stadtgrenzen hinaus ins Umland – einen Bedeutungsschwund zu einem durch historisches Flair geprägten, international attraktiven Reservat für öffentliche Verwaltung, Büros und Banken, Kultur und Shopping, Gastronomie und Tourismus, Praxen und Single-Apartments erfährt. Doch sind dies insgesamt kritische Symptome für die Auflösung des tradierten, auch architektonisch in sich geschlossenen Lebensraumes der großen europäischen Städte.*

## KIRCHEN

★ **Metropolitan- und Pfarrkirche Zu Unserer Lieben Frau,** „Frauenkirche" (Frauenpl. 1). Zur zweiten Pfarrkirche der Stadt wurde die in der 1. Hälfte des 13. Jh.s erbaute dreischiffige, querhauslose Pfeilerbasilika mit zwei Westtürmen im Jahr 1271 erhoben, ihr Ostabschluß im 1. Viertel des 14. Jh.s als Langchor erneuert (Grundmauern ergraben). In der Zeit, in der die anderen bayerischen Residenzorte neue Kirchen erhielten (Landshut, Straubing, Ingolstadt), begnügte man sich in München mit einer Neuausstattung (Glasfenster, *Gabriel Anglers* Hochaltarretabel von 1434–37).
Neubauabsichten sind erst nach der Mitte des 15. Jh.s zu fassen: 1458 empfahl der Tegernseer Abt Kaspar Ayndorfer seinen Baumeister, den Münchner Steinmetz *Hans Haldner.* Doch wählte der Rat der Stadt im März 1468 *Jörg von Polling (von Halspach)* als Stadtbaumeister und vertraute ihm den mit Unterstützung des Münchner Herzogshauses zu errichtenden Bau an. Grundsteinlegung am 9. Februar 1468 durch den Bischof von Freising, Johannes Tulbeck, und Herzog Sigismund. 1468 und 1470 Abriß der Türme, 1473 Aufmauerung des Neubaus abgeschlossen, in diesem Jahr Beratung mit dem Eichstätter Baumeister *Matthäus Roritzer* wegen der Wölbung, 1474 aus demselben Grund in München Zusammenkunft von *Moritz Ensinger* aus Ulm, *Konrad Roritzer* aus Regensburg, *Friedrich Sphys* aus Ingolstadt und *Michael Sallinger* aus Eggenfelden. Dachstuhl 1477/78, wohl sofort anschließend Wölbung. Geldnot beim Bau wurde durch Ablässe von 1480–82 überwunden. Fertigstellung der Türme im Todesjahr des Baumeisters, 1488. Ein Modell für die Turmhelme 1489 durch den Zimmermeister *Wibold* wurde zurückgewiesen. Hängung der Glocken 1490, Weihe des Baus am 14. April 1494. Rangerhöhung der Kirche durch die Verlegung der Stifte Ilmmünster und Schliersee 1494/95. Chorgestühl 1502. Abschluß der Türme durch die Welschen Hauben 1524/25.
Erhebung zur Metropolitankirche 1821 durch Verlegung des Bistums Freising nach München. Barocke Veränderungen und Zutaten (Bennobogen 1604/05) wurden durch die Renovierung unter *Matthias Berger* 1858–67 beseitigt. Schwere Kriegsschäden 1943–45: der größte Teil des Dachstuhls und der Gewölbe, fünf Pfeiler im Osten sowie der Großteil des Fenstermaßwerks, besonders im Chor, zerstört, am Chorumgang das Mauerwerk aufgerissen. Wiederaufbau 1947–57. Das Gewölbe in geringfügig verändertem Querschnitt aus Bimssteinen, die Gewölberippen und das Fenstermaßwerk aus Betonformstücken, die Figurationen z. T. vereinfacht. Das Maßwerk im Chorscheitelfenster und im Fenster südlich davon miteinander vertauscht. Turmkuppeln in Stahlbeton rekonstruiert. Die Krypta unter dem Chor wurde 1972 neu gestaltet. Farbige Ausmalung des Inneren in Anlehnung an die ursprüngliche Farbigkeit und Einrichtung des Inneren mit wesentlichen Teilen alter Ausstattung 1990–94.

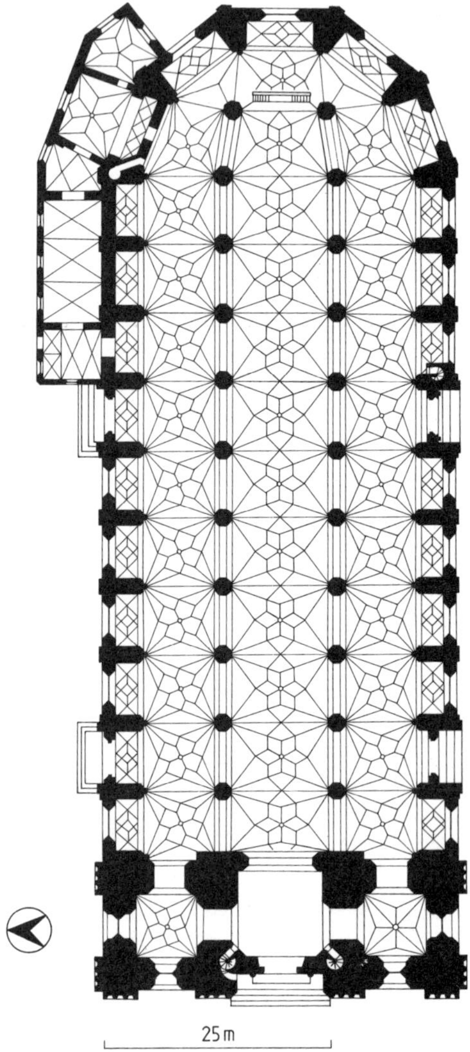


*München, Dom Unserer Lieben Frau*

## Typus

Langgestreckte dreischiffige Hallenkirche von zehn Jochen, mit Chorumgang außen als Fünfzehntelschluß, der Binnenschluß durch Engerstellen des östlichen Pfeilerpaares herbeigeführt (▷ Straubing, St. Jakob). Zwischen den tiefen Wandpfeilern Kapellen, kaum niedriger als die Schiffe, um den ganzen Bau geführt. Ungewöhnlich für die Zeit die beiden Westtürme in der Nachfolge der alten Kirche. Backsteinbau, der Sockel Nagelfluh.

## Äußeres

Das Äußere wirkt sehr geschlossen, fast prismatisch, eher abweisend, mit zurückhaltender Gliederung: die Wandpfeiler erscheinen als flache Lisenen, die unvermittelt am Dachgesims aus Haustein enden; lediglich die Eckvorlagen der Türme zeigen Maßwerk mit steinernem Couronnement, ebenso steinern die maßwerkbelegten Turmgesimse, wogegen das unterhalb der Fenster um die Kirche geführte Wasserschlaggesims auf genasten Spitzbogen aus Backstein ruht. Die fünf Eingänge liegen in Vorhallen (auf der Nordseite nur seicht) mit Treppen und treten kaum in Erscheinung. Die drei Schiffe unter einem gemeinsamen Dach, das Pultdach über den Kapellen durch ein steinernes Maßwerkband vom Hauptdach getrennt. Der Westgiebel über dem Pultdach der Orgelempore Ende 16. Jh. durch eine Mauer mit scheitrechtem Abschluß überbaut. Das unterste Turmuntergeschoß durchfenstert, da Kapelle, sonst fensterlos. Die beiden Obergeschosse Oktogone mit kräftiger Vorlage an den Diagonalseiten, der Abschluß ein attikaähnliches, niedriges Geschoß mit segmentbogigen Fenstern nach allen Seiten.

Portale. Alle enthalten Türflügel mit Reliefs von *(Franz) Ignaz Günther*, 1771/72. Am Westportal Skulpturen, Schmerzensmann und Muttergottes, gegen Mitte 14. Jh.; Türflügel vereinfacht rekonstruiert, die Reliefs zeigen die Immaculata und das Apokalyptische Weib. Seitlich des Portals Ölbergrelief, um 1470. Das Relief des Nordwestportals zeigt den hl. Sixtus, Patron von Schliersee, das des Nordostportals den hl. Benno. Das Südostportal, das einzige mit Gewände- und Archivoltenfiguren, um 1480 (Ergänzungen um 1860), seitlich Skulpturen, Schmerzensmann und Muttergottes, um 1430/40, und Inschriften zur Grundsteinlegung; Türrelief hl. Donatus. Im Südwestportal hl. Arsatius, Patron von Ilmmünster. Im Gewände Verkündigung an Maria, Sandsteinskulpturen um 1400 (Kopien).

Zahlreiche Epitaphien, die bedeutenderen ins Innere verbracht.

## Inneres

Der Innenraum ist sehr hell durch die hohen und breiten Fenster, von denen der durch das Westportal Eintretende von einem durch einen Fuß markierten Punkt im Pflaster des Eingangsraumes („Teufelstritt") nur das der östlichen Stirnwand sieht, und auch dieses war seit 1620 durch den damaligen Hochaltar verdeckt – die Pflasterung dürfte aus jener Zeit sein. Die Joche des Mittelschiffs querrechteckig, die der Seitenschiffe annähernd quadratisch, im Chorumgang dreiekkig oder trapezförmig. Die kräftigen Achteckpfeiler stehen auffallend dicht, wie überhaupt dem Bau eine gewisse Massigkeit eignet. Den Wandpfeilerstirnen sind in voller Höhe polygonale Dienste vorgelegt, den Freipfeilern nur kurze über figürlichen Konsolen. Das Netzgewölbe, jochweise angelegt, zeigt im Mittelschiff Sternfiguration, in den Seitenschiffen statt der Sterne aus der Achse gedrehte Kreuze, in den Kapellen Parallelrippen der quergespannten Spitztonnen mit tiefeingeschnittenen Stichkappen; im Scheiteljoch des Chorumgangs ist die Sternfiguration des Mittelschiffs weitergeführt, die seitlichen Joche zeigen Rippendreistrahle. Zwischen Mittelschiff und Seitenschiffen Scheidbögen mit niedriger Übermauerung; ähnlich die Trennung zwischen Seitenschiffen und Kapellen. Das Maßwerk der Chorfenster und des Westfensters ist fünfbahnig, der übrigen Fenster vierbahnig, in den Turmkapellen, mit tiefer, abgetreppter Laibung, zweibahnig.

## Ausstattung

Bedeutendster Teil der mittelalterlichen Ausstattung sind die Glasfenster, von denen etliche aus der alten Kirche übernommen sind; beim Wiederaufbau nach 1945 nicht immer an der alten Stelle eingesetzt, manche mit älteren Ergänzungen. Einige Scheiben aus der Salvatorkirche (▷ Griechische Kirche). Die postmoderne Ausstattung vornehmlich als Träger älterer Kunstwerke, überwiegend der Spätrenaissance und der Barockzeit, zumeist in den Kapellen, die durch Gitter von *Manfred Bergmeister,* 1993/94, abgeschlossen sind.

## Hochchor

Gestaltung durch *Elmar Hillebrand,* 1993, mit Altar und Ambo. Postmodernes Chorgestühl und -gitter. An ersterem die aus Eichenholz gefertigten Halbfiguren der Apostel und Propheten, Evangelisten und Kirchenväter sowie von Heiligen, Werke von *Erasmus Grasser* vom spätgotischen Chorgestühl, 1502 voll. Am Chorgitter die ehedem an den Baldachinen des Gestühls angebrachten Heiligenfiguren, Werkstattarbeiten von *E. Grasser.* Im Chorschluß trägt ein Achtkantpfeiler von 1993 die vergoldete Holzfigur der Immaculata von *Roman Anton Boos,* 1780, urspr. auf dem Kanzeldeckel. Seitlich je sechs vergoldete Holzreliefs von *(Franz) Ignaz Günther,* 1774, mit Marienszenen. Am nordwestlichen Pfeiler des Choreingangs Steinskulptur des Schmerzensmannes, 2. V. 14. Jh., mit 1988 freigelegter alter Fassung; am südlichen Pfeiler stehende Muttergottes, Passauer Arbeit um 1520/25. – Chorbogenkruzifix von *Josef Henselmann,* 1954.

## Seitenschiffe und Kapellen

Das Fenster der Chorscheitelkapelle, von der Patrizierfamilie Scharfzandt wohl 1493 gestiftet, stammt aus der Werkstatt des *Peter Hemmel von Andlau* in Straßburg, der wohl bedeutendsten süddeutschen Glasmalereiwerkstatt des späten 15. Jh. Im untersten Feld der Auferstandene, verehrt von den Stiftern, die von den Aposteln Thomas und Martin empfohlen werden; außen Wappen Scharfzandt und Stupf. Im zweiten Feld Verehrung des hl. Rupert (das Fenster saß ursprünglich in der Rupertuskapelle), darüber Szenen der Kindheit Jesu: Verkündigung an Maria, Geburt, Darbringung im Tempel. Auf der Mensa in einem neuen Schrein stehende Muttergottes, Holz, die Köpfe von Maria und Kind Elfenbein; gestiftet 1695, die gestickten Gewänder 18. Jh. An der linken Wand Schutzmantelmaria im Ährenkleid, mit Stifterfamilie Sänftl, um 1500/10, *Jan Polack* zugeschr. Gegenüber der Kapelle an der Chorschlußwand Reliefs und Gemälde des Memminger Altars, aus der *Strigel*-Werkstatt, dat. 1500 (irrig „*Claus Strigel*" beschriftet). Teile der Tumba für Königin Beatrix († 1322), Sandstein.

Kapellen der Nordseite (von Osten). 1. Kapelle (Sebastianskapelle). Im Fenster sind drei Glasgemäldezyklen vereint. Zuunterst Schmerzensmann zwischen Maria und Johannes, dat. 1497, aus der Salvatorkirche; der Mittelteil Stiftung der Astaler, nach 1392: in der unteren Zeile Stifterfamilie vor dem Schmerzensmann, darüber Verkündigung an Maria (die Marienscheibe Ergänzung); im oberen Teil das Herzogenfenster, um 1485, mit einer Art Wurzel Jesse: unten Verkündigung an Maria sowie Joachim und Anna, darüber die Immaculata, umgeben von Heiligen und verehrt vom Herzogshaus, im folgenden Register die schwangeren Maria und Elisabeth, dann der von Maria und Johannes trauernd begleitete Schmerzensmann, schließlich Gottvater und Engel mit Leidenswerkzeugen; im Couronnement die Heiliggeisttaube und Propheten. Das historistische Retabel von 1994 mit Skulpturen der hll. Andreas (dat. 1513), Rasso und Onuphrius, Werke des *Meisters von Rabenden;* auf den Flügeln urspr. nicht zugehörige Reliefs mit Szenen aus der Passion Jesu und, außen, Gemälde mit der Andreasvita, der Werkstatt von *Jan Polack* zugeschr., um 1498 oder um 1520. An der Nordwand die Flügel des einstigen Auferstehungsretabels, von *Max Widnmann,* 1863. Darunter Schrein mit Silberfigur des hl. Josef, von *Franz Keßler,* um 1680/90. An der Ostwand eindrucksvolle Skulptur des hl. Sebastian, von *Andreas Faistenberger,* 1696, sowie Tafelbilder mit Passion Jesu, *Jan Polack* zugeschr., um 1510. – An Stelle der zweiten Kapelle die einstige Sakristei, jetzt Sakramentskapelle. Glasfenster mit Katharinenmarter, um 1500, und hl. Anna selbdritt, von *Jakob Kistenfeger,* dat. 1518, Stiftung des Kanonikus Kurt Barth. Neben dem Eingang zur Kapelle links Grabmal für den ersten Stiftspropst, Johann Neuhauser († 1516), Rotmarmor; rechts das aufwendige hölzerne Epitaph für den Stiftsdekan Philipp Dobereiner († 1576), mit Gemälden Kreuztragung und Abschied Jesu von seiner Mutter (bez. *I. H.*), seitlich die Skulpturen des Propheten Esaias und des Evangelisten Lukas, als Bekrönung Kreuzigungsgruppe und Christus in der Rast. Vor dem östlichen Pfeiler Automatenuhr um 1500, das Gehäuse im 17., 18. und 19. Jh. ergänzt, die beweglichen Skulpturen *Erasmus Grasser* zugeschr. – 3. Kapelle (Anna- und Georgsbruderschaft). Glasfenster mit Verkündigung an Maria, um 1500, aus der Salvatorkirche. Im Retabel Gemälde von *Johann Ulrich Loth,* 1630, hl. Georg und, in der Predella, Kaiser Heinrich und Kunigunde. An der Fensterwand bedeutende Hängefigur der hl. Anna selbdritt, *Stephan Rottaler* zugeschr., um 1515/20, sowie auf Konsolen aufgestellt hl. Rasso, um 1520 vom *Meister von Rabenden* und hl. Georg, um 1520, von *Hans Leinberger.* An der Westwand überlebensgroße Holzfigur des hl. Christophorus, um 1525, als Bildhauer jüngst *Hans Leinberger* vorgeschlagen. – 4. Kapelle (Katharinenkapelle). Fenster mit verschiedenen Scheiben der Zeit um 1430. An der Ostwand die Gemälde des früheren Katharinenaltars von *Johann Andreas Wolff,* 1694, mit Bestattung der Hl. durch Engel, als Predella die hll. Ursula und Barbara, als Oberbild die hll. Petrus und Bartholomäus. An der Nordwand Teile des ehem. Hauptaltars von *Peter Candid,* 1620, mit Gemälde Verkündigung an Maria, Oberbild mit Gottvater. – In der 5. Kapelle Zugang zur barocken Sakristei. Über der Tür das von *Peter Candid* 1620 geschaffene Hauptbild des Hauptaltars von 1620, Himmelfahrt Mariä und Krönung, eines der Hauptwerke der Gegenreformation. Links Holzrelief Marientod, um 1500/10. – Nordostportal. Im Fenster verschiedene Glasgemälde aus dem 15. und frühen 16. Jh. An der Nordwand Steinskulpturen Muttergottes und Schmerzensmann, M. 15. Jh., von der Außenseite des Portals. – 6. Kapelle (Schmerzen-Mariä-Kapelle). Im Fenster Teile eines Passionszyklus. Das Altarblatt an der Ostwand, Jesus am Kreuz, 2. V. 17. Jh., wohl Kopie nach einem Gemälde von *Anthonis van Dyck*; auf der Altarmensa Holzstatue der Mater dolorosa, um 1700. An der Westwand Gemälde des ehem. Petrusaltars am Bennobogen; die Kreuzigung Petri, von *Paolo Piazza (Fra Cosmo),* das Oberbild Christus, von *Hans Krumpper,* um 1604. Votivbild der Priesterbruderschaft, 1. H. 17. Jh. Am Pfeiler gegenüber aufwendiges, mehrteiliges Bronze-Epitaph für Jacob Burckhardt († 1618), von *Hans Krumpper,* mit dem Hauptrelief Beweinung Jesu. – 7. Kapelle (Blasius und Unschuldige Kinder). Die Retabelbilder werden *Johann Rottenhammer* zugeschr.; Hauptbild ist die Wiedergabe des Ecce homo, dat. 1599; in der Predella die hll. Bernhard, Dionysius, Ägidius, Justina und Sophia; das Oberbild zeigt Iob. An der Westwand Gemälde Kindermord zu Bethlehem, von *Jacopo Amigoni,* 1717–20; hl. Franz von Assisi und hl. Barbara, Umkreis *J. Rottenhammer.* Spätgotische (?) Skulptur hl. Blasius, Holz. An der Nordwand Rotmarmor-Grabstein für den ersten Stiftsdechant, Balthasar Hundertpfund († 1502), mit Relief Muttergottes. – 8. Kapelle (Korbinianskapelle). Über dem Altar die neugotischen Flügelbilder des ehem. Maximilians- und Korbiniansaltar von *Maximilian von Menz,* 1865, mit Leben der hll. Benno und Korbinian. Auf der Mensa Gemälde Mariä Rosen, um 1600. An der Westwand Ungläubiger Thomas, um 1600, ehem. Predellenbild des Mariä-Rosen-Altars. Hölzernes Epitaph für Albert Lerch († 1650) mit Gemälde Marienkrönung. Am Boden zwei Schlußsteine des gotischen Mittelschiffgewölbes. – 9. Kapelle (Drei-Königs-Kapelle). Im Altarretabel Gemälde von *Johann Ulrich Loth,* 1629; Hauptbild die Anbetung der Könige, Predella mit den hll. Leonhard, Onuphrius, Katharina und Agatha, im Auszug die vier Evangelisten. An der Nordwand das vielteilige Rotmarmorepitaph für Angehörige der Familie Barth, nach 1582 bis nach 1763. An der Westwand Totenschild der Familie Gießer, drei Totenschilde der Familie Barth, 16. Jh. – Nordwestportal. Links Bekrönung des Tichtlepitaphs, Sandstein, wohl nach 1520, mit Muttergottes, hll. Apollonia und Margaretha. – 10. Kapelle (Apolloniakapelle). Gemälde Martyrium der hl. Apollonia, bez. *J(ohann) Degler* fec 1714. – Kapelle im Nordturm (Tulbeckkapelle). Neugotisches Retabel von *J. Wirth,* 1863, das einzige erhaltene der neugotischen Ausstattung, mit Relief Muttergottes und Bischof Tulbeck als Stifter, um 1475; hll. Elisabeth, Agnes, Ottilia und Friedrich, gegen 1500. Am südöstlichen Pfeiler Fahnenschrank, um 1470, und Gemälde des Auferstandenen, um 1600. Mehrere Grabdenkmäler, meist Rotmarmor: an der Nordwand für Bischof Johannes Tulbeck († 1476), *Hans Haldner* zugeschr.; am Scheidbogen zur Eingangshalle für Bernhard Eisenreich († 1584) und für Lukas Wagner († 1567); am Durchgang zum Seitenschiff für Johann P. Bianchi († 1615), für Franz Tichtl († 1520), für Johann P. Pronner (1618).

Kapellen der Südseite (von Osten): 1. Kapelle (Mariä Opferung; ehem. Sakramentskapelle). Das Fenster mit den Scheiben zweier älterer Fenster, wobei die um 1430 entstandene sog. Rot-Grüne Passion (13 Scheiben erhalten) schon um 1480 in das damals geschaffene Speculum-Fenster mit Themen nach dem Heilsspiegel integriert wurde. Die beiden untersten Zeilen – nicht zugehörig – zeigen die Anbetung der Könige, seitlich die hll. Leonhard und Christophorus, Barbara und Klara, schließlich den zwölfjährigen Jesus unter den Schriftgelehrten. Das Altarretabel mit der Mitteltafel eines Kreuzaltars um 1445, die Flügel von *Dietrich Stalmann,* 1993; in der Predella Silberrelief hl. Achatius, von *Hanns Löffler,* 1496, vom ehem. Achatiusschrein. Die Gemälde sind einstige Altarblätter der Stiegenkapellen: Marienkrönung, von *Johann Rottenhammer,* 1605/08, Auffindung des Wahren Kreuzes, von *Matthias Kager,* dat. 1608. – 2. Kapelle (Rupertuskapelle). Glasgemälde mit Sebastiansmarter, Florianslegende, zuoberst Erscheinung des Erzengels Michael am Monte Gargano, Münchner Werkstatt, um 1485/90. Im

Retabel Gemälde von *Johann Andreas Wolff,* um 1690 (?), als Hauptbild Übergabe des Gnadenbildes von Altötting durch die Muttergottes an den hl. Rupert, in der Predella die hll. Jakobus d. Ä. und Ulrich, Auszugsbild Schutzengel. Unter dem Fenster und an der Westwand Teile des ehem. Hauptaltars von *Peter Candid,* 1620. – 3. Kapelle (Johann Nepomuk-Kapelle). Im Fenster Darstellung der Freuden Mariä, um 1425 (zwei Scheiben neu). Im Retabel Gemälde mit Anbetung der Dreifaltigkeit, um 1600, *Hans Werl* zugeschr. Das Vorstellbild hl. Johann Nepomuk von *Melchior Steidl,* 1703, der Rahmen von *Johann Michael Ernst II,* 1730/31. An der Westwand Epitaph für Gabriel Ridler (1581), mit Relief Christi Himmelfahrt. Zwei Totenschilde der Familie Ridler, um 1500. – 4. Kapelle (Bennokapelle). Im Fenster Glasgemälde mit Marter der hll. Agnes und Sebastian, Ende 15. Jh. Im dreigeschossigen Retabel als Hauptbild hl. Mauritius, von *Johann Rottenhammer,* 1604, als Oberbild Engelpietà, von *Hans Krumpper,* um 1604; im unteren Geschoß Schrein mit Reliquien und Silberbüste des hl. Benno, 1601–04, die Büste *Paul van Vianen* zugeschr., der Stab des Heiligen Walzahn, vor 1000, mit Holzstab und Silberbeschlag, Sachsen, um 1285. Unter dem Fenster kleinformatige Gemälde um 1600, Marienkrönung, von *Johann Holzmair,* die Auferweckung des Jünglings von Naim, von *Matthias Kager.* An der Westwand Schrein mit Mantel des hl. Benno, um 1100. Wächserne Votivfiguren der Kurprinzen Ferdinand Maria, 1590, und Maximilian Philipp, wenig später entstanden. – 5. Kapelle (Taufkapelle). Fenster mit Gemälden Dornenkrönung und Stifter, hll. Sebastian, Erasmus, Christophorus und Valentin, um 1490/1500. Taufstein frühbarock, Rotmarmor. Im Retabel Gemälde Taufe Jesu und 14 Nothelfer, von *Melchior Steidl,* dat. 1703. An der Südwand zwei Gemälde, Wunderbare Brotvermehrung und Aussendung der Jünger, 2. H. 16. Jh., Nachfolge *Hans Mielich.* An der Westwand Epitaph für Johann Georg Herwart von Hohenberg († 1622) und für Felix Anton Oefele († 1780). In der Südweckecke der Kapelle Aufgang zum Andreaschor, mit reich geschnitzter Tür um 1610, mit Relief Marientod. Über der Tür eingemauert Relief Aufnahme Mariens in den Himmel, um 1520/30. – 6. Kapelle (Geburt Jesu-Kapelle). Im Fenster Glasgemälde um 1490, Kindermord zu Bethlehem und Verklärung Jesu. Das Altarblatt Anbetung der Hirten, dem Neapler Maler *Cesare Fracanzano* zugeschr., um 1640; im Sokkel des Retabels silberne Reliquienbüste des hl. Antonius von Padua, um 1732, von dem Augsburger Goldschmied *Franz Anton Bettle.* An der Westwand Gemälde der Enthaltung Pauli, größtenteils von *Paolo Piazza (Fra Cosmo),* 1605; das zugehörige Auszugsbild, Gottvater, von *Hans Krumpper.* – 7. Kapelle (Bäckerkapelle; urspr. Georg und Margarethe). Im Retabel Gemälde von *Johann Ulrich Loth,* 1632, Hauptbild die Titelheiligen, in der Predella die hll. Wolfgang, Martin, Apollonia, Helena. An der Westwand Holzskulptur des hl. Nikolaus, Ende 15. Jh., und acht Totenschilde der Familie Ligsalz.

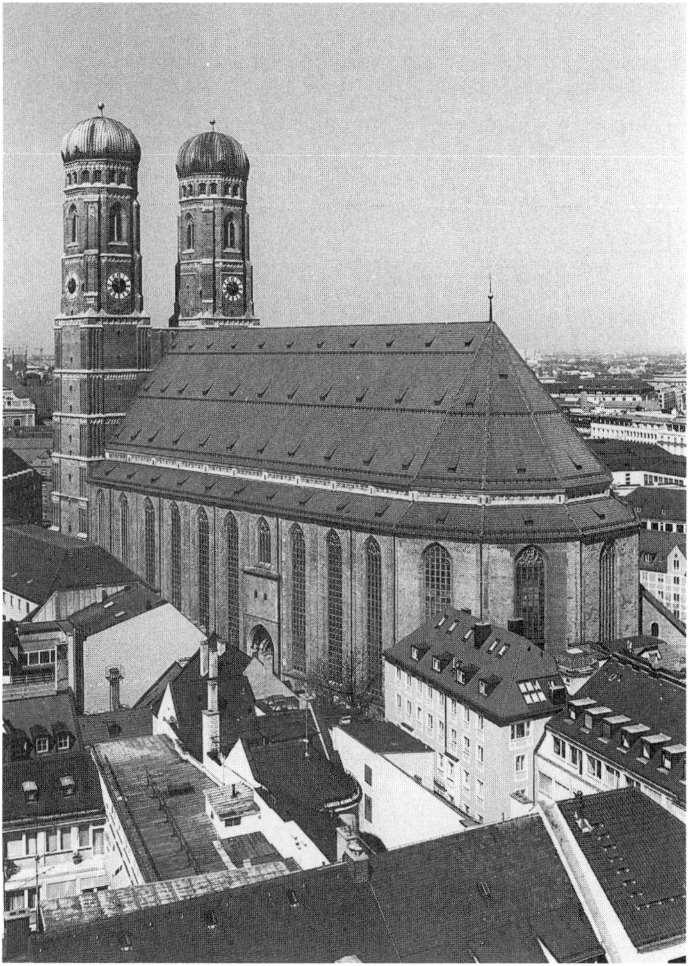

*1. Dom, Kath. Metropolitan- und Pfarrkirche zu Unserer Lieben Frau, vom Rathausturm aus*

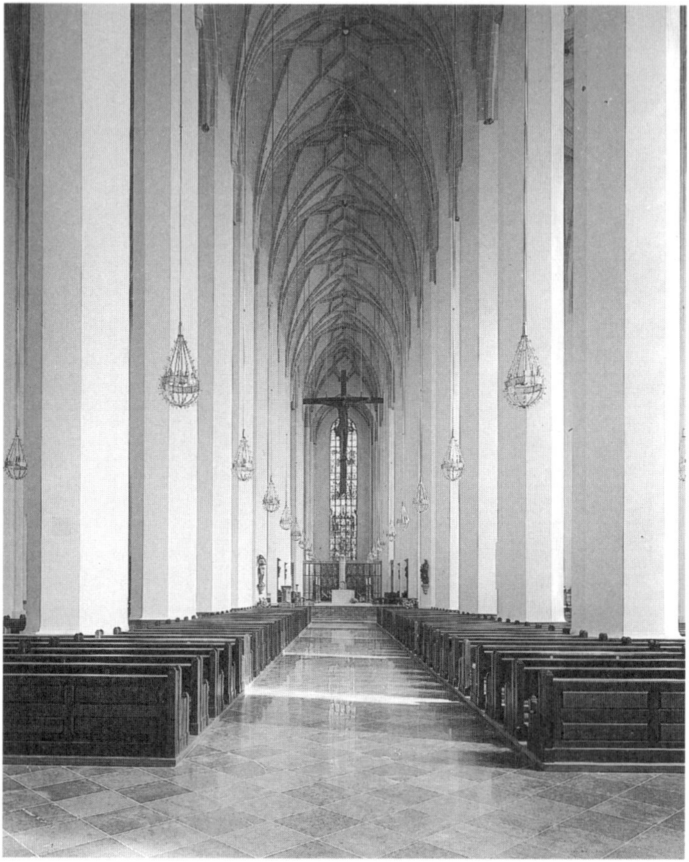

*2. Frauenkirche, Blick zum Chor*

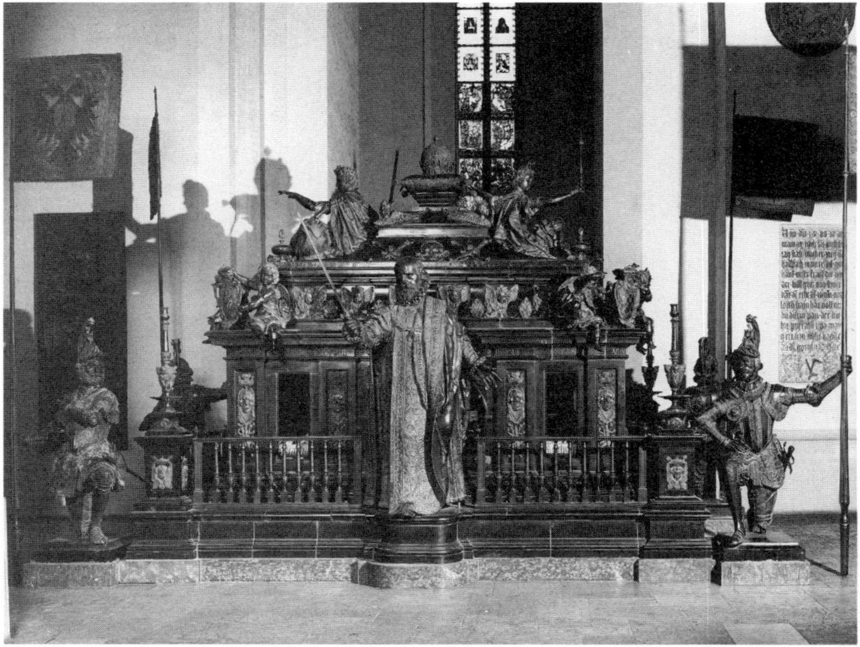

*3. Frauenkirche, Gedächtnismal für Kaiser Ludwig den Bayern, von Hans Krumpper, 1619–1622*

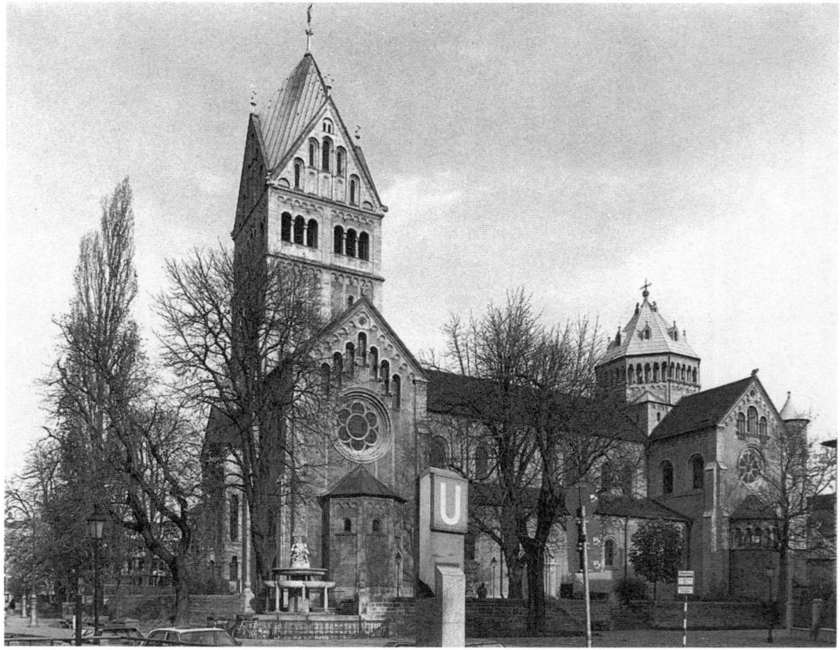


*4. Kath. Pfarrkirche St. Anna*

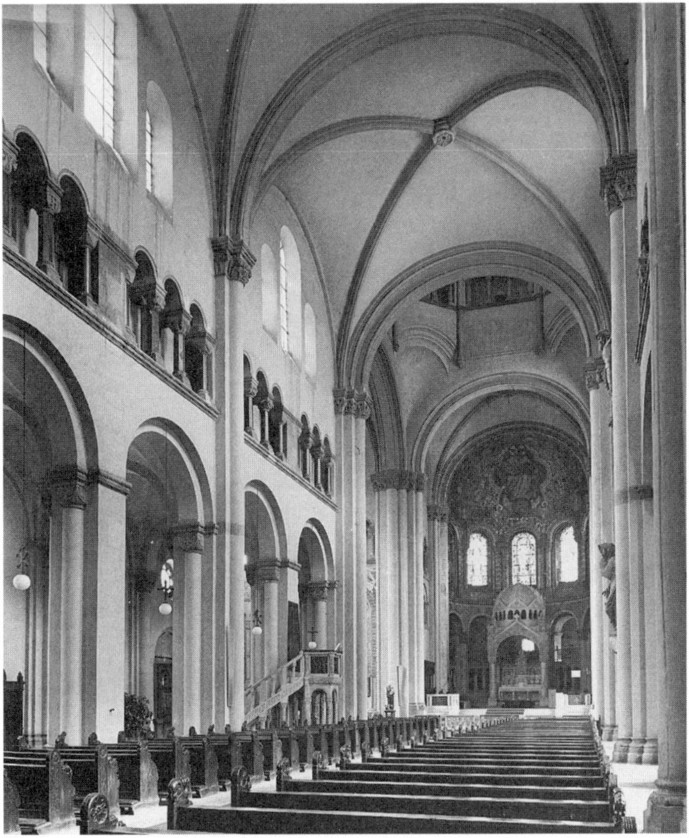

*5. Kath. Pfarrkirche St. Benno, Blick zum Chor*

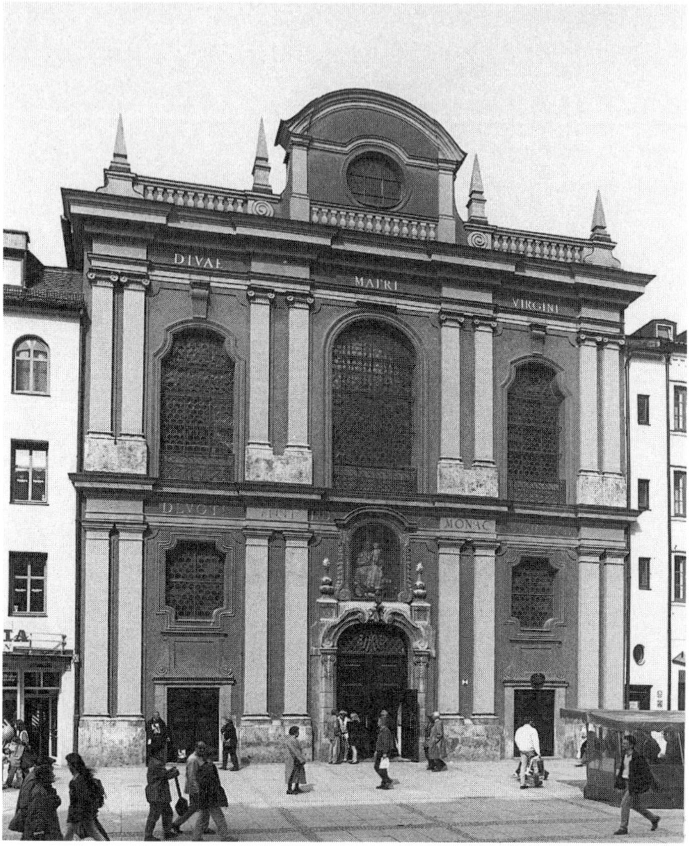


6. *Kath. Bürgersaalkirche*

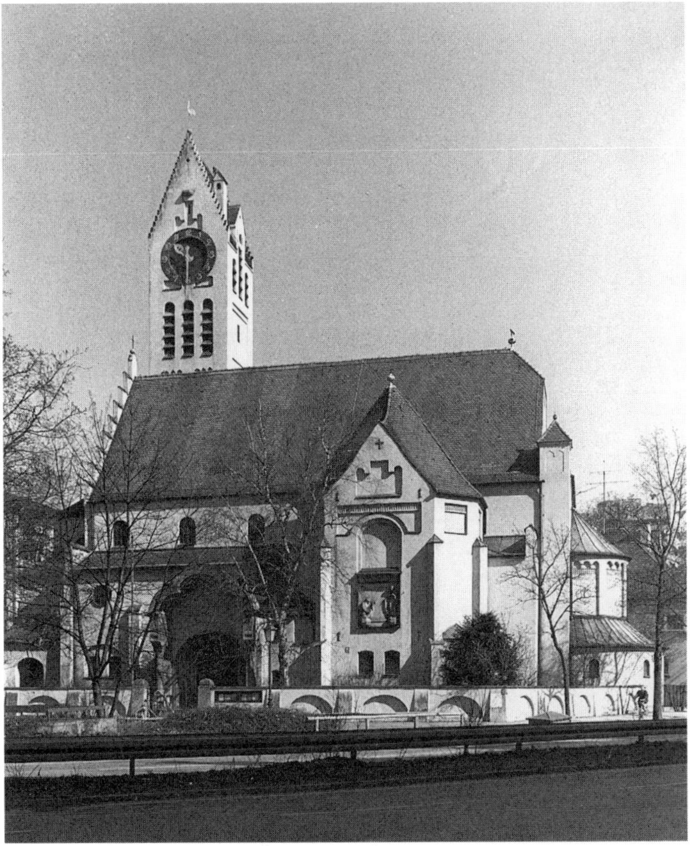

*7. Ev. Erlöserkirche*

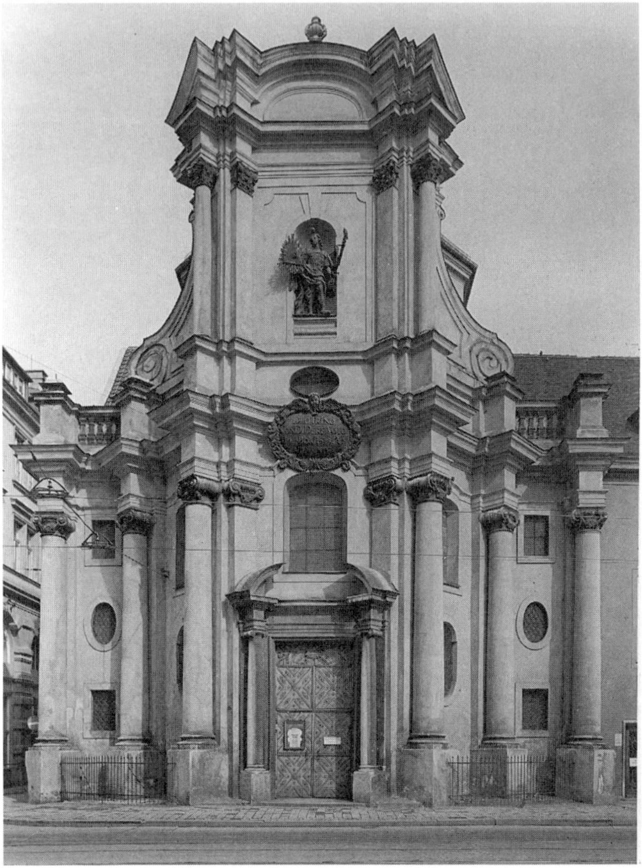

8. Kath. Dreifaltigkeitskirche

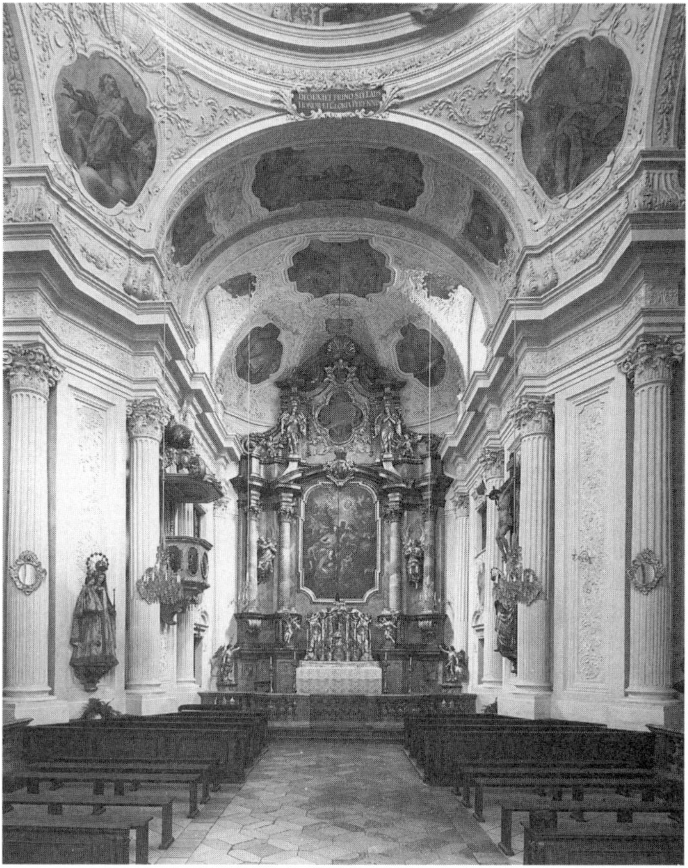

*9. Kath. Dreifaltigkeitskirche, Blick zum Hochaltar*

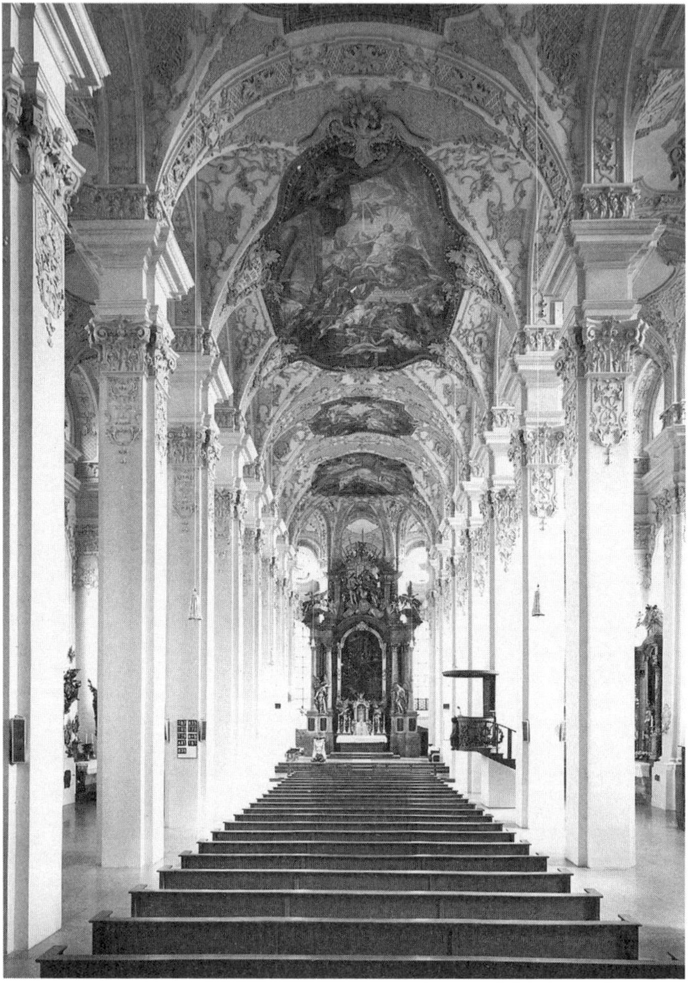

*10. Kath. Pfarrkirche Hl. Geist, Blick zum Hochaltar*

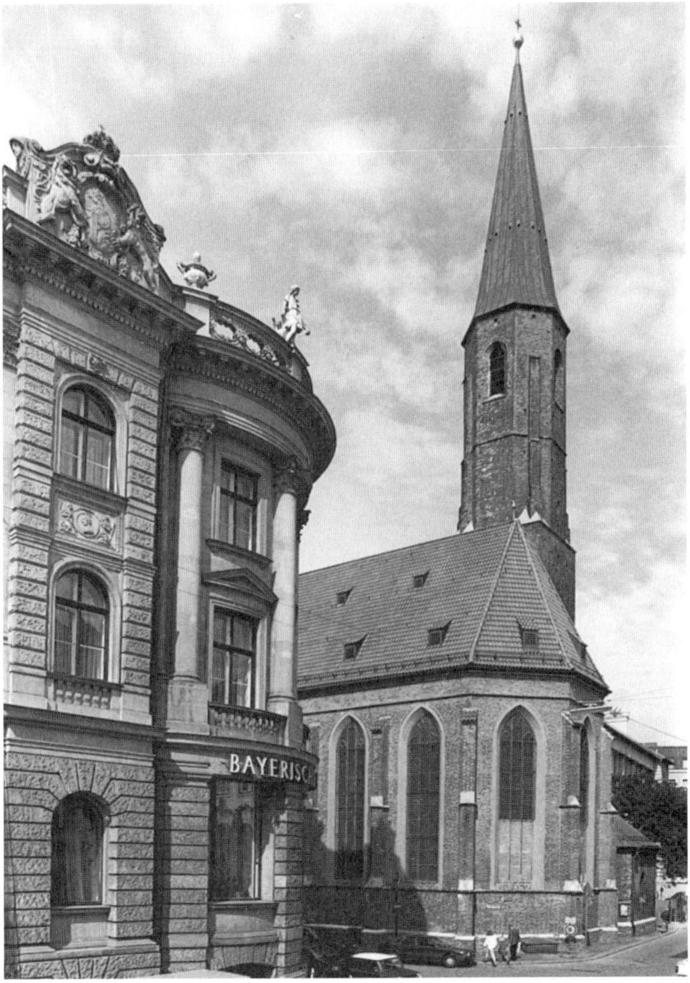


11. *Griechische Kirche, ehem. St. Salvator*

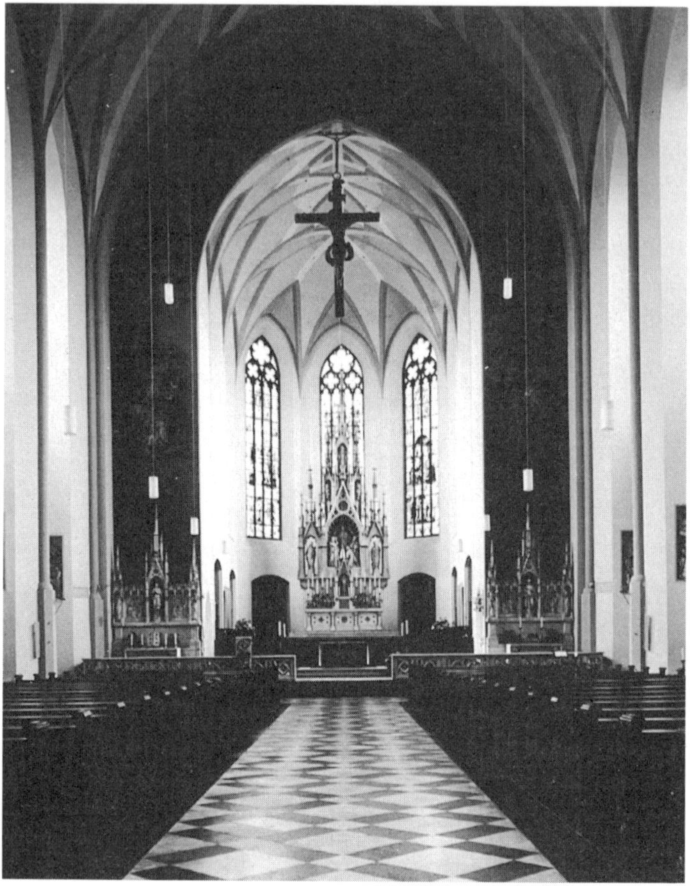

*12. Kath. Pfarrkirche St. Johann Baptist, Blick in den Chor*

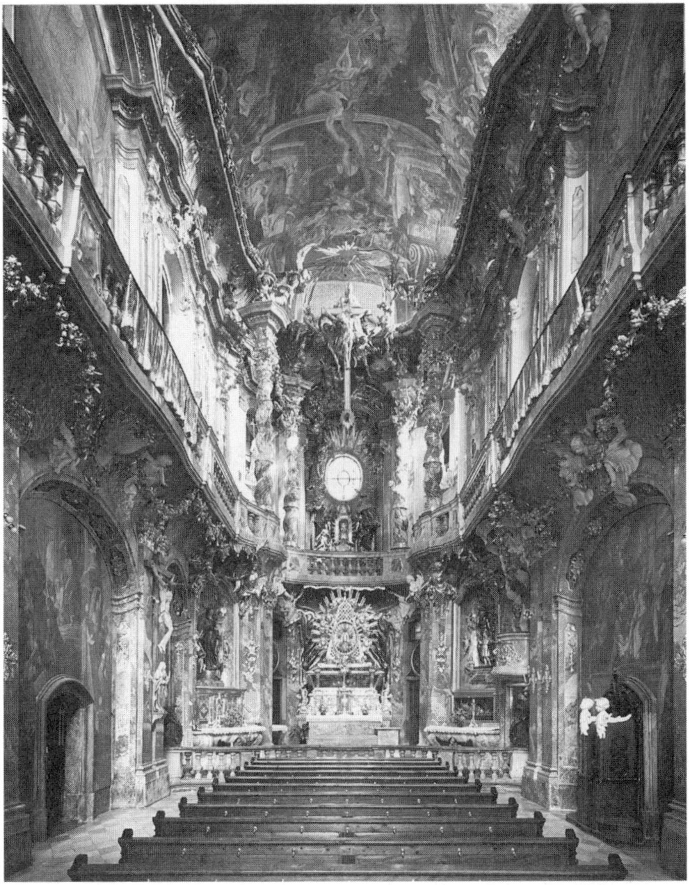

*13. Kath. Kirche St. Johann Nepomuk, „Asamkirche"*

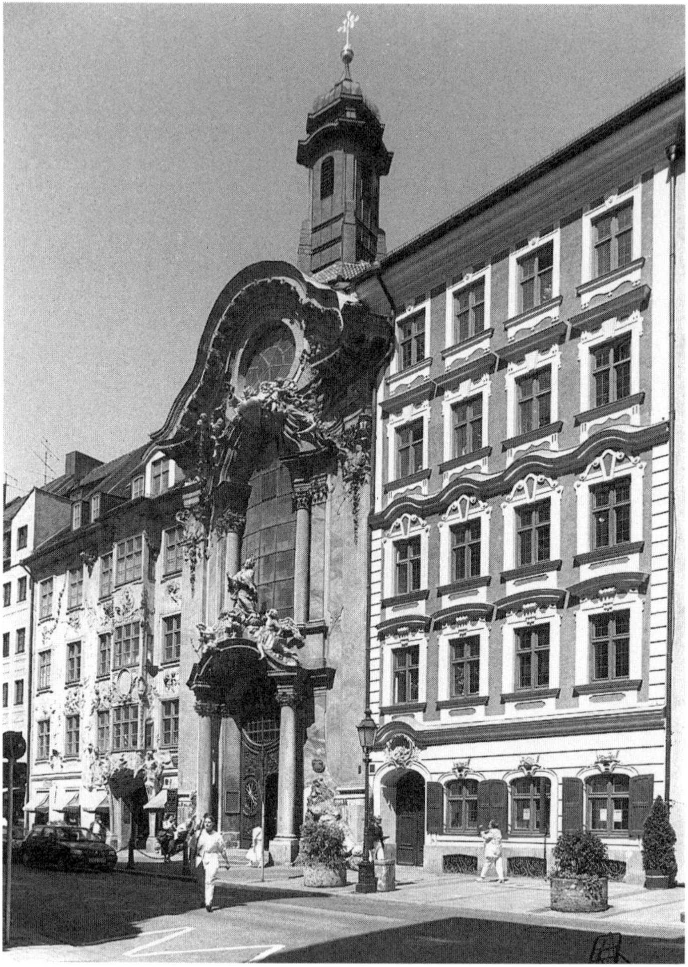

*14. Kath. Kirche St. Johann Nepomuk mit Wohnhaus Egid Quirin Asams und Priesterhaus*

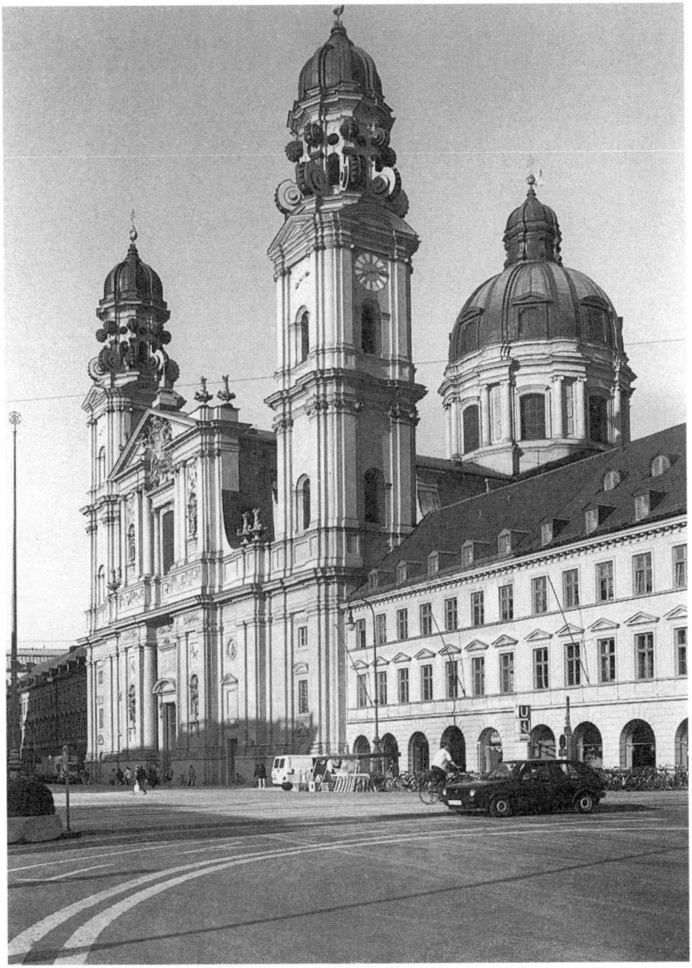

15. *Kath. Kirche St. Kajetan, ehem. Theatiner-Hofkirche*

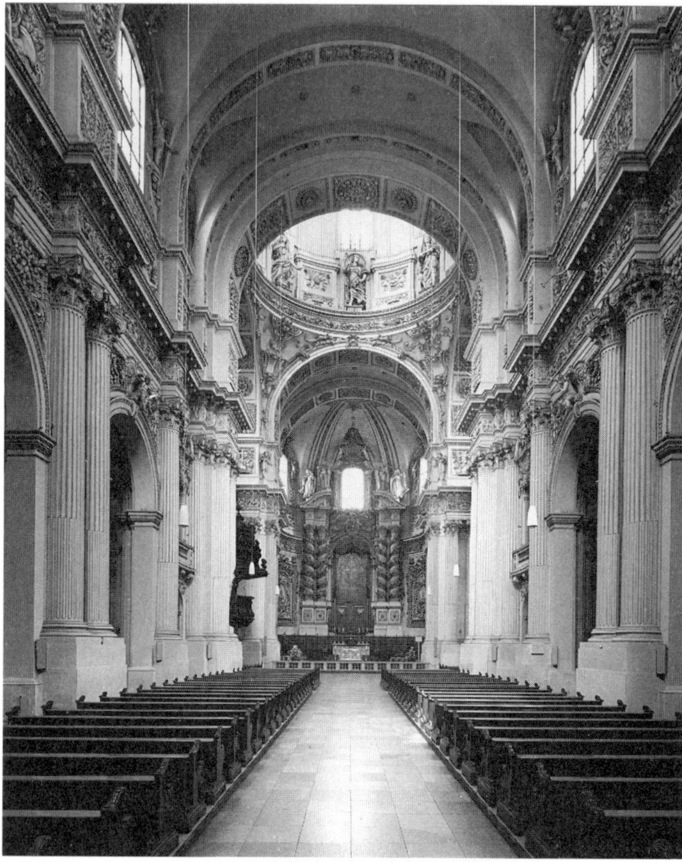

*16. Kath. Kirche St. Kajetan, ehem. Theatiner-Hofkirche, Blick zum Hochaltar*

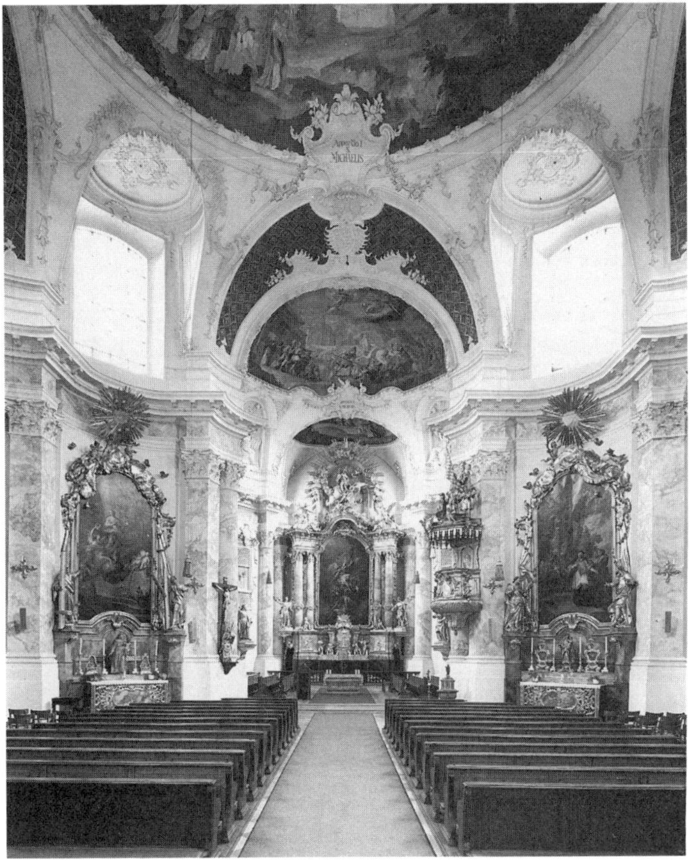

*17. Kath. Pfarrkirche St. Michael, Berg am Laim, Blick zum Hochaltar*

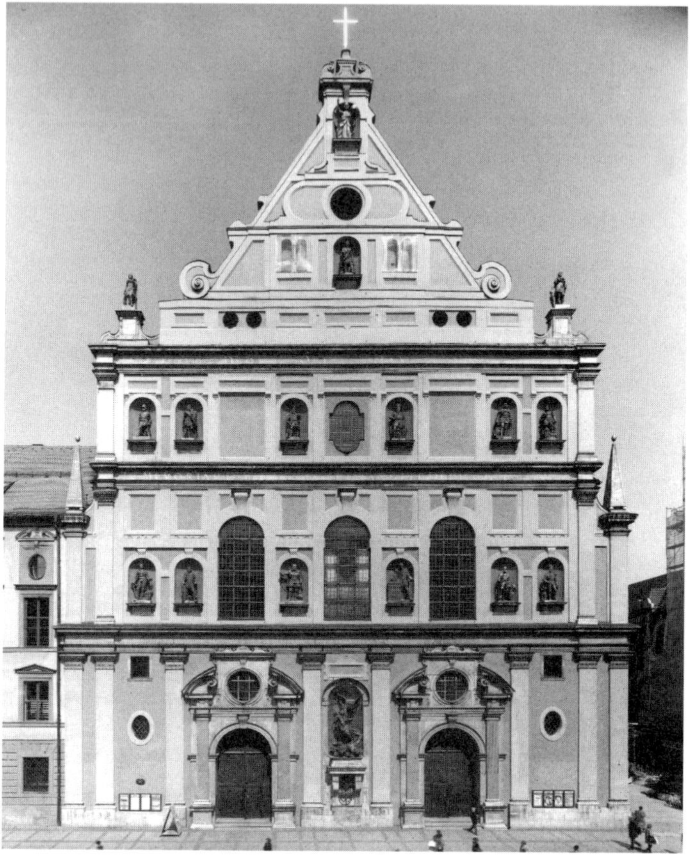

*18. Jesuitenkirche St. Michael*

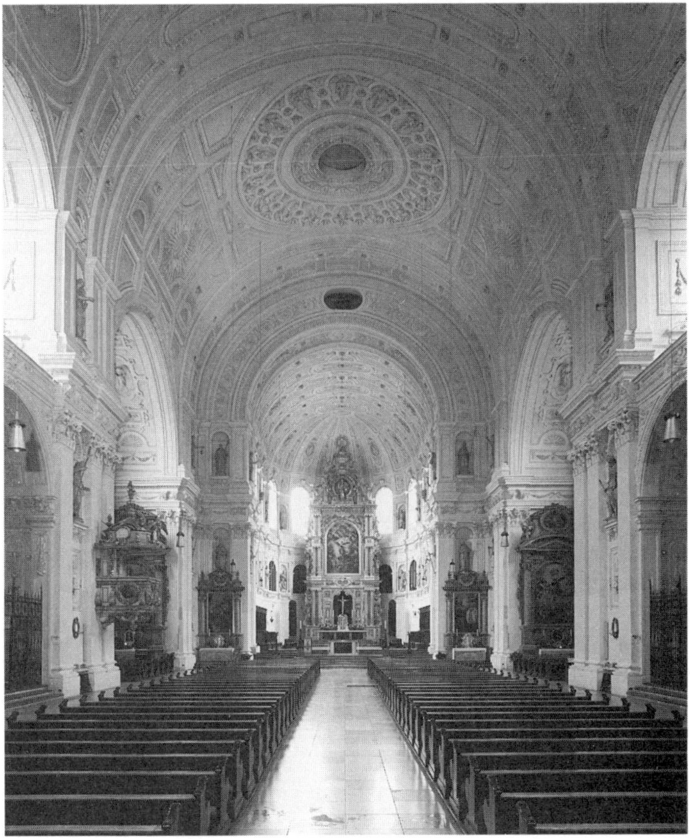

*19. Jesuitenkirche St. Michael, Blick zum Chor*

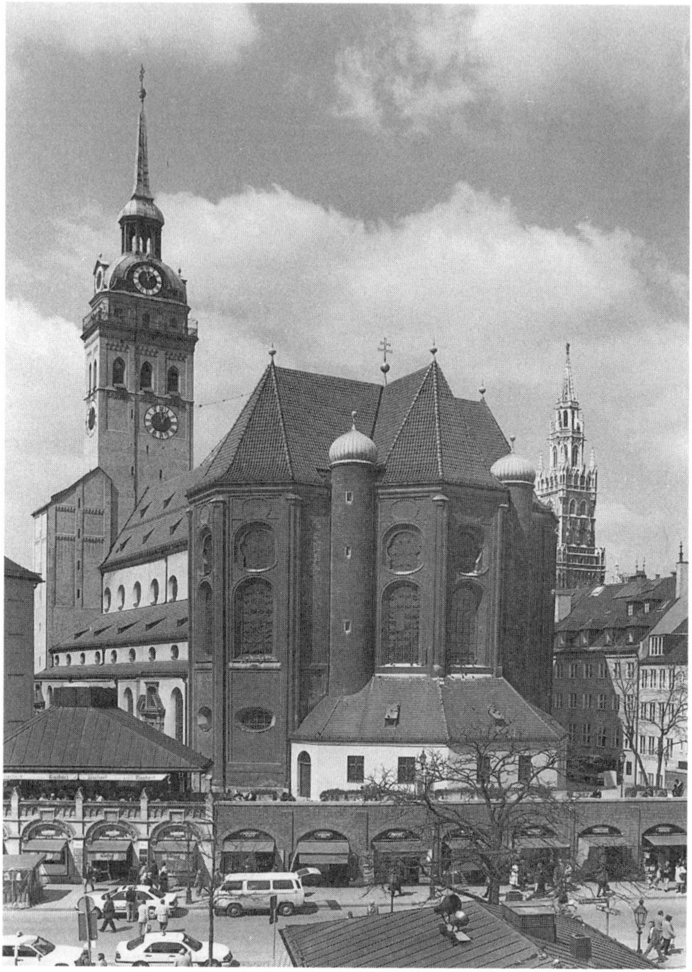

20. *Kath. Pfarrkirche St. Peter, von Südosten*

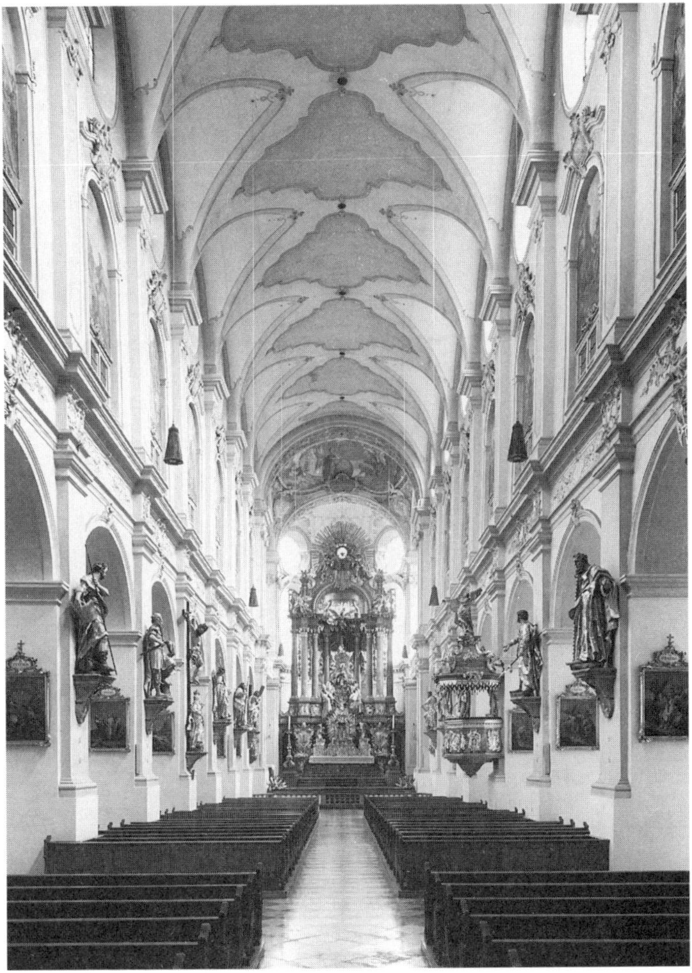

21. *Kath. Pfarrkirche St. Peter, Blick zum Chor*

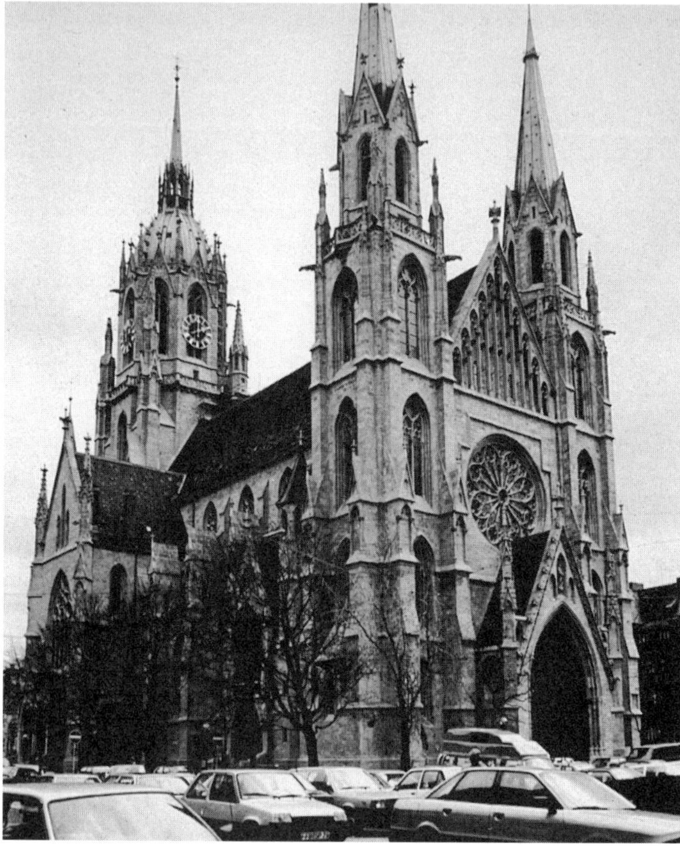

*22. Kath. Pfarrkirche St. Paul*

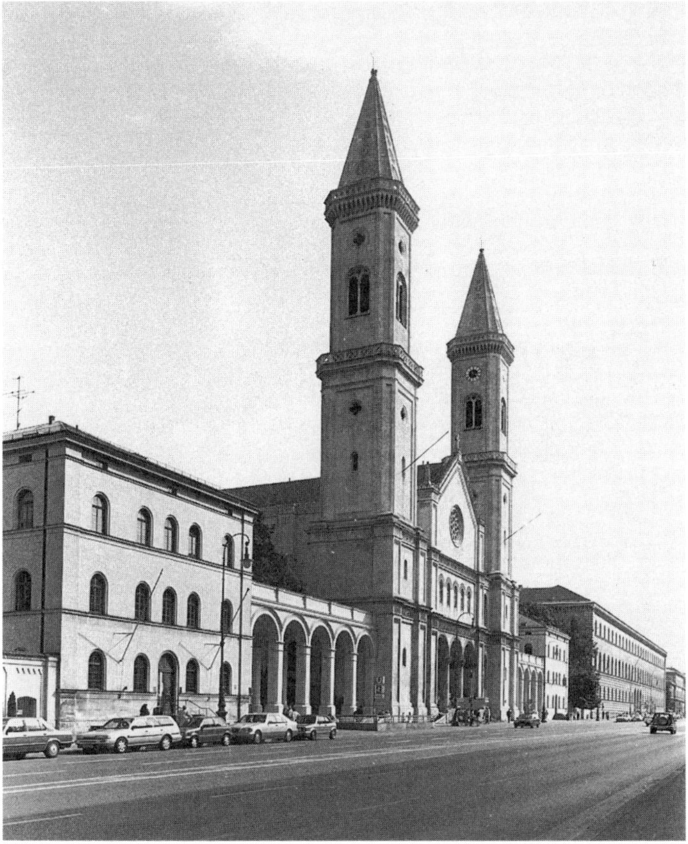

*23. Kath. Pfarr- und Universitätskirche St. Ludwig mit Ludwigstraße*

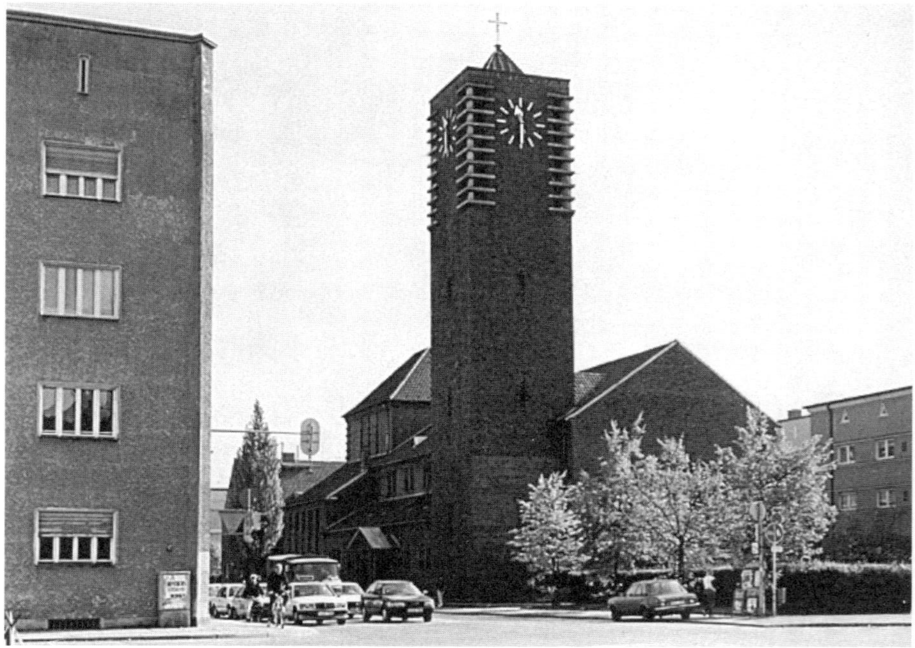

*24. Kath. Pfarrkirche St. Sebastian*

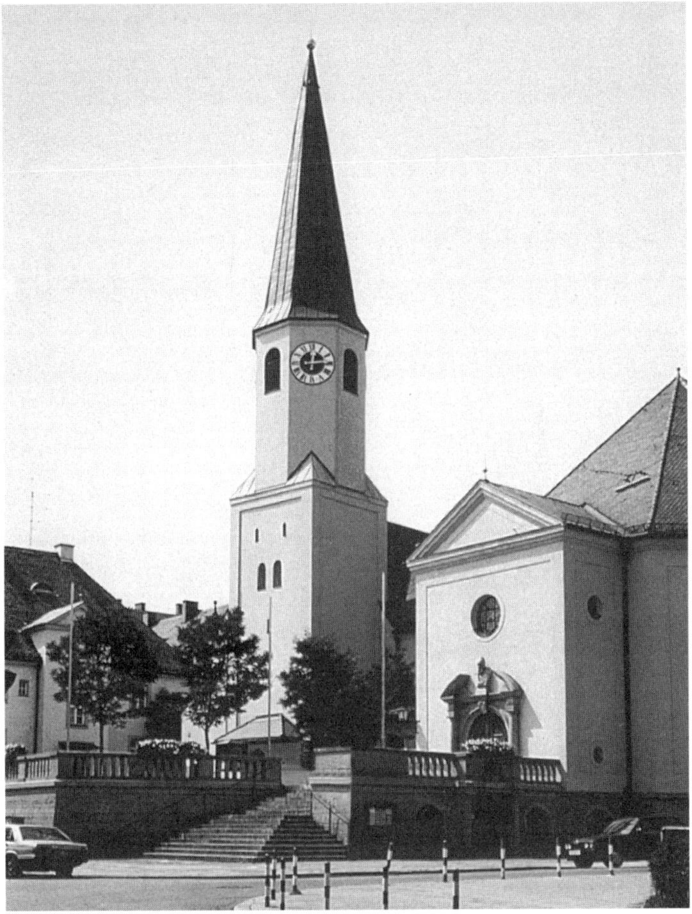

25. *Kath. Pfarrkirche St. Sylvester*

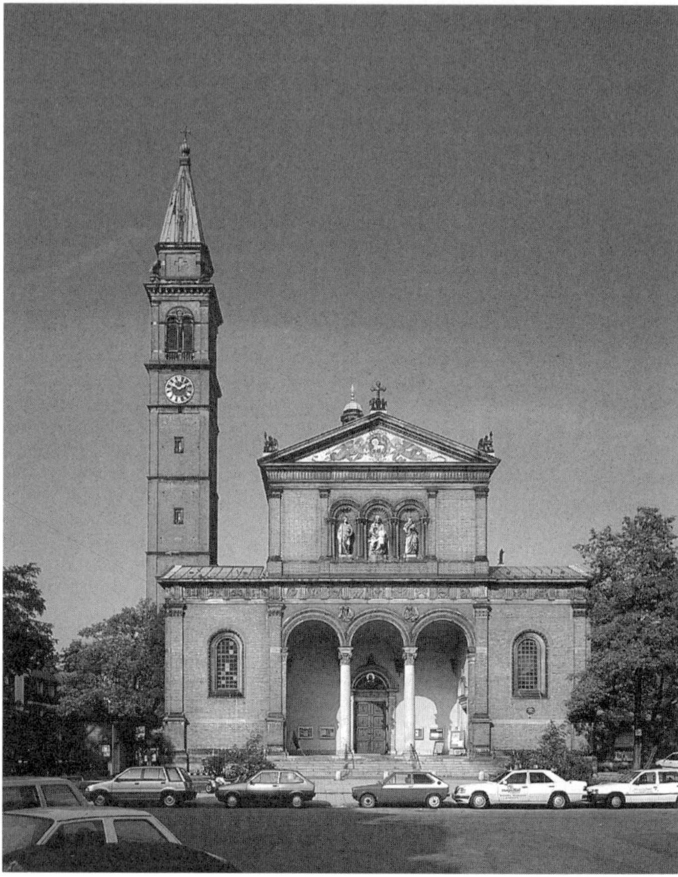

*26. Kath. Pfarrkirche St. Ursula*

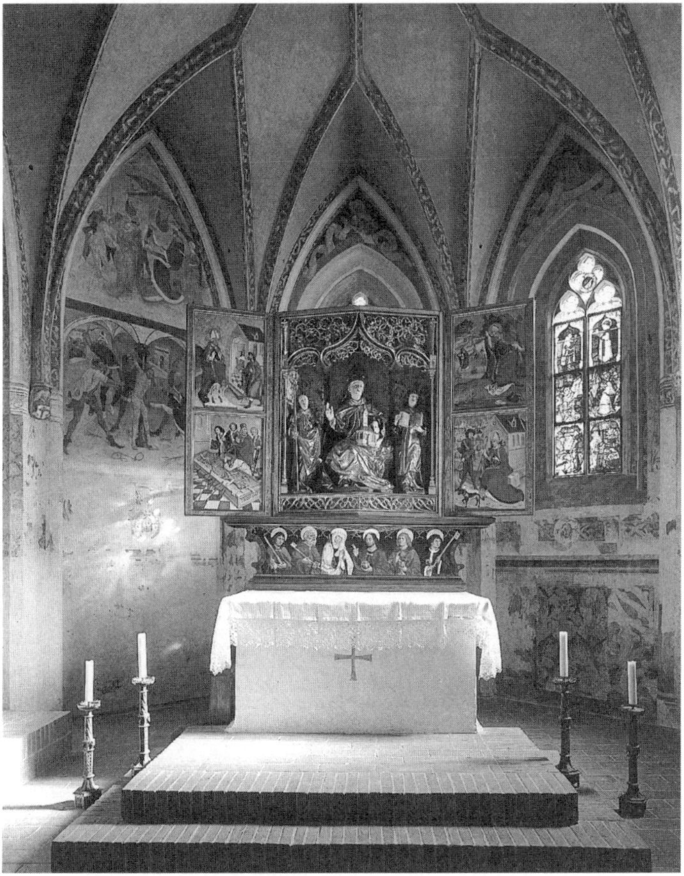

27. *Kath. Filialkirche St. Wolfgang (Pipping)*

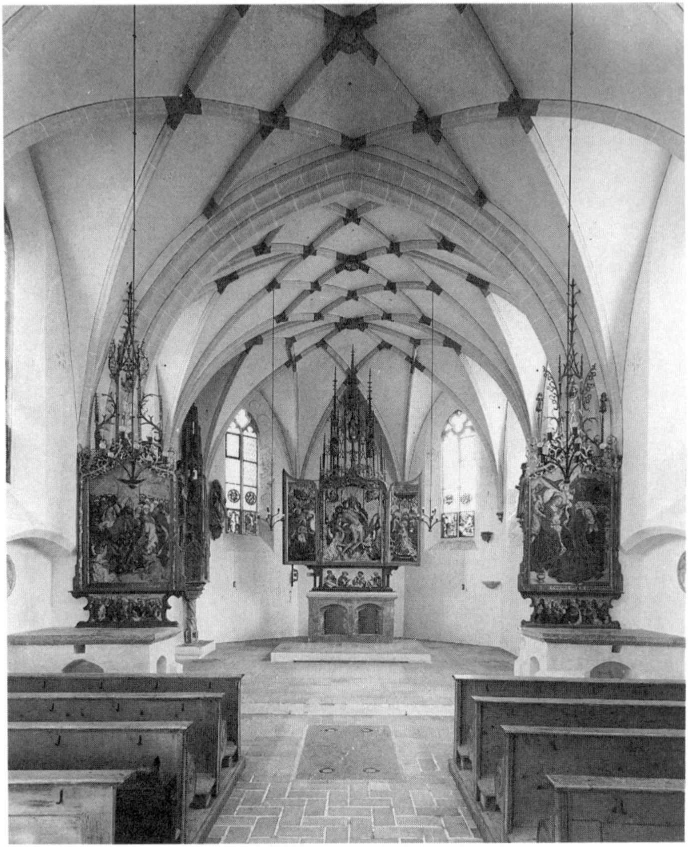

*28. Schloß Blutenburg, Schloßkapelle Hl. Dreifaltigkeit*

Am Pfeiler gegenüber Epitaph für Wolfgang Ligsalz, ein Hauptwerk von *Hans Mielich,* 1550, mit eindrucksvollen Gemälden, als Mitteltafel der Auferstandene als Sieger über Tod und Teufel, die Seitentafeln mit Bekehrung Pauli und Mantelspende des hl. Martin. – 8. Kapelle (Mariä Verkündigung). Altarblatt und Predella von *Joachim von Sandrart,* 1646, Verkündigung an Maria und die hll. Johannes der Täufer und Cäcilia. An der Westwand Holzskulpturen der hll. Petrus und Paulus, um 1460, dem Steinmetz *Hans Haldner* unsicher zugeschr. – 9. Kapelle (Bartholomäus- und Veitkapelle). Retabel mit den Gemälden Bartholomäusmarter und Gottvater, von *Wilhelm Schöpfer,* 1627. In der Predella bedeutendes Vesperbild, Altbayern oder Salzburg, Anfang 15. Jh., Sandstein, originale Fassung. An der Westwand Gemälde der Kreuzabnahme, süddeutsch, um 1520. – 10. Kapelle (ehem. Ecce-homo-Kapelle). Bronze-Epitaphien für Georg Lauther († 1610) und für den Gießer Martin Frey († 1603), letzteres von *Hans Krumpper* entw. – Vor der Kapelle im Seitenschiff das urspr. im Chor aufgestellte monumentale Gedächtnismal für Kaiser Ludwig den Bayern. Die Grabplatte aus Rotmarmor, um 1490, von einem namentlich nicht bekannten Bildhauer, wird umschlossen von einem Gehäuse aus schwarzem Marmor. Den Längsseiten sind lebensgroße Bildnisse von Herzog Wilhelm IV. († 1550) und Herzog Albrecht V. († 1579) vorgestellt, als Bekrönung Genien mit den kaiserlichen Insignien, Bronzearbeiten nach Modellen von *Hans Krumpper,* 1619–22, Guß von *Dionys Frey.* Den vier Ecken vorgesetzt vier kniende Geharnischte mit Fahne, Arbeiten von *Hubert Gerhard* und *Carlo Pallago,* um 1595, vielleicht urspr. für das Grabmal Wilhelms V. in St. Michael bestimmt. – Kapelle im Südturm. Glasgemälde 2. H. 14. Jh., verschiedener Herkunft, hl. Erasmus, ein hl. Bischof, Schmerzensmann und Maria, Szenen der Passion Jesu. An der Westwand barockes Gemälde der hll. Ulrich und Maria Magdalena. Epitaphien für Alexander H. Andorfer († 1640), für Abraham Ridler († 1580), für Karl Keckl († 1592), für Konrad Lew († 1602).

Unter der Orgelempore links Grabstein des Jörg von Halspach und des blinden Organisten Konrad Paumann († 1473), Rotmarmor. Gemälde Porträts von Jörg von Halspach und des Zimmermeisters Heinrich von Straubing, von *Jan Polack*, um 1490.

In der modernen Gruft unter dem Hochchor Triptychon von *Karl Caspar,* 1916, Vesperbild, Seiten vierteilig mit Passion und Auferstehung Christi. – Im Eingangsraum unter der Orgelempore links Grabmal des ersten Erzbischofs von München und Freising, Lothar Anselm von Gebsattel († 1846), von *Ludwig Michael Schwanthaler.* Rechts zwei Gemälde von *Johann Andreas Wolff,* Verlöbnis Mariä und, ehem. Auszugsbild, hl. Christophorus, 1688.

In der Sakristei Glasfenster mit hl. Margarete, 1. Hälfte 14. Jh.

**Kath. Allerheiligenkirche am Kreuz,** „Kreuzkirche" (Kreuzstr. 10). Die *Jörg von Halspach* zugeschr. Friedhofskapelle der Peterspfarrei

wurde 1478–85 erbaut, der Turm nach 1506 aufgestockt. Um 1620/25 barockisiert, dabei die heutige Apsis errichtet. Die Empore stammt von 1722/26, das Nordportal von 1814, die Seiteneingänge wurden damals vermauert. Innenraum 1936 erneuert. 1944/45 stark beschädigt. – Die Saalkirche ist nach Süden gerichtet, der tonnengewölbte Chor liegt im Untergeschoß des Turmes. Backsteinbau, Gliederung durch einmal abgetreppte Strebepfeiler und Wasserschlaggesims.
Im Hochaltar von 1814 das aus der Augustinerkirche stammende Altarblatt von *Johann Rottenhammer*, 1614, Maria erscheint dem von Ordensheiligen begleiteten Augustinus. Tabernakel *Straub*-Schule, um 1770 (?), aus der Karmelitenkirche; seitlich Silberbüsten, Johannes d. T. und Johannes Ev. – An der Ostwand Reste eines Wandbildes, wohl Anfang 16. Jh., Christus als Weltenrichter. – An der Westwand lebensgroßes Kruzifix, *Leinberger*-Schule, um 1520. Unter der Orgelempore Vesperbild von 1626. – Unter den Epitaphien außen erwähnenswert: rechts vom Nordportal das für Blasius und Anna Maria Weinmeister, 3. Viertel 17. Jh., aus Rotmarmor, innen neben dem rechten Seitenaltar das für Philipp Götz, 1627, von *Hans Krumpper*, Bronze.

**Altkatholische Kirche,** urspr. Englische Kirche (Blumenstr. 36). In der Grünanlage östlich des Sendlinger-Tor-Platzes 1912/13 nach Plan von *Heinrich Bergthold* in Formen englischer gotischer Landkirchen erbaut. 1944/45 beschädigt, bei der Wiederherstellung vereinfacht. Backsteinbau.

**Kath. Kirche St. Anna,** ehem. Damenstiftskirche (Damenstiftstr. 1). An der Stelle einer Annakapelle 1732–35 neben dem Kloster der Salesianerinnen nach Plänen von *Johann Baptist Gunetzrhainer* durch dessen Bruder *Ignaz Anton Gunetzrhainer* erbaut. Ausstattung durch die Brüder *Asam*. 1944 bis auf die Umfassungsmauern zerstört, Wiederaufbau 1948–52 durch *Erwin Schleich*. – Der Bau, in die Straßenfluchten eingebunden, die Fassade mit Pilasterordnung und Segmentgiebel, ist im Grundriß an die Dreifaltigkeitskirche angelehnt: der Hauptraum über Quadrat, mit Flachkuppel, die kurzen Querarme mit Tonnengewölbe, im Westen eine rechteckige Vorhalle, nach Osten der längsgestreckte Altarraum, auch er mit Flachkuppel. Vorherrschend ist die Tiefenerstreckung. Die Instrumentierung erfolgt durch kräftige Säulen an den Ecken und ein umlaufendes Gebälk. – Deckengemälde (Glorie des Lammes, Huldigung der Engel) und Altarblätter in monochromer Malerei rekonstruiert (im Hochaltar Anna selbdritt nach *Joseph Ruffini*, im linken Seitenaltar Heimsuchung Mariens nach *Georges Desmarées*, im rechten hl. Margaretha Alacoque).

**Kath. Filial- und Wallfahrtskirche St. Anna** (Harlaching; Harlachinger Berg 30). Eine Kirche bestand 1163. Ein spätgotischer Neubau wurde, nach Plänen von 1751 angeblich von *Johann Michael Fischer*,

1753–1761 umgebaut (Jahreszahl am Chorbogen). – Die nach Südosten gerichtete Saalkirche mit abgerundeten östlichen Ecken zeigt innen Pilastergliederung; das Tonnengewölbe mit Stichkappen. Chorturm vielleicht mit spätromanischen Mauerresten, der Altarraum durch kräftige Pfeiler gegliedert. – Zierlicher Rocaille-Stuck um 1756. Deckengemälde *Franz Zimmermann* zugeschr.: im Chor Joachim und Anna in der Glorie, im Langhaus Darbringung Mariens („*Zimm.* pinxit 1756“).
Die Altarretabel aus der Werkstatt *(Franz) Ignaz Günthers;* ein Entwurf dat. 1754. Im Hochaltar das Gnadenbild, Anna selbdritt, um 1500; im Auszug Gottvater, über den seitlichen Durchgängen Joachim und Joseph. – Die Seitenaltäre tafelartig, mit kleinen Bildern in eigenen Rahmen, links Joachim unterweist Maria, rechts Anna belehrt Maria, bei letzterem Bild der besonders reiche Rahmen von 1744/45 wohl eine Stiftung Kaiser Karls VII. (die urspr. Altarblätter, Unbefleckte Empfängnis Mariens und Vermählung Mariens, im Pfarrhof von Hl. Kreuz-Giesing). – Kanzel nach Entwurf *Günthers,* 1767, Fassung von *Johann Georg Stocker.* Am Chorbogen Skulptur, Muttergottes, um 1700 (Stiftung von 1968). Votivkerzen von 1797.

**Kath. Pfarrkirche St. Anna** (St.-Annaplatz). Die neuromanische Kirche, auf einer künstlichen Terrasse inmitten eines unregelmäßigen Platzes gelegen, wurde 1887–92 nach Plan von *Gabriel von Seidl* erbaut. 1944 beschädigt, bis 1954 die Schäden beseitigt. Letzte Renovierung 1985. – Die dreischiffige, kreuzgratgewölbte Pfeilerbasilika mit Ostquerhaus, Vierungsturm über ausgeschiedener Vierung, vierjochigem Langhaus und Westquerbau mit hohem Mittelturm ist in der Formensprache rheinischer Romanik erstellt, die Glieder aus Muschelkalk, die Flächen Backstein, außen geschlämmt. – Mittleres Westportal mit Skulpturen von *Anton Pruska* nach Vorbildern des 12. Jh.s in Frankreich und Italien, das Tympanon von 1894 mit Weltgericht, der Architrav von 1912 mit Seligen und Verdammten. Über der Vorhalle mit mosaiziertem Fond Christus als apokalyptischer Reiter, Bronzefigur von *Ferdinand von Miller d. J.,* 1910.
Altäre und Kanzel von *Pruska* nach Entwurf *von Seidls.* – Hochaltar mit Ziborium. Querhausstirnen mit Skulpturen von *Pruska,* im Norden Propheten, im Süden Medaillons mit Jugend Christi. – Gemälde: in der Hauptapsis Trinität, Maria und Anna, Apostel, von *Rudolf von Seitz,* 1892. An der Ostwand des Querhauses links Hochzeit zu Kana, rechts Apostelkommunion, von *Carl Becker-Gundahl,* 1907/08. – Seitenschiffenster mit Glasgemälden von Heiligen, dat. 1892.
In der Südwestecke der Terrasse Zweischalenbrunnen mit den Paradiesesflüssen, 1894 von *Pruska* nach Entwurf *von Seidls.*

★ **Franziskanerklosterkirche St. Anna „im Lehel“**, ehem. Hieronymitanerkirche (St.–Anna-Platz). Für die 1725 nach München übersiedelten Eremiten erbaute *Johann Michael Fischer* 1727–30 in der Vor-

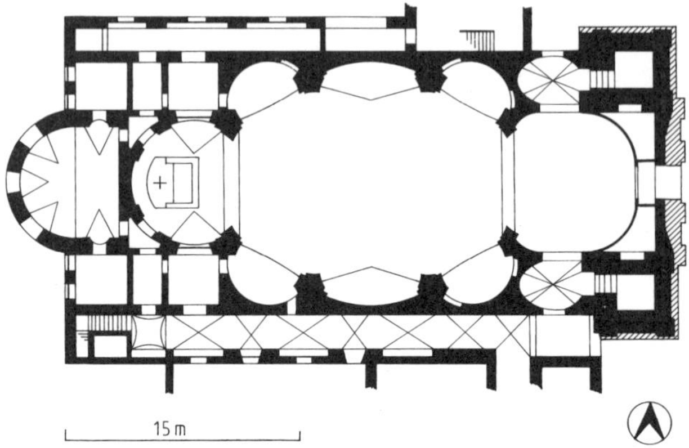


*München, Franziskanerklosterkirche St. Anna „im Lehel“*

stadt deren Klosterkirche, zugleich Votivkirche für die Geburt des Kurprinzen. Weihe 1737, Ausstattung bis 1739. Als Folge der Klosteraufhebung 1802 von 1807–92 Pfarrkirche, seit 1827 auch Klosterkirche der Franziskaner. 1945 weitgehend zerstört. Wiederaufbau zunächst in einfacher Form 1946–51; neubarocke Fassade von *Erwin Schleich*. Rekonstruktion und Nachschaffung der barocken Ausstattung 1967–1979.

Der nach Westen gerichtete Bau, *Fischers* Erstling in München, ist, einem Rechteck einbeschrieben, eine Wandpfeilerkirche, ihr Hauptraum über Längsoval erbaut, mit flacher, muldenförmiger Kuppel auf hohem Fuß. Die zwischen den Pfeilern gelegenen sechs Kapellen über kurviertem Grundriß, die mittleren flach, querhausartig. Vorhalle über Queroval, 1852 erweitert, mit Empore. Wandgliederung durch Pilaster. Geschweifte Fenster im Gewölbefuß. In der Gesamtdisposition Vorstufe zu Fischers Zentralbauten. Mönchschor hinter dem Altarraum.

Deckengemälde von *Karl Manninger* 1967–76 in Anlehnung an die ursprünglichen von *Cosmas Damian Asam* (1729): im Altarraum Verherrlichung des Namens Anna, im Hauptraum Annas Einführung in den Himmel, über der Empore Annas Tod. Stuck und Altarretabel von *Egid Quirin Asam,* weitgehend erneuert.

Am Hochaltar Stuckfiguren von *E. Qu. Asam,* links Papst Pius V., rechts Augustinus. Das Tabernakel ein Hauptwerk von *Johann Baptist Straub,* um 1756 (?). Das Altarblatt, Anna unterrichtet Maria, von *Manninger* nach *C. D. Asam* (1738). – Seitenaltäre links: 1. Paula-Altar, Hauptbild Paula von Rom und ihre Tochter geloben

Hieronymus klösterliches Leben, von *C. D. Asam,* 1735; Oberbild hl. Didacus, *Asam*-Schule. – 2. Kreuzaltar; die seitlichen Engel von *E. Qu. Asam.* – 3. Portiunkula-Altar, Hauptbild Franz von Assisi erfleht den Portiunkula-Ablaß, von *Manninger,* 1979; Oberbild hl. Ludwig von Toulouse, *Asam*-Schule. – Rechts: 1. Hieronymusaltar, Hauptbild Letzte Kommunion des Heiligen, von *C. D. Asam,* 1738; Oberbild hl. Bonaventura, *Asam*-Schule. – 2. Antoniusaltar, neu, mit Figur von 1682, rechter Engel von *E. Qu. Asam,* Stuck (ergänzt). Reliquienschrein Böhmen, um 1750. – 3. Margaretenaltar, Hauptbild Margareta von Cortona, von *Georg Sang,* 1. Hälfte 18. Jh., aus der alten Franziskanerkirche; Oberbild hl. Jakobus von der Mark, *Asam*-Schule. – Kanzel von *Straub,* um 1756 (?), auf dem Schalldeckel Christus als Weltenrichter; Brüstungsreliefs mit Stigmatisation des hl. Franz, von *Konrad Ritter von Hofmann,* 1934. – In der Vorhalle Rokokogitter.

**Asamkirche ▷ St. Johann Nepomuk**

**Ev. Auferstehungskirche** (Gollierstr. 55). Von *German Bestelmeyer* 1930/32 auf einem Eckgrundstück zusammen mit dem westlich gelegenen Pfarrhaus erbaut, mit durch Zurücksetzen gewonnenem kleinen Vorplatz. Die Bauteile deutlich voneinander abgesetzt, der Chor als Chorturm, das Langhaus niedriger, der Eingangsbau ein Querriegel im Norden, mit Turm an seiner Westflanke. In seiner Mischung aus in Sichtbackstein errichteten prismatischen Baukörpern und romanischen Einzelformen eines der Hauptwerke der Neuen Sachlichkeit in München. – Das Innere verputzt. Der Chorraum höher gesetzt, mit Altarziborium; seitlich Pfarrherrnloge und Taufstein (von *Wilhelm von Rechenberg*). Das Langhaus zur Empore auf seiner Westseite und zum Eingangsbau durch hohe Pfeilerarkaden mit orientalisierenden Kapitellen weit geöffnet.
Neben dem Chor außen Skulptur Guter Hirte, von *Andreas Lang.*

**Ehem. Augustinerkirche St. Johannes d. T. und Johannes Ev.,** jetzt Deutsches Jagd- und Fischereimuseum (Neuhauser Str. 52). Die Augustiner-Eremiten hatten sich um 1290 niedergelassen, das Kloster 1291 zu bauen begonnen, angeblich an der Stelle einer Johanneskapelle „im Haberfeld“. Stiftungsbrief 1294. Stiftung der Magdalenenkapelle am Chor 1311, Chorweihe (die erste?) 1341. Langhaus wohl in der ersten Hälfte des 15. Jh.s erneuert (Weihe von acht Altären 1449). Umbau 1619/20 durch *Veit Schmidt.* 1802 Kloster aufgehoben. Die als Mauthalle dienende Kirche im Zusammenhang mit dem Bau des Polizeipräsidiums auf dem Klostergelände 1909–16 völlig verändert durch Einziehen einer Zwischendecke sowie den Einbau von Läden und Amtsräumen; der Obergaden als „Weißer Saal“ genutzt. 1944/45 schwer beschädigt. 1949 Wiederaufbau, 1961–65 Renovierung des „Weißen Saales“ für das Museum, dabei wurde der Stuck im Langhausgewölbe erneuert.

Infolge der derzeitigen Nutzung ist die Baugeschichte der Kirche nur undeutlich zu fassen: eine dreischiffige Basilika, deren Langchor mit Fünfachtelschluß wohl aus der Zeit um 1300 stammt. Chorgliederung durch einmal abgetreppte Strebepfeiler mit seitlichen Blenden; unter dem Dach ursprünglich ein gemaltes Weiß-Rotes Friesband, am Chor als Winkelband, am Langhaus gequadert. Durch den frühbarocken Umbau entstand, hierin der Peterskirche vorausgehend, eine zweigeschossige Pfeilerbasilika mit Pilasterordnung und kräftigem verkröpftem Gebälk. Das erneuerte und dabei veränderte Gewölbe erhielt Rahmenstuck in zentrierenden Formen; im Obergeschoß sitzen unter den hoch angebrachten Fenstern stuckierte Blendfelder. Die einst berühmte Ausstattung an Gemälden zerstreut (▷ Allerheiligenkirche am Kreuz), das ehem. Hochaltarblatt von *Jacopo Tintoretto* in Stift Haug in Würzburg.

**Kath. Pfarrkirche St. Benno** (Neuhausen; Ferdinand-von-Miller-Pl. 1). Nach Entwurf von *Leonhard Romeis* 1888–95 erbaut auf einem von Ferdinand von Miller zum Dank für die geglückte Aufstellung der „Bavaria" geschenkten Areal. 1944/45 beschädigt. – Die nach Norden ausgerichtete Basilika mit Querhaus und zwei hohen Türmen an der Hauptfassade im Süden ist in vorwiegend an rheinischen Bauten orientierten romanischen Formen errichtet. Backsteinbau, mit Muschelkalk verkleidet. – Wandaufbau mit Empore; Kreuzrippengewölbe.
Außen wie innen reiche skulptierte Bauzier. Das Hauptportal mit Säulenfiguren und Bronzetür. – Romanisierend auch die Ausstattung. Die Chorapsis mosaiziert, Hauptbild Christus als Weltenrichter, von *Karl Wahler* (1905/06); am Chorbogen Mosaik mit den Klugen und Törichten Jungfrauen. – Der Hochaltar unter einem Altarziborium mit Kuppel von *Alois Miller,* das Retabel als Reliquienschrein mit Bronzefiguren nach Modellen von *Heinrich Waderé;* das Ganze Stiftung von Prinzregent Luitpold. Nach *Waderés* Entwurf die Reliefs der Kanzel, Szenen aus dem Leben des hl. Benno. Marienfigur von *Balthasar Schmitt;* Taufstein und das Vesperbild in der Millerschen Kapelle von *Anton Pruska.*
Vor der Kirche Erzfigur des Titelheiligen auf Porphyrsäule, 1910 von *Georg Albertshofer* und *German Bestelmeyer.*

**Pfarr- und Benediktinerklosterkirche St. Bonifaz,** „Basilika" (Karlstr. 34). Die als Apostelkirche 1819 am Königsplatz gegenüber der Glyptothek geplante Pfarrkirche der westlichen Maxvorstadt wurde an heutiger Stelle im Auftrag König Ludwigs I. durch *Georg Friedrich Ziebland* 1835–48 als fünfschiffige Basilika errichtet. Sie ist zugleich Kirche der vom König nach München berufenen Benediktiner, deren Kloster mit dem ehem. Ausstellungsgebäude am Königsplatz programmatisch einen Komplex bildet. Weihe 1850. 1944/45 weitgehend zerstört, die nach dem von Ignaz Döllinger erstellten Programm von *Heinrich von Heß* und einem Mitarbeiter geschaffene berühmte

Ausmalung vernichtet. Das südliche Drittel der Kirche 1949/50 von *Hans Döllgast* wieder aufgebaut, unter Einbeziehung erhaltener Säulen. Das auf dem nördlichen Teil der einstigen Kirche 1970/71 erstellte Pfarrzentrum mit Werktagskirche nach Entwurf von *Karl Theodor Horn* ist ein sehr konsequent aus Fertigteilen errichteter Bau in Sichtbeton, dessen Flachdach in Höhe der Seitenschiffdächer der Kirche sitzt und der die Gruft der ersten Kirche einbezieht; die Reste der alten Apsis bilden den Kern der über Halbkreis erbauten Abschlußmauer.

Außen ist das urspr. Erscheinungsbild des in Anlehnung an mittelalterliche italienische Kirchen im Rundbogenstil errichteten, nach Norden gewandten Backsteinbaus gewahrt. Die im Süden vorgelagerte Vorhalle mit neun Arkaden über flachen Stufen ist wie die Südfassade überhaupt durch Gliederung in Kalkstein ausgezeichnet. Das mittlere der drei Portale in der Vorhalle höher geführt, mit Rücksprung, in dem Skulpturen der Apostelfürsten von *Johann Fidelis Schönlaub* stehen; die seitlichen Portale mit breiter, bandartiger Umfassung.

Im Inneren ist der alte Bau uminterpretiert: an die Stelle des einstigen Gerichtet-Seins ist eine zentralisierende Struktur gesetzt durch die Schaffung zweier Kreuzarme und Ausrichtung der Seitenschiffe auf das Mittelschiff hin. Die dichte Befensterung und helle Verglasung erzeugen zusammen mit den hell geschlämmten Wänden einen sehr lichten Innenraum.

Der südliche Nebenraum des äußeren nördlichen Seitenschiffs ist Grabkapelle König Ludwigs I. Sein Sarkophag aus weißem Marmor, von *Adalbert Sickinger,* 1868, nach einem Entwurf von *Leo von Klenze*, folgt palermitanischen Vorbildern.

★ **Kath. Bürgersaalkirche** (Neuhauser Str. 14). Der Versammlungsraum der 1610 gegründeten Marianischen deutschen Männerkongregation „Mariä Verkündigung" wurde 1709/10 nach Plänen von *Antonio Viscardi* durch *Johann Georg Ettenhofer* als Saalbau über niedrigem Untergeschoß errichtet. 1772 Ersatz des Deckenstucks durch ein Fresko mit der Himmelfahrt Mariens, von *Martin Knoller.* 1778 nach Aufhebung des Jesuitenordens Konsekration als Kirche. 1944 bis auf die Umfassungsmauern zerstört. Schrittweiser Wiederaufbau 1945–59, dabei Veränderungen (Seitenportale, Treppenführung).

Die sehr flach gehaltene Fassade mit gekuppelten Pilastern endet in einer mit Obelisken besetzten Attika und einem segmentbogig schließenden durchfensterten mittleren Aufsatz. Nur das Mittelportal urspr., Rotmarmor. Darüber in einer Nische thronende Muttergottes auf der Mondsichel, *Franz Ableithner* zugeschrieben.

Der nach Norden gerichtete Saal beidseitig über Treppen zu erreichen. An der Fassade und im Nordteil der Seitenmauern zweireihig durchfenstert, an der Nordwand mit dem Altar Blendfenster. Die Wände sind durch Pilaster gegliedert, das nördliche Joch durch Doppelpilaster hervorgehoben. Flachdecke über hoher Voute. – Die

Stuckierung um 1710 durch *Josef Georg Baader* an den Wänden weitgehend erhalten, an der Decke neu, ebenso die Deckenbilder von *Hermann Kaspar,* 1971. – Die urspr. Altaranlage bis auf das reich durchgebildete Holzrelief mit der Verkündigung an Maria zerstört; dieses 1710/11 von *Andreas Faistenberger,* eines der Hauptwerke bayerischer Skulptur um 1700, wohl mit originaler Silber- und Goldfassung. Auf dem Altar Silberbüsten der hll. Joachim, Johannes d. T., Josef und Johannes Ev. von *Joseph Friedrich Canzler,* 1768, nach Modellen von *(Franz) Ignaz Günther.* – Über den Fenstern Medaillons mit Lobpreisungen Mariens, von *F. Kitzinger,* um 1774, unter den Fenstern 14 Gemälde bayerischer Wallfahrtsorte, von *Joachim Beich.* Die Gemälde in den Wandfeldern der südlichen Joche von *Johann Anton Gumpp:* Immaculata, Geburt Mariens und Tempelgang an der Westseite, Mariä Heimsuchung, Darstellung im Tempel und Schmerzensmutter an der Ostseite; alle weitgehend erneuert. – Von der Kanzel, die *Günther* für St. Maximilian (abgebrochen) geschaffen hatte (Entwurf dat. 1768), sind einige Engelsskulpturen in die jetzige, moderne übernommen. – Unter der Empore Schutzengelgruppe von *Günther,* 1763, aus der Karmelitenkirche; Fassung neu oder erneuert. In beiden Treppenaufgängen Schutzmantelmaria, 17. Jh.

Die fensterlose Unterkirche diente urspr. als Druckerei zur Herstellung von Gebetszetteln. Kreuzwegstationen von *Hans Sprenger,* 1898. Grabkirche von P. Rupert Mayer S. J.

★ **Kath. Dreifaltigkeitskirche,** ehem. Kirche der Unbeschuhten Karmelitinnen (Pacellistr. 6). Mit dem Kirchenbau wurde ein Gelöbnis der bayerischen Landstände zur Abwehrung der Zerstörung Münchens im Spanischen Erfolgekrieg eingelöst, beruhend auf einer Vision der Kammerdienerstochter Anna Maria Lindmayr, 1704. Nach langer Standortsuche wurde 1711 der Grundstein gelegt, 1718 die Kirche geweiht, 1731 an die Karmelitinnen übergeben. Den nach Norden gerichteten Zentralbau mit Kreuzarmen und Kuppel über dem Hauptraum sowie einem Glockenturm im Nordwesten entwarf *Antonio Viscardi.* Ausführung durch seinen Palier und Nachfolger *Johann Georg Ettenhofer* unter Beiziehung von *Henrico Zuccalli.* Der Rohbau 1712 unter Dach, die Kuppel 1714 geschlossen, der Glockenturm 1715 fertig, zugleich Stuckierung und Ausmalung abgeschlossen. Kaum Kriegsschäden. Letzte Renovierung 1983–85.

Die in die Straßenfluchten eingebundene Kirche tritt im zweigeschossigen Mittelteil ihrer fünfachsigen Fassade polygonal vor. Die vier seitlichen Abschnitte mit Vollsäulen auf Sockel über Eck instrumentiert, die Stellung der Kapitelle auf die Wand dahinter bezogen, nicht auf die Sockelstellung. Der leicht zurückgesetzte Mittelabschnitt mit Pilastern. Das gefelderte Obergeschoß über kräftig profiliertem Gebälk, eingezogen mit steilen Voluten, die äußeren Achsen mit Attika-

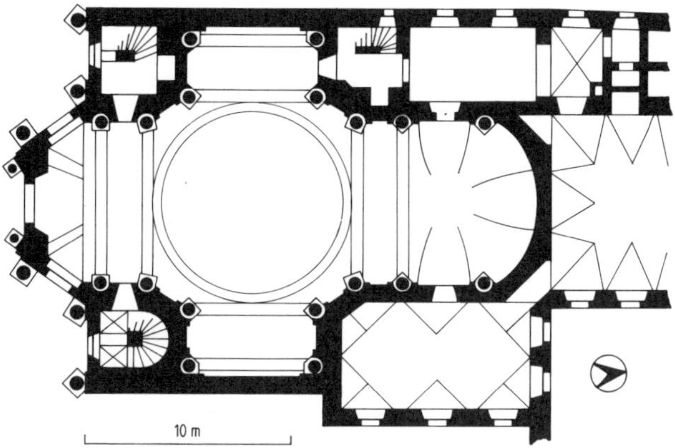


*München, Dreifaltigkeitskirche*

brüstung und Obelisken. In der Mittelachse Nische mit in Kupfer getriebener Figur des hl. Michael, von *Josef Fichtl* und dem Schmied *Adam Hämmerl,* 1726. Portal mit Sprenggiebel, Rotmarmor. Inschriftkartusche und Schild der Michaelsfigur weisen auf die Dreifaltigkeit.

Der weite, an den Ecken abgeschrägte Mittelraum ist um ein Geringes längsgestreckt. Die vier Kreuzarme sind unterschiedlich gebildet, der nördliche mit Vorjoch und polygonalem Chorschluß; der südliche mündet nach einem Vorjoch in das Polygon der Fassade, die beiden Querarme sind über Rechteck errichtet. Raumbestimmend sind die an den Ecken des Mittelraumes, an den Jochgrenzen und in den Ecken der Querhausarme eingestellten, von Nischen hinterfangenen weißen Säulen mit Sockel über Eck, das kräftige Gebälk und die durchfensterte Kuppel.

Im Hauptraum und im Gebälk zarter Rankenstuck, in den Pendentifs und am Kuppelansatz kräftiger weißer Stuck vor Gelb oder Rot, von *Johann Georg Baader.* Die Deckengemälde, 1714/15 von dem ein Jahr zuvor aus Rom zurückgekehrten *Cosmas Damian Asam.* In der Kuppel, deren Bilder noch über das Gesims ausgreifen, ist die Verehrung der Dreifaltigkeit durch die Engel, Tugenden, Apostel und Heilige dargestellt, im Süden (Eingangsseite) die Himmelfahrt des von den Karmeliten verehrten Elias. In den Pendentifs die Evangelisten, im Chorraum die drei Männer vor Abraham, im Vorjoch die Verehrung der Dreifaltigkeit durch die Landstände, in den Querarmen Taufe Jesu und seine Verklärung. Hinzu kommen auf die Dreifaltigkeit bezogene Embleme.

Bei den Altären ist die originale Marmorierung erhalten. Der einfache Hochaltar von 1716 zeigt als Altarblatt die Fürbitte Mariens vor der Dreifaltigkeit, gemalt von *Johann Andreas Wolff* ab 1711, von seinem Schüler *Johann Degler* 1717 vollendet. Die Engelsfiguren von *Fichtl.* Das Tabernakel mit Emmausrelief von *Johann Baptist Straub,* um 1760. Die beiden Engel seitlich der Mensa, um 1730/40, werden *Johann Georg Greiff* zugeschrieben. – Im linken Querhaus Josephsaltar, mit Altarblatt von *Joseph Ruffini,* 1718: hl. Joseph mit Jesuskind, Gottvater und Geisttaube; die Seitenfiguren, Johannes d. T. und Petrus, von *Andreas Faistenberger.* – Im rechten Querarm Theresienaltar. Das Altarblatt, Vision der hl. Theresia von Avila vor der Trinität, von *Degler,* 1718; die Seitenfiguren, der Prophet Elias und der Karmelit Johannes vom Kreuz, von *Franz Ableithner.*
Auf dem Schalldeckel der Kanzel, um 1717, Himmelsglobus mit trinitarischen Symbolen. Gegenüber Christus am Kreuz und Schmerzensmutter, *Nikolaus Ableitner* zugeschr. Skulpturen, 1742. – Links vom Theresienaltar das von *Straub* 1746 geschaffene Epitaph für Graf Gaudentius von Rechberg und seine Gemahlin Maria Adelaide von Toerring-Seefeld; Trophäen und Wappen Blei-Zinn-Legierung, vergoldet.

**St. Elisabeth,** Herzogspitalkirche (Herzogspitalstr. 8) ▷ **Mater dolorosa,** Klosterkirche der Servitinnen.

**Kath. Kirche St. Elisabeth** (Mathildenstr. 10). Die ehem. Spitalkirche der Elisabethinerinnen wurde 1758/60 erbaut, vielleicht nach Plänen von *Leonhard Matthäus Gießl,* die *Franz Anton Kirchgrabner* zugeschriebene Fassade 1790 vollendet. Der 1944/45 bis auf die Außenmauern zerstörte Bau 1963 wieder errichtet. – Die aus dem Schutt geborgenen Skulpturen des von *Josef Heringer* 1776 geschaffenen Hochaltarretabels bei dessen Rekonstruktion wieder verwendet, die sonstige Ausstattung verloren, auch das Deckengemälde von *Matthäus Günther,* 1765.

**Ev. Erlöserkirche** (Schwabing; Ungererstr. 13). Als ev. Pfarrkirche Schwabings erbaut 1900/01 von *Theodor Fischer;* dessen erster Kirchenbau. 1945 beschädigt, 1946–48 ausgebessert. – Quer zum Platz („Münchner Freiheit“) gelegener und auf den Blick von der Stadtseite her konzipierter, hinter einer Umfriedung liegender Predigtsaal mit Emporen auf drei Seiten. „Der Stil deckt sich mit keiner der herkömmlichen Bauweisen“ (Bauprospekt von 1901): abgewandelte mittelalterliche Formen sind mit Elementen des Jugendstils vermengt. – Das Äußere ist bestimmt von vielfachen malerischen Überschneidungen der gestaffelt gruppierten Bauteile. Eine Vielfalt an Einzelformen belebt diese und den ganzen Bau unter seinem hohen Dach. Der Turm, gleichsam hinter der Kirche gelegen, markiert die Straßengabelung zwischen Leopold- und Ungererstraße.

Innen entschiedener Verzicht auf aufwendige Bauweise, die Strukturierung vor allem durch Malerei. Die Halbkreisapsis im Osten, mit niedrigem, in Arkaden geöffnetem Umgang, das Langhaus mit Flachdecke, in niedrigen, weiten Arkaden zu den Abseiten und Emporen geöffnet. Von den Säulen aus Muschelkalk, wie die sonstige spärliche Bauskulptur von *Ernst Neumeister,* gleicht keine der anderen. Am Chorbogen, unter dem urspr. der Altar stand, das Apokalyptische Lamm und die Evangelistensymbole; in der Apsis Gemälde von *Linda Kögel,* Das Leben der Gemeinde unter dem Schutz des Erhöhten, 1904, Stiftung von Prinzregent Luitpold. – In der westlichen Vorhalle Christus, ans Kreuz gelehnt, Stiftung von *Adolf Hildebrand.*

**Kath. Pfarrkirche St. Gabriel** (Haidhausen; Versailler Str. 20). Langgestreckte „altchristliche" Basilika mit Querhaus und Apsis, Turm an der Südseite, Vorhalle an der Fassade, erbaut 1925–26 von *Eduard Herbert* und *Otto Orlando Kurz.* Backsteinbau. An der Fassade Verkündigung an Maria, Steinbildwerke von *Erwin Kurz,* mit übergroß wiedergegebenem Erzengel Gabriel. Das Innere weiträumig angelegt, weiß gefaßt, mit roten Säulen, das Mittelschiff mit hölzerner Flachdecke. Die Seitenaltäre mit Mosaiken, Maria und Josef, von *Josef Ebner;* das Mosaik der Apsis, Christkönig, 1944 zerstört.

**Kapelle St. Georg** (Milbertshofen; Alter St.-Georgspl. 6).
*Die Ansiedlung Milbertshofen ist um 1140/52 als Ilmungeshoven oder Amelungeshoben bezeugt und damals als Schwaige dem Kloster Schäftlarn übergeben.*
Eine Kapelle 1360 genannt. Der jetzige Bau von etwa 1507/10 wurde 1944 weitgehend zerstört. Der Chor samt dem nördlich gelegenen Turm mit Blendgliederung und Satteldach 1951 von *Ernst Hanauer* als Gedächtniskapelle wiederhergestellt. Sakramentshaus Stein. – Die Reste der Ausstattung in die Pfarrkirche St. Georg verbracht. Ein angeblich aus Milbertshofen stammender frühromanischer Kruzifixus im Bayerischen Nationalmuseum München.

★ **Kath. Filialkirche St. Georg** (Bogenhausen; Bogenhauser Kirchpl. 1).
*Der Ort ist 776/79 urkundlich genannt, die Kirche Urpfarrei im Gebiet des heutigen München rechts der Isar.* 1357 *dem Stift St. Veit in Freising inkorporiert.*
Von der spätromanischen Kirche blieb das Turmuntergeschoß. Der Chor stammt wohl aus der 1. Hälfte des 15. Jh.s. Zum Langhaus legte *Johann Michael Fischer* 1759 Pläne vor; den Bau errichtete, wohl nicht danach, 1766–68 *Balthasar Trischberger.* – Saalkirche mit einbezogenem Westturm. Diesem im Süden ein Eingangsraum, im Norden die Taufkapelle beigesellt. Der eingezogene Chor mit Flachkuppel über Pendentifs schließt außen polygonal, innen segmentbogig. Das Langhaus, durch die tiefe Empore zweigeteilt, der vordere

Teil mit Flachkuppel über Stichkappen und Pendentifs in der Nachfolge von Maria Thalkirchen, der rückwärtige Teil mit gedrückter Quertonne.
Die Gewölbe malte der *Zimmermann*-Schüler *Philipp Helterhof* 1767/68 aus: in der Chorkuppel Glorie des hl. Georg, in den Pendentifs gemalte Kartuschen; in der Langhauskuppel Martyrium des Heiligen, dazu einfarbig gehaltene Nebenbilder in den Pendentifs, Rocaillen in den Stichkappen; über der Empore David, unter ihr in drei Bildern die drei göttlichen Tugenden. An der Emporenbrüstung drei Bilder mit den Geheimnissen des Rosenkranzes.
Alle Retabel mit Skulpturen. Im trotz seiner Kleinheit viersäuligen Hochaltar, einer Stiftung von August Graf von Toerring und seiner Gemahlin Irene, hl. Georg zu Pferd als Drachentöter (vgl. Bichl, Kr. Bad Tölz-Wolfratshausen, Obb.), als Seitenfiguren die hl. Donatus und Irene, im Auszug Dreifaltigkeit, Werkstatt *Johann Baptist Straub,* 1770–73. – Die etwa gleichzeitigen Seitenaltäre sind schräggestellt und so in ihrer bildhaften Wirkung gesteigert. Im nördlichen Retabel thronende Muttergottes, um 1628, Stiftung der Rosenkranzbruderschaft; die Seitenfiguren, Joachim und Anna, und die Büste Johann Nepomuks im Auszug Werkstatt *(Franz) Ignaz Günthers.* Im südlichen Nebenaltar *Günthers* kniender hl. Korbinian; als Seitenfiguren die hll. Isidor und Leonhard, Werkstattarbeiten, ebenso im Auszug die Büste des hl. Florian. – Kanzel von *Günther,* um 1774, am Korb Engel mit Buch, auf dem Schalldeckel Putten mit den Attributen der drei göttlichen Tugenden. – Barocker Taufstein. – Unter der Empore Epitaphien: an der Nordwand für Gräfin Maria Josefa von Toerring († 1754), Marmor, Bleifiguren und -wappen von *Straub.* An der Südwand Rotmarmortafel für Georg Freiherr von Toerring († 1625), mit Inschrift.
Im Friedhof um die Kirche Grabmäler schon des 18. Jh.s (diese aus der Kapelle des einstigen, nahegelegenen Schlosses Neuberghausen). An der Südwand der Kirche Grabmal für Josef Selmayr († 1909), mit Kruzifixus und trauernden Engeln, Eisenguß.

**Kath. Kirche St. Georg** (Obermenzing; Dorfstr. 37 a). Die wohl spätromanische Kirche wurde im 15. Jh. nach Westen verlängert, der Chor gewölbt, das Langhaus erhöht; Weihe angeblich 1444. Vom erneuten Umbau 1610 der Turm, dessen Helm von 1677–79. Purifizierende Renovierung 1969–73. – An den einfachen Saalbau schließt im Osten der gleichbreite, niedrige Rechteckchor an, östlich davon der viergeschossige Turm; sein oberstes Geschoß ein Oktogon, seine Gliederung Blendfelder, der Helm eine Zwiebelhaube auf Pyramidenstumpf.
Chor und Stirnwand des Langhauses tragen spätgotische Malereien, meist nur noch als Untermalung erhalten, am Triumphbogen größtenteils überdeckt durch das aus dem 17. Jh. stammende Jüngste Gericht (1771 „restauriert“). An der Ostwand des Chores (!) Jüngstes

Gericht, im Chorgewölbe Marientod und Evangelistensymbole, an den Seitenwänden Heilige und ihr Martyrium sowie Szenen der Kindheit Jesu. An der Ostwand des Langhauses links die hll. Barbara, Katharina, Helena, Konstantin (?), rechts und an der Nordwand des Langhauses weitere Fragmente. – Im Langhaus Skulpturen einer Kreuzgruppe, um 1500. Auf dem linken Seitenaltar Christus in der Rast, Skulptur des 17. Jh.s.

**Kath. Pfarrkirche St. Georg** (Milbertshofen; Milbertshofener Platz 1). Die nahe der alten Milbertshofener Kirche St. Georg nach Plänen von *Otto Orlando Kurz* 1910/11 erbaute neue Pfarrkirche wandelt die Gestalt der Frauenkirche in Günzburg von *Dominikus Zimmermann,* 1736–41, ab, doch so, als sei der Chor etwa 100 Jahre älter. An diesen, eingezogen, mit Fünfachtelschluß und stuckiert nach Art des 17. Jh.s, schließt das Langhaus an, ein Saal mit querhausartig gedehnten Seitenwänden und doppelter Voute; das innere Spiegelgewölbe trug urspr. ein Deckenbild. An der Südseite des Chores die Sakristei, an der Nordseite der viergeschossige Turm.
Der Hochaltar aus der alten Georgskirche (▷ Kapelle St. Georg), Stiftung des Abtes von Schäftlarn, dat. 1510 (renov. 1599), zeigt im Schrein die Skulptur des hl. Georg als Drachentöter, die gemalten Innenseiten der Flügel Martern des Heiligen, die Außenseiten den Drachentöter und seine Enthauptung. An der Predella, mit Sakramentsnische, gemalt die Verkündigung an Maria, auf der Rückseite zwei Engel, an den Schmalseiten des Schreins Rankenmalerei. Auf dem Schrein kleine Marienfigur. – An den Chorwänden Skulpturen der hll. Margarete und Dionys, um 1500, aus der Kapelle St. Georg, und die hll. Sebastian und Benno, Anfang 17. Jh. Am Chorbogen stehende Muttergottes Anfang 16. Jh.

**Griechische Kirche,** ehem. Kapelle St. Salvator (Salvatorstr. 17). Erbaut 1493/94 (?) als Friedhofskapelle der Frauenkirche vielleicht durch den Hofmaurermeister *Hans Trager.* Nach Aufhebung aller innerstädtischen Friedhöfe 1788 wurde die Kapelle 1803 profaniert, 1829 der griechischen Gemeinde Münchens übergeben. 1944/45 leicht beschädigt. Außeninstandsetzung 1982. – Saalkirche von vier Jochen und Fünfachtelschluß. Turm an der Nordseite, seine beiden Obergeschosse als Oktogon, der spitze Helm 1878 regotisiert. Östlich des Turms die Sakristei, mit Sterngewölbe. Drei Eingänge (der nördliche vermauert). Backsteinbau. – Die äußere Gliederung erfolgt durch gestufte Strebepfeiler und Wasserschlaggesims; unter dem Dachansatz ein leeres Friesband.
Netzgewölbe auf Runddiensten, diese vor gekehlten Wandvorlagen und Schildbogen; runde Schlußsteine mit Wappen. Die für Skulpturen vorgesehenen Konsolen der Dienste leer. – Im nördlichen Portalvorbau mit Wappen der Ridler Reste spätgotischer Malerei um 1495, *Gabriel Mäleskircher* zugeschr.: Verkündigung an Maria, segnender Christus, Muttergottes, Mitglieder der Ridlerschen Familie. – Aus-

stattung z. T. neuromanisch, mit Ikonostase von *Efthymios Dimitriou,* 1829. An der Nordostwand Reste von Ausmalung, dat. 1518, an der Südwand um die Mitte des 16. Jh.s. – In der Vorhalle Grabstein für Nikolaus Gysis († 1901) nach Entwurf von *Franz von Lenbach.* – Teile der Glasgemälde von 1494 und 1497 im Dom, Ergänzungen zum Wiedereinbau vorgesehen.

**Kath. Pfarrkirche Hl. Geist** (Prälat-Miller-Weg 1/Tal).
*Pilgerhaus und Katharinenkapelle von 1208 wurden nach Mitte des 13. Jh.s mit einem Spital zum Hl. Geist verbunden. 1271 Spitalpfarrei.*
Die Baugeschichte der heutigen Kirche ist nur z. T. geklärt. Den Kern bildet eine Staffelhalle (oder Basilika?) mit Chorumgang und umgeführten Kapellen; sie könnte die nach 1327 begonnene, 1392 vollendete Kirche sein, die nach 1418 verändert wurde. 1727–30 Umbau durch *Johann Georg Ettenhofer,* Stuckierung durch *Matthias Schmidtgartner* nach Entwurf von *Egid Quirin Asam,* Deckengemälde im Hauptschiff von *Cosmas Damian Asam,* in den Abseiten von *Nikolaus Gottfried Stuber.* Seit 1844 Pfarrkirche, wurde der Bau 1886–88 nach Westen um drei Joche verlängert; Entwurf *Friedrich Löwel.* Vorbau an der Südseite 1908 nach Plan von *Richard Berndl.* 1944/45 weitgehend zerstört, erfolgte der Wiederaufbau bis 1951. Wiederholung des Stucks an Freipfeilern und Gewölben 1971, der Deckengemälde im Mittelschiff 1971–75 von *Karl Manninger.*
Schlichter Außenbau; an der Nordseite die gotischen Strebepfeiler erhalten, im Westjoch des alten Teils das barocke einstige Hauptportal. Neubarocke Fassade in Anlehnung an Bauten *Antonio Viscardis,* Skulpturen von *Anton Heß.* Die Portale Rotmarmor. – Die barocke Gestaltung der Kirche ist beim Wiederaufbau wiederholt. Hallenkirche von neun Jochen, mit Seitenkapellen zwischen Wandpfeilern. Binnenchor im Fünfachtelschluß, der Chorumgang im Neunsechzehntelschluß, mit Chorscheitelturm. Infolge der zweizeiligen Befensterung (oben Okuli) sehr licht. Das Mittelschiff mit Tonnengewölbe, die Abseiten mit Gratgewölben. Neubarocke Orgelempore mit Treppenturm in der Südwestecke.
Die Altarretabel unter Verwendung urspr. Teile 1952–71 als Kopien der zerstörten geschaffen. Im Hochaltar (der ursprüngliche nach Entwurf von *Stuber* von *Antonio Matteo*) das alte Hauptbild, Pfingstwunder, von *Johann Ulrich Loth,* 1644. Die vier großen Engel Skulpturen von *Johann Georg Greiff,* 1729/30. Im Chorumgang südlich Altar Johannes d. T., 1728–30, mit Gemälde von *Melchior Steidl,* um 1720, aus der Frauenkirche. – Im südlichen Seitenschiff Josephsaltar mit Gemälde der Vierzehn Nothelfer von *Johann Heinrich Schönfeld* und spätbarocke Skulptur des hl. Joseph. – Im nördlichen Seitenschiff im 5. Joch von Westen Marienaltar mit der Hammerthaler Muttergottes, Skulptur um die Mitte des 15. Jh.s, aus Tegernsee, vor 1638–1802 in der Augustinerkirche. Im 7. Joch von

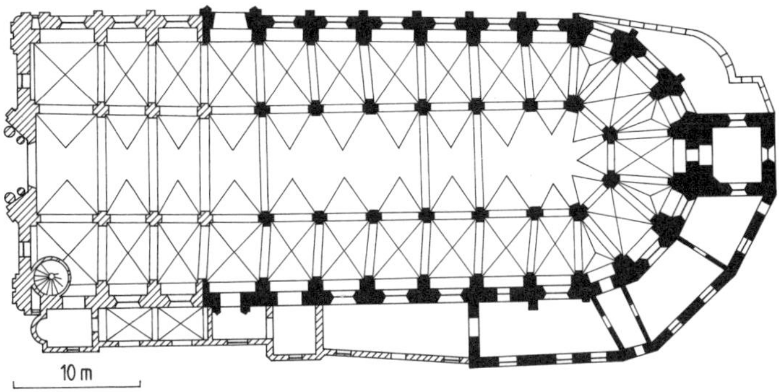


*München, ehem. Spitalkirche Hl. Geist*

Westen Dreifaltigkeitsaltar mit Skulptur der Marienkrönung, 2. Hälfte 17. Jh., ergänzt.
Gemälde: in sechs der Kapellen „Gaben des Hl. Geistes", von *Peter Horemans,* um 1730 (das siebte Bild 1944 zerstört). Über der Sakristeitür Immaculata, Spätwerk von *Johann Andreas Wolff.* Über dem Seitenausgang hl. Antonius, Gemälde von *Georges Desmarées* um 1770 aus der alten Franziskanerkirche. An der Westwand nördlich „Früchte des Hl. Geistes", Gemälde von *Joseph Ignaz Schilling,* um 1730 (das Gegenstück fehlt), südlich hl. Florian, um 1760, *Balthasar Albrecht* zugeschrieben. In der Nische statt des Chorhauptfensters Gemälde Kreuzigung Jesu, *Johann Christoph Storer* zuzuschreiben, um 1662, z. T. übermalt.
Grabmäler: im Chorumgang für Birgitta Manhartin, 1576, Rotmarmorplatte mit Relief, Vision der hl. Birgitta von Schweden. – An der Westwand vier Bronzereliefs vom Grabmal für Herzog Ferdinand von Bayern und seine Gemahlin Maria Pettenbeck aus der Sebastianskapelle im Rosental, mit Standfigur des Herzogs von *Hans Krumpper,* um 1619.
Gitter unter der Empore von *Ferdinand Dürr,* 1734. – In der Kreuzkapelle am südl. Seitenschiff Kruzifix, Skulptur um 1510/20 (ergänzt).

★ **Kath. Pfarr- und Wallfahrtskirche Hl. Kreuz** (Forstenried; Forstenrieder Allee 180 a).
*Der Hof Forstenried des Klosters Polling besaß eine Bartholomäuskapelle mit Pfarrechten seit 1194. 1229 soll das aus der zerstörten Burg Andechs stammende Kreuz, angeblich ein Werk des Benediktiners Alban von Seeon, das nach Seeon verbracht werden sollte, nicht mehr weiterzubringen gewesen sein. Wallfahrt seit 1. H. 15. Jh. bezeugt.*

Neubau der Kirche in der 1. Hälfte des 15. Jh.s, dabei Wechsel des Patroziniums. 1626 Erhöhung des spätromanischen Turms, um diese Zeit Barockisierung der Kirche, Neubau der Sakristei. Anlage der Oratorien 1749. – Der eingezogene Chor zählt zwei Joche und Fünfachtelschluß. Das Langhaus ist ein Saal, sein Grundriß nahezu quadratisch. Zu seiten des in die Kirche einbezogenen Westturms ein Vorjoch. Spitztonnengewölbe mit Stichkappen. – Wandgliederung innen durch Pilaster. Rahmenstuck um 1620/30, durch *Christian Straßer* von Polling, 1749, mit Bändern, Blumenvasen und Engelsköpfen bereichert, im Chor mehr als im Langhaus, dessen Stichkappen unverändert blieben. Am Chorbogen farbig gehaltener Rocaillestuck.
Die Altarretabel um 1609–11 (Hochaltar) und 1617–20 wurden 1749 verändert, das des Hochaltars nochmals 1947, um der Sichtbarkeit des Kreuzes willen. Dieses, ein wohl um 1200 geschaffener Dreinagelkruzifixus mit originaler, 1949 freigelegter Fassung. Zu seiten des Kreuzes im Retabel Skulpturen der hll. Helena und Bartholomäus, um 1611. Das reiche Tabernakel aus geschwärztem Holz mit Silberbeschlag gestiftet 1700. – Im nördlichen Nebenaltar Altarblatt der Beweinung Christi, angeblich von *Matthias Kager,* 1749 gestiftet und damals übermalt; Oberbild Vera Ikon. – Im südlichen Nebenaltar Himmelfahrt Mariens, um 1620, Werkstatt *Matthias Kager,* um 1749 übergangen; Auszugsbild Dreifaltigkeit; auf der Predella Gnadenbild der Maria vom Guten Rat, 1779, aus Genazzano 1786 in die Kirche verbracht. – Den Pilastern sind auf Konsolen mit Stifterwappen lebensgroße Skulpturen vorgesetzt: Christus, Maria und die Zwölf Apostel, um 1610/20, die letzteren in Polierweiß gefaßt, mit Goldsäumen. – In einer Nische an der Nordseite des Langhauses Christus im Kerker, um 1672 (?), an der Südseite Schmerzensmutter, 1708 gestiftet. Unter der Kanzel kleine Figur des Antonius Eremita, 16. Jh. – Das Gemälde der Schmerzhaften Muttergottes, nach *Willem de Key,* um 1620 urspr. das Altarblatt des nördlichen Nebenaltars, jetzt im Pfarrheim verwahrt. Auf der Tür zum Turm Engel, der die im Hause Gottes Unehrerbietigen notiert. Gestühl um 1749. Orgelgehäuse um 1730.

**Kath. Kirche Hl. Kreuz** (Fröttmaning; Freisinger Landstr. 235). Die schlichte Chorturmkirche mit ihrem mächtigen Mauerwerk ist ein Bau wohl des beginnenden 14. Jh.s. Im späten 17. Jh. barockisiert; doch ist außen mit Ausnahme der Fenster das alte Aussehen bewahrt. – Turm mit Satteldach, das Obergeschoß durch Blendfelder belebt, die unteren mit Rundbogenfries über Deutschem Band. Gemalte Eckgliederung, Gesimse und Rahmungen 17. Jh. (nach Befund erneuert). Die Wände des Langhauses innen urspr. backsteinsichtig mit teppichartiger ornamentaler Bemalung, z. T. freigelegt. – Die Dekkenbilder, um 1736, beziehen sich auf das Patrozinium: im Mittelbild Verehrung des Kreuzes, in den Nebenbildern büßende Maria Magdalena und reuiger Petrus vor dem Kreuz, Stigmatisation des hl. Franz von Assisi und hl. Franz Xaver bekehrt die Inder (letztere zwei erheblich erneuert), über dem Chorbogen die Kreuze von Golgatha, über der Empore das Kreuz über der Welt. – Die Altarretabel spätes 17. Jh., zweisäulig. Hochaltarblatt Christus am Kreuz mit Maria, Johannes und Maria Magdalena; als Seitenfiguren die hll. Erasmus (Kopie) und Sylvester. – Seitenaltäre einst mit Standflügeln (gestohlen), die Skulpturen der Mater dolorosa, 18. Jh., und des hl. Sebastian, Ende 17. Jh., von anderswoher, die übrigen Bildwerke neu. – Westempore über Holzpfeiler, 17. Jh.

**Kath. Pfarrkirche Hl. Kreuz** (Giesing; Ichostr. 1).
*Die Kirche des um 800 erwähnten Ortes war bis 1628 Filialkirche von Bogenhausen. Der spätromanische, 1619 vergrößerte Bau 1880 abgebrochen.*
Der Neubau, 1868–86 nach Plänen von *Georg von Dollmann* im Auftrag Ludwigs I. erbaut, liegt beherrschend über dem rechten Isarufer. Bauführung durch *Johann Baptist Graßl,* der auch den größten Teil der Einrichtung entwarf. 1944 und 1945 beschädigt, der Dachreiter verloren. – Dreischiffige Hallenkirche in hochgotischen Formen, mit östlichem Trikonchos. In dessen Winkeln die Sakristeien, über diesen Emporen. Mittelschiff und Trikonchos mit umlaufender Galerie und Zeltdach, die Seitenschiffe unter Pultdächern. Westturm über polygonalem Grundriß, mit hohem Spitzhelm. Backsteinbau, Sockel Nagelfluh, die Glieder z. T. Sandstein. – Eine der wenigen Kirchen Münchens mit weitgehend erhaltener neugotischer Ausstattung: Hochaltar und Nebenaltäre als Flügelretabel, Kanzel, Apostelfiguren, Kreuzwegstationen, Einzelreliefs und -figuren. – Die z. T. von König Ludwig II. gestifteten Glasfenster Kriegsverlust, die Chorfenster mit Szenen aus dem Leben Jesu von *Wilhelm Geyer,* 1961. – Aus der alten Kirche der Kruzifixus gegenüber der Kanzel, wohl 1. Hälfte 17. Jh.

**Herzogspitalkirche St. Elisabeth** (Herzogspitalstr. 8) ▷ **Mater dolorosa,** Klosterkirche der Servitinnen.

★ **Kath. Filialkirche St. Johannes Baptist** (Johanneskirchen; Gleisenbachstr. 2). Die inmitten des ummauerten Friedhofs gelegene Chorturmkirche des ausgehenden 13. Jh.s wurde 1688 barockisiert (Datum an der Südwand des Langhauses). – Der ungegliederte Turm schließt mit Satteldach; im Osten Schlitzfenster, das große Südfenster um 1765 eingebrochen. – Der Chor mit Kreuzgratgewölbe, gegenüber dem saalartigen Langhaus eingezogen. Dieses mit Flachdecke. – Kräftiger Stuck von 1688 im Chor, in der tiefen Laibung des Chorbogens und der Fenster. – An der Nordwand des Langhauses Reste von Wandmalerei, 14. Jh. (?). – Hauptaltar Werkstatt *(Franz) Ignaz Günther,* um 1765–72, aus St. Maximilian (abgebrochen), in der Mitte Rundbild der Taufe Christi (um 1808?), als Seitenfiguren

Zacharias und Elisabeth. Von diesem Retabel das Aufsatzbild und Putten am rechten Seitenaltar. – Vor dem Chorbogen Hängefigur Maria im Rosenkranz, um 1688. In einer Nische des Langhauses Kruzifixus mit Maria und Johannes, um 1520. – Im Chor Wappengrabstein Ridler, 1596.

**Kath. Filialkirche St. Johannes Baptist,** Alte Sollner Kirche (Solln; Herterichstr. 54). Ein spätgotischer Bau, um 1480, mit zweijochigem Langhaus und ebensolchem Chor mit 3/8-Schluß wurde 1640–48 umgebaut, nach Westen verlängert und stuckiert, der Turm an der Südseite aufgestockt, die Sakristei angebaut. Baumeister war vielleicht der Wessobrunner Stukkateur *Veit Schmidt.* Restaurierung 1966.
Das Äußere unauffällig. Im Inneren Rahmenstuck und Engelköpfe, Fruchtgehänge, Rosetten. – Das Hochaltarretabel, gestiftet 1760, aus dem Umkreis von *Johann Baptist Straub;* das gute Altarblatt von *Balthasar Augustin Albrecht,* die Muttergottes mit den hll. Johannes d. T., Georg, Konrad, Joachim und Anna, Barbara und Elisabeth von Thüringen, seitlich Skulpturen der Erzengel Michael und Raphael, im Auszug die Dreifaltigkeit. – Im Langhaus Holzskulpturen hl. Sebastian, um 1510, Johannes Ev., um 1685, und Kopie der Einsiedler „Schwarzen Madonna", um 1730.

**Kath. Pfarrkirche St. Johannes Baptist** (Haidhausen; Johannispl. 22). Der Bau einer neuen, größeren Pfarrkirche für den Münchner Vorort erfolgte 1852–74, die Pläne für Bau und Ausstattung entwarf *Matthias Berger.* Weihe 1879, die Ausstattung erst 1918 fertig. Chorumgang 1908 hinzugefügt. 1943 Kriegsschäden. Nach Bauschäden 1949 Entfernung der Gewölberippen. 1956–69 das Innere erheblich verändert, das Äußere durch Entfernen von Teilen des Zierats beeinträchtigt; Leitung *Michael Steinbrecher.* 1966 neue, niedrigere, glatte Turmhelme. 1978/79 Neuausmalung. Außenrenovierung seit 1989.
Der Backsteinbau liegt inmitten eines weiten, rechteckigen Platzes. Wandpfeilerkirche mit eingezogenem Chor. Am Ostende des Langhauses Flankentürme. Der Westbau mit drei Portalen und polygonal vortretenden Seitenkapellen gipfelt im Westturm; mit ihm ist auf der Isarhöhe ein städtebaulicher Akzent gesetzt. Westbau und Langhaus sind durch eine umlaufende Galerie über der Fensterzone zusammengefaßt. Die Skulpturen am Westbau von *Joseph Knabl* oder nach seinem Entwurf, um 1886: unten Heilige, auf halber Höhe Kreuzgruppe, darüber die hll. Ludwig und Maximilian, Namenspatrone der bayerischen Könige.
Der erhöht liegende Chor ist mit Spitzbogenarkaden von 1956 zum dunklen Umgang geöffnet. Die Wandpfeiler mit Durchgängen. Spitzes Tonnengewölbe mit gemalten, Rippen assoziierenden Bändern nach Entwurf von *Peter Burkart.* Chorbogen mit Gemälden von *Johann Baptist Schmidt,* 1904–07, Jüngstes Gericht, Geburt und Bestat-

tung des Täufers, z. T. schlecht erhalten, zwei weitere Bilder übermalt. Bedeutendster Teil der Ausstattung sind die Glasgemälde von 1903–18 in Chor und Langhaus nach einheitlichem Programm, im Chor das Leben des Täufers, im Langhaus Heiligenleben, geordnet nach der Allerheiligenlitanei; die Entwürfe stammen von *August Pacher, Jakob Bradl* und *Wilhelm Megerle.*
Das hoch aufragende Retabel des Hochaltars aus Tiroler Marmor ähnelt einem Ostensorium; die Skulpturen von *Knabl,* 1860, Carraramarmor: Johannes der Täufer weist Johannes Ev. und Andreas an Christus; als Seitenfiguren die hll. Maximilian und Korbinian, im Auszug die Erzengel Michael und Gabriel, darüber Gottvater. – Die Nebenaltäre vor dem Chorbogen von *Johannes Waitzer* und *Franz Xaver Westermayer,* gleichen in der Vorderansicht gotischen Reliquienschreinen; links Marien-, rechts Josefsaltar. Chorschranke mit steinernem Maßwerk von *Westermayer,* 1880. – Die Kanzel, von der *Krausschen Kunstanstalt* 1871 geliefert, ist eines Teils des Schalldekkels beraubt; am Korb Reliefs der vier Kirchenväter, auf dem Deckel Statue des Täufers. – Triumphkreuz von *Alois Mayer,* 1907, nach Vorbild von *Hans Leinberger.* – Die Kreuzwegreliefs an der Westseite der Wandpfeiler, Lindenholz, 1882/83 von *Johann Wilhelm Niessen,* sind der zugehörigen Rahmen verlustig.

**Kath. Kirche St. Johannes Baptist,** Alte Pfarrkirche (Haidhausen; Kirchenstr. 39).
*Der Ort ist 808 erwähnt, als die Kirche dem Freisinger Dom übergeben wurde.*
Ein romanischer Bau Ende 15. Jh. zur zweischiffigen Anlage mit Chor verändert (1493 Benefizium). Seit 1608 Wallfahrt (Johannesdreißiger). Erhöhung des Turmes 1675 durch *Martin Gunetzrhainer,* der vermutlich auch den Umbau der Kirche 1698–1700 durchführte (nach seinem Tod durch *Johann Mayr* beendet). Treppenanlage vor der Kirche 1776. 1820–79 Pfarrkirche. – Am Ostende des Dorfangers erhöht auf der Isarterrasse gelegen. Die Bausubstanz großenteils Ende 15. Jh. Der eingezogene, zweiachsige Chor mit Halbkreisapsis und das einschiffige Langhaus sind zweireihig durchfenstert, die oberen, Ovalfenster, durch ein Gebälk abgesetzt. – Innen Pilastergliederung. Tonnengewölbe mit einfachem Felderstuck. Untergeschosse des Westturms spätromanisch, der Spitzhelm von 1864.
Neuromanisches Hochaltarretabel nach Entwurf von *Matthias Berger* von 1840 (▷ Pfarrk. St. Johannes Baptist, Haidhausen, Johannispl. 22), eine Ädikula auf hohem Unterbau, das Gemälde, Taufe Christi, von dem Akademiedirektor *Robert von Langer,* vollendet von *Anton Joseph Gegenbaur;* Tabernakel Mitte 18. Jh. Über den seitlichen Durchgängen und an den Chorwänden Statuen der vier lateinischen Kirchenväter, von *Christoph Angermair* und Werkstatt, 1630. Nebenaltäre 1776 von dem Haidhauser Kistler *Joseph Heilbrunner,* 1851/52 der Fassung des Hochaltars angepaßt. – Früh-

klassizistische Kanzel um 1776. Die untere Westempore mit Gemälden des Münchner Stadtmalers *Toman Zehetmair,* 1623, Geburt Johannes des Täufers, seine Predigt, Taufe Christi und Enthauptung des Johannes. – An der Südseite des Langhauses überlebensgroßer Kruzifixus, um 1520, und Skulptur des gegeißelten Heilands, 18. Jh., an der Nordwand vorzügliches Vesperbild von 1758. Kreuzweg um 1776 (?).
Friedhof. An der Nordseite der Kirche Grabmal für R. von Langer, mit Porträtbüste.

★ **Kath. Kirche St. Johann Nepomuk,** „Asamkirche" (Sendlinger Str. 32). *Egid Quirin Asam* erbaute die zunächst in seinem Wohnhaus geplante Kapelle nach Erwerb des Nachbargrundstücks 1733/34. In letzterem Jahr kam das später aufgestockte Priesterhaus an der Nordseite hinzu (▷ Asamhaus, Sendlinger Str. 34, und Priesterhaus, Sendlinger Str. 30), um 1739 wurde der Chorerker der Kirche angefügt. Bei der Weihe 1746 noch nicht vollendet, 1751 das Glockentürmchen aufgesetzt. 1944 erheblich beschädigt, Chorerker und Glockentürmchen zerstört. 1972/73 Renovierung der Fassade durch *Enno Burmeister,* 1975–83 Innenrestaurierung durch *Erwin Schleich,* dabei ohne Not die Lichtführung im Chor verändert.
Der von den Brüdern *Asam* selbst ausgestattete Bau bezeugt die intensive Kenntnis römischer und böhmischer barocker Architektur. Die schmale, nach Westen ausgerichtete Kirche ist in die Häuserzeile eingebunden. Ihre Fassade beherrscht diese durch die leicht kurvierte Führung, die farbige Erscheinung, die große Pilasterordnung mit ihren Reliefs in den Kapitellen (Papst Benedikt XIII. und Fürstbischof Johann Theodor) und den geschweiften Giebel. Der Sockel als Felsen gestaltet, dazwischen das Portal samt einbezogenem Rundfenster, darüber das mächtige Hauptfenster mit Pilasterädikula und eingestellten Säulen. Vor ihm die von Engeln begleitete Figur des knienden Titelheiligen auf der Portalverdachung. Auf der des Fensters das geflügelte Herz der Caritas, begleitet von den personifizierten Fides und Spes. Im Giebel ein zweites Rundfenster. Eichenholztür mit Reliefs: links der Heilige im Kerker und Bestrafung des calvinistischen Grabschänders, rechts Folterung des Heiligen und Gebetserhörungen am Grab.
Im Inneren wird der Eindruck des schmalen und hohen zweigeschossigen Raumes mit seinen ondulierend geführten Wänden mit Pilastern und Doppelpilastern und den zwei nach Art einer Wallfahrtskirche übereinander angeordneten Altären von der Dekoration bestimmt. Ein die Orgelempore über der querovalen Vorhalle mit dem oberen Altar verbindender Laufgang mit vorkragender Balusterbrüstung verbirgt den Ansatz des oberen Geschosses, die vorkragende betonte Hohlkehle darüber den Fuß des flachen Tonnengewölbes, was den Raum noch höher erscheinen läßt. Über den mit wenigen Mitteln bestrittenen Baukörper „breitet sich ein wunderbar schimmerndes Kleid

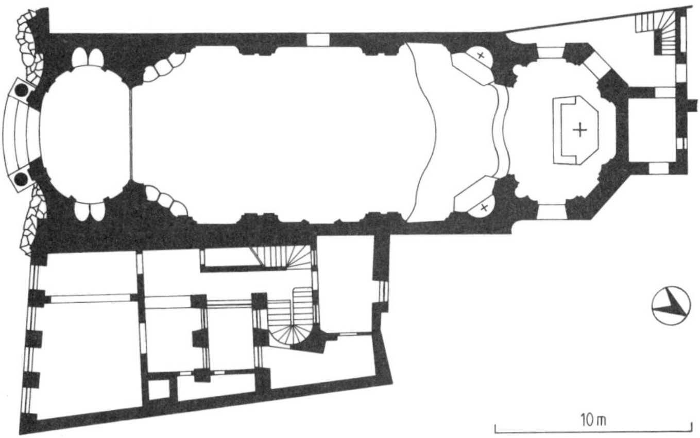


*München, Asamkirche St. Johann Nepomuk und Sendlinger Str. 30*

von Stuckmarmor, Vergoldung und Freskomalerei, belebt durch plastische Figurengruppen und Girlanden" (Dehio-Gall). Das Langhaus empfängt Licht nur von Osten, der Bereich vor den Altären durch ein Fenster an der Nordseite. Der obere, zurückgesetzte Choraltar erhielt urspr. nur indirektes Licht, das Ovalfenster hinter ihm ist neu. Das Gewölbe erhellen im Osten und Westen eigene Fenster, das im Westen schafft zugleich eine Lichtgloriole um den Gnadenstuhl in der Bekrönung zwischen den vor den Altar gestellten Säulenpaaren. – Durchgehendes Deckengemälde mit Szenen aus dem Leben des hl. Johann Nepomuk und seine Verehrung, 1735 von *Cosmas Damian Asam* (dat.). – In der Hohlkehle in Silber gefaßte Stuckreliefs von *E. Qu. Asam* mit weiteren Szenen aus dem Leben des Heiligen, nach Stichen von *Johann Andreas Pfeffel.* Über der Orgelempore der kaiserliche Adler mit dem Wappen Karls VII. – Die Gemälde in den nischenartig vertieften Wandfeldern des Untergeschosses von *Karl Manninger,* kurz vor 1983, kopierende Wiederholung nach Gemälden von 1787 und 1794.

Altäre. Auf der Mensa des unteren gläserner Schrein mit der Figur des toten Johann Nepomuk, darüber, von der seit 1983 gestutzten Strahlenglorie hinterlegt, eine Pyramide, Arbeiten von *Roman Anton Boos,* 1783; das Herz-Jesu-Relief nachträglich eingefügt (1925). Links und rechts vom Altar Bildnisse der Brüder *Asam* (Kopien der 1944 verbrannten Gemälde). Über dem linken Seitenaltar in einer Nische Statue der Maria vom Siege, flankiert von Engelhermen mit Attributen des urspr. dort aufgestellten hl. Quirin. Über dem rechten Nebenaltar hl. Joseph (1923 erneuert), die Engelhermen mit Hinweisen auf den hl. Ägidius. – Hinter dem oberen Choraltar, dem Bruderschaftsaltar, urspr. das in Silber gefaßte Stuckrelief, Johann Nepomuk vor der Muttergottes, 1820 ersetzt durch ein 1944 verbranntes Gemälde. Seit 1983 seitlich des neuen Fensters Figur der Immaculata links, des Johann Nepomuk rechts, in Anlehnung an den Nepomukaltar in Osterhofen. Im Wandabschnitt zwischen den auf die Brüstung gestellten gewendelten Säulen Nischen mit Figuren, links Johannes d. T. (Kopie des 1944 zerstörten Originals), rechts Johannes Ev.; unterhalb der Nischen Stuckreliefs mit Maria und Joseph. – Im Untergeschoß vorn rechts Kanzel mit Reliefs, Predigt Johannes d. T.s. Über zwei der Beichtstühle im Hauptraum und den beiden im Vorraum Stuckfiguren, die auf die Vier letzten Dinge – Tod, Gericht, Himmel und Hölle – Bezug nehmen. Im Vorraum rechts Epitaph für Graf Zech, 1758, von *(Franz) Ignaz Günther.* – Unter dem Hauptraum Gruft mit Hl. Grab (durch eine Öffnung vor dem unteren Altar sichtbar gemacht).

**Kath. Pfarr- und Kapuzinerklosterkirche St. Josef** (Josefspl. 1). Mit der Errichtung der Kirche 1898–1902 nach Plänen von *Hans Schurr* in Anlehnung an italienische Spätrenaissance wurde im bayerischen Kirchenbau auch die Architektur des späten 16. und 17. Jh.s vorbildlich. 1944 schwer beschädigt, die Ausstattung vernichtet. Wiederaufbau in stark vereinfachter Form 1949–52, dabei erhebliche Änderungen am Äußeren wie im Inneren. Hier historisierende Neustuckierung 1984. – Die als Pfarrkirche für das Gebiet zwischen der Maxvorstadt und Schwabing errichtete großräumige Wandpfeilerkirche mit kassettiertem Tonnengewölbe und eingezogenem kurzen Chor mit Polygonschluß. Das Äußere zweigeschossig, mit gestelzten Halbkreisfenstern, am Chor Kreisfenster. Sockel und Portal aus Muschelkalk, das Gesims Beton. – Die Westfassade ähnelt mit dem dreibogigen Portikus der Fassade der Ludwigskirche, doch hat sie nur einen ausgestellten Turm an der Nordseite. Der urspr. kurvierte Giebel als Dreiecksgiebel erneuert, die Rundbogenfenster durch rechteckige ersetzt, die Figurennischen vermauert oder leer, Stuck und Giebelmosaik verloren. Der Turm ist auf Fernwirkung berechnet, viergeschossig, das oberste ein stark eingezogenes Oktogon mit gesockelten Voluten in den Diagonalachsen, die Kuppel mit Laterne.

★ **Kath. Kirche St. Kajetan,** ehem. Theatiner-Hofkirche (Theatinerstr. 22). Die Kirche ist eine Stiftung des Kurfürstenpaares Ferdinand Maria und Henriette Adelaide von Savoien anläßlich der Geburt des Erbprinzen 1662 als Klosterkirche für die am Hof wirkenden Theatiner. Die Pläne stammen von *Agostino Barelli* aus Bologna. Der Bau wurde 1663–75 erstellt, die Kuppel 1674 durch *P. Antonio Spinelli* umgeplant, ausgeführt durch *Henrico Zuccalli,* der auch die Türme hinzufügte (1696 vollendet). Die Fassadenmitte 1765–68 nach Entwurf von *François Cuvilliés d. Ä.* Die ehem. Klostertrakte (heute Ministerium und Läden) 1669–76, 1944/45 erheblich beschädigt, ebenso Chor und Südturm der Kirche. Wiederherstellung bis 1955.

Die nach Westen gerichtete Kirche variiert im Grundriß die frühbarocke römische Theatinerkirche S. Andrea della Valle: Halbkreisapsis mit Vorjoch, gering ausladendes Querhaus mit ausgeschiedener Vierung, breites Langhaus von drei Jochen mit westlichem und östlichem Vorjoch; die Seitenkapellen durch schmale Durchgänge verbunden. Die weit ausgestellten Türme sind gegenüber der gestaffelten Fassade leicht zurückgesetzt. – Im Aufbau herrschen hochbarocke stadtrömische Bauformen vor. Die dreiportalige Fassade mit eingezogenem Obergeschoß ist durch Pilaster instrumentiert, im Rücksprung der Mittelachse sind glatte Säulen eingestellt. Die Figurennischen umschließen Skulpturen von *Roman Anton Boos* nach Entwurf von *(Franz) Ignaz Günther*, 1766/67, im Obergeschoß die hll. Adelheid und Ferdinand, im Untergeschoß Kajetan und Maximilian. Unterhalb des Giebels mächtiges Allianzwappen Bayern-Sachsen (Max III. Joseph und Maria Anna von Sachsen). Über den Seitenportalen Reliefs mit Petrus und Paulus, von *Boos*. Die Stuckreliefs mit Puttengruppen nach Entwurf von *Johann Baptist Straub*. Zusammen mit den viergeschossigen, Kuppeln tragenden Türmen, dominiert die hohe Vierungskuppel das Stadtbild; am Kuppeltambour wechseln gekuppelte Säulen mit Stichbogenfenstern; die Laterne ist umringt von steil geführten Voluten.

Das heute hellfarbige, urspr. bunte Innere ist bestimmt von der kräftigen Gliederung und dem reichen Dekor: kannelierte Dreiviertelsäulen und -paare, gefelderte, der Stichkappentonne unterlegte Gurtbogen unterschiedlicher Breite je nach Position; weit vortretendes Gesims, hohe Attika mit Stuckfeldern. Die wenig belichteten Seitenkapellen mit Kuppeln sind zum Mittelschiff hin durch Arkadenbogen weit geöffnet; die Emporen über den niedrigen Arkaden der Vorjoche kragen mit Brüstungen vor. Architektonisches Zentrum der Kirche ist die Vierung mit ihrer hohen Kuppel über Pendentifs. Der Tambour ist gegliedert durch Pilaster auf reich gestaltetem Sokkel, der unter den Fenstern Figurennischen mit Tugenden einschließt. Der schwere Stuck, 1674 von *Giovanni Nicolo Perti* und *Abraham Leuthner*, zeigt Blattwerk, Blüten, Früchte, Muscheln, Engelsfiguren.

Ausstattung. Das Hochaltarretabel ersetzt das 1945 zerstörte gleicher Gestalt (das Altarblatt von *Antonio Zanchi* verbrannt): ein mächtiger architektonischer Aufbau (urspr. marmoriert) mit blattwerkumrankten, von Putten bevölkerten gewendelten Säulenpaaren; das jetzige Altarblatt, thronende Maria mit Heiligen, hatte *Caspar de Crayer* 1646 für die Brüsseler Augustinerkirche gemalt. Auf der Verdachung Statuen der hll. Brigitta von Schweden, Karls des Großen, Ludwigs des Heiligen und der sel. Margareta von Savoien. – Die Querhausretabel wiederholen in der Form das des Hochaltars und instrumentieren zugleich die Stirnwände. Das linke zeigt als

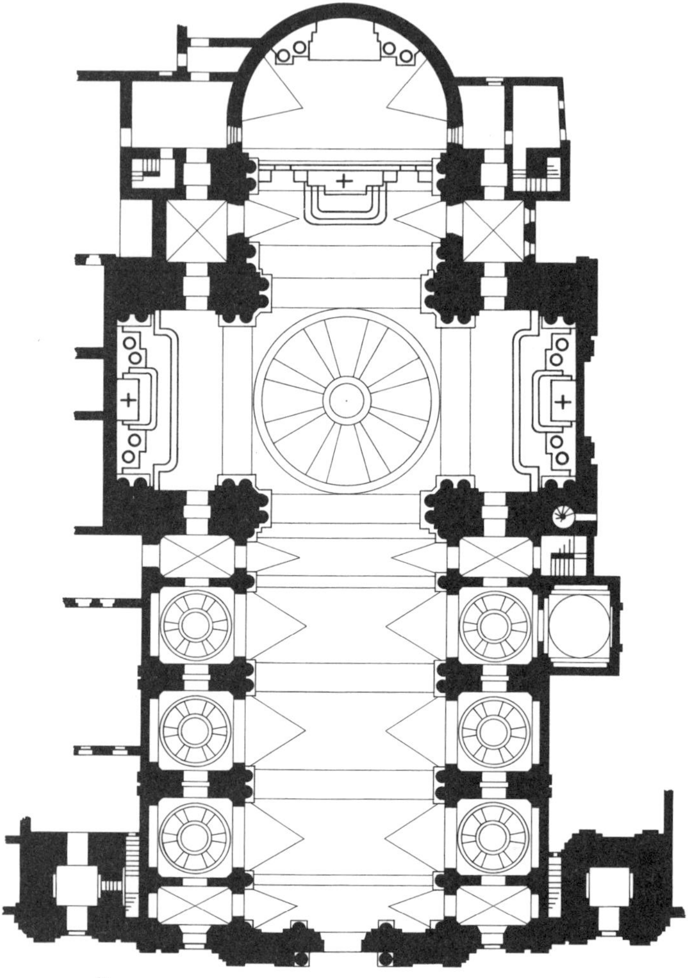


*München, ehem. Theatiner-Hofkirche St. Kajetan*

Hauptbild, gemalt 1667–71 von *Joachim von Sandrart,* die Fürbitte des hl. Kajetan um das Ende der Pest in Neapel; auf der Mensa Bild des Heiligen, von *Gottfried Stuber.* Das rechte Retabel umschließt *Carlo Cignanis* Hl. Sippe, 1676; auf der Mensa Gemälde der Verkündigung an Maria, von *Georges Desmarées.* An den seitlichen Querhauswänden die Figuren der Vier lateinischen Kirchenväter. – Die Retabel der Kapellen sehr viel schlichter. Südlich (von Westen: Tod des hl. Andrea Avellino, von *Johann Karl Loth,* 1677; Kreuzabnahme, 1670 in Venedig gekauft, angeblich *Tintoretto*-Schule; sel. Margareta von Savoien, von *Antonio Triva;* Drachenkampf des hl. Georg, von *Josef Weiß,* 1760. Nördlich (von Osten): die hll. Lucia, Apollonia, Margareta und Agatha, von *Pietro Liberi;* Schutzengel, von *Zanchi.* Die westliche Kapelle Durchgang zur Grabkapelle für König Maximilian II. von Bayern und seine Gemahlin Maria. – Am südöstlichen Vierungspfeiler die voluminöse Kanzel, von *Andreas Faistenberger,* 1686–89, mit Büsten Christi, Mariens und zweier Ordensheiliger (Kajetan, Andreas Avellinus). Im Nordquerhaus Grabmal für Kurprinz Maximilian Joseph Friedrich († 1803) und, von *Konrad Eberhard* geschaffen, für Prinzessin Karoline († 1821). – Beichtstühle von *Andreas Faistenberger;* die an der Innenseite der Fassade aus der Michaelskirche, Mitte 18. Jh. – Unter dem Chor Fürstengruft von 1685.

**Kath. Pfarrkirche Leiden Christi** (Obermenzing; Grandlstr. 8). Mit der Gründung der Pfarrei 1922 wurde der von den nordamerikanischen Passionisten finanzierte Bau (der Orden bezog damals eine Niederlassung in Pasing) nach Entwurf von *Georg W. Buchner,* einem Schüler *Theodor Fischers* und *German Bestelmeyers,* 1922/23 als nördliche Begrenzung eines späterhin nicht ausgeführten Ortszentrums errichtet. Basilikales Langhaus mit polygonal schließendem Chor, dem im Süden ein massiver, das Langhausdach wenig überragender Turm mit Zwiebelhaube vorgesetzt ist. An der Südwestecke die Taufkapelle. – Expressionistischer Bau in gotisierenden Formen. Am Außenbau dominiert das mächtige Dach. Auffallend die an Bettelordenskirchen ausgerichteten großen Rundfenster des Obergadens. Die drei Portale Rotmarmor, mit Skulpturen von *Hans Panzer.* – Im Inneren ist der von einer Art Zellengewölbe überspannte, hochgelegene Chor durch die leichte Einziehung des Chorbogens vom flachgedeckten Langhaus deutlich abgesetzt. Über dem nördlichen Seitenschiff eine Empore, in Arkaden gleich denen zu den Seitenschiffen geöffnet und auf der Südseite in einer tiefen Blendengliederung gespiegelt.

**Kath. Pfarrkirche St. Lorenz** (Oberföhring; Muspillistr. 31).
*Der am linken Hochufer der Isar gelegene Ort ist 750 anläßlich der Schenkung an den Bischof von Freising urkundlich. Wichtiger Flußübergang der Salzstraße; Markt und Brücke wurden durch Herzog*

*Heinrich den Löwen zugunsten seiner Neugründung München* 1158 *zerstört.*

An Stelle einer spätromanischen Kirche, „finster, groß und ungelegen", erstellte der Münchner Baumeister *Wolfgang Zwerger* 1677–80 den heutigen Bau. Der Turm stammt von 1893, Ersatz des mittelalterlichen und in Anlehnung an dessen Formen, jedoch höher. – Das Äußere der Kirche sehr schlicht. Im Westen eine kleine, niedrige Vorhalle, an der Südwestecke der Tür. Das Langhaus ein Saalbau, der rechteckige Chor kaum eingezogen. – Innen weiträumig und hell. Chor und Langhaus mit Tonnengewölbe und steigenden Stichkappen, im Chor über Wandpfeilern, im Langhaus über Pilastern. Üppiger Stuck von *Zwerger,* im Chor durch Gehänge bereichert, dazwischen Putten mit Leidenswerkzeugen, im Zentrum als Sinnbild der Dreifaltigkeit die drei Ringe, in den Stichkappen Herzen mit den Namen der Evangelisten; an den Flanken der Wandpfeiler Rosetten, in der Laibung des Chorbogens nochmals Putten mit Leidenswerkzeugen. Im Langhaus ist der Stuck einfacher, im Scheitel Felder mit den Monogrammen Jesu, Mariens und Josefs. Fassung gelb und lichtgrau auf weißem Grund. – An der Brüstung der unteren Westempore sieben Bilder mit der Laurentiuslegende, Anfang 17. Jh.

Hochaltar von 1736/37 mit vier gewendelten Säulen; die Skulpturen der hll. Petrus und Paulus vom älteren Retabel von 1648 übernommen, das Altarblatt, eine Kopie von *Tizians* Laurentiusmarter in der Jesuitenkirche Venedig, von *C. Diebitsch,* 1964. Seitlich des Tabernakels von 1742 zwei 1748 beschaffte Bilder, Fußwaschung und Abendmahl. – Die zwei Retabel an der Ostwand des Langhauses, 1764 von *Benedikt Häuser* in Berg am Laim. Das rechte mit den Skulpturen der hll. Sebastian, Leonhard und Wendelin, das Oberbild hl. Florian; im linken Retabel seit dem frühen 19. Jh. das Altarblatt der unterhalb des Ortes gelegenen alten Emmeramskapelle, frühes 17. Jh., der reiche Rahmen mit Engelhermen und bekrönendem Engelskopf von *Egid Quirin Asam,* 1739; als Seitenfiguren die hll. Johannes Cantius und Johann Nepomuk, im Oberbild der hl. Jakobus d. Ä. – Zwei weitere Retabel an den Seitenwänden des Langhauses, 1750/51 von dem Münchner Bildhauer *Thomas Ayrundschmaltz:* im südlichen Wiesheiland, 1746 von *Johann Georg Greiff,* im nördlichen Gekreuzigter und Schmerzensmutter, Anfang 17. Jh. – Schlichte Kanzel, Ende 17. Jh., an ihrer Rückwand Gemälde des Salvator. – Im Langhaus rechts Relief der Kreuzigung Christi, um 1515, und Vesperbild, Ende 17. Jh. Vom Gewölbescheitel hängend Maria im Rosenkranz, 3. Viertel 17. Jh., Vortragekreuz um 1700.

Unter der Westempore zwei Gemälde, Muttergottes und hl. Josef, um 1770, wohl Münchner Arbeiten.

**Kath. Pfarr- und Universitätskirche St. Ludwig** (Ludwigstr. 20). In der Mitte der Ludwigstraße gegenüber der Mündung der Schellingstraße situiert, entstand der Bau 1829–44 im Auftrag König Ludwigs I.

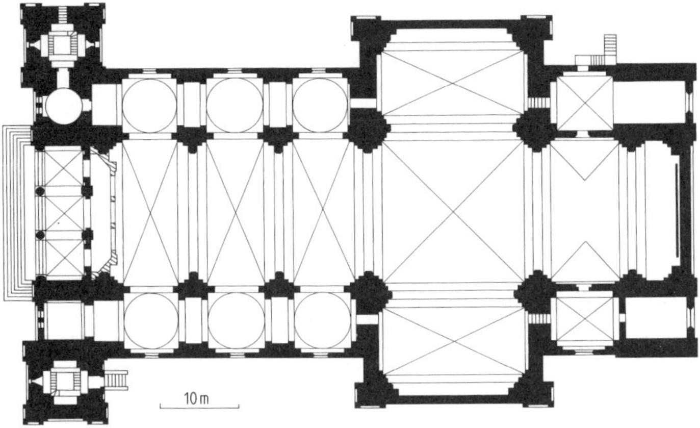


*München, St. Ludwig*

durch *Friedrich von Gärtner* in romanisierenden und trecentistischen Formen. Geringe Kriegsschäden. Instandsetzung 1989 beendet. – Als dreischiffige Basilika zu drei Jochen erbaut, mit Querhaus und gerade schließendem Altarraum. Die Fassade Haustein, sonst Putzbau. Die gleich der Theatinerkirche weit ausgestellten, viergeschossigen Türme mit von Rosetten durchbrochenen Steinhelmen sind gegenüber der Fassade leicht vorgezogen und durch Arkaden mit dem Pfarrhaus (Nordseite) und dem ehem. Wohnhaus *Gärtners* verbunden. Die dreigeschossige Fassadenmitte unten als Vorhalle mit drei Arkaden ausgebildet, hochgelegen, über Treppen zu erreichen. Im Mittelgeschoß in Nischen die Statuen Christi und der Evangelisten, von *Ludwig Michael Schwanthaler*. Obergeschoß mit Fensterrose; seitlich der Giebelschräge *Schwanthalers* Statuen Petri und Pauli. Die zweigeschossigen Seitenabschnitte der Fassade durchfenstert.
Das Innere ist bestimmt von den farbig gefaßten Wandflächen und Gewölben mit den Gemälden von *Peter von Cornelius* und seinen Schülern, 1836–39: die Stirnwand des Altarraumes füllt das einst als wiedergewonnene Monumentalmalerei hoch gefeierte Jüngste Gericht als Hochaltarbild; zu seinen Gunsten niedriger Aufbau des Hochaltars. Im Gewölbe des Altarraums die Erschaffung der Welt, in der Vierung die Gruppen der Patriarchen und Propheten (Osten), Apostel und Märtyrer (Süden), Kirchenlehrer und Ordensgründer (Westen), Missionare, Könige und Jungfrauen (Norden), allesamt überströmt von den von der Hl.-Geist-Taube im Zentrum ausgehenden Flammen. Im Gewölbe des nördlichen Querhauses die Vier lateinischen Kirchenväter, an der Stirnwand Verkündigung an Maria und Geburt

Christi; im südlichen Querhaus die Vier Evangelisten, an der Stirnwand Christus und Magdalena sowie Kreuzigung Christi. Das blaue, besternte Langhausgewölbe mit Kreuzrippen auf Konsolen. Engelfiguren und unter den Mittelschiff-Fenstern hll. Bischöfe in Medaillons, von *Gebhard Fugel,* 1906. – Im südlichen Seitenschiff Altar mit Marienfigur, Ulm, um 1480.

**Ev. Lukaskirche** ▷ S. 172.

**Kath. Pfarrkirche St. Margareth** (Sendling; Margaretenpl. 1). Die Errichtung einer neuen Pfarrkirche für Sendling war seit 1892 beabsichtigt. Der Neubau erfolgte nach Plänen von *Michael Dosch* 1901–13. 1944 schwer beschädigt, Wiederherstellung bis 1965. – Die Kirche ist in den Formen des „Jesuitenstils" in einer Mischung aus Spätrenaissance und Barock erbaut, ein Saalbau mit flachem Querhaus, westlich niedrigen fensterlosen Seitenkapellen und darüberliegenden niedrigen Emporen. Der eingezogene Chor aus Vorjoch und Halbkreisapsis. Der Turm steht an der Nordseite des Langhauses und ist halb in die Kapellenreihe einbezogen. – Westfassade dreigeschossig, mit Säulenpaaren. Gliederung der Langhausflanken durch Halbsäulen, am Obergaden durch steile Voluten vor Lisenen. Apsis von einem Kranz von Vollsäulen über hohem Sockel umstellt; auf dem kräftigen Gebälk Engelsfiguren. Um die Apsis im Halbkreis die Sakristei, vor die zwei achteckige „Tempelchen" gesetzt sind. Vor allen drei Portalen Treppenanlagen.
Das Innere wirkt überraschend weiträumig. Der erhöht liegende Chor ist durch Pilaster gegliedert; im kassettierten Gewölbe kleine, dekorativ wirkende Gemälde von *Alois* und *Josef Wilk,* dat. 1907, Dreifaltigkeit und Hl. Familie. Das Langhaus gliedern Halbsäulenpaare über hohem Sockel. Über dem kräftigen Gebälk setzt das weitgespannte Tonnengewölbe mit Gurtbögen an. Querhausfenster von einer Ädikula gerahmt. – Neubarocke Altarretabel mit Skulpturen von *Karl Schratt;* das renaisssancistische Retabel im Nordquerhaus von *A. Neidig.* Im Südquerhausretabel von 1918 Skulpturen der hll. Margarete und Georg, um 1500, mit alter Fassung, gelegentlich als Schulwerke von *Erasmus Grasser* bezeichnet, wohl nicht vom selben Bildhauer. In der östlichen Langhauskapelle der Nordseite Rokoko-Altar, Messing, versilbert, aus Augsburg erworben, vom *Meister ICR (Johann Christoph Reinhard* † 1772).

**Kath. Filialkirche St. Margareth,** Alte Pfarrkirche (Sendling; Plinganserstr. 1).
*Das herzogliche Kammergut Sendling um 670 genannt. Der urspr. Pfarrsitz des heutigen Münchner Stadtgebiets links der Isar; die Pfarrkirche aber war Maria Thalkirchen.*
Mauerreste einer mittelalterlichen Kirche, die in der Sendlinger Mordweihnacht 1705 schwer beschädigt worden war, sind im heutigen

Bau erhalten, den 1711/12 *Wolfgang Zwerger* errichtete. 1944/45 leichte Schäden, Wiederherstellung 1964/65. – Die Kirche liegt unmittelbar an der Hangkante inmitten des ehem. Friedhofs. Saalbau mit eingezogenem Fünfachtelchor und vorgestelltem Westturm mit geschweifter Haube. Außen an der Nordseite der Kirche monumentales Historienbild von *Wilhelm Lindenschmidt,* 1830: die Sendlinger Mordweihnacht von 1705; mehrfach erneuert. Gliederung außen durch Wandfelder, innen durch Pilaster. Flachtonne mit Stichkappen.

Der Stuck wird *Peter Franz Appiani* zugeschrieben, um 1712, mit Putten und Wolken in den Feldern, an den Kanten Lorbeer, in den Stichkappen Akanthus, im Chor und an der Westempore frühe Ansätze zum Bandelwerk. – Deckenbilder jüngst *Nikolaus Gottfried Stuber* zugeschrieben, zum Teil übermalt; im Chor Immaculata, im Langhaus Gottvater als Schöpfer von Himmel und Erde, Christus mit dem Holz der Erlösung, dem Kreuz und auf dem Holz des Sündenfalls (Paradiesbaum), Jüngstes Gericht. Im von einer Strahlengloriole aus Stuck umgebenen Heiliggeistloch Deckel mit gemalter Geisttaube. Im Chorfenster links vom Hochaltar Glasgemälde der hl. Margarete mit Stifter, bez. „Liebhart Ottel 1493".

Ausstattung. Altarretabel und Kanzel werden *Ignaz J. Gräßl* zugeschrieben, der Hochaltar ist 1712 dat. Sein Altarblatt, hl. Margareta, bez. „*Joh. Frz. I. . .*"; im Oberbild der Apostel Simon, als Skulpturen seitlich die hll. Johannes Ev. und Georg, im Aufsatz die göttlichen Tugenden. An der Predella Gemälde der Immaculata zwischen den hll. Margarete und Georg, dazu Stifter. – Altarblatt des nördlichen Nebenaltars mit Hl. Familie, von *Johann Baptist Unterstainer,* im Oberbild Verkündigung an Maria. Altarblatt des südlichen Nebenaltars mit Anbetung der Könige, im Oberbild Schutzengel. – Schlichte Kanzel, am Korb Skulpturen des Guten Hirten und der Vier Evangelisten. – Im Langhaus und in der Laibung des Chorbogens flache Nischen mit Apostelfiguren, dem Tölzer Bildhauer *Franz Fröhlich* zugeschrieben.

Im Friedhof Denkmal von 1830 für die 1705 an der Sendlinger Kirche ums Leben gekommenen Oberländer Bauern, Gußeisen.

★ **Kath. Pfarr- und Wallfahrtskirche St. Maria** (Thalkirchen; Fraunbergpl. 1).

*Urspr. Pfarrkirche des heutigen Münchner Stadtgebiets links der Isar; der Pfarrsitz selbst in Sendling.*

Von einer Kirche der 1. Hälfte des 13. Jh.s sind Turmuntergeschosse und Ostwand des Langhauses samt Giebel in den spätgotischen Neubau übernommen. Dieser, eine Stiftung der Frauenberger zu Haag, ist mit dem Chor gegen 1400 begonnen. Wohl im 3. Viertel des 15. Jh.s entstand das Langhaus, dessen Gewölbe von einer Mittelstütze getragen war. Umbau 1695–98, wahrscheinlich unter Leitung des Malers *Johann Andreas Wolff* (sein Monogramm und Wappenfigur im Stuck

des Chorscheitels). Neubarocke Erweiterung nach Westen durch *Gabriel von Seidl* 1907/08.
Eingezogener Chor zu zwei Jochen und Fünfachtelschluß, Gliederung außen durch Strebepfeiler, innen durch Pilasterpaare; an der Südseite Oratorien. Das Langhaus, ein mäßig großer, heller Raum, von annähernd quadratischem Grundriß, mit flachen Wandpfeilern, denen Pilaster vorgelegt sind, und einer Flachkuppel über Pendentifs und Stichkappen. Der Turm in der Südostecke zwischen Chor und Langhaus, mit glockenförmigem Helm. Der Westteil, fünf Seiten eines Siebenecks, mit vorgelegtem Portikus und Laterne, ist vom Langhaus durch Doppelsäulen getrennt; Flachkuppel, breite Westempore.
Chor und Langhaus zeigen dünnen Girlandenstuck mit Akanthus, Muscheln, Eierstäben, Puttenköpfen, ausgeführt von *Thomas Pader, Matthias Walser, Johannes Zimmermann* und *Magnus Scheffler* um 1696. In den Stichkappen des Chorgewölbes Kartuschen mit marianischen Emblemen. An der Südwand des Chores Medaillons mit Heimsuchung, Geburt Christi und Darbringung im Tempel, Gemälden von *Kaspar Schleibner,* 1912–17. Die Langhauskuppel trägt ein Fresko von *Wolff,* Marienkrönung, das einzige, wenn auch schlecht erhaltene Werk des Malers in dieser Technik.
Die Altarretabel von 1696 wurden 1759 umgebaut durch *(Franz) Ignaz Günther* und seine Werkstatt. Im 1959 nochmals veränderten Hochaltar, einem Baldachin mit gedrehten Säulen, die Skulptur der thronenden Muttergottes (Gnadenbild), Rest des 1482 in Auftrag gegebenen gotischen Retabels, Münchner (?) Arbeit, oftmals irrig der Ulmer *Erhart*-Werkstatt zugewiesen. Zugehörig die lebensgroßen Skulpturen der hll. Ulrich (umbenannt in Benno) und Korbinian über den seitlichen Durchgängen. Im Retabel *Günthers* Skulpturen des Verkündigungsengels und die Büsten der hll. Joachim und Anna, gegen 1770 (?), im Auszug Gottvater. Am Tabernakel von 1696 elfenbeinerner Kruzifixus. – Die Seitenaltarretabel mit hohem Baldachin über dem Segmentbogengiebel enthalten Altarblätter von *Joseph Hauber,* 1798: nördlich Joachim, Anna und Maria, unter dem Baldachin Skulptur des hl. Petrus, um 1696; südlich Flucht nach Ägypten und Skulptur des hl. Paulus, um 1696. – Kanzel nach 1696 mit Skulptur des Salvators. Gegenüber Kruzifixus und Schmerzensmutter, 1744. – Gitter von *Caspar Modl,* 1710. – Im Westbau Deckenbild von *K. Schleibner,* 1912–17, Anbetung der Könige. Neubarocker Antoniusaltar, von *Johann Büchsenmann,* 1911, mit reicher Fassung. Beichtstühle Ende 18. Jh., mit Reliefs, reuiger Petrus und Maria Magdalena als Büßerin.

**Kath. Pfarrkirche Mariä Geburt,** Alte Pfarrkirche (Pasing; Am Klostergarten 9).
*Pasing ist 763 als Schenkungsgut des neu gegründeten Klosters Scharnitz genannt. Im Spätmittelalter Hofmark. 1905 Erhebung zur Stadt, 1938 eingemeindet.*

Die jetzige Kirche zwischen 1422 und 1438 erbaut, der Chor 1495 angefügt. Turm 1588 eingestürzt, 1608 neu errichtet. 1882 nach Westen verlängert, das Chorgewölbe regotisiert, die Sakristei gebaut, der Turm erhielt seinen Spitzhelm. Renovierung 1974–76. – Schlichter Saalbau mit eingezogenem Chor aus einem Joch und Fünfachtelpolygon. Turm an der Südseite im Eck zwischen Chor und Langhaus. Der Chor ohne Strebepfeiler, sein Maßwerkfries aus Formziegeln. – Innen flache Wandpfeiler mit vorgelegten Dreiviertelsäulen. Das Rippennetz der Spitztonne von 1882 mit Scheitelrippe. – Kruzifixus um 1500. Wenige Grabmäler des 16. und der 1. Hälfte des 17. Jh.s sowie von 1825. Das übrige neugotisch oder spätestnazarenisch.

**Kath. Pfarrkirche Maria Hilf** (Maria-Hilf-Platz 42). Eine 1639 geweihte, 1725–29 erweiterte Wallfahrtskapelle machte wegen ihrer geringen Größe und ihrem Bauzustand einen Neubau notwendig. Dieser, eine dreischiffige Hallenkirche mit erhöhtem Chor und Umgang, wurde 1831–39 errichtet. Baumeister *Joseph Daniel Ohlmüller*. 1940–45 bis auf Außenmauern und Westturm zerstört. Beim Wiederaufbau 1953 behielt *Michael Steinbrecher* die äußere Form bei, unter rigoroser Vereinfachung der Ornamentik und Einfügen von Schlitzfenstern in die alten Öffnungen; das Innere gestaltete er völlig neu. – *Ohlmüllers* Bau aus Backstein, die Portale mit Blendwimpergen und der Turmhelm Haustein (letzterer durch Kunststeinhelm ersetzt). – Die Ausstattung des 19. Jh.s ist bis auf spärliche Reste verloren. Am schwersten wiegt der Verlust der unter Leitung von *Heinrich Heß* geschaffenen Glasfenster. – Als erster großer neugotischer Kirchenbau in München von erheblicher Bedeutung für die Baukunst des Historismus in Bayern. Der Westturm in enger Anlehnung an den Turm des Freiburger Münsters, doch mit Fensterrose und anders als jener in den Kirchenbau eingebunden.

★ **Kath. Pfarr- und Wallfahrtskirche Mariä Himmelfahrt** (Ramersdorf; Aribonenstr. 9). An die erstmals 1020 erwähnte Filialkirche wurde 1377 die von Gegenpapst Nikolaus V. ehem. Kaiser Ludwig dem Bayern geschenkte Kreuzreliquie gegeben; damals war die Kirche vielleicht schon Wallfahrtsort. Der Neubau wurde 1399 beschlossen, bis 1412 erstellt, 1445–66 gewölbt. Der Umbau von 1675 wird *Wolfgang Zwerger* zugeschrieben. Obere Turmgeschosse 1791/92. Seit 1907 Pfarrkirche. 1944 leichte Schäden. – Einschiffiges Langhaus von vier Jochen, am eingezogenen zweijochigen Chor mit Fünfachtelschluß. Westturm, seine Haube erneuert. Gotische Sakristei an der Südseite des Chores (Sterngewölbe). – Am Äußeren die Strebepfeiler erhalten, das Dachgesims durch Bemalung hervorgehoben, am Chor gemalter Fries (erneuert). Im Chorscheitel eine Aussetzungsnische für den Kreuzpartikel, kapellenartig überbaut, mit gotischen Wandbildern (erneuert). – Das Innere ist durch den Umbau von 1675 geprägt, bei dem das Westportal durch die Seiteneingänge abgelöst wurde und die Fenster Rundbogen erhielten. Das Gewölbe wurde nach Entfernung der Rippen mit Felderstuck Miesbacher Art geziert (1867 vergoldet).

Auch die Ausstattung um 1675: Hochaltar, Nebenaltäre am Chorbogen, Chorgestühl, Patronatsempore. Im 1866 veränderten Hochaltar das Gnadenbild, die thronende Muttergottes, um 1470, irrig *Erasmus Grasser* zugeschrieben, ehedem Schreinfigur des Marienaltars, Fassung und geschnitzte Ergänzungen 1866 (dat.). Als Seitenfiguren Josef und Joachim, 1675, als Predella Gemälde der Verkündigung an Maria, von *Dominikus Schöftlhuber*. Die Nebenaltäre am Chorbogen mit Gemälden von *Schöftlhuber:* an der Nordseite Altarblatt mit Marter des hl. Sigismund, an der Predella Sigismunds Leiche wird in den Brunnen geworfen, im Oberbild die Apostelfürsten; als Altarblatt des südlichen Retabels Erprobung des von Helena wiedergefundenen Kreuzes Christi, an der Predella Überbringung der Kreuzreliquie nach Ramersdorf, im Oberbild hl. Sylvester. – An der nördlichen Langhauswand im 1864 gefertigten Schrein die Skulpturen des von *Grasser* 1483 fertiggestellten ehem. Kreuzaltars (Fassung 1864, 1947 renoviert), auf den Flügeln Gemälde mit Geschichte der Kreuzreliquie, *Jan Polack* zugeschrieben. – Gemälde: im Chor Votivbilder, darunter das *Matthias Kager* zugeschriebene der Schwedengeiseln, 1644/45. Im Langhaus Schutzmantelmaria, *Polack* zugeschrieben, dat. 1503, 1624 renoviert (Inschrift); spätgotische Tafelbilder mit den hll. Barbara, Margarethe und Elisabeth, Katharina, Sylvester und Wolfgang, 1864 für *Grassers* Kreuzaltar zu Standflügeln zusammengesetzt. – Gitter 1675 (?), nach Befund blau-gelb gefaßt.

Ummauerter Friedhof mit z. T. noch spätgotischem Torhaus im Westen.

★ **Kath. Pfarrkirche St. Martin** (Untermenzing; Eversbuschstr. 11). Der Turm einer spätromanischen Kirche, Filiale von Aubing, wurde in den von *Ulrich Randeck* Ende 15. Jh. aufgeführten Bau übernommen (Datum 1499 und Meisterzeichen auf Gewölbekonsolen am Chorbogen). Seit 1945 Pfarrkirche. – Der Bau zählt zu den besten spätgotischen Anlagen in der Umgebung Münchens. Der leicht eingezogene Chor mit abgetreppten Strebepfeilern zweijochig, mit Dreiachtelschluß. Strebepfeiler auch am saalartigen Langhaus, vierachsig, im Inneren als Wandpfeiler mit gekehlten Kanten fortgeführt. Der Turm südlich des Chores, mit Rundbogenfriesen und Deutschem Band, das fünfte Geschoß und die abgetreppten Giebelmauern des Satteldachs gotisch. Die Vorhalle des ehem. Südportals dient als Marienkapelle. Neugotischer Zugang im Westen, mit Vorhalle.

Im Chor Parallelrippengewölbe, im Schluß in einen Stern übergeleitet; im Langhaus Spitztonne mit Netzfiguration in geknickten Diagonalen. In beiden Bauteilen setzen die Rippen auf Kragsteinen über Konsolen an, im Chor figürlich gestaltet; ihre Fassung, gelb mit

braun-weißen Fugenstrichen, nach Befund erneuert. Im Scheitel des Chorgewölbes Tonrelief des hl. Martin, umgeben von Rankenmalerei. – Stark verblaßte Wandbilder aus der 2. Hälfte des 16. Jh.s an der Nordseite des Chores; zu erkennen Jüngstes Gericht und Mannalese (um 1572) sowie Darstellungen der Sakramente. Auch an der Nordwand des Langhauses Reste von Malerei mit Heiligen (Benno, Andreas u. a.), 1. Hälfte 17. Jh. – Die Fenster im Chor mit Glasmalerei: Maria, Nikolaus, Petrus mit Stifter, Herzog Sigismund mit seinem Namenspatron und Wappen (dat. 1499), Wappen der Auer aus Pullach. – An der Nordseite des Chores steinernes Sakramentshaus, um 1499 auf Konsole mit Engelskopf. – Die Westempore neu, ihre beiden Stützen um 1499.
Altarretabel aus dem frühen 17. Jh. Im Hochaltar, der wohl Anfang des 18. Jh.s verändert wurde (Auszug), zeigt das Mittelbild in Herzform die Heilige Sippe, seitlich sechs Bilder aus dem Marienleben, seitlich Skulpturen der hll. Martin und Nikolaus, im Auszug Bildwerk der Muttergottes, Anfang 18. Jh. – Der nördliche Nebenaltar, 1615 dat., mit Altarblatt Pfingsten und Seitenskulptur des hl. Josef (urspr. wohl Johannes Ev.), im Auszug Gottvater. Südlicher Nebenaltar mit Altarblatt der Marienkrönung, Umkreis des *Peter Candid;* als Seitenskulptur eine weibliche Heilige, im Auszug Skulptur der hl. Anna (?). – Weitere Skulpturen: im Chor auf den Konsolen die hll. Laurentius, Stephanus, Michael und Schutzengel, Anfang 18. Jh. An der Nordseite des Langhauses lebensgroßer Kruzifixus und Schmerzensmutter, Stiftung von 1686. In der Marienkapelle thronende Muttergottes, um 1440.

**Kath. Filialkirche St. Martin,** Alte Pfarrkirche (Moosach; St. Martinspl. 1).
*Eine Schenkungsurkunde 815 nennt eine Eigenkirche in „Mosaha", vielleicht dem heutigen Moosach. Urspr. Filiale von Feldmoching, 1909–24 Pfarrkirche.*
Die heutige Kirche stammt aus dem späten 12. oder frühen 13. Jh. Wohl Ende des 15. Jh.s (vor 1504?) wurden Langhaus und Turm erhöht, der Chor gewölbt. Langhausdecke 1630 erneuert, Sakristei und Kapelle der Schmerzhaften Muttergottes am Chor vielleicht damals erbaut. 1655/58 St. Annakapelle am Langhaus errichtet, bei der Barockisierung der Kirche 1762–64 erweitert. 1944/45 geringe Schäden. Bei der Renovierung 1979–82 die barock erneuerte spätgotische Farbigkeit wiederhergestellt. – Saalkirche mit gestelzter Halbkreisapsis und Westturm, der urspr. auf drei Seiten frei stand und in frühgotischer Zeit in den Bau einbezogen wurde. Apsisgliederung mit Rundbogenfries auf Lisenen und Deutschem Band (urspr. Bemalung freigelegt).
Deckenbilder: im Chor Jesus heilt den Knecht des Hauptmanns von Kapharnaum, von *Franz Leopold Hager*; im Langhaus hl. Martin vor der Dreifaltigkeit, unten die Stifter („*J(ohann) M(artin) Heigl* pinx.

1758“). – Stuckierung: Umkreis *Johann Baptist Zimmermann*, auch das Allianzwappen Gumppenberg-Hörwarth am Chorbogen (dieses 1957 erneuert). – Die Altarretabel von dem Tölzer Bildhauer *Joseph Anton Fröhlich*, 1760–69. Blätter der Seitenaltäre von *Joseph Baumann*, 1865–67, links Schutzengelbild, rechts Michael als Seelenwäger.
Der ehem. Friedhof als Park erhalten.

**Mater dolorosa,** Klosterkirche der Servitinnen, ehem. Herzogspitalkirche St. Elisabeth (Herzogspitalstr. 8). Von der alten, nach Süden gewandten Spitalkirche, einem Bau von *Heinrich Schöttl* von 1555–1572, blieb nach der Zerstörung 1944 nur der 1727/28 von *Giovanni Andrea Trubillio* hinzugesetzte Turm erhalten. Neubau der nun geosteten Kirche 1954–56 durch *Alexander von Branca* und *Herbert Groethuysen*. Von der alten Ausstattung einzig erhalten ist die Schmerzhafte Muttergottes, ein Birkenholz-Bildwerk von *Tobias Pader*, 1651, seit 1690 Gnadenbild und oft kopiert.

**Ev. Matthäuskirche** (Nußbaumstr. 1).
*Nachdem die für die ev. Gemeinde vorgesehene Salvatorkirche dem griechischen Kultus überlassen worden war, entstand als erste ev. Pfarrkirche Münchens St. Matthäus in der Sonnenstraße, erbaut 1827–1833 nach Plänen von Johann Nepomuk Pertsch. Abriß dieser klassizistischen Kirche 1938 unter dem Vorwand des U-Bahnbaus.*
Neubau an heutiger Stelle 1953–55 nach Plänen von *Gustav Gsaenger*. Der Grundriß ist asymmetrisch konkav-konvex, annähernd herzförmig; er faßt die Kirche und den westlich vorgelegten Gemeindesaal zusammen, beide ungleich hoch, was durch die in weiten Schwingungen geführte Dachlinie überspielt ist. Seitlich raumhohe Vorhallen; die entlang der Südseite (Brauthalle) nach Osten abgeschlossen durch den hohen Turm, in dessen Untergeschossen Sakristei, Pfarramt und Jugendräume liegen. An der Nordseite die Vorhalle kürzer, ihre östliche Stirn als Glockenträger ausgebildet. Am Äußeren Wechsel von in voller Höhe durchfensterten Abschnitten mit Sichtbetonpfeilern und geschlossenen Mauern mit roten Putzflächen, die vor die gelblich-graue Gliederung treten. – Das Innere der Kirche ist auf Grau und Rot abgestellt; schwarze Rundpfeiler aus Beton tragen das Gewölbe. Der fensterlose Altarraum über sieben Stufen erhöht. Westempore. Vor allem in den unauffälligen Eingangsbereichen von der Wirkung zeitgenössischer Lichtspielhäuser.

**Kath. Pfarrkirche St. Maximilian** (Auenstr. 1). Erbaut 1895–1901 nach Plänen von *Heinrich Freiherr von Schmidt*. Die Sakristei erst 1938/39 dem linken Seitenschiff angefügt. 1943/44 weitgehend zerstört. Wiederaufbau 1949–53 ohne die hohen Turmhelme, Mittelschiffpfeiler mit Beton ummantelt. – Die nach Süden gerichtete dreischiffige Basilika bildet mit ihren Chortürmen und dem dazwischen-

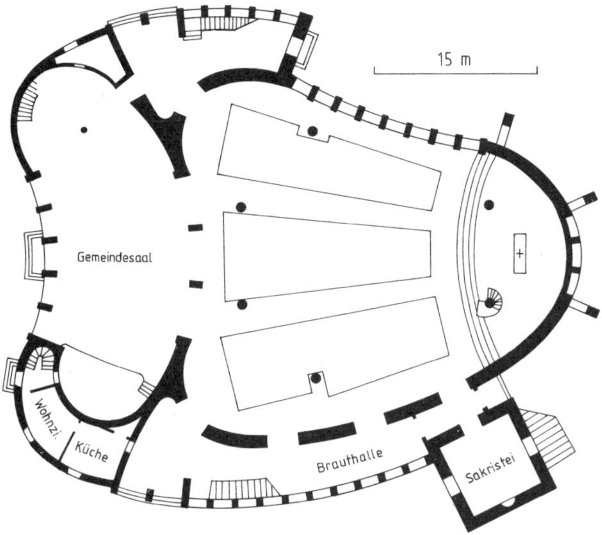


*München, Ev. Matthäuskirche*

gesetzten Galeriebau (kein Querhaus!) einen städtebaulichen Akzent am linken Isarufer. Die Türme flankieren die ausgeschiedene Vierung, jenseits derer Mittelschiff und die auffallend breiten Abseiten weitergeführt in Apsiden enden (östlich zerstört). Einzelformen sind der romanischen Baukunst entlehnt, die Gesamterscheinung jedoch deutlich vom späten Historismus entfernt, dem frühen Jugendstil nahe. Alle Portale mit tiefer Vorhalle. Balkendecke neu.

Von der urspr. Ausstattung wenig erhalten: das Kreuz des Hochaltars, der Taufstein, der Aufbau des Josefsaltars (urspr. Marienaltar) und die Galeriebrüstungen der Vierung von *Alois Miller,* 1902/03. Die Reliefs um den Hochaltar, von *Balthasar Schmitt* und *Georg Wrba,* 1902, in der Art provinzialrömischer Grabsteine, zeigen den hl. Maximilian, umgeben von den hll. Winthir, Korbinian, Luitpold, Ulrich, Rasso, Hardemunde, Emmeram und Theodolinde sowie zwei Cherubinen. An der Stirnwand des rechten Seitenschiffs Mosaik von *Carl Becker-Gundahl,* Maria Königin aller Heiligen, in der Apsis hl. Otto unter Engeln. An der östlichen Hochschiffwand Gemälde des Jüngsten Gerichts, 1941 von *Josef Bergmann.* – Der Marienaltar an der Vierung mit Eichenholzfigur von 1897, bis 1946 am Haus Tal 38. Das neugotische Retabel mit Gekreuzigtem und den hll. Valentin und Sylvester im linken Seitenschiff, von *Franz Seitz,* 1888, kam 1946 aus einem Münchner Altersheim in die Kirche.

★ **Kath. Pfarrkirche St. Michael,** ehem. Hofkirche (Berg am Laim; Clemens-August-Str. 9 a).
*Die Hofmark Berg ging 1650 an den Kölner Kurfürsten, Maximilian Heinrich von Bayern über. Dessen Nachfolger, Joseph Clemens, der Bruder des bayerischen Kurfürsten, ließ hier durch Henrico Zuccalli 1692 die Josephsburg erbauen. In deren Kapelle wurde 1693 eine von den Franziskanern betreute Michaelsbruderschaft errichtet, dazu der dem Adel vorbehaltene Michaelsritterorden. Großer Zulauf zur Bruderschaft führte 1720 zu Neubauabsichten für die Kirche, gefördert vor allem durch den Bruderschaftssekretär Franz de Paula Würnzl. Bauherr war Kurerzbischof Clemens August von Köln.*
Auftragserteilung 1737 an *Johann Michael Fischer.* 1738 Grundsteinlegung. Bauführer war zunächst der in Prag bei *Kilian Ignaz Dientzenhofer* geschulte *Johann Philipp Köglsperger,* der bis zu seiner Ablösung 1739 durch *Fischer* die Fassade begonnen, wohl auch den Mitteltrakt des Schlosses für die Kirche abgebrochen und deren Fundamente gelegt hatte. *Fischer,* der vermutlich schon 1735 die grundlegenden Pläne gefertigt hatte, brachte die Kirche bis 1742 zu Ende, doch erst 1758 wurde sie außen verputzt, und die 1743 begonnene Ausstattung zog sich bis 1771 hin. Die Fassade, deren Plan *François Cuvilliés d. Ä.* 1739 überarbeitet hatte, war 1750 fertig, die Weihe erfolgte 1751. Seit 1806 Pfarrkirche. Altarraum und Hochaltar wurden 1945 schwer beschädigt, 1946 wiederhergestellt.
Die zweitürmige, fensterlose Fassade ist ausgerichtet auf eine dann nicht gebaute Straße von München her. Zweigeschossig, der Mittelteil segmentbogig vortretend, Säulenpaare in beiden Geschossen. In der seichten Nische des unteren Geschosses das schlichte Portal, in der gestuften Nische des oberen Figur des hl. Michael, Kupfertreibarbeit von *Ragaller,* 1911, Ersatz der 1793 schon einmal ersetzten Michaelsfigur von *Johann Baptist Straub.* – Die plan angeordneten Türme mit an den Ecken diagonal vorgesetzten Pfeilern, deren Flanken mit kurvierten Pilastern besetzt sind; kleine Eingänge an den Nebenseiten. Das Abschlußgesims des dritten Turmgeschosses spitz hochgezogen, ein charakteristisches Motiv für *Fischer,* das hier zusammen mit den Voluten an den Ecken des zurückgesetzten obersten Turmgeschosses und den Kuppeln der Fassade einen beschwingten Abschluß verleiht. Der Außenbau der Kirche mit ihren hochsitzenden großen Segmentbogenfenstern ist nicht mehr als ein Negativ des Inneren.
Im Innenraum gelang *Fischer* in der Auseinandersetzung mit dem durch *Köglsperger* Vorgegebenen ein Meisterwerk. Hinter der schmalen, elliptischen Vorhalle drei Zentralräume, zueinander im Verhältnis des Goldenen Schnitts angeordnet. Der Altarraum querelliptisch, der für Fürst, Consultores und Ritterorden bestimmte Vorchor ein Achteck mit kurzen Diagonalseiten, der der Bruderschaft

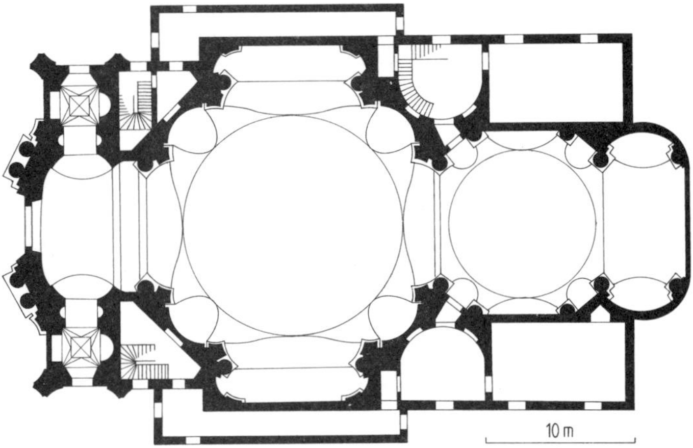


*München, St. Michael in Berg am Laim*

dienende Gemeinderaum errichtet über einem Achteck, dessen Diagonalseiten segmentbogig ausgerundet und an deren Längsseiten kurze Querhausarme angeschoben sind. Alle drei Räume mit hölzerner Flachkuppel, durch die vorgezogenen, wie Kulissen wirkenden, rot marmorierten Dreiviertelsäulen an den Raumecken perspektivisch aufeinander bezogen, zusammengenommen durch das durchlaufende, grüne Gebälk. Gliederung des Bruderschaftsraumes zudem durch grün marmorierte Pfeiler mit konkaven Flanken. Eigenheit dieses Raumes sind in den Diagonalachsen die baldachinähnlichen zylindrischen Einschnitte in den Kuppelfuß, mit kreisrunder Flachdecke.
Ausmalung und Stuckierung besorgte *Johann Baptist Zimmermann* 1743/44. Die Deckengemälde zeigen die drei Erscheinungen des Erzengels Michael: im Gemeinderaum das Pfeilwunder am Monte Gargano, im Vorchor den Erzengel als Helfer der Sipontiner gegen Neapel, im Chor in der dem Engelskult geweihten Höhle am Monte Gargano. – Im Vorchor große Stuckfiguren der Vier lateinischen Kirchenväter; der Stuck sonst bald vegetabil, bald Rocaillen, bald Engelsköpfe, von feiner Zurückhaltung, doch die Architektur deutlich akzentuierend.
Die Altarretabel stammen sämtlich aus der Werkstatt *Johann Baptist Straubs*. Der Hochaltar, 1767 aufgebaut, viersäulig, auf hohem Unterbau, reicht mit dem Auszug bis an die Kuppel. Als Hauptbild dient das von *Johann Andreas Wolff* 1694 für die Kapelle der Josephsburg gemalte und 1767 von *Franz Ignaz Oefele* vergrößerte Gemälde des siegreichen Erzengels. Als Skulpturen links und

rechts die Erzengel Gabriel und Raphael, denen je ein Putto zugeordnet ist, der eine mit dem Buch mit Inschrift „Ecce Ancilla Domini", der andere mit dem riesigen Fisch. Unterhalb der Putten Reliefs mit Opferung Isaaks links, Kampf Jakobs mit dem Engel rechts. Das Tabernakel, singulär, als der Tisch von Emmaus, mit Christus und den drei Jüngern als Freifiguren auf der Mensa. Dem Stipes vorgesetzt das Relief mit den Drei Marien am Grab. Im Auszug Gottvater auf der Weltkugel vor einer Strahlenglorie und Engel.
Die sechs Nebenaltäre im Gemeinderaum: vier in den Diagonalachsen, 1743–45, zwei in der Querachse, 1758/59; erstere gerahmte Tafeln, letztere Säulenbaldachine. Die Altarblätter zeigen vorn links die Immaculata, vorn rechts den hl. Johann Nepomuk, Gemälde von *Zimmermann.* Der südliche Queraltar enthält *Johann Georg Winters* Gemälde der Hl. Familie, der nördl. *Zimmermanns* Portiunkula-Ablaß. Die Blätter der rückwärtigen Retabel 1744 von *Joseph Ignaz Schilling:* hl. Franz von Paula südlich (Namenspatron des Bruderschaftssekretärs), hl. Norbert nördlich. Begleitet wird jedes Retabel von zwei der Aposteln, Skulpturen von *Straub* und seiner Werkstatt; besonders qualitätvoll die Figuren Jakobus d. Ä. und Judas Thaddäus. Fassung aller Altäre erst 1749–62, des Hochaltars bis 1771.
Kanzel von *Benedikt Haßler;* auf dem Schalldeckel hl. Michael mit der Rautenfahne. – Sonstige Ausstattung: im Chor Skulpturen, Christus und Maria, von *Straub,* 1768. Gegenüber der Kanzel Christus am Kreuz und trauernde Muttergottes, 16. Jh. Auf der Mensa der rückseitigen Altäre im Gemeinderaum kleine Skulpturen des hl. Michael aus einem Stein vom Monte Gargano und Schutzengel, Werke von *Balthasar Ableithner* um 1692, aus der alten Schloßkapelle. – In der Vorhalle Skulpturen von *Andreas Faistenberger,* die hll. Sebastian und Rochus, Ende 17. Jh., vielleicht aus der Herzogspitalkirche St. Elisabeth.

★ **Jesuitenkirche St. Michael** (Neuhauserstr. 6). Die ersten Pläne für die Kirche des 1559 nach München berufenen Jesuitenordens sahen einen nach Osten orientierten Bau vor. Die 1583 begonnene Kirche ist nach Norden ausgerichtet, so daß die Fassade an der Hauptstraße liegt; westlich schließen die Gebäude des Kollegiums an, die Ostflanke liegt frei. Der Einsturz des zwischen Langhaus und Chor gelegenen Turms 1590 wurde als Mahnung des Erzengels aufgefaßt, die Kirche zu vergrößern. So wurde zwar das Langhaus beibehalten, aber ein Querhaus eingefügt und der Chor verlängert; der neue Turm (nicht ausgebaut) kam an die Nordostecke des Areals. Weihe 1597. – Der Bau gilt als Regiebau; die von verschiedenen Seiten gekommenen Vorschläge wurden vom herzoglichen Kunstintendanten *Friedrich Sustris* in Pläne umgesetzt, ausführender Werkmeister war *Wolfgang Miller;* inwieweit der in Quellen genannte Augsburger Kunstschreiner *Wendel Dietrich* mehr denn als Ratgeber beteiligt war, ist unklar.

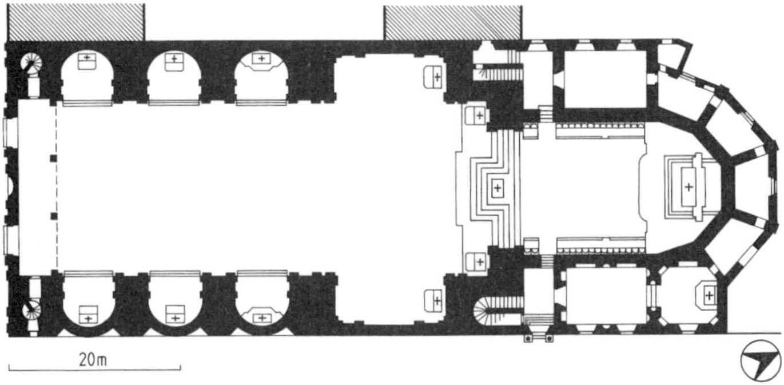


*München, St. Michael*

Zur Einhundertjahrfeier der Kirchweihe wurden 1697 Kapellen und Fassade renoviert, die Querhausfenster und das obere Fassadenfenster vergrößert, neue Nebenaltäre sowie die jetzige Kanzel nach Entwurf von *Johann Hörmann S. J.* errichtet. Nach Aufhebung des Jesuitenordens 1773 wechselnde Bestimmung der Kirche, seit 1921 wieder Jesuitenkirche. 1944 stark beschädigt, Gewölbe zerstört. Wiederaufbau 1946–53, neue Orgelempore von *Sep Ruf* 1954. Wiederherstellung der urspr. Fassade 1960; Rekonstruktion der Innenseite der Hauptfassade, der Orgelempore von 1697 und des gesamten Gewölbestucks 1980–83.

## Typus

Ein Hauptwerk der Gegenreformation in Deutschland, ist die Kirche im Inneren an stadtrömischer Architektur ausgerichtet. Der tonnengewölbte Chor von drei Jochen und Fünfzehntelpolygon dreigeschossig, mit Strebepfeilern; die niedrige Krypta dient als Fürstengruft. Zu seiten des Chores Sakristei und Kreuzkapelle, darüber Oratorien. Das zweigeschossige Langhaus ist eine Wandpfeileranlage von drei Jochen und nicht vortretendem Querhaus, das wie eine in den Maßen gesteigerte Kapelle erscheint. Pilastergliederung; durchgehendes kassettiertes Tonnengewölbe von 20 Metern Spannweite, mit Gurtbogen. Die Kapellen mit Quertonnen zwischen den Strebepfeilern schließen apsidial, ihr Rund ist an der Ostflanke der Kirche sichtbar. Über den Kapellen Emporen mit Quertonnen. Insgesamt „ein Muster im Anlagetypus, das mit wachsendem Ansehen im 17. und 18. Jh. eine ungezählte Nachkommenschaft gefunden hat“ (Dehio).

## Äußeres

Die mächtige, dreigeschossige Hauptfassade von schautafelartiger Wirkung. Die beiden Obergeschosse leicht eingezogen, der Giebel der erneut eingezogenen Attika aufgesetzt, von Voluten begrenzt. Das Untergeschoß mit Pilastern in ungleichen Abständen besetzt, im Mittelabschnitt an Stelle eines erst geplanten Portals die mit vergoldetem Kupfer ausgeschlagene Nische mit der berühmten Bronzefigur des hl. Michael von *Hubert Gerhard,* 1588, Guß von *Martin Frey;* am Sockel aus Rotmarmor das herzogliche Wappen mit Goldenem Vlies. In den anschließenden Wandabschnitten die beiden Portale aus Rotmarmor. Die gefelderten Obergeschosse von Obelisken flankiert, das Fenster im dritten Geschoß quadratisch mit eingezogenem Halbkreisbogen oben und unten, eine im 17. Jh. vielerorts aufgegriffene Fensterform.

Am Fassadenprogramm war der Bauherr, Herzog Wilhelm V., selbst beteiligt. Die Figurennischen der Obergeschosse rot freskiert. Im Giebel zuoberst Salvatorfigur, Kupfertreibarbeit von 1981 nach einem Photo der alten, wohl von 1697 stammenden, in derselben Technik gearbeiteten Figur. Die Statuen der Giebelzone und der Figurennischen sind bis auf drei in Stuck (1907 in Stein erneuert) aus dem Antiquarium genommen und umgearbeitet. Im Giebel und auf den seitlichen Postamenten die drei Herzöge Bayerns, unter denen die Christianisierung des Landes geschah, in den Obergeschossen für Bayern und das Reich bedeutende Kaiser und Regenten, endend mit dem Bauherrn, Kaiser Karl V. und Ferdinand I.; als Bildhauer jüngst *Jordan Prechenfelder* und *Hans Erndorfer* vorgeschlagen. Fünf beschädigte Originale im Hof des Kollegiengebäudes, an der Fassade Kopien.

## Inneres

Kleinteilige Gliederung der Chorwände durch Felderungen; die des Langhauses und der Kapellen durch kannelierte Pilaster im Untergeschoß, durch solche mit eingetieftem Spiegel im Obergeschoß. Der ganze Kirchenraum ist, der Fassade vergleichbar, mit Figurennischen bestückt, im Chor im Wechsel mit Fensteröffnungen, am Chorbogen und im Langhaus zwischen den Pilastern. Die Bildwerke aus Ton, urspr. gefaßt, sind aus *Hubert Gerhards* Werkstatt hervorgegangen: im Chor Zwölf Apostel, unüblich unten, darüber David, Dominikus, ein Prophet, Johannes der Täufer, Joachim, Apostel Matthias, Antonius Eremita, ein Prophet, Franz von Assisi, Moses. Am Chorbogen die Vier lateinischen Kirchenväter, im Querhaus die Evangelisten Markus und Matthäus sowie zwei Bischöfe. Im Langhaus in zwei Reihen 18 Engelsfiguren mit den Leidenswerkzeugen. Unter der Orgelempore Christuskind über dem Jesuitenmonogramm (1983 rekonstruiert, Torso des Originals im Bayerischen Nationalmuseum);

die zugehörigen seitlichen Figuren, hll. Georg und Wilhelm, zerstört. – In den Hauptfenstern der Fassade Glasgemälde von *Hans* und *Georg Hebenstreit,* um 1590, hl. Michael, seitlich die Wappen Bayern und Lothringen. – An den Südwänden des Querhauses Gemälde, westlich Darstellung der japanischen Märtyrer, nach 1627, östlich Verklärung des hl. Aloisius.

## Bewegliche Ausstattung

Hochaltarretabel von *Dietrich,* 1586–89, dreigeschossig, mit Säulenpaaren, das Mittelbild, Engelsturz, Hauptwerk von *Christoph Schwarz,* dem „Pattron über alle Maller zu Ditzland", 1587/88. Im Auszug Salvatorfigur, seitlich Engelsfiguren von *Andreas Weinhart* (Salvator und vier Engel neu). In die Mensa drei *Hubert Gerhard* oder *Felice Traballesi* zugeschriebene Bronzereliefs eingefügt, Vision Ezechiels, Auferweckung des Lazarus und Auferstehung Christi, um 1595, urspr. für das Grabmal Herzog Wilhelms V. bestimmt. – Das vierte der Reliefs in der Mensa des an den Chorstufen stehenden Hauptaltars von 1983 angebracht, Auferweckung der Tochter des Jairus. Um den Altar die vier zum Grabmal Wilhelms gehörigen Bronzeleuchter von *Carlo Pallago.* – Die Marmorretabel am Chorbogen 1624 aufgestellt, 1697 erneuert; am Ignatiusaltar, links, Altarblatt von *Alessandro Scalzi,* am Franz-Xavier-Altar, rechts, Altarblatt von *Johann Ulrich Loth.* – Die Retabel aus Stuckmarmor im Querhaus stehen an der Nordwand; sie haben die Altarblätter der Erstausstattung von *Antonio Maria Viviani (Viani)* bewahrt, links das Opfer des Neuen, rechts des Alten Bundes, beide 1588/89 nach Entwurf von *Sustris.* Auf der Mensa Gemälde Herz Jesu von *Joseph Hauber,* 1797, Herz Mariens von *Franz Ignaz Oefele,* 1775.

Auch die Retabel der Langhauskapellen von 1697 enthalten die alten Altarblätter, geschaffen von den damals in München tätigen Hauptmalern. Westseite, von Norden: 1. Maria-Haar-Kapelle (mit Stuck von 1697), Altarblatt von *Peter Candid,* 1587, Verkündigung an Maria, die Seitenfiguren Joachim und Anna von *Johann Baptist Straub,* um 1770. – 2. Andreaskapelle, Altarblatt von *Schwarz,* vollendet von *Scalzi,* Martyrium des hl. Andreas, 1586–90. – 3. Ursulakapelle, Altarblatt von *Candid,* 1588, Martyrium der hl. Ursula und ihrer Gefährtinnen. – Ostseite: 1. Peter-Paul-Kapelle, Altarblatt von *Viviani,* 1587/88, Schlüsselübergabe an Petrus, im Hintergrund Bekehrung Pauli. Auf der Mensa Reliquienschrein der hll. Cosmas und Damian, 1400 in Bremen gefertigt, 1648 durch Kurfürst Maximilian I. erworben; vergoldete Silberplatten mit stehenden Heiligen, die Vorderseite als Flügel zu öffnen, innen mit Gemälden aus der Legende der hll. Ärzte. – 2. Sebastianskapelle, Altarblatt von *Scalzi* nach Entwurf von *Hans von Aachen,* 1588/89, Marter des hl. Sebastian. – 3. Magdalenenkapelle, auf dem Retabel Statue der Schmerzhaften Muttergottes, 17. Jh.; das einstige

Altarblatt von *Hans Thonauer d. Ä.* und *Scalzi* nach Entwurf *von Aachens* 1944 verbrannt.
Chorgestühl von *Martin Ernst, Heinrich Diefelder* und *Georg Bendl* unter der Leitung von *Dietrich,* 1589 fertiggestellt. – Kanzel von 1697 mit Ovalbildern der drei Erzengel. – Im Ostquerhaus Bronzekruzifix von *Giovanni Bologna,* 1594, Geschenk des Großherzogs Ferdinando I. von Toskana, die Figur der emporblickenden Maria Magdalena zu Füßen des Gekreuzigten von *Hans Reichle,* 1595; urspr. hinter dem Kreuzaltar an den Chorstufen vor der Grabplatte für Herzog Wilhelm V. aufgestellt. – Vor der Orgelempore der von *Gerhard* geschaffene Engel mit dem Weihwasserbecken, 1596 fertig, auch er zum Grabmal Herzog Wilhelms gehörig. – An der Stirnseite des Ostquerhauses spätgotisches Tafelbild, die Muttergottes, Isaias und Johannes Ev., gelegentlich irrig *Jan Polack* zugeschrieben (seit 1857 in der Kirche).
Grabmäler. Im Ostquerhaus bronzene Deckplatte der Tumba vom Grabmal Herzog Wilhelms V., wohl von *Reichle* nach Entwurf von *Sustris.* – Im Westquerhausarm das 1830 aufgestellte Monument für Eugène Beauharnais, Herzog von Leuchtenberg († 1824), Stiefsohn Napoleons I.: umfängliche Anlage, die Architektur von *Leo von Klenze,* die Statue des Herzogs von *Bertel Thorvaldsen*; die sitzende Klio, Muse der Geschichte, sowie der Genius des Lebens und des Todes von dem *Thorvaldsen*-Schüler *Pietro Tenerani;* die Inschrifttafel 1864 in Bronze erneuert. – Am Chorumgang außen Epitaph für Eugène und Auguste Beauharnais, Herzog von Leuchtenberg mit Gemahlin, von *Ludwig Michael Schwanthaler,* 1835/36.
Die Kreuzkapelle östlich des Chores; von außen her durch ein von einer Säulenädikula gerahmtes kleines Portal über einen schmalen Vorraum zugänglich, ist wahrscheinlich von *Giuseppe Valeriano S. J.* entworfen. Zweiachsiger rechteckiger Saal mit oktogonalem Altarraum. An den Wänden Nischen zur Unterbringung des Reliquienschatzes. Im Saal Nischen mit Figuren des Ecce homo und der Schmerzhaften Muttergottes (Nordseite), der hll. Barbara (Westseite) und Katharina (Ostseite), der *Gerhard*-Werkstatt zugeschrieben. Altarretabel mit Altarblatt von *Hans von Aachen,* Christus am Kreuz zwischen Maria und Johannes, um 1588; im Oberbild Verkündigung an Maria.

**Kath. Pfarrkirche St. Michael** (Perlach; Pfanzeltplatz 1).
*Der Ort ist um 780 bezeugt, eine Kirche im 1. Drittel des 11. Jh.s. Deren romanische Nachfolgerin, eine in Zeichnungen überlieferte Chorturmkirche, wurde 1728 abgebrochen.*
Den Neubau unternahm *Johann Mayr* 1730–32, der Turm wurde erst 1788 vollendet. Apsis 1944 zerstört, 1951/52 wieder aufgebaut. – Das Äußere der Kirche durch toskanische Pilaster und durch Blendarkaden gegliedert, der dreigeschossige Westturm mit geschweiftem Helm. Saalkirche zu vier Jochen, mit dreiseitig von Pilastern besetz-

ten Wandpfeilern, das zweite Joch tiefer, mit gekehltem Rücksprung. Stark eingezogener Altarraum mit Vorjoch und gestelzter Apsis, von Pilasterpaaren gegliedert. Im Vorjoch Oratorien. Zwei Westemporen übereinander. – Die spärliche Stuckierung führten *Martin Hörmannstorfer* und *Matthias Schmidtgartner* bis 1736 aus. – Deckenbilder: im Vorjoch des Chores, der Erzengel Michael erscheint dem Bischof von Sipont, bez. „*Anthony Zächenberger* fecit 1729"; im Langhaus, zwei Joche übergreifend, Engelsturz, von *Nikolaus Gottfried Stuber,* 1730 (bez.), und drei thematisch zugehörige Embleme.
Der Hochaltar 1796 nach stark vereinfachtem Plan von 1766 mit damals gefertigten Teilen; 1944 schwer beschädigt, 1952 wieder errichtet: Ein sechssäuliges Retabel mit hohem Auszug; das Altarblatt, hl. Michael, von *Johann Baptist Widmann* nach *Guido Reni.* Als Seitenfiguren die Wetterheiligen Johannes und Paulus, Ende 17. Jh., im Auszug Relief, Gottvater mit Engeln, wohl 1766. – Die Retabel am Chorbogen 1766, mit Altarblättern von *Franz Osterried,* 1860 (Hl. Familie und Allerheiligenbild); am nördlichen Altar Oberbild mit hl. Florian, auf der Mensa Skulptur der Anna selbdritt, um 1515; am südlichen Oberbild des hl. Koloman, auf der Mensa Skulptur des hl. Koloman, Anfang 16. Jh. – Die Retabeln an den Außenwänden des tieferen Langhausjochs (Pseudoquerhaus) von 1766, mit Skulpturen: am nördlichen Kruzifixus und Schmerzensmutter, am südlichen Johann Nepomuk, spätes 18. Jh.(?). – Die zwei Gemälde des 18. Jh.s an den Langhauswänden, die hl. Anna mit Maria und der hl. Antonius von Padua vor der Madonna, wahrscheinlich Altarblätter der abgebrochenen Kolomankapelle. – Im Turmuntergeschoß Epitaph für Maria Cäcilia von Effner († 1787): ein abgebrochener Obelisk über einem Sockel mit dem Haupt des Chronos; Bildnisrelief der Verstorbenen.

**Kath. Pfarrkirche St. Michael** (Lochhausen; Schussenriederstr. 6). Von der spätgotischen Kirche ist der Chor erhalten; der schlanke viergeschossige Turm an der Nordseite, mit Spitzbogenfriesen und Satteldach, ist älter. Barockisierung um 1722–39. Das Langhaus ist ein Neubau nach Plänen von *Franz Xaver Bömmel,* 1926/27. – Der Chor mit Vorjoch und Fünfachtelschluß zeigt abgetreppte Strebepfeiler und flache Wandpfeiler (bei der Barockisierung eingekürzt). – Das Chorgewölbe trägt vegetabilen Stuck auf zartfarbenem Grund; im Zentrum Deckenbild der Krönung Mariens, 1742, *Anton Zächenberger* zugeschrieben. An der Chornordwand Gemälde, Herz-Jesu-Vision der Margareta Maria Alacoque, darunter die Mitglieder der 1737 gegründeten Herz-Jesu-Bruderschaft. – Das neubarocke Hochaltarretabel mit alten Teilen nimmt die volle Chorbreite ein; die bühnenartig zurückgesetzte Mitte birgt die Skulptur des hl. Michael, in den Seitennischen links stehende Muttergottes, um 1500, rechts hl. Margareta, Anfang 18. Jh. – Im Langhaus interessantes Bild: der würdige und unwürdige Empfang der Eucharistie, 2. Hälfte 17. Jh.

**Kath. Filialkirche St. Nikolaus** (Englschalking; Flaschenträgerstr. 1). Die mittelalterliche Kirche, deren Bauzeit nicht bekannt ist (um 1300?), wurde um 1659 neu ausgestattet. In der Massigkeit der Mauern steht der Bau in spätromanischer Tradition: das Langhaus ein Saal mit Flachdecke von 1969, der eingezogene flachgedeckte Rechteckchor durch einen engen und niedrigen Chorbogen abgesetzt (um 1300?); in der Ostmauer ein schmales Rundbogenfenster. Der Ostgiebel des Langhauses leicht überhöht, darauf der eingeschossige Turm mit Pyramidendach. Langhausfenster um 1659 vergrößert. – In der Laibung des Chorbogens Reste spätgotischer Malerei (Evangelistensymbole). – Hochaltar um 1659, das Altarblatt, hl. Nikolaus, sign. *K. S. Wild,* dat. 1872; als Seitenfiguren die hll. Wolfgang und Korbinian, im Oberbild Muttergottes (nach *Cranachs* Mariahilfbild), Predella mit Vera Ikon. – An der Chorbogenwand Skulptur der Anna selbdritt, um 1515. – Votivbild vom Franzoseneinfall 1800 mit Ortsansicht (renoviert 1872).

**Kath. Kirche St. Nikolaus** (Freimann; Heinrich-Groh-Str. 11). Die frühgotische Chorturmkirche, wohl 1. Hälfte 14. Jh., trug bis 1735 das Patrozinium St. Margaret. Das Langhaus 1880 umgebaut und erhöht. – Der Turm aus hell geschlämmten Backsteinen und rot abgesetzten Kanten der Blenden und Friese; Turmfenster und Schallöffnungen abgetreppt, die Laibungen mit Farbwechsel, gelblich und rot (gemalt). Die Flachdecke von 1880 zeigt bundwerkartig angeordnete Balken und Unterzüge. – Spätgotische Skulptur des hl. Nikolaus, z. T. überschnitten. Figurentafel, Verspottung Christi, 18. Jh.

**Kath. Filialkirche St. Nikolaus,** ehem. Spitalkirche (Gasteig; Innere Wienerstr. 1). Die Kirche des seit 1315 bestehenden Leprosenhauses „am gachen Steig" wurde im 15. Jh. neu gebaut, um 1660 barockisiert. Spitalgebäude 1863 abgebrochen. 1944/45 beschädigt. – Einfacher Saalbau mit dreiseitigem Schluß. Der kleine, oktogonale Westturm mit Zwiebelhaube. Rustiziertes Portal an der Südseite. – Schlichter Rahmenstuck von 1660. – Die alte Ausstattung ist verloren, das Hochaltarretabel von 1691 stammt aus der Alten Pfarrkirche in Garmisch (1959 erworben), mit Altarblatt Fürbitte der hll. Franz und Dominikus für die Armen Seelen; Schreinwächter sind die hll. Georg und Florian. Im Auszug Skulptur des hl. Nikolaus.
Östlich die Altöttingerkapelle von 1820, 1955 verändert wiederaufgebaut. Unterhalb der Kirche Kreuzigungsgruppe; die Assistenzfiguren von *Gabriel Luidl,* 1771, aus Stein, der Kruzfixus aus Blei 1944 zerstört; statt seiner Bronzekruzfixus von *Hans Panzer,* 1959.

**Ehem. Klosterkirche St. Nikolaus und Maria vom Berg Karmel der Unbeschuhten Karmeliten,** „Studienkirche" (Karmeliterstr. 2). Der Orden wurde von Kurfürst Maximilian I. auf Grund eines Gelöbnisses, 1620, nach München berufen. Der Klosterbau (zerstört) wurde 1654–57 errichtet, die Kirche 1657–60 von *Marx Schinnagl*, angeblich nach Plänen von *Hans Konrad Asper*. Das Äußere der Kirche 1802–11 von *Georg Nikolaus Schedel von Greifenstein* purifizierend umgestaltet. 1944/45 weitgehend zerstört, die Ausstattung vernichtet. Das Innere 1955–57 durch *Sep Ruf* zu Ausstellungsräumen, Archiv und Bibliothek umgebaut. – Die Basilika ist nach Westen gerichtet, ihre Fassade dem Promenadeplatz zugewandt. Diese, zweigeschossig, mit Segmentbogengiebel und schlichtem Portal, ist vom Umbau 1802 ff. bestimmt, bei dem die Figurennischen zugesetzt und die Blendfeldergliederungen eliminiert wurden. Die an der Pacellistraße gelegene Nordseite der Kirche ist durch Pilaster gegliedert, das Nordquerhaus im Untergeschoß mit Eckrustika. Das zweijochige Langhaus mit Rundfenstern im Obergaden ist von tiefen Kapellen begleitet, ein „entwicklungsgeschichtlich interessanter Bau, eines der frühesten Beispiele einheimischen Barocks". Der niedrige Turm mit Zeltdach steht an der Südseite des hinter dem Altarraum gelegenen ehem. Mönchschores. – In der ehem. Sakristei, jetzt Lesesaal, Deckenbilder von *Johann Georg Gumpp*, um 1715/19: marianische Embleme und die Hilfe in den von den vier Elementen ausgehenden Gefahren durch das Skapulier (1980 freigelegt).

**Kath. Pfarrkirche St. Paul** (St.-Pauls-Platz 11). Als Pfarrkirche der Ludwigsvorstadt 1892–1906 von *Georg Hauberrisser* als neugotische dreischiffige Basilika mit niedrigem Querhaus und Langchor erbaut. 1944 beschädigt, Wiederherstellung bis 1951. Seit 1979 Ausbesserungsarbeiten. – Backsteinbau mit Tuffsteinverkleidung und -gliedern. Charakteristisch ist die malerische Zusammenstellung vielteiliger Bauformen. Städtebauliche Dominante ist der Chorturm über den Westjochen des Chores mit seinem an den Frankfurter Domturm angelehnten Abschluß, in der Höhe bewußt knapp unter der der Frauentürme bleibend. Die Bauformen variieren im allgemeinen Vorlagen der Zeit um 1300. Zweiturmfassade im Westen; das Obergeschoß der Türme ungewöhnlicherweise über Sechseck erbaut. Alle Portale mit schattender Vorhalle. – Das Langhaus innen dreigeschossig, mit Triforium; dieses auch über den Querhausarmen. Reiche Steinmetzarbeit an Kapitellen und figürlichen Konsolen. Die Vierung durch ein Sterngewölbe hervorgehoben, vom Langhaus durch durchgehende Dienste abgesetzt. Der Chor, durch einen kräftig profilierten Triumphbogen abgetrennt, erhält sein Licht nur durch die hohen Fenster in Polygon und letztem Joch. Die große Helligkeit des Kircheninneren entspricht nicht dem urspr. Zustand: die figürlichen Farbfenster 1944 zerstört. – Die von *Hauberrisser* selbst konzipierte Ausstattung nur in Teilen erhalten, die Retabel teils entfernt, teils reduziert durch Beschränkung auf Schrein und Flügel.

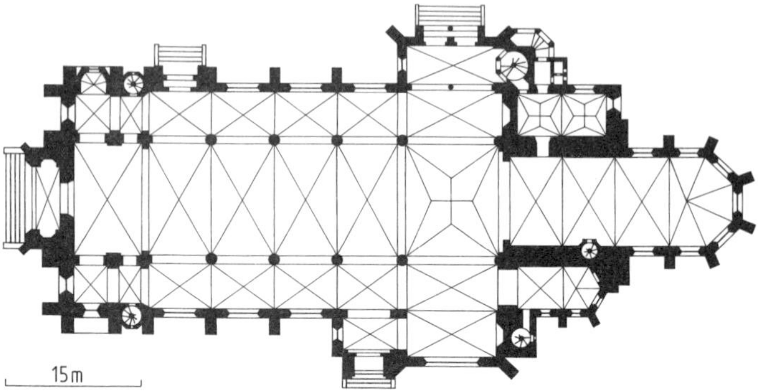


*München, St. Paul*

**Ev. Paulskirche** (Perlach; Sebastian-Bauer-Str. 23). Die für die im Süden Münchens wohnenden Protestanten 1849 nach Plänen von *Georg Friedrich Ziebland* erbaute Kirche zeigt betont schlichte neugotische Formensprache. Dem Saalbau ist ein niedriger, eingezogener Chor mit Fünfachtelschluß angefügt, an der Westseite eine Vorhalle und ein vorkragender Dachreiter mit Spitzhelm. Am Chor außen Zinnenfries. – Im Langhaus Spitztonne mit profilierten, rippenartigen Unterzügen auf Konsolen.

★ **Kath. Pfarrkirche St. Peter** (Petersplatz 1).
*Die erste Pfarrkirche der Stadt; ein oft vermuteter Zusammenhang mit Kloster Tegernsee oder Schäftlarn ist nicht belegt.*
Der erste dreischiffige Bau mit Türmen über den westlichen Seitenschiffjochen, 2. Hälfte 12. Jh., ergraben. Vom Nachfolgebau aus dem 4. Viertel des 13. Jh.s (Weihe 1284) sind die Untergeschosse der Westtürme erhalten, übernommen in die nach dem Stadtbrand 1327 begonnene gotische Basilika mit Langchor, die 1368 geweiht wurde. 1379–1386 setzte man nach Teilabbruch der Türme zwischen sie den urspr. mit zwei Spitzhelmen bekrönten Westbau sowie Kapellen zwischen die Strebepfeiler des Langhauses. 1607 Ersatz der Turmhelme durch eine Kuppel mit Laterne und Obelisk (Baumeister *Heinrich Schön d. Ä.?),* 1630–1636 Ersatz des Chores durch den Dreikonchenchor, Baumeister *Isaak Pader.* In den 40er Jahren des 17. Jh.s Umbau und Einwölbung des Langhauses, Weihe 1646. Neues Chorgewölbe 1730 durch *Ignaz Anton Gunetzrhainer,* Deckenbilder von *Nikolaus Gottfried Stuber* und *Johann Baptist Zimmermann,* der auch die Stuckierung ausführte und 1753–56 die Neugestaltung des Langhauses übernahm. 1944/45 weitgehend zerstört, Deckengemälde und

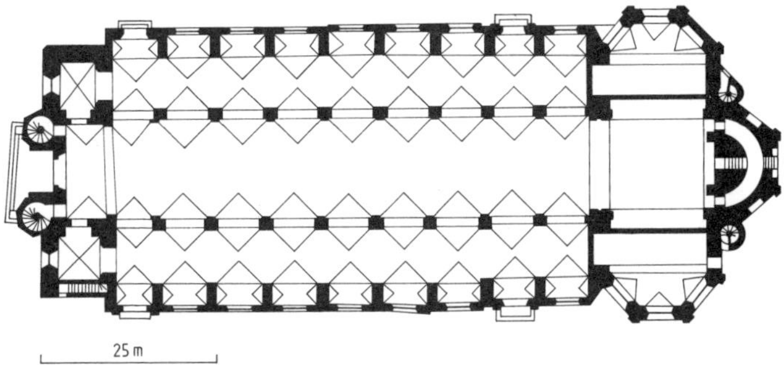


*München, St. Peter*

fast aller -stuck verloren; letzterer unversehrt nur in der Kapelle unter dem Südturm. Wiederaufbau 1946–54. Außenrenovierung 1974/75.
Der aus Backstein errichtete Chor mit Strebepfeilern an den polygonal gebrochenen Konchen und Treppentürmen in den Zwickeln außen unverputzt, Westbau und Langhaus unter Putz. Am Langhaus die Kapellen von den Seitenschiffen abgesetzt; deren Okuli belichten Emporen und stammen wie alle anderen Fenster von der Barockisierung. Seiteneingänge an beiden Enden der Kapellenreihen mit Rotmarmorportalen des 17. Jh.s. Beherrschend der Westturm mit seinen Friesen, eines der Wahrzeichen Münchens („Alter Peter").
Das Langhaus, eine Pfeilerbasilika, ist durch Pilaster zweigeschossig gegliedert, das Gebälk läuft einfach verkröpft durch. Im Obergeschoß mit hochsitzenden Ovalfenstern wiederholen Blendfelder, in die die Rechteckfenster der Oratorien einbezogen sind, die Arkaden des Untergeschosses; in den Feldern Gemälde von *Zimmermann* mit Darstellungen aus dem Leben Petri (nur in den drei Westjochen original, erheblich restauriert). – Ist das Langhaus relativ dunkel, so ist der durch einen Trimphbogen abgesetzte Chor umso heller, der vielleicht erst seit der 2. Hälfte des 17. Jh.s zweireihig durchfenstert ist und in dessen seitliche Konchen die Sakristeien eingebaut sind, darüber Oratorien.
Von der Ausstattung aus Mittelalter und später Renaissance ist wenig erhalten; beherrschend ist die trotz zahlreicher Verluste immer noch reiche Ausstattung des 18. Jh.s. – Altäre: Hochaltar nach Entwurf von *Stuber* 1730 begonnen, 1944 zerstört, 1954 unter Einbeziehung geborgener Reste und der erhaltenen Bildwerke neu errichtet. An *Berninis* Cathedra Petri zu St. Peter in Rom orientiert: thronender Petrus (Skulptur von *Erasmus Grasser*, 1517, im 18. Jh. partiell übergangen), von einer Konche mit zehn Säulen hinterfangen,

vor ihm die Vier lateinischen Kirchenväter, Holzfiguren von *Egid Quirin Asam* (Fassung 1753). Tabernakel von *Joseph Friedrich Canzler*, die Engel von *Franz Jakob Schwanthaler*, 1804. – An der Stirnwand des Nordseitenschiffs Corpus Christi-Altar von *(Franz) Ignaz Günther*, 1755–1757, mit Altarblatt von *Johann Ulrich Loth*; im Auszug Engelsfiguren. Tabernakel von *Johann Benno Canzler*, 1758, Anfang des 20. Jh.s leicht verändert. – An der Stirnwand des Südseitenschiffs Mariahilf-Altar nach Entwurf *Günthers*, 1756, weitgehend rekonstruiert. Die Kopie des *Cranach*schen Mariahilfbildes in Innsbruck 1653 von *Johann Karl Loth*, der Rahmen von *J. Fr. Canzler* nach Modell von *Johann Baptist Straub*, 1755, z. T. ergänzt. Im Auszug Skulpturen der hll. Felix und Adauctus, von *Günther*.
Die Retabel in den Kapellen stehen meist nicht mehr an der urspr. Stelle. An der Nordseite: 1. Schrenckaltar, Steinretabel des Weichen Stils (1407?) mit Weltgericht und dem Gekreuzigten zwischen Maria und Johannes, daneben Petrus, seitlich die hll. Martin und Ulrich, die Patrone der Stifter. – 2. Retabel aus Resten neu geschaffen, Altarblatt, Marter des hl. Erasmus, von *J. K. Loth*, wahrscheinlich 1677 erworben; Oberbild mit hl. Korbinian, von *Nikolaus Prugger*. – 3. 1803 aufgestellte Kopie des Gnadenbildes in der Wies bei Steingaden; Oberbild hl. Sigismund, 17. Jh., irrig *Joachim von Sandrart* zugeschrieben. In der Predella Skulpturengruppe der Hl. Familie, aus der Werkstatt *Günthers*, Fassung von 1883. – 4. Retabel von *Straub*, erheblich ergänzt; Altarblatt mit den hll. Joseph und Joachim, von *J. von Sandrart*, sign., dat. 1647; Oberbild Johannes d. T. – 5. Retabel von 1676, *Marx Schinnagl* zugeschrieben, Altarblatt Fürbitte des hl. Liborius, von *J. B.* (oder *Franz) Zimmermann*, dat. 1748; Oberbild mit den hll. Matthias und Matthäus, *Johann Ulrich Loth* zugeschr. Munditaschrein von *Franz Keßler*, 1677. – 6. Retabel *Schinnagl* zugeschrieben. Altarblatt, Beweinung Christi, von *Johann de Pay* nach *Anthonis van Dyck*, Mitte 17. Jh.; im Oberbild die hll. Quirinus und Barbara, angeblich von *J. von Sandrart*. – Südseite: 1. Kreuzaltar mit Retabel von *Schinnagl*, 1645, mit Engelsfiguren von *Balthasar Ableithner*; Kreuzigungsbild und Oberbild des hl. Michael, beide Nachfolge *Johann Heinrich Schönfeld*, 2. Hälfte 17. Jh. Auf der Mensa Skulptur der Anna selbdritt, von *Ableithner*, um 1660. – 2. Retabel *Schinnagl* zugeschrieben, Altarblatt, Maria in den Wolken, Oberbild, hl. Franz von Assisi, Mitte 17. Jh. – 3. Retabel von *Günther*, 1758. Altarblatt, Maria und neun weibliche Heilige, von *Franz Degle*, Oberbild, die hll. Johannes Ev. und Andreas, von *J. U. Loth*. Skulpturengruppe, des hl. Florian mit zwei Engeln, *Straub* zugeschrieben. – 4. Retabel von *Straub*, Altarblatt, Anbetung der Könige, Oberbild, die hll. Thomas und Veit, *Schönfeld*-Nachfolge. In der Predella Skulptur des hl. Veit, *Straub*-Werkstatt. – 5. Sebastiansaltar, *Schinnagl* zugeschrieben, um 1650. Altarblatt, Maria und die Pestheiligen Sebastian und Rochus sowie der Stadtpatron St. Benno, dat. 1675, Nachfolge *Schönfelds*, dgl. das Oberbild,

die hll. Ottilie und Ursula. – In der nördlichen Turmkapelle (Katharinenkapelle) Retabel von *Günther*, um 1765/70, mit Skulpturen der hll. Apollonia, Agnes, Blasius, Katharina und Margareta um eine ältere Figur des hl. Eligius.
An der Nordwand der Ostkonche Chorstuhl von *Joachim Dietrich*, 1750, darüber zwei Kardinaltugenden, Gerechtigkeit und Stärke, Skulpturen von *Johann Georg Greiff*, um 1730. An der Südseite Dreisitz, z. T. ergänzt, in Louis-Seize-Formen, von *Günther*, 1757, darüber *Greiffs* Skulpturen Klugheit und Mäßigkeit. An den Sakristeiwänden Flügelbilder des Hochaltarretabels von *Jan Polack*, um 1517, und das aus der Hauskapelle der Pötschner stammende Dreikönigsretabel, dat. 1477. Zu seiten des Hochaltars Skulpturen, Christus und Maria, von *Josef Prötzner*, um 1750. – An den Langhauspfeilern Apostelfiguren, die hll. Paulus und Andreas, von *Andreas Faistenberger*, um 1708–12, urspr. neben dem Hochaltar aufgestellt; die übrigen Skulpturen von *Prötzner*. Von diesem auch die Kanzel mit Relief des Guten Hirten an der Rückwand, den Evangelistensymbolen und dem Posaunenengel auf dem Schalldeckel. Gegenüber der Kanzel *Prötzners* Maria unter dem Kreuz. – Kreuzwegstationen von *Heinrich Korth*, 1776. Orgelprospekt Empire.
An der Stirnwand des nördlichen Seitenschiffs links vom Retabel Erinnerungsmal an den Besuch des Papstes Pius VI., 1782. Links unter dem Fenster barocke Skulpturengruppe, Christus begegnet seiner Mutter. Rechts vom Mariahilf-Altar Verkündigungsgruppe, *Greiff* zugeschrieben. – In der Sebastianskapelle Barockskulpturen der hll. Joseph und Theresa von Avila. In der letzten Kapelle der Südseite Pestbild von *Polack*, um 1517 (?). – In der nördlichen Turmkapelle Ölberggruppe, die Christusfigur von *F. J. Schwanthaler*, dat. 1795 die Apostel von *Joseph Otto Entres*. In der Südturmkapelle Taufstein von *Hans Krumpper*, 1620, der Deckel mit Skulptur Johannes d. T.s von *Prötzner*. – Die Beichtstühle in den Seitenkapellen aus St. Michael, Mitte 18. Jh.
Grabmäler und Epitaphien: Die ältesten an der Turmwand. Nördlich das für den Dekan Ulrich Aresinger († 1485), ein Hauptwerk von *Grasser*, sign., dat. 1482, aus Rotmarmor, mit Petrus und Katharina, darunter dem Dekan mit Wappen. Südlich Epitaph für Balthasar und Anna Pötschner, dat. 1505, mit Gregorsmesse, vielleicht aus der Werkstatt *Grassers*. Aus dem 17. Jh. stammt das Bronzerelief für Maria Katharina und Wilhelm de Lasso, 1613, in der 3. Kapelle der Südseite. Aus dem 18. Jh. zu nennen das Epitaph für Dekan Anton Ignaz Hertl († 1768) von *Straub* (erheblich ergänzt) an der Ostwand des nördlichen Seitenschiffs und für Dekan Joseph Ignaz von Unertl († 1759) von *Günther* an der Stirnwand des südlichen Seitenschiffs. In der südlichen Turmkapelle Grabmal des Stadtkommandanten Johann Egid de Courcelles von Wachsenstein († 1755), von *Günther*, mit Porträtmedaillon. Dem frühen 19. Jh. gehört das von *Roman Anton Boos* geschaffene Epitaph für Graf

Karl Wilhelm von Daun († 1810) in der nördlichen Turmkapelle an; das Bildnis, ein Bleiguß, 1944 zerstört.
Trotz erheblicher Kriegsverluste ist St. Peter noch immer die am reichsten ausgestattete Kirche der Münchner Altstadt. Architekturgeschichtlich bedeutsam ist allein die Choranlage.

**Kath. Kirche St. Peter und Paul** (Allach; Eversbuschstr. 195).
*Der 774 erwähnte Ort wird Anfang des 9. Jh.s als Kirchdorf bezeichnet.*
Ein Vorgängerbau der hochmittelalterlichen Kirche ergraben. Von letzterer der Westturm erhalten, in die jetzige Kirche einbezogen. Diese ist ein Neubau von 1708–10. Außen gemalte Pilastergliederung des leicht eingezogenen, polygonalen Chors und des Langhauses. Dessen flachbogige Tonne trägt Rahmenstuck. – Aufwendiger Hochaltar von 1710 mit Säulenpaaren, zwischen ihnen Skulpturen des hl. Wolfgang und eines hl. Bischofs (Nikolaus? Benno?); an Stelle des Altarblattes Skulpturengruppe, Petrus und Paulus; im Oberbild Marienkrönung. – Die Seitenaltäre stehen schräg in den östlichen Langhausecken. Im nördlichen Marienfigur, Anfang 18. Jh., im südlichen neubarocke Josefsfigur. – Im Langhaus eindrucksvolle Kreuzigungsgruppe aus der 1677 auf dem Adelsberg bei Allach von Kurprinz Max Emanuel gestifteten, abgebrochenen Hl.-Kreuzkapelle.

**Kath. Pfarrkirche St. Quirin** (Aubing; Ubostr. 6).
*Der 1010 urkundliche Ort bestand wohl seit dem 7. Jh. (Reihengräber).*
Die spätromanische Kirche wurde vermutlich 1422 zerstört (vgl. Alling). 1448 Stiftung zum Hochaltar, der Neubau 1480 geweiht. 1787 Erneuerungsarbeiten an Kirche und Turm. Erweiterung nach Westen nach Plänen von *Michael Kurz* 1936/37. – Die erhöht inmitten des Friedhofs liegende Saalkirche mit abgetreppten Strebepfeilern besitzt einen leicht eingezogenen Chor von zwei Jochen und Dreiachtelschluß. Die Rippen seines Gewölbes um 1740 entfernt, die Wandpfeiler z. T. in Pilaster verändert. An der Südseite die Sakristei, an der Nordseite ein Oratorium, beide zweigeschossig, im Obergeschoß gotische Gewölbe. – Das Langhaus vierjochig, mit flachen, gekehlten Wandpfeilern und vorgelegtem Runddienst, das Tonnengewölbe mit Netzfiguration. Das Westjoch von 1936/37, von außen durch die zwei Fensterreihen kenntlich, mit der gotischen angeglichenen Wölbung. Der niedrige Westteil des Erweiterungsbaus erscheint als Verlängerung der Orgelempore, mit je einer Kapelle seitlich des Eingangsraumes. – Der spätromanische Turm mit Satteldach, Bogenfriesen und Deutschem Band steht südlich des alten Westjochs. Südportal mit gotischer Vorhalle.
Im Chor Deckengemälde, Verehrung des Lammes, um 1740 (?), z. T. übermalt; gemalte Rokoko-Ornamente nach Art von Stuckierung. Reste von Wandmalerei, im Chor Jüngstes Gericht, Ende 16. Jh., im

Langhaus: an der Nordseite Bildnisse der Familie des ehem. Rektors der Universität Ingolstadt, Georg Gotzmann († 1570), an der Südseite Verkündigung an Maria und die Kirchenväter Gregor und Hieronymus, um 1580/90; weitere Bilder übertüncht.
Die Altarretabel in Schwarz und Gold. Reicher Hochaltar von 1668, im Hauptbild die Hl. Dreifaltigkeit, davor Skulptur des hl. Quirin zwischen Engeln; im Auszug Gottvater, auf dem Sprenggiebel Engel; als Seitenfiguren die hll. Sylvester und Margareta. Die Mensa mit gemalten Blumensträußen. – Die Seitenaltäre von 1675 mit Weinrankensäulen. Im linken als Hauptbild der Heilige Wandel von *Johann Pichler*, im Auszug die hll. Nikolaus und Katharina. Im rechten Retabel *Pichlers* Altarblatt mit hl. Sylvester, im Oberbild die hll. Laurentius und Leonhard. – In der Nordkapelle des Westteils Schrein mit Skulpturen der hl. Ursula und vier Gefährtinnen; auf der Rückseite Malerei: Schmerzensmann, bez. 1499 Georg Manser von Maisach. – Skulpturen im Chor und an den Langhauswänden, Salvator, Schmerzensmutter, 13 Apostel, gegen Mitte 18. Jh. (?), in der Art *Josef Prötzners*. Über dem Südeingang Kruzifixus um 1530. – Spätgotischer Taufstein, Rotmarmor, im Chor.

**Kath. Pfarrkirche St. Rupert** (Westend; Kiliansplatz 1). Die nach Süden ausgerichtete Kirche wurde 1901–08 von *Gabriel von Seidl* im Neubaugebiet des Westends als Zentralbau mit kurzen, diagonal gestellten Wandabschnitten zwischen den vier weit ausgreifenden Apsiden in neuromanischen Formen erbaut. Der Nordapsis ist eine Portikus mit dem Haupteingang vorgesetzt, in den Winkeln zu den Seitenapsiden stehen niedrige Türme mit offenem Untergeschoß, das die Nebeneingänge aufnimmt. Schmächtiger Vierungsturm mit Galerie. Backsteinbau, die Blendgliederung Haustein; Schieferdächer. Am Außenbau dominieren die Apsiden. – Das Innere ist bestimmt von der Vierung mit ihrer weitgespannten Flachkuppel (Stahlhängewerk). Durch die Renovierung 1964–66 mit ihrem einheitlichen Weißanstrich ist der Innenraum künstlerisch entwertet.

**St. Salvator** ▷ **Griechische Kirche**

**Kath. Pfarrkirche St. Sebastian** (Schleißheimerstr. 212). Die dreischiffige Basilika mit seitlich stehendem Westturm und überhöhtem Altarraum wurde von *Eduard Herbert* und *Otto Orlando Kurz* 1928/29 als Backsteinbau errichtet; Mittelpunkt des damals neu bebauten Geländes westlich der Belgradstraße. 1945 erheblich beschädigt, bis 1949 unter Verzicht auf Wiederherstellung der ursprünglichen Langhaushöhe und der Malereien im Altarraum wieder aufgebaut. – Spätexpressionistischer Bau mit charakteristischer reliefierter Wandbildung durch hervortretende Backsteinköpfe und Benutzung von Formen des Fabrikbaus (paarig angeordnete Rechteckfenster, scheitrechte Bogenöffnungen zwischen Mittel- und Seitenschiff).

**Kath. Kirche St. Stephanus** (Berg am Laim; Baumkirchnerstr. 45). *Die Kirche des 813 erstmals erwähnten Ortes Baumkirchen kam 1052 an das Freisinger Stift St. Veit.*
Der jetzige Bau 1511 vollendet. 1713–27 Barockisierung. 1848 Sakristeianbau. Bis 1806 Pfarrkirche, von da ab bis 1923 Winterkirche von Berg am Laim. – Einschiffiges Langhaus von fünf Jochen, der kaum eingezogene Chor dreiachsig, mit Dreiachtelpolygon. Schlanker Westturm mit oktogonalen Obergeschossen und hohem Spitzhelm. Durchgehender Dachfirst. Sämtliche Fenster von der Barockisierung, oben und unten mit eingezogenem Halbkreisbogen. – Barockes Chorgewölbe mit Felderungen. Im Langhaus flache, abgefaste Wandpfeiler mit vorgelegtem halbrunden Dienst, darüber polygonale Vorlage. Schildbogen mit Knick ansetzend. Die halbrunde Tonne bis 1713 mit Maschennetzfiguration (noch ablesbar). – Hochaltar von 1713. Altarblatt mit hl. Stephanus, im Oberbild Dreifaltigkeit, beide erheblich übermalt. Die Skulpturen von *Antonio Vicelli,* seitlich die hll. Sebastian und Laurentius, auf dem Gesims Florian und Georg (die Seitenaltäre von 1713 jüngst entfernt). Im mittleren Langhausjoch Kruzifixus und Mater dolorosa, um 1727 (?); der Schildbogen darüber stuckiert. – Gestühlwangen von 1713. Schlichte Grabsteine von 1486 und 1614 aus Rotmarmor, beide mit Bildnis.

**Ev. Stephanuskirche** (Neuhausen; Nibelungenstr. 51). Auffallend an der nach Plänen von *German Bestelmeyer* 1936–38 errichteten Kirche ist zu diesem späten Zeitpunkt noch der Rundbogenstil. Dadurch und durch das steile Walmdach, unter dessen First auch der Turmkörper liegt, von burgartiger Wirkung; der Dachreiter mit Zwiebelhaube assoziiert Burgkapelle. Backsteinbau; das Portal aus Muschelkalk, im Tympanon lehrender Christus von *Hans Vogl.* – Das Innere ein annähernd quadratischer Saal mit kurzen Wandpfeilern und Flachdecke, auf drei Seiten mit Emporen, auf der vierten, der Südseite, der querrechteckige Altarraum, der mit Mauerzungen in das Langhaus hineinreicht. Südlich des Turms die Brautkapelle.
Östlich der Kirche das zusammen mit ihr erbaute Gemeindehaus, daran anschließend das Pfarrhaus mit Giebel und Eckerker.

**Kath. Friedhofskapelle St. Stephan** (Thalkirchnerstr. 15). Als Ersatz für die von Herzog Albrecht V. 1573 gestiftete Salvatorkapelle des „äußeren Freithofs“, die den Befestigungsanlagen von 1638 hatte weichen müssen, wurde die Kapelle 1674–81 als schlichter Saalbau mit eingezogenem Altarraum errichtet. – Dessen Tonnengewölbe zeigt Rahmenstuck mit Engelsköpfen, Ranken und Rosetten. Das Langhausgewölbe 1944 zerstört, ohne den Stuck erneuert. – Einfache Ausstattung vom Ende des 18. Jh.s.
Am Äußeren Grabsteine, darunter an der Westwand für die Bildhauer Johann Baptist Straub und Roman Anton Boos (durch Kopien ersetzt).

**Kath. Pfarrkirche St. Sylvester** (Schwabing; Biedersteinerstr. 1a).
*Die auf der westlichen Isarterrasse gelegene, urspr. Johannes d. T. geweihte Filiale von Thalkirchen trug vom Spätmittelalter bis 1920 den Titel St. Ursula; 1632 wurde Sebastian Nebenpatron.*
Die Anlage besteht aus zwei Kirchen nebeneinander auf einer gemeinsamen, über Treppen erschlossenen Plattform. Die alte Kirche ist die südliche, eine der kleinsten Dorfkirchen im Münchner Stadtgebiet. Spätromanisches Mauerwerk enthält der sonst nachmittelalterliche Turm. Die Kirche aus gotischer Zeit, 1654–64 umgebaut (Tonnengewölbe). 1719 Oratorium über der Sakristei. Die nördlich gelegene neue Kirche 1925/26 nach Plänen von *Hermann Buchert.*
Die romanische Anlage war eine Chorturmkirche (Gewölbeansätze im Turmuntergeschoß erhalten). An das Langhaus, ein Saal, schließt nach Westen der Chor, ein unregelmäßiges, fünfseitiges Polygon. – Die Gewölbe von Chor und Langhaus, die Chorwände und der Chorbogen zeigen Felderstuck Münchner Art, um 1660. – Die in Blau und Gold gefaßten Altarretabel von *Georg Hecklinger,* 1668, die Säulen der Seitenaltäre rot. Im Hochaltar Gemälde der hl. Ursula und ihre Gesellschaft von *Caspar Amort,* im Oberbild Muttergottes, seitlich Skulpturen der hll. Sylvester und Benno von *Matthias Schütz;* Tabernakel von *J. Görger,* 1773. Die Rückseite des Retabels mit Gemälden: der Prophet Daniel und der hl. Hieronymus, im Auszug Jesus-Monogramm, an der Predella Engel mit Leidenswerkzeugen um die Vera Ikon. – Die Bilder der Seitenaltäre von *Johann Michael Toberies,* links Wirkungen des Meßopfers für die Armen Seelen (dat. 1668), an der Predella Seelen im Fegfeuer, im Oberbild Christus empfängt die durch sein Kreuzopfer Erlösten; rechts hl. Sylvester, Predella mit Johannes d. T., im Oberbild Gottvater. – Skulpturen: im Chor Verkündigung an Maria, Werkstatt *(Franz) Ignaz Günthers,* um 1770; am Chorbogen Rosenkranzmaria, 1692 von *Wolfgang Leithner;* an der Ostwand der Apostel Judas Thaddäus, von *Günther,* gegen 1770.
Die neue Kirche, durch einen Zwischenbau mit Arkaden mit der alten verbunden, ist über einer Unterkirche als zentralisierender Saal mit abgeschrägten Ecken und Spiegelgewölbe errichtet; nach Westen halbkreisförmige weite Apsis. – Sparsamer barockisierender Stuck, im Deckenspiegel Gemälde von *Ernst Kozics,* 1939/40, Konstantins Sieg an der Milvischen Brücke und Gewährung freier Religionsausübung. – In die neubarocke Ausstattung sind ältere Stücke integriert. Die Altarblätter von *Matthäus Schiestl,* am Hochaltar Papst Sylvester als Fürbitter, 1927, zugehörige Wechselbilder 1942–44 von *Kozics:* Geburt Christi, seine Auferstehung, Christus am Ölberg. Die seitlichen Skulpturen der hll. Korbinian und Nikolaus Anfang 18. Jh., *Meinrad Guggenbichler* zugeschrieben, die Figur Gottvaters im Auszug *Christian Jorhan d. Ä.,* 2. Hälfte 18. Jh. – Aus der alten Kirche die Kanzel von 1663. Über den Arkaden zum Zwischen-

bau Büste des hl. Benedikt, gegen 1770, von *Günther,* von seiner Werkstatt Büste der hl. Barbara. Die aus der 1898 abgebrochenen Nikolaikirche übernommenen Skulpturen der Vierzehn Nothelfer und des Christus in der Rast, 1646–50 von *Constantin Pader,* deponiert.
Vom einstigen Friedhof um die Kirche einige Grabsteine des 19. Jh.s erhalten. An der alten Kirche Kreuzigungsgruppe von 1672.

**Theatinerkirche ▷ St. Kajetan**

**Kath. Pfarrkirche St. Ulrich** (Laim; Agnes-Bernauer-Str. 104).
*Der Ort ist Mitte des 11. Jh.s urkundlich belegt, seine Kirche war Filiale von Aubing.*
Der spätmittelalterliche Bau (um 1433?) wurde 1897 vergrößert. Seit 1912–16 bildet er nur noch einen Annex der damals nach Plänen von *Friedrich von Schmidt* in Verbindung mit *Theodor Fischer* errichteten neuen Kirche. – Der alte Bau hat einen eingezogenen Chor mit Vorjoch und Fünfachtelschluß. Sein Kreuzrippengewölbe zeigt Schlußsteine mit Lamm Gottes und hl. Ulrich. Das Langhaus ist ein fast quadratischer Saal mit Flachdecke. – Chorgewölbe mit Rankenmalerei, 15. Jh. An den Chorwänden spätgotische und barocke Apostelkreuze, an der Nordwand Rest eines Bildes (Gefangennahme Jesu?). Im Chor und im Langhaus je eine gotische Altarmensa. – Skulpturen vom Ende des 15. Jh.s: in der Nische hinter dem Choraltar Muttergottes, auf dem Langhausaltar hl. Georg, rechts vom Chorbogen hl. Anna (?), an der Südwand die hll. Ulrich und Veit. Barocker Kruzifixus.
Die neue Kirche ist ein Saalbau mit schmaler nördlicher Abseite, mit Rundbogenfenstern und einer Flachdecke mit Unterzügen. Der stark eingezogene tiefe Chor schließt apsidial. Die urspr. Ausstattung bei der Renovierung 1968–78 weitgehend beseitigt.

**Kath. Pfarrkirche St. Ursula** (Schwabing; Kaiserplatz 1). Die nach Norden gerichtete Basilika wurde nach der Eingemeindung Schwabings 1891 nach Plänen von *August Thiersch* 1894–97 als neue Pfarrkirche erbaut. Sie vertritt unter den historistischen Kirchenbauten Münchens den Stil der italienischen Frührenaissance, erinnert am Äußeren an lombardische Architektur, im Inneren eher an Florentiner. Die geplante Umbauung unterblieb. 1944 beschädigt, 1956 wieder hergestellt.
Das Äußere ist durch den Backstein und die Hausteingliederung geprägt. Fassade mit dreibogiger Portikus, am mittleren Portal mosaiziertes Tympanon mit Christus nach Entwurf von *Balthasar Schmitt.* Die Metopen des Gebälks am Langhaus mit kirchlichen Symbolen. Der siebengeschossige, schlanke Turm mit Spitzdach steht im Winkel zwischen Westquerhaus und Langhaus, über die Fluchten hervortretend.

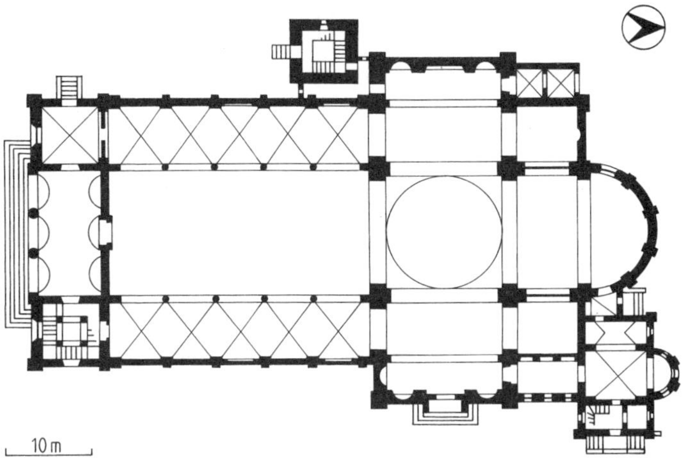


*München, St. Ursula*

Gestaffelter Chor mit halbkreisförmiger mittlerer Apsis, Vorchor und Nebenchöre mit kassettierter Tonne, ebenso das ausladende Querhaus. Vierung mit Kuppel über Tambour, mit Rippengewölbe. Das Langhaus dreischiffig, im Mittelschiff flache kassettierte Holzdecke, Seitenschiffe mit Gratgewölben. Auffällig die gedämpfte Lichtführung. – Die Ausstattung in Anlehnung an italienische Frührenaissance: Hochaltar nach Entwurf von *Thiersch* als Exedra gebildet, mit Figuren von *Joseph Scheel,* die hll. Ursula und Nikolaus. Im westlichen Nebenchor Marienaltar, Majolikaarbeit nach Modell von *B. Schmitt.*

**Kath. Filialkirche St. Wolfgang** (Pipping; Pippinger Str. 49 a). Die vom Friedhof umgebene Kirche wurde an der Stelle eines spätromanischen Vorgängerbaus (ergraben) 1478–80 im Auftrag des in der nahen Blutenburg wohnenden Herzogs Sigismund errichtet (hölzerne Weihetafel mit Inschrift von 1848 im Langhaus). Als Baumeister wurde, mit wenig Berechtigung, *Jörg von Halspach* vorgeschlagen. Turmabschluß und Helm nach Blitzschlag 1798 verändert. Renovierung seit 1977. – Einschiffiges Langhaus mit Flachdecke. Der gewölbte Chor mit Vorjoch und Fünfachtelschluß stark eingezogen, ohne Strebepfeiler. Einheitlicher Dachfirst. Turm an der Chorsüdseite, im Untergeschoß die Sakristei. Verputzter Backsteinbau, Fenstermaßwerk Sandstein.

Von ungewöhnlichem Wert durch die reiche Ausstattung aus der Erbauungszeit und durch die weitgehend erhaltene, am Choräußeren nach Befund erneuerte Farbigkeit des Bauwerks. Chor mit gemaltem

Maßwerkfries, darin Wappen; Fensterlaibungen und Laibungskanten mit vegetabiler Malerei. Turm mit Blendfenstern; seine Farbigkeit des frühen 16. Jh.s (?) wiederhergestellt. Das breit gelagerte Langhaus mit nur je zwei Fenstern in der Nord- und Südwand. Die beiden Portale in vorgesetzter Rahmung, spitzbogig. Am Südportal im Zwickel zwischen Bogen und Rahmung gemaltes Maßwerk mit Wappen Bayern und Hohenzollern.

Chorgewölbe auf den flachen, gefasten Wandpfeilern vorgesetzten figürlichen Konsolen aus Ton. Die marmorierten Rippen im Vorjoch parallel geführt, im Chorhaupt als Stern. Schlußsteine aus Ton, teils figürlich (Muttergottes, hl. Wolfgang), teils mit Wappen. Niedriger, gedrückter Chorbogen. Langhausdecke aus sich überlappenden gefasten Brettern, bemalt, auch der mittig verlaufende Balkenunterzug. – Der Chor mit Wandgemälden, einst *Jan Polack* zugeschrieben: Sockel mit Architekturmalerei; an den Schildwänden Passion und Auferstehung Christi, an der Ostseite der Chorbogenwand Marientod, unterhalb zwei Propheten; im Zwickel das Datum 1479. Laibung des Chorbogens mit den Klugen und Törichten Jungfrauen. – Glasgemälde: sechs aus der Erbauungszeit erhaltene Scheiben im Südostfenster des Chores. Oben die hll. Cosmas und Damian, Mitte Christus am Ölberg und als Kreuzträger, unten hl. Wolfgang und Stifterin. Im Maßwerk des Chorscheitelfensters Wappen des Moritz Pogner, dat. 1479, im Maßwerk des Südostfensters Wappen des Balthasar Mannsveldt, dat. 1479, im Maßwerk des Südfensters unbestimmtes Wappen.

Im Chor steinernes Sakramentshaus, 1980 neu zusammengestellt, die Fassung erneuert. – Im Langhaus steinerne Kanzel. An der Brüstung Malerei, die Vier lateinischen Kirchenväter. Gemalt auch der Schalldeckel. – Westempore, ehem. als Fürstenstuhl, die Ornamentik in Flachschnitt. Am Fuß des Tragpfeilers Opferstock. Decke der Empore vielleicht erst um 1520/30.

Die Altäre um 1480 sind Flügelretabel. Im Schrein des Hochaltars Skulptur des thronenden hl. Wolfgangs, begleitet von zwei Leviten. Auf der Rückwand gemalt zwei Engel (zugehöriges Bild des Schmerzensmannes, Mariä und Johannis verschollen). Gemalte Flügel mit Szene aus Legende und Kult des hl. Wolfgang. Standflügel mit den hll. Wolfgang und Sigismund. – Linker Nebenaltar mit Skulpturen der thronenden Muttergottes sowie der hll. Wolfgang und Leonhard, vielleicht erst im 19. Jh. so zusammengestellt. Flügel mit Marter des hl. Sigismund und hl. Leonhard als Patron der Gefangenen; Predella mit Vera Ikon. – Rechter Nebenaltar mit Skulpturen des Auferstandenen und der hll. Antonius Eremita sowie Laurentius. Auf den Flügeln Martyrium der beiden Heiligen, Predella mit Vera Ikon. – Von der 1894 entfernten originalen Bestuhlung eine Bankbrüstung unter der Empore mit Flachschnittornament erhalten. Eine weitere Brüstung wurde 1894 für die Brüstung der beiden Chorstühle geteilt. Diese, einer drei-, einer vierteilig, Ende 15. Jh.

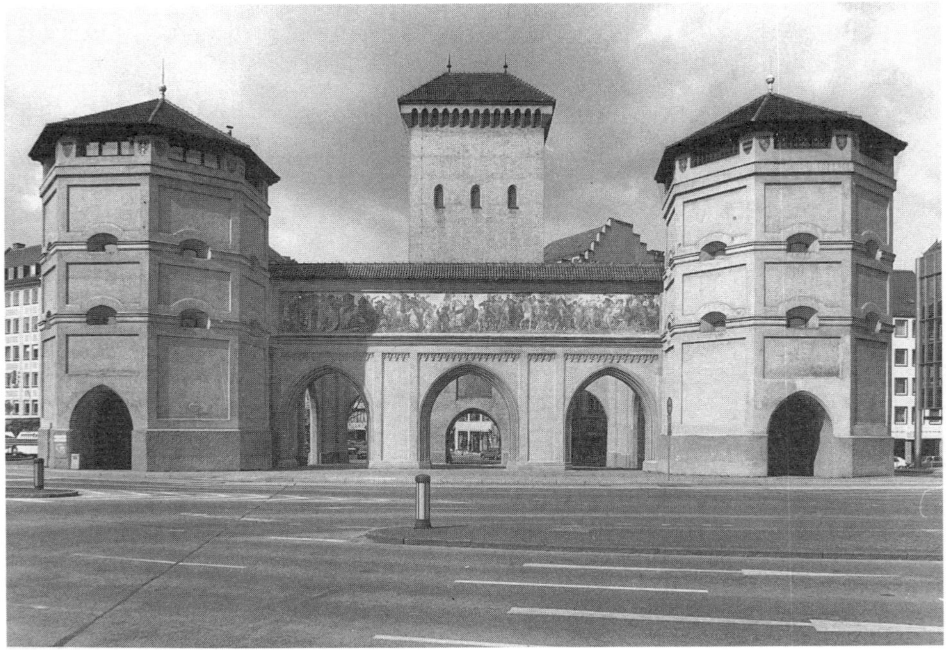

29. *Isartor, von Osten*

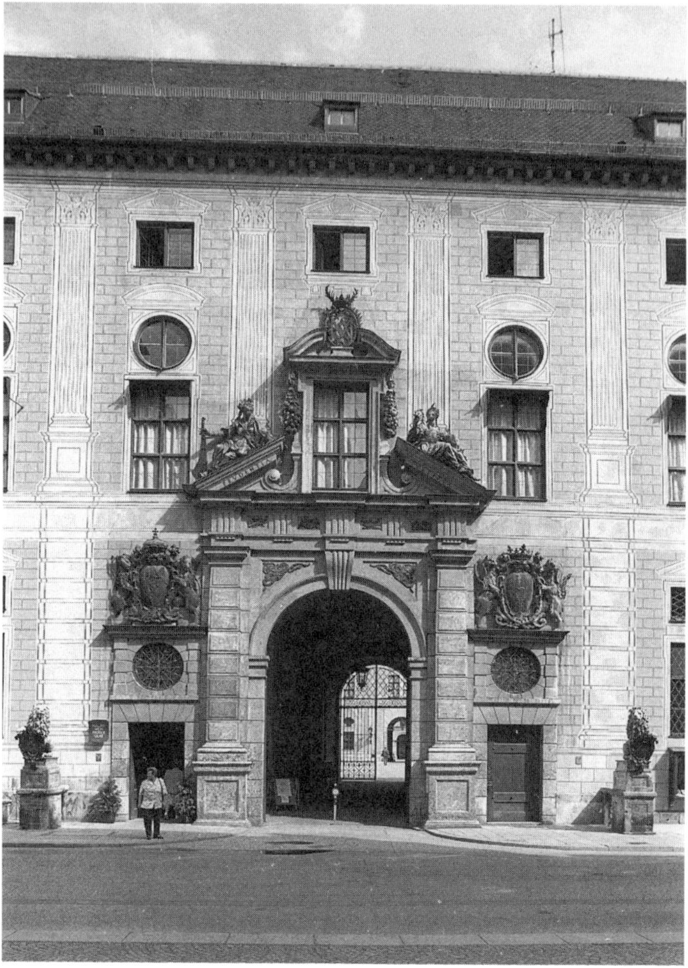

30. *Residenz, Portal zum Kapellenhof*

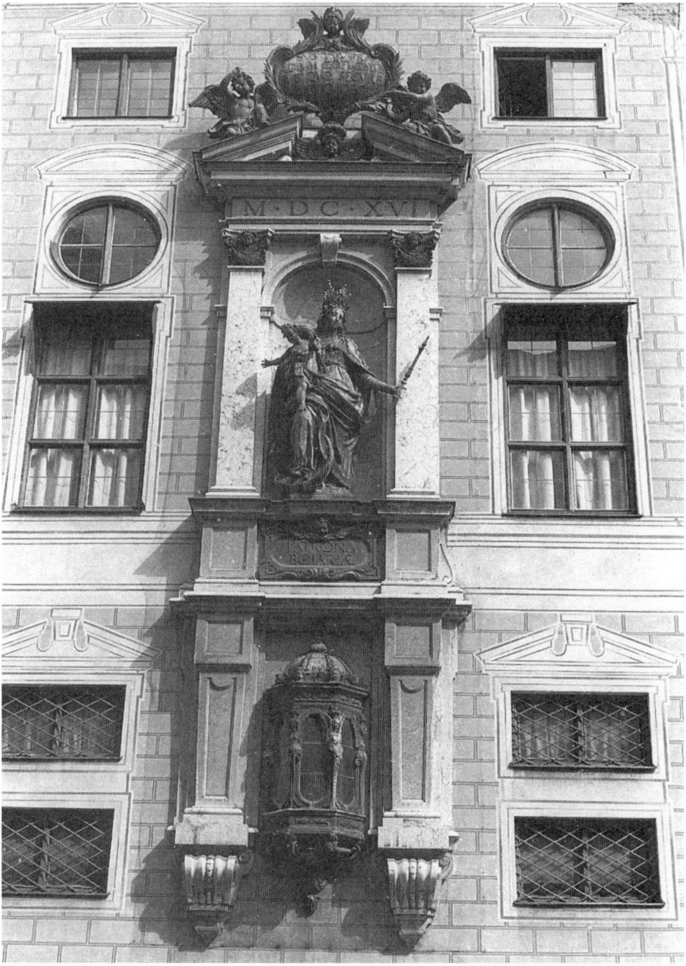


*31. Residenz, Patrona Boiariae*

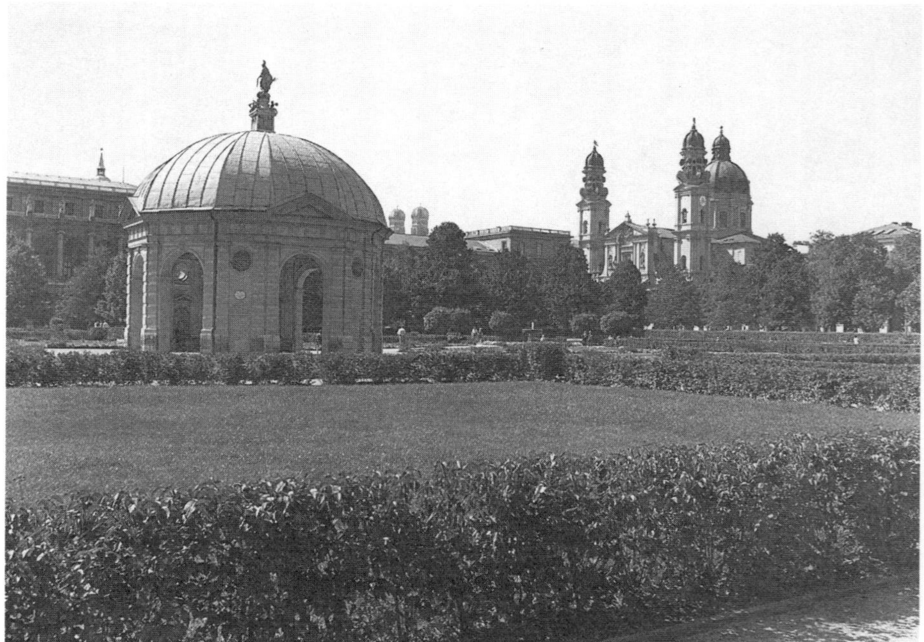

*32. Hofgarten mit Hofgartentempel und Theatinerkirche im Hintergrund*

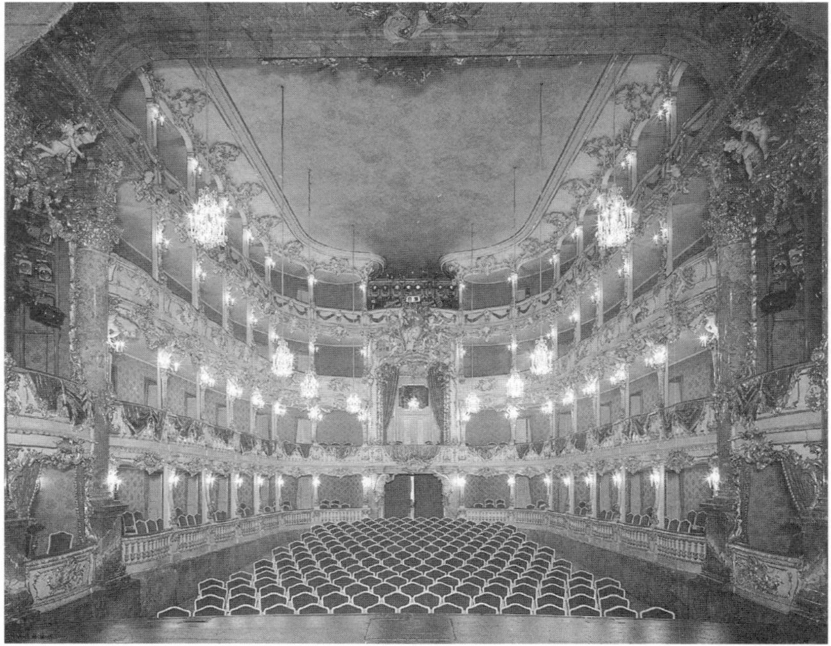

*33. Cuvilliéstheater*

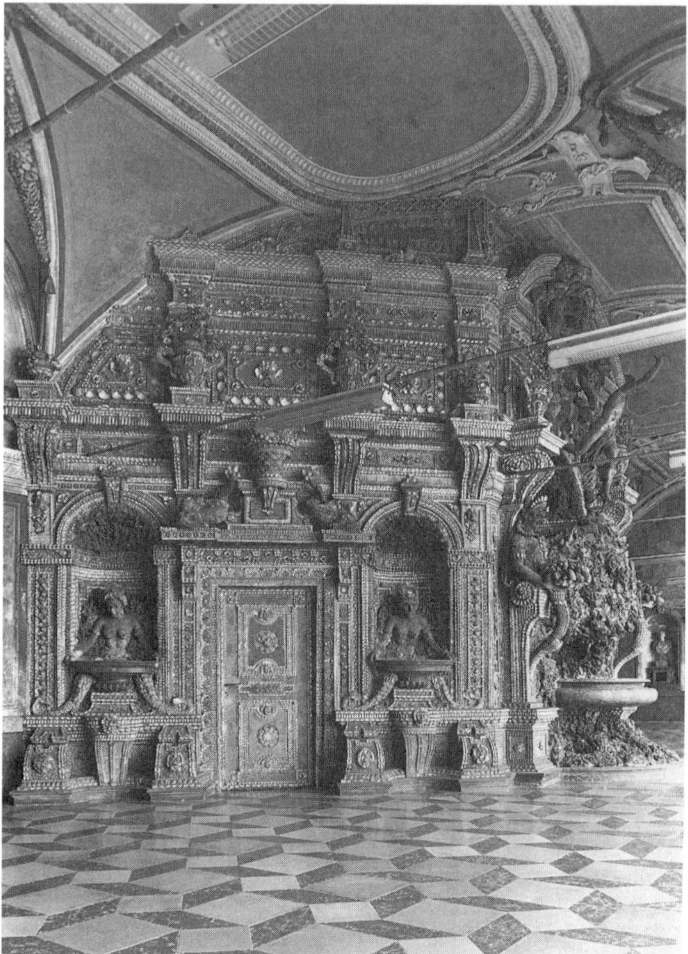

*34. Residenz, Grottenhof*

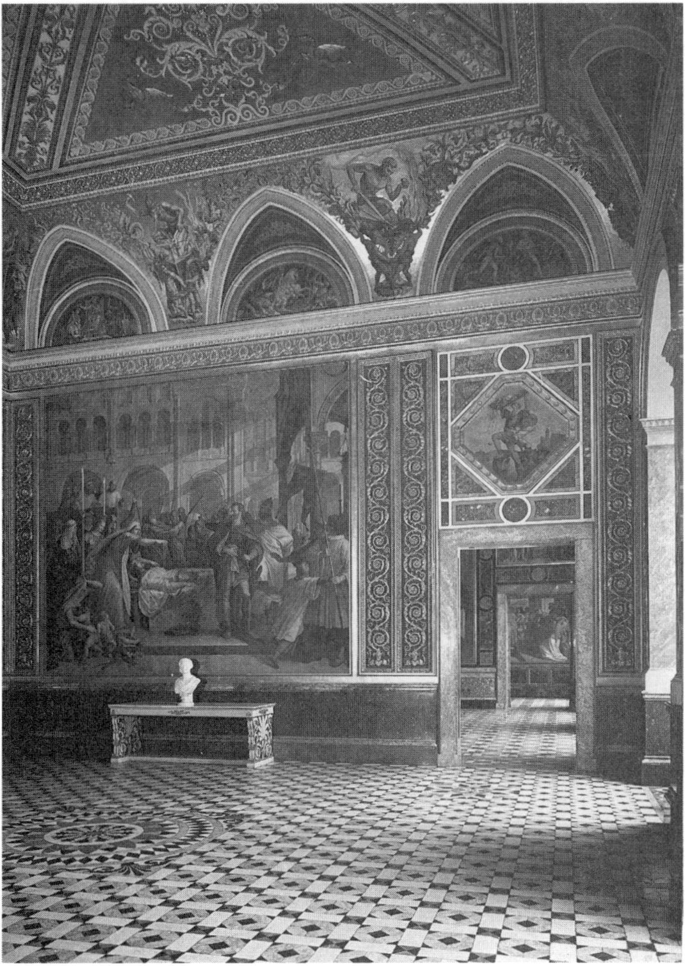

*35. Residenz, Königsbau, Nibelungensäle, Saal des Verrats*

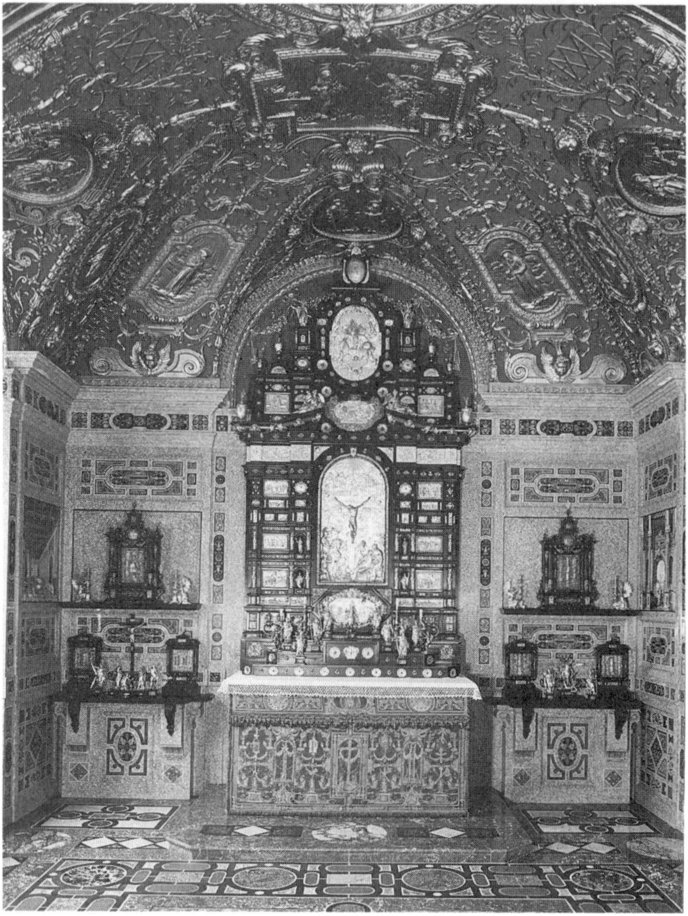

*36. Residenz, Reiche Kapelle*

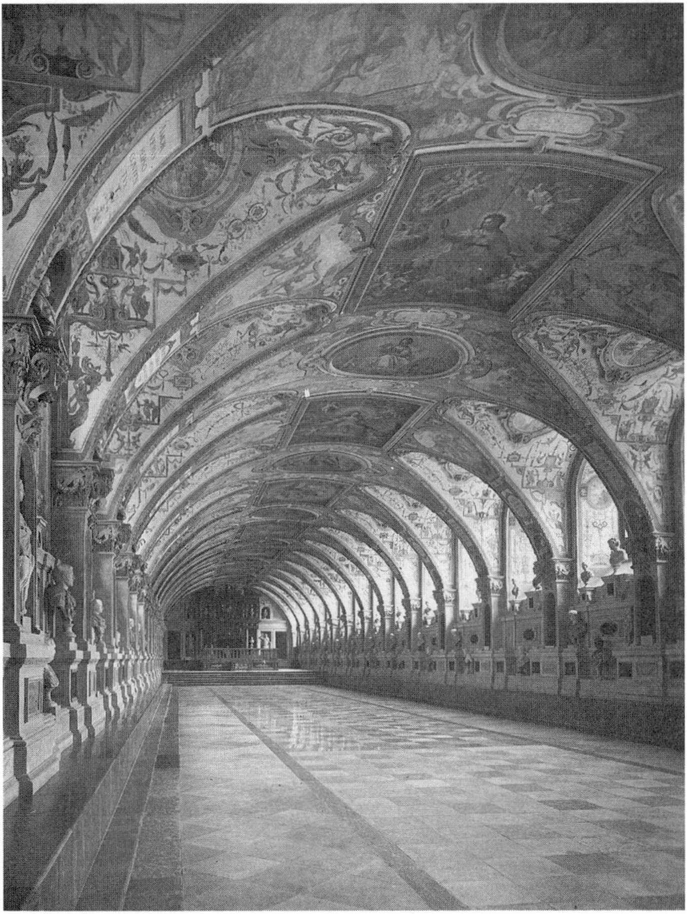

*37. Residenz, Antiquarium*

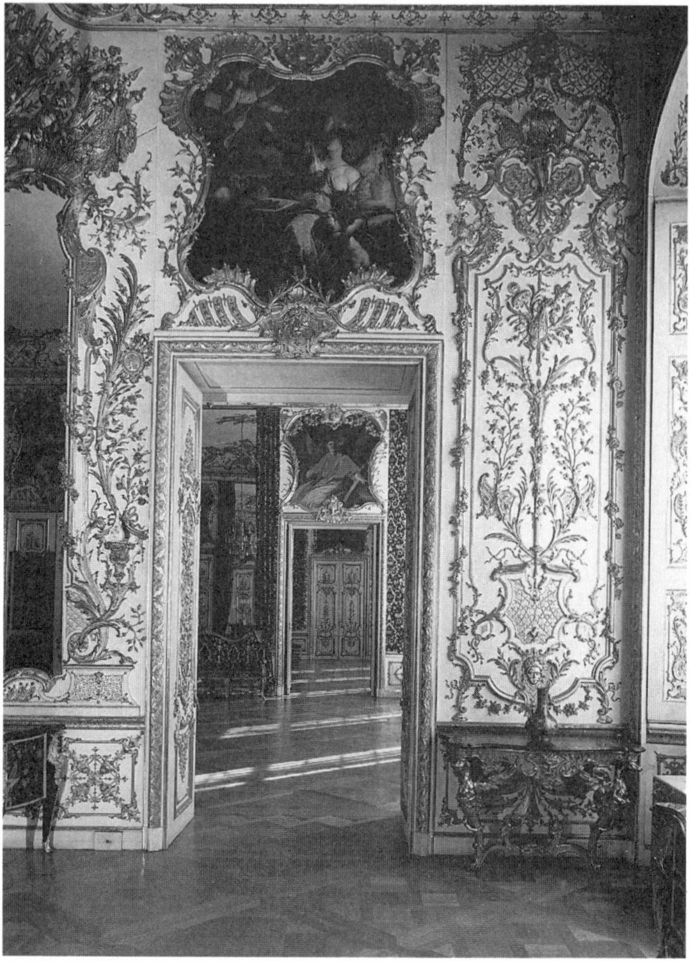

*38. Residenz, Reiche Zimmer, Türdurchblick vom Schlafzimmer aus*

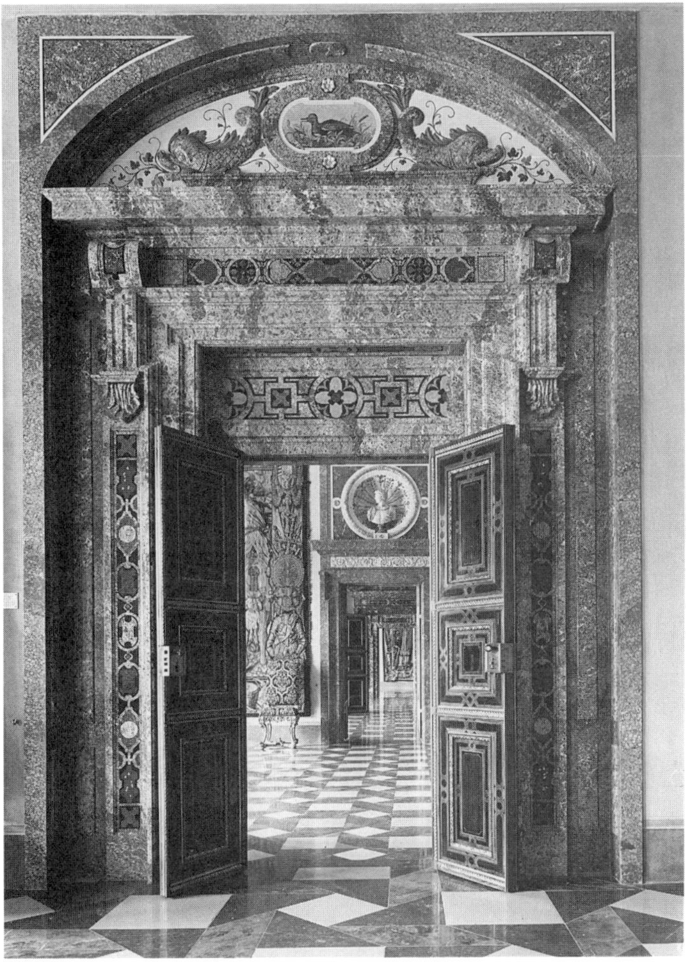

*39. Residenz, Steinzimmer, Türdurchblick*

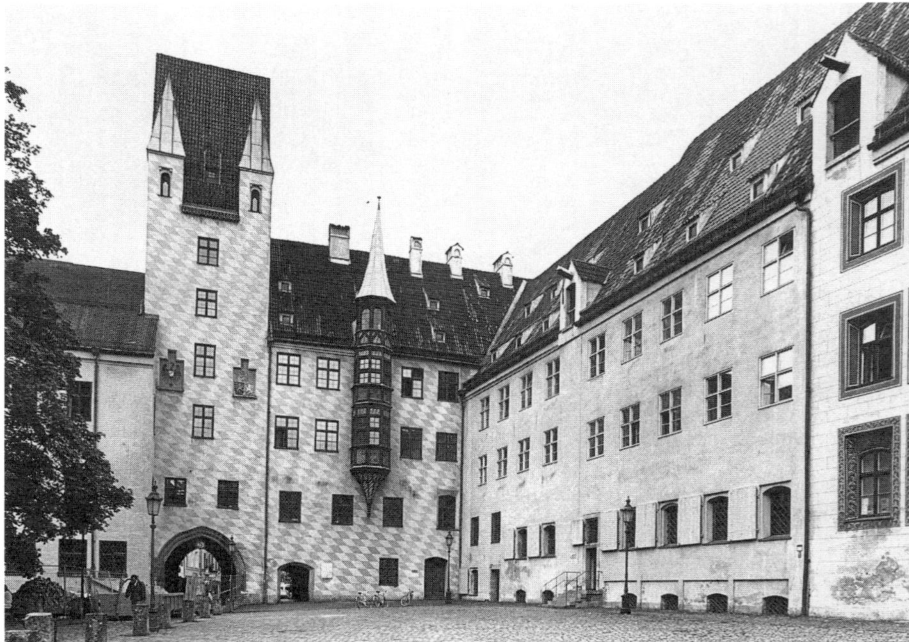

*40. Alter Hof, Südflügel (Burgstock) mit Turm und Westflügel (Zwingerstock)*

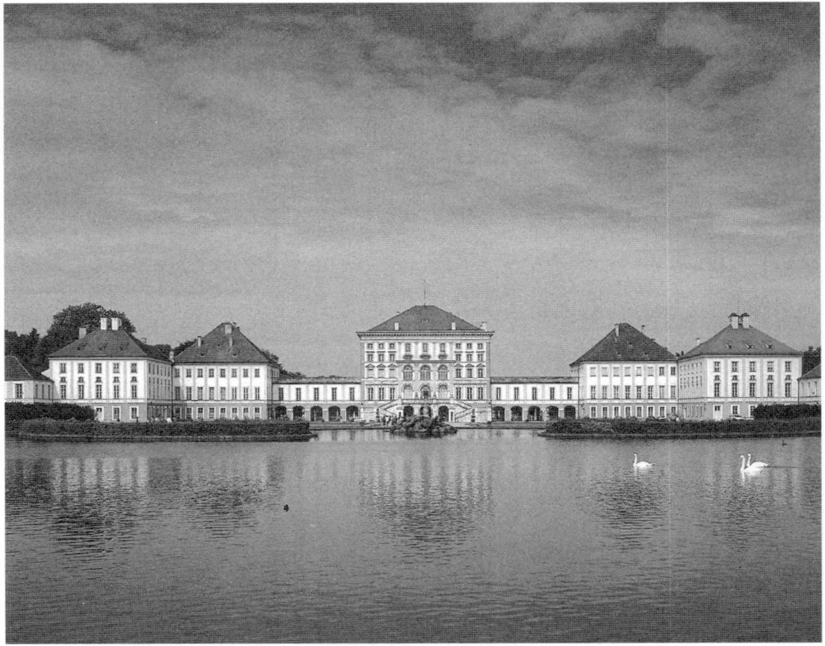

*41. Schloß Nymphenburg, Gesamtansicht von Osten*

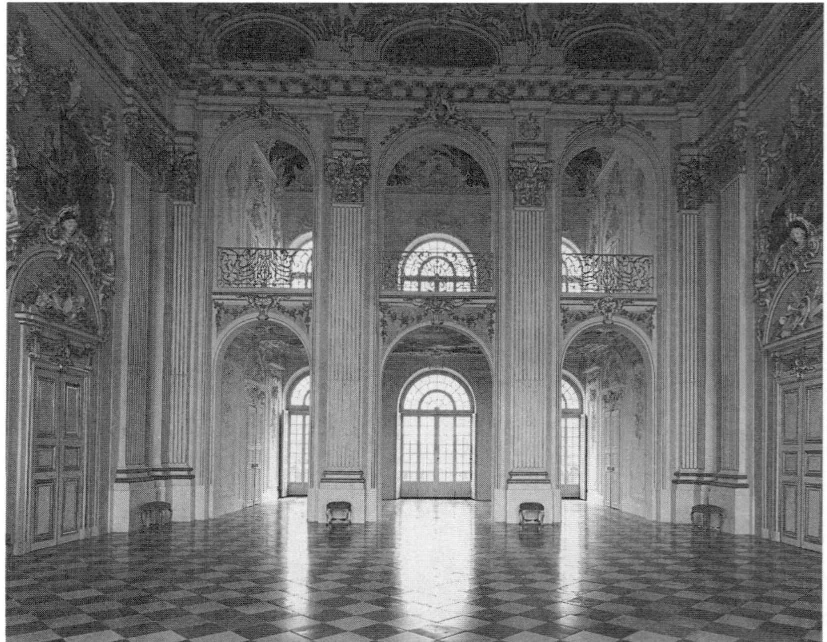

42. *Schloß Nymphenburg, Steinerner Saal*

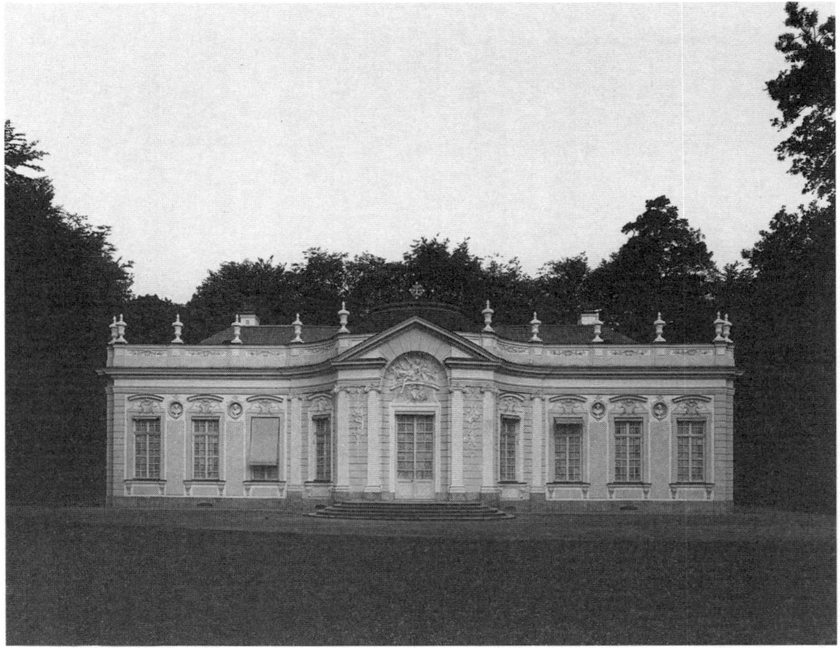

43. *Amalienburg*

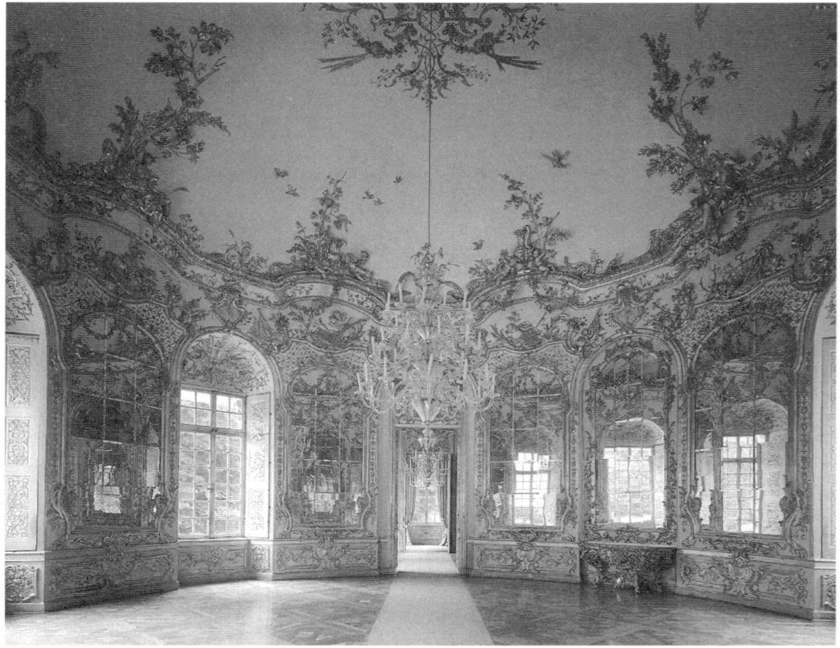

*44. Amalienburg, Mittelsaal*

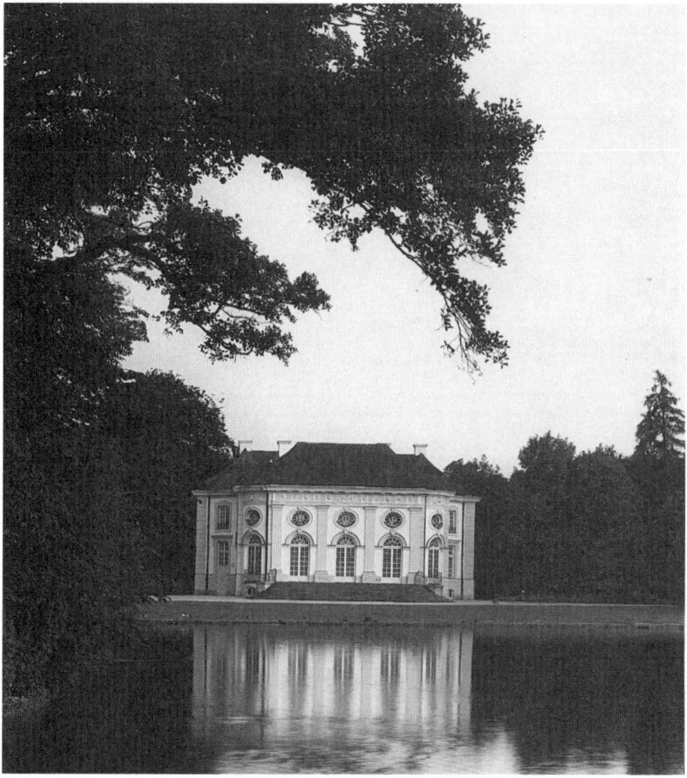

45. *Badenburg*

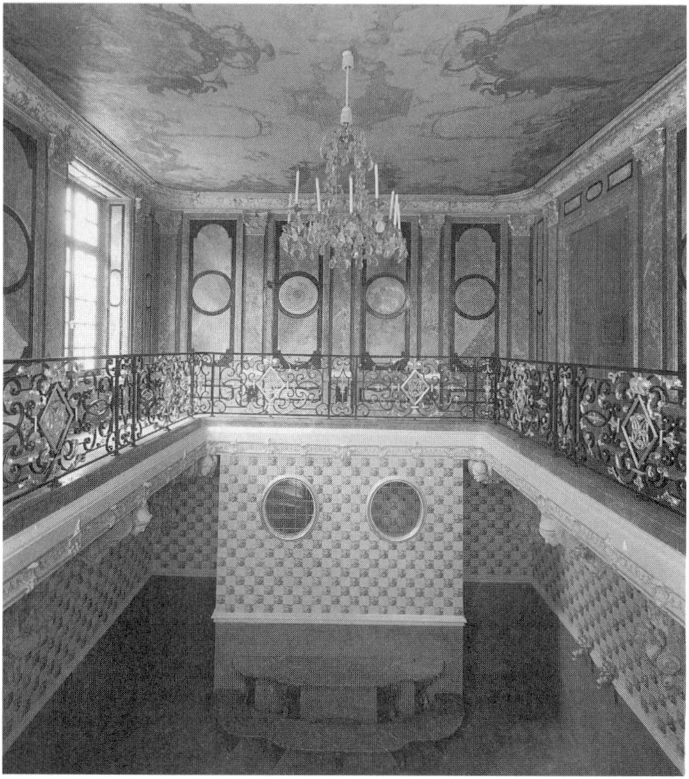

46. *Badenburg, Badesaal*

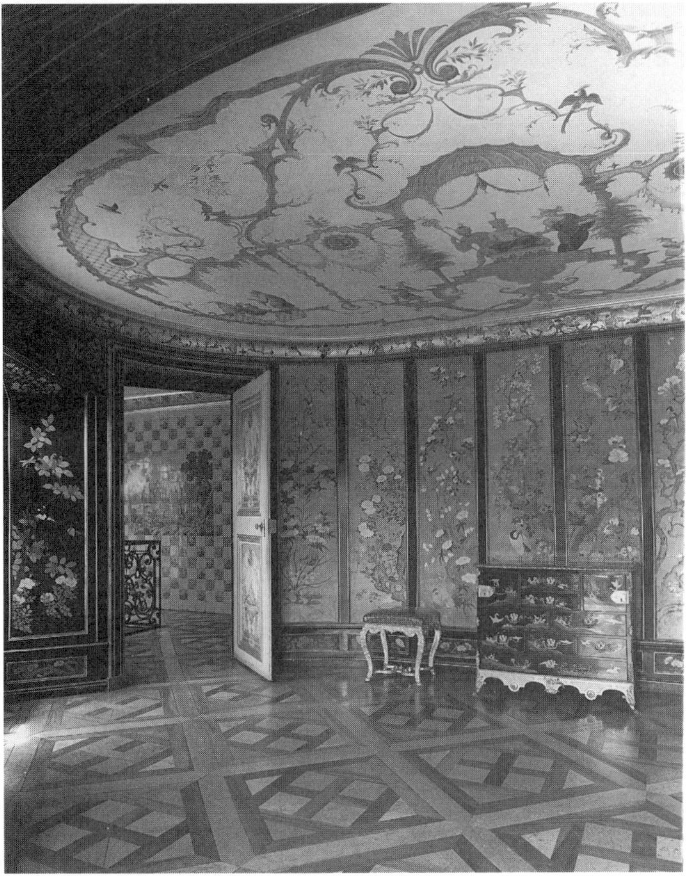

47. *Pagodenburg, Chinesisches Kabinett im Obergeschoß*

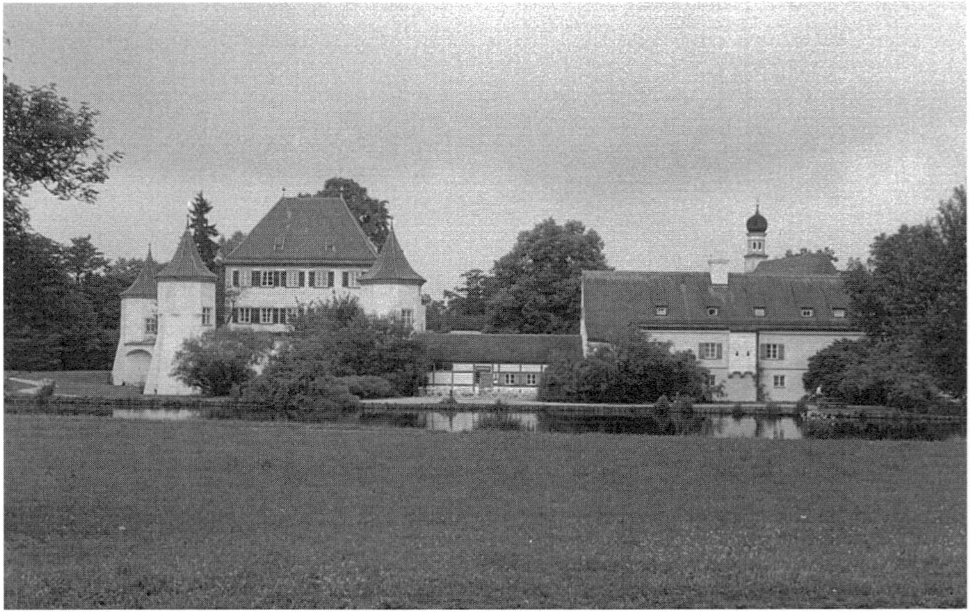

*48. Schloß Blutenburg*

## BEFESTIGUNGSANLAGEN

Ob sich eine Urkunde von 1173/74 mit Nennung eines Ortolf, „qui preest muro“ (dem die Mauer untersteht), bereits auf einen Ersten Mauergürtel oder die Befestigungsmauer eines Ministerialensitzes im „Alten Hof“ bezieht, ist nicht geklärt. Im Stadtgrundriß, etwa im Verlauf von Sparkassenstraße, Hofgraben, Schäffler-, Augustinerstraße, Färbergraben und Rosental, ist der Verlauf einer Mauer wohl des 12. Jh.s ablesbar. Der Alte Hof (s. d.) in der Nordostecke einbezogen. Von der Mauer nur Reste in Bürgerhäusern erhalten. Das ehem. im Alten Rathaus (s. d.) verbaute Thalbrucktor wurde 1944 zerstört. Alter und Funktion des im Mauerverlauf liegenden sog. Löwenturms (Rosental 3), ein Backsteinbau vor 1572 mit neugotischem Zinnenkranz, sind bisher ungeklärt.
Wegen zahlreicher Ansiedlungen entlang der Handelsstraßen und Stadtbäche Zweiter Mauerring wohl ab 1285, vollendet unter Kaiser Ludwig dem Bayern bis 1337. Damit Vergrößerung der Stadt auf die fünffache Grundfläche. Ab 1385 Bau der Neuveste (s. Residenz) in die neue Nordostecke. Der Verlauf der zweiten Mauern und späteren Wallanlagen ist noch weitgehend am Verlauf der Ringstraßen um die Altstadt rekonstruierbar. Funktionsverlust durch Verfall und Überbauung sowie neue Stadtplanungsvorstellungen bedingten ab 1791 die Entfestigung der Stadt, den Abbruch bis auf Torreste und die Einbeziehung des Geländes in Erweiterungskonzepte. Von dem ehem. rund acht Kilometer langen doppelten Ziegelmauerring auf Buckelquaderfundament ist nur ein Stück der inneren Mauer an der Jungfernturmstraße erhalten. Im Keller der Sparkasse am Isartor, Thomas-Wimmer-Ring 1, sind einige Meter des Zwingermauerfundamentes, Nagelfluhquaderwerk mit bossierter Feldseite, sichtbar; nebenan das Vindelikerhaus (Marienstr. 21) nach 1802, über Fundamenten des Wachturms Lueg ins Land. Von der konzentrischen Wallbefestigung (1619–45) Reste im Garten des Prinz-Carl-Palais' (s. d.) und in den Anlagen am Maximiliansplatz.

## TORE

Von den vier Haupt- und drei Nebentoren des zweiten Rings sind noch drei erhalten; das Schwabinger Tor wurde 1817 im Zuge der Entfestigung abgebrochen. Alle Mitte des 15. Jh.s durch Zwingertürme und Barbakane verstärkt.

★ Isartor. – Besterhaltene Toranlage, um 1330–37. Östliches Stadttor für die über die Isarbrücke kommende Salzstraße. Die beiden vorgelagerten Achtecktürme im 15. Jh. im Zusammenhang mit dem äußeren Stadtmauerring entstanden. 1833–35 von *Friedrich Gärtner* auf Kosten König Ludwigs I. neugotisch überfaßt wieder hergestellt. Aus der Zeit das Fresko *Bernhard Nehers*, der Einzug Kaiser Ludwigs des

Bayern nach dem Sieg bei Mühldorf. Gesamtrestaurierung 1972. Im Nordturm das „Valentin-Musäum“ für den Volksschauspieler Karl Valentin.
Karlstor. – Westliches Stadttor, um 1302 errichtet. 1791 Entfestigungsbeginn an diesem verkehrsreichen Tor. Bastionseinebnung, Straßenbegradigung und Platzanlage bis 1793 nach Planung von *Benjamin Thompson*, Reichsgraf von Rumford. Die halbkreisförmigen Rondellbauten bis 1803, Umbau und Aufstockung in neubarokker Form 1899–1902 durch *Gabriel von Seidl.* Nach dem Abbruch des Haupttores 1857 sind nur die Vortürme mit dem 1861 von *Arnold Zenetti* ausgeweiteten Mitteltor erhalten. Vereinfachte Wiederherstellung der Rondellbauten nach Kriegsschäden unter Verzicht auf Turmkuppeln und Flügelbauten. 1994 Restaurierung.
Sendlinger Tor. – Um 1310 für die Fernstraße gegen Süden errichtet. Nach der Niederlegung von Hauptturm und Bastion 1810 Platzplanierung nach *Friedrich Ludwig von Sckells* Ausführungsplan für den Raum bis zum Allgemeinen Krankenhaus (1809) und Fertigstellung bis 1817 entsprechend seinem Generallinienplan für die Ludwig-Vorstadt (1812). Nach dem Abbruch des großen Mittelbogens 1906 sind Vortürme und Zwingermauern in überarbeiteter Form erhalten. Restaurierungen 1860 und 1978–82.
Der Schlichtingerbogen, der die Lederersträße bei Burgstraße 8 überbrückt, geht auf das ehem. Türmleinstor zurück, vor 1572.
Propyläen und Siegestor ▷ Denkmalbauten und Denkmäler.

## BAUTEN DES HOFES

★ **Residenz.** Durch Jahrhunderte als Wohnsitz der Herrscher Bayerns politisches und kulturelles Zentrum des Landes. Dabei zu einer der umfangreichsten und künstlerisch bedeutendsten Palastanlagen überhaupt ausgebaut. Die Wiederherstellung des im Zweiten Weltkrieg bis auf wenig mehr als die Mauern zerstörten Komplexes unter Einbeziehung der ausgelagerten Ausstattung ist in ihrer verschiedenartigen, qualitativ im Laufe der Aufbaujahre sich steigernden Weise ein bedeutendes Beispiel denkmalpflegerischen Wirkens.

### Baugeschichte

Die heutige Residenz liegt im Bereich der Stadterweiterung Ludwigs des Bayern, die den damaligen Herzogsitz (s. Alter Hof) in eine innerstädtische Lage geraten ließ. Nach der Niederschlagung des Bürgeraufstands von 1385 setzten die Herzöge die Anlage der „Neuveste“ im nordöstlichen Stadtmauerwinkel (unmittelbar am Isarhochufer) durch. Wie außen vom Umland, so trennte sie von der Stadt ein breiter Wassergraben; die Stadtmauern blieben an den Nahtstellen bis 1476 unterbrochen. Stetiger Ausbau führte von einer reinen Fortifikation bis hin zum Wohnschloß, vor allem nachdem München im

frühen 16. Jh. Hauptresidenz der Wittelsbacher Herzöge für die gesamten bayerischen Landesteile wurde. – Ein erster kleiner Hofgarten entstand östlich der Veste am heutigen Marstallplatz. 1565–67 Errichtung eines Lusthauses weiter nördlich; damit die Anfänge des heutigen Hofgartens vorgegeben. – Mit dem Bau des freistehenden Antiquariumstraktes 1568–71 erstmals Überschreiten des Grabens stadteinwärts. Die Anlage eines Ballspielhauses im Stadtgrabenbereich (erhalten ein Keller unter dem Foyerhöfchen des Cuvilliéstheaters) ergänzte noch die Neuveste an ihrer Südseite. Gleichzeitig entstanden um 1580/81 die ersten Bauteile an der Schwabinger Gasse (heute Residenzstraße; Witwenstock) und dem Jägergaßl (heute Kapellenhof; Damenstock). Herzog Wilhelm V. ließ ab 1581 durch *Friedrich Sustris* dem Antiquariumstrakt nach Westen zu die Grottenhoftrakte anfügen. Damit wanderte die fürstliche Wohnung in die Neubauten, die bald bis zur westlichen Straßenflucht vorgezogen wurden. Südöstlich ersetzte der Schwarze-Saal-Trakt die durch Ankäufe von bürgerlichen Grundstücken und Häusern vom Herzog immer weiter zurückgedrängten nordöstlichen Stadtbereiche.
Zielstrebige Erweiterungen unter Maximilian I. ab 1600, der damit seinen politischen Anspruch als Haupt der katholischen Liga noch vor seiner Rangerhöhung zum Kurfürsten (1623) demonstrierte: Hofkapelle 1603; etwa gleichzeitig Fassung des südlichen Residenzgartens bis zum Franziskanerkloster hin (heute Königsbauhof); 1612–16 Trakte am Kaiserhof; 1613–20 Anlage des Hofgartens nördlich davon; 1613–15 Abrundung des Brunnenhofs und Gangbauten zur nunmehr nach Westen zu offenen Neuveste. – Die Schließung der letzten Lücke an der Residenzstraße erfolgte erst nach 1660 im Zusammenhang mit dem ersten Appartementausbau der Kurfürstin Henriette Adelaide. Damit zog ein von Turin und Oberitalien geprägter Frühbarock in den sich nach außen nur nord- und westseitig halbwegs einheitlich präsentierenden Komplex. Ein Großbrand 1674 erforderte Erneuerung der westlichen Raumfluchten. Während der Umbauten *Joseph Effners* an den Grottenhoftrakten beschädigte 1729 ein Feuer den südlichen Flügel. Nun ließ Karl Albrecht das Obergeschoß durch *François Cuvilliés d. Ä.* im Vorgriff auf sein angestrebtes Kaisertum mit der prächtigsten Zimmerfolge seiner Zeit ausstatten („Schöne", später „Reiche Zimmer" genannt).
Unter der bescheideneren Hofhaltung von Max III. Joseph entstanden ab 1746 die Kurfürstenzimmer über dem Antiquarium. – Ein neuerlicher Brand vernichtete 1750 die Hauptteile der Neuveste und löste den Bau eines neuen Opernhauses aus, das *Cuvilliés* an der Südostekke anfügte (heute Neues Residenztheater). – Das Nationaltheater unter König (ab 1806) Max I. Joseph an der Südseite auf dem Gelände des 1803 aufgelösten Franziskanerklosters errichtet, war zwar ein Anbau an die Residenz, eine neue Platzfassade nach Süden schuf jedoch erst Ludwig I. durch den von *Leo von Klenze* ab 1826 erstell-

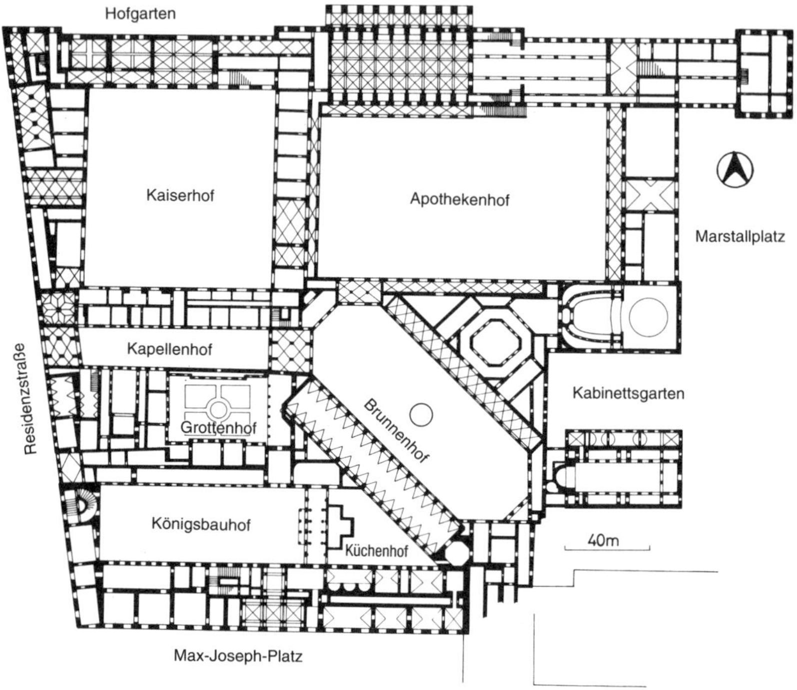


*München, Residenz, Erdgeschoß*

ten Königsbau. Die gleichzeitige Allerheiligen-Hofkirche im Osten gegenüber der Reithalle des Marstalls, schließlich *Klenzes* Festsaalbau von 1835–42 am Hofgarten und über den Resten der damit gänzlich abgerissenen Neuveste vervollständigten den Komplex. – Letzte Ausbauarbeiten betrafen (bald wieder beseitigte) Wintergärten Maximilians II. und Ludwigs II.

Schwerste Zerstörung brachten die Bombenangriffe in der Nacht vom 24. auf 25. 4. 1944, als die gesamte Residenz ausbrannte und fast alle Räume und große Abschnitte der Außenarchitektur vernichtet wurden. Frühzeitiges Auslagern der ganzen beweglichen und beachtlicher Teile der wandfesten Austattung, verbunden mit schon 1945 einsetzenden Wiederaufbau-Initiativen, ermöglichte die Wiederherstellung des Komplexes als Raumkunstmuseum und zur Aufnahme kultureller Einrichtungen. Die Rekonstruktion der meisten Raumfolgen gelang abschnittweise bis 1980, Restarbeiten bis 1996.

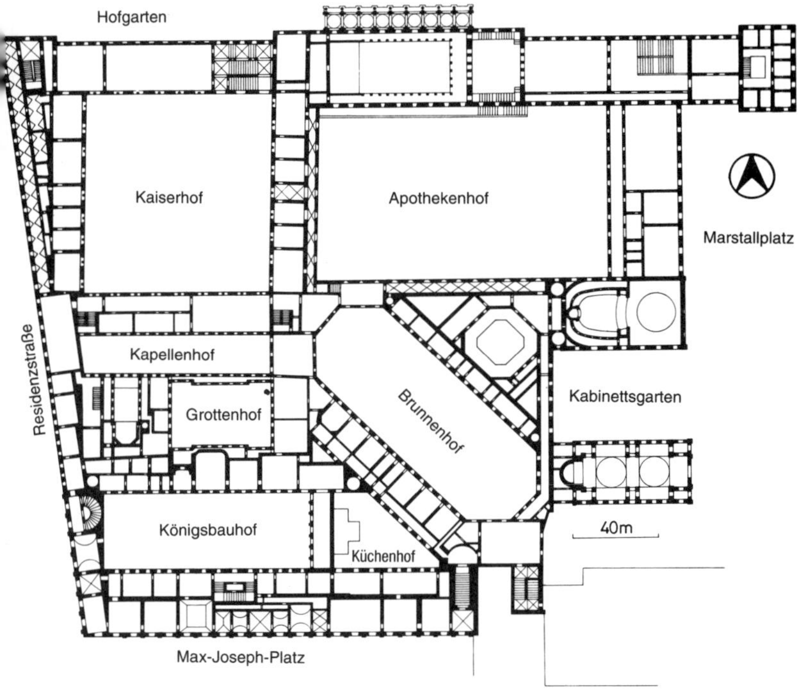


*München, Residenz, Obergeschoß*

Nicht erneuert wurden v. a. Räume des 19. Jh.s, so die klassizistischen Räume im Festsaalbau, die Hofgartenzimmer, die Wohnung Ludwigs II. im Nordwest-Eckpavillon. Die renovierten Interieurs mit bedeutender alter Einrichtung und verschiedenen musealen Spezialsammlungen vermitteln auch jetzt noch eine der vielfältigsten und hochwertigsten Anlagen herrschaftlicher Wohnkultur.

Die Besichtigung der Residenzräume erfolgt heute nach praktischen Gesichtspunkten vom Eingang am Königsbau aus (in zwei „Führungslinien"). Damit sind die alten Wohn- und Wegestrukturen des fürstlichen Residenzschlosses kaum mehr zu spüren. Sie werden deshalb im folgenden Text, soweit möglich, bevorzugt. Da Raumeinheiten in verschiedenen geschichtlichen Phasen verändert wurden, ist eine chronologische Folge nicht einzuhalten. Dennoch berücksichtigt die Um- und Durchwanderung der Höfe und Räume hier annähernd die baugeschichtliche Entwicklung.

## Maximilianische Trakte um den Kaiserhof

Die älteste erhaltene Residenzfassade ist die zur Schwabinger Gasse hin (heute Residenzstraße), bis zum 19. Jh. die einzige, die sich mit architektonischem Anspruch zur Stadt hin wandte. Mit der von seitlichen Giebelrisaliten begrenzten Nordfront am Hofgarten (klassizistisch ummantelt) ehem. eine Einheit. In der langen Straßenfront lagen die Hauptzugänge mit Wachstuben (z. B. der heutige Einsäulensaal und die Weinstube). Ihre glatte, geputzte Wandfläche mit gestreckter, völlig gleichmäßiger Fensterreihung in zwei Haupt- und drei Halbgeschossen läßt vergessen, daß bei ihrer Erbauung 1611–16 ältere Bauteile integriert wurden. Die Monotonie als Kontrast zur Kleinteiligkeit der benachbarten Bürgerhäuser war gesucht, jede Rhythmisierung, etwa durch zeitübliche Giebelaufbauten, wurde vermieden. Eine streng architektonische Fassadenbemalung mit Vorspiegelung kolossaler Pilasterordnungen blieb flächig und betonte die Ruhe (1958 vereinfacht erneuert). Einzig die zwei Portale mit ihren Rotmarmorrahmungen und der figürlichen Ausstattung setzten Akzente. Das erhaltene Löwenpaar, bronzene Wappenhalter, stammt aus der Erbmasse des nicht aufgestellten Wilhelmsgrabes, um 1595 von *Hubert Gerhard* gefertigt. Die Wappen wie auch die anderen Bronzeskulpturen modellierte *Hans Krumpper* um 1614–16, gegossen von *Bartholomäus Wenglein,* ziseliert von *Georg Maier.* Sie sind wichtige Zeugnisse dieser damals in München blühenden künstlerischen Technik; auf den Sprenggiebeln der beiden Portale allegorische Liegefiguren der vier Kardinaltugenden, am nördlichen Weisheit und Gerechtigkeit, am südlichen Tapferkeit und Mäßigkeit. In der Fassadenmitte steht, nach der Tradition von bürgerlichen Hausmadonnen, in marmorner, 1616 datierter Ädikula über einer großen Ewig-Licht-Ampel das bronzene Hauptwerk *Krumppers,* die Landespatronin „Patrona Boiariae“ in Gestalt des gekrönten apokalyptischen Weibes mit Sternenkranz auf dem Halbmond.

Kaiserhof. – Das linke Portal durchschreitend, erreicht man axial den großen quadratischen Hof, der wie die Außenfassade glatte, bemalte Putzflächen aufweist. Die feierliche Monotonie der freien Hoffläche wird nur durch die Anordnung paarweiser Fenstergruppen an den gleichförmigen Fronten gemildert. Durch eine (heute sehr vergröberte) Bemalung aus Figuren rahmende Doppelpilaster ergänzte Hauptakzente sind die vier gleichen, ungerahmten Torbögen. – Der Hof ist die Mitte der sog. Maximilianischen Residenz, deren Hauptbauzeit in die Jahre 1612–19 fällt, wobei Bestehendes ergänzend zusammengefaßt, aufgestockt und um einen Nordflügel ergänzt wurde. Man ahnt dies nur am Westflügel (Steinzimmertrakt), dessen Außenfluchten sich nach Norden zu divergierend verbreitern. Die Höhe wurde vom Herkulessaalflügel des späten 16. Jh.s im Süden (neben dem Uhrturm) bestimmt. Ausgehend von theoretischen Arbeiten über den Schloßbau der Renaissance (etwa *Schickhardt,* früher

*Serlio*) entstand hier in äußerster Zurückhaltung eine Anlage, deren Qualität erst richtig im Innern deutlich wird. Die Baumeisterfrage ist offen. Beteiligt waren hauptsächlich der Bildhauerarchitekt *Krumpper*, die Baupraktiker *Heinrich Schön d. Ä.* und *Heinrich Reiffenstuel* sowie der gestrenge Bauherr Maximilian durch intensive Anteilnahme.

Den räumlichen Höhepunkt bildeten urspr. die Säle des Nordtrakts zum Hofgarten hin mit der Kaisertreppe. Sie sind, trotz aller durch Zerstörung und historistische Rekonstruktion bedingten Einschränkungen, seit 1985 wieder wichtiges Bindeglied zwischen den Zimmerfluchten im Westen und Osten. Hauptzugang war das Nordportal des Hofs.

Vierschäftesaal. – Im Erdgeschoß. Eingangshalle auf vier Säulen, axial vom Kaiserhof aus, seit dem 18. Jh. auch vom Hofgarten aus erreichbar. Die Gewölbe urspr. mit Stuck und Groteskenmalerei. Zugang zu den Gartenzimmern (jetzt Ägyptische Staatssammlung); im Norden großer Bogen in den unteren Lauf der Kaisertreppe.

Kaisertreppe. – Beginnend als Schachttreppe italienischer Art, öffnet sich der zweite Lauf seitlich zum hellen, laubenartigen Gang und Vorplatz der Hauptgeschoßsäle, mit Kreuzgewölben auf toskanischen Rotmarmorsäulen. Die so gewonnene räumliche Freiheit war 1615 allenfalls in genuesischen Palästen vorbereitet und wurde eine wichtige Vorform barocker Treppenhallen. Stuck (von *Matthias Piechl* und *Caspar Marolt*) und malerische Ausstattung der Gewölbefelder nach Zerstörung im Krieg bis 1975 rekonstruiert. Nahezu völlig erhalten blieben die von dem wohl für die Gesamtausstattung zuständigen *Krumpper* in Stuck geformten Standbilder und Büsten mit den sie umgebenden Nischenarchitekturen. Sie zeigen ausgewählte echte oder vermeintliche wittelsbachische Ahnen des Bauherrn Maximilian als Helden verschiedenartiger herrscherlicher Tugenden, die im Relief begleitend abgehandelt sind.

Kaisersaal. – 1980–85 vollständige Rekonstruktion des 1614/15 entstandenen, seit 1799 durch die Hofgartenzimmer verbauten Raumes. Mangels alter Ansichten ausschließlich nach Beschreibungen und in formaler Anpassung an die anschließenden maximilianischen Raumfolgen gestaltet, erleichtert durch die Kenntnis bzw. Erhaltung seines originalen Gemälde- und Gobelinbestandes. Urspr. beide Längsseiten durch Fenster erhellt; die Nordseite nun blind. Von der Bildausstattung unter der Leitung *Peter Candids* sind nur seine drei Mittelbilder im Original verloren, die Begleitbilder auf die Hauptthemen Ruhm, Weisheit und Herrschaft bezogen. Friesbilder, 1613 von *Andrea Vicentino* in Venedig, die Wandteppiche zwischen 1615 und 1618 nach Kartons *Candids* von *Hans von der Biest* und *Hans von den Bosschen* ausgeführt. Auf dem Kamin seit 1985 die Bronzestatue der um 1590 geschaffenen Tellus Bavarica, von *Hubert Gerhard* urspr. als Brunnenfigur konzipiert, ab 1618 auf dem Hofgartentempel.

Vierschimmelsaal. – Westlich anschließend. Totalrekonstruktion von 1980–85 an Stelle der 1799 eingefügten, 1944 kriegszerstörten Hofgartenzimmer. Aus der urspr. Bildfolge stammen die Deckenbilder der in antiken Gottheiten verkörperten Planeten, 1691–94 (nach dem Brand 1674 neu gemalt) von *Johann Anton Gumpp, Johann Andreas Wolff* und *Francesco Rosa.* Das Mittelbild ist verloren.
Steinzimmertrakt. – Westflügel am Kaiserhof, großzügige Raumfolge von 1612–17, von dem Künstlerkreis um *Krumpper,* dem Bauleiter *Schön d. Ä.* und dem Maler *Candid* als Wohnräume für Maximilian I. geschaffen. Benennung nach den beherrschenden Steinböden. Die zwei- oder einachsigen Zimmer liegen nach älterer deutscher Tradition zum Hof hin, verbunden durch eine Folge fluchtender Portale, deren Anordnung nahe der Innenwand jeweils einen gegen die Fensterseite gerichteten Raumeindruck gewährt. Einheitliche Ausstattung durch hohe Stuckfriese, gemalten Decken, Wirkteppiche und reiche Holzeinlegearbeiten und Stuckmarmorintarsia (Scagliola) an Türen und Portalen. Deckenbilder auch nach dem Residenzbrand von 1674 und den Verlusten des Zweiten Weltkrieges in Grundzügen erhalten. Rekonstruktion auf den Zustand um 1700: – 1. Zimmer der Elemente, die Bilder von *Giovanni Trubillio,* 1692–94. – 2. Zimmer der Welt, mit Deckenbildern von *Johann Anton Gumpp,* 1692–94. – 3. Zimmer der Zeiten, Fresken 1973 kopiert nach *Candid.* – Zimmer der Ewigkeit, mit Dekkenbildallegorien *Trubillios* von 1692–1694. – 5. Zimmer der Religion, erhalten die von *Christian Steinmüller* 1612 gemalten Allegorien auf Wahrheit, Wachsamkeit, Geduld und Macht der Religion. – 6. Zimmer der Kirche. – In den Räumen hängen heute verschiedene zeitgenössische Teppiche, darunter Teile der von der ersten *Münchner Gobelinmanufaktur* unter *Hans von der Biest* zwischen 1604 und 1611 nach Kartons *Candids* geschaffenen Folge: Taten des Pfalzgrafen Otto von Wittelsbach.
In gleichem Umfang kriegszerstört, danach nur mit Stuck (urspr. von *Michael Castelli* nach Vorlagen *Krumppers*) und roten Stuckmarmorportalen rekonstruiert, ist der Theatinergang. Langer Gang hinter der Residenzstraßenfassade, erschließt die Steinzimmer über innenliegende Nebenräume, die die nordwärts auseinanderweichenden Gebäudefluchten dieses Traktes ausgleichen. – Ein Portal am Nordende des Ganges führt zur weitgehend original erhaltenen Hans-Steininger-Treppe. Stuck nach *Krumpper,* mit dekorativ ausgemalten Medaillons.
Trierzimmertrakt. – Ostflügel am Kaiserhof; nach schwerer Kriegszerstörung 1944 bis 1973 in erheblichem Umfang rekonstruiert. Lage der Zimmer zum Hof, auf der Ostseite begleitet von dem schmalen, ausstuckierten Triergang. Der Name von dem im späten 18. Jh. hier wohnenden Kurfürsten Clemens Wenzeslaus von Trier. Angelegt als zwei im Gegensinn gleich geartete Gästeappartements. Einem zweiachsigen Vorzimmer schlossen sich zwei einachsige Räu-

me an, deren innerer mittels einer quer verlaufenden Zwischenwand aus einem Kabinett und einem zum Gang hin gelegenen Schlafzimmer bestand. Die Türenfolgeanordnung in bereits klassischer, nahe der Außenfensterflucht verlaufenden Enfilade endete urspr. in den Kabinetten vor großen (1620 aufgestellten) Majolikaöfen. Zwischen den Appartements gewölbter Mittelraum, von dem aus die Befeuerung geschah. Die Qualität der Ausstattung wie in den Steinzimmern, die Formen durchweg schlichter, nach der Kriegszerstörung beim Wiederaufbau weiter reduziert. (So waren die heute braunen Holzdecken ursprünglich farbig gefaßt.) An den Wänden zumeist Wirkteppiche (veränderte Anordnung) nach Kartons des *Candid*-Ateliers mit der „Monatenfolge", gefertigt in der *Münchner Gobelinmanufaktur*. – 1. Saal des Fürsten. Bilder in der erneuerten Felderdecke von *Candid*, um 1611–16. Gobelins mit Wirkermarke des Manufakturleiters *van der Biest*. – 2. Saal des Rechts. Deckenbilder der *Candid*-Werkstatt, auf die Thematik göttlichen und weltlichen Rechts bezogen. – 3. Südliches Vorzimmer. Deckenbild mit Schließung des Janustempels zum Zeichen des Friedensbeginns. Gobelins mit Szenen der Vita König Sauls, Brüssel, Mitte 16. Jh. – 4. Eingangsraum in der Mittelachse. Nach Resten rekonstruiert. – 5. Nördliches Vorzimmer. Gobelins w. o. – 6. Saal der Entscheidung. Deckenbilder von *Candid* zum Thema des Auswählens, Friesbilder 2. Hälfte 18. Jh. – 7. Saal des Rates. Deckenbilder von *Candid* mit Allegorie auf Ratgeber.

Damenstock. – Südflügel am Kaiserhof. Mit den maximilianischen Erweiterungen in die Kaiserhofraumfolgen einbezogen. – Max-Joseph-Saal, ehem. Herkulessaal (seit 1985 zur Vermeidung von Verwechslungen mit dem Neuen Herkulessaal umbenannt.). Fest- und Speisesaal; das heutige klassizistische Erscheinungsbild geht auf eine Neugestaltung von 1814/15 unter König Max I. Joseph durch *Andreas Gärtner* zurück. Hell gefaßte Wandgliederungen mit Pilastern in korinthischen Formen. Beim Wiederaufbau um eine Achse gekürzt und die Emporen an den Schmalseiten weggelassen.

## Kapellenhof

Im Verlauf des ehem. Jägergaßls der mittelalterlichen Bürgerstadt. Bauliche Begrenzungen seit dem späten 16. Jh. mit dem Damenstock an der Nordseite (s. Maximilianische Trakte um den Kaiserhof) und dem schmalen Gangtrakt gegenüber (der ihn vom Grottenhof trennt). Abgerundet unter Maximilian I. im frühen 17. Jh. mit der Hofkapelle an der Südseite und den Bauteilen an den Schmalseiten. Schlichte Putzfassaden und Pfeilerhallen. Plastisch nur die Portale mit einfachen Sprenggiebeln vor den Treppenhäusern und der Kapelle.

Hofkapelle der Unbefleckten Empfängnis Mariens. – Tonnengewölbter, nach Süden gerichteter Raum mit leicht eingezogenem Chor, trotz des viel geringeren Maßstabs in der Grundform von der Münchner Michaelskirche abhängig. Die Dreigeschossigkeit (unter Betonung der mittleren Etage) mit einer Fülle von Oratorienfenstern durch die Nutzung für die auch im Gottesdienst rangmäßig gegliederte Hofgesellschaft bedingt. Platz des Bauherrn Maximilian war sicherlich wegen der Lage auf Höhe seines Wohngeschosses und trotz geringerer architektonischer Betonung die obere rückwärtige Empore oder das Oratorium daneben. Außenfenster nur im Chor und an der Rückwand. In zwei Abschnitten entstanden: Rohbau des Langhauses wohl nach Entwurf *Krumppers* 1600/01, Weihe 1603, Stuckierung des Gewölbes 1614. Anfügung des Chores (Entwurfsmodell von *Schön d. Ä.*) und Versetzung des Hochaltars 1630. Die im Krieg 1944 zerstörte Altararchitektur, Teile des Stucks und die Empore 1956–58 rekonstruiert.

Architektonische Gliederung und der figürliche wie ornamentale Schmuck mit mariologischem Programm einheitlich aus hell gefaßtem Stuck. Als Stukkateure werden genannt *Hans Kindler* und *Matthias Pichl* (Wände), *Michael Castello, Johann Damian* und *Georg Rauch* (Kapitelle, Engelreliefs, Ornamente). – Die nach dem Brand in Stuck erneuerte Altararchitektur war vor dem Krieg gänzlich vergoldet. Das Altarblatt, in dem das Bildprogramm gipfelt, von *Hans Werl:* Von Engelscharen umringt, wird die Königin der Jungfrauen zur Dreifaltigkeit entrückt. Das Auszugsbild ebenfalls von *Werl.* – Der Silbertabernakel von *Stephan Hoetzer,* wohl nach 1622. – Die beiden Rokoko-Seitenaltäre von *Johann Baptist* und *Franz Zimmermann* ersetzten 1748 ältere Vorgänger. Reicher Silber- und Goldschmuck aus verschiedenen Zeiten. Auf der unteren (urspr. Musik-) Empore seit 1970 eine Tischorgel, München um 1610.

Westlich der Hofkapelle liegen bis vor zur Straßenfassade einige Renaissanceräume aus der ersten Bauphase Maximilians I., heute Paramentenkammern. Ihre kurz nach 1600 entstandene, noch mit Rollwerkmotiven durchsetzte Stuckausstattung verlor im Zweiten Weltkrieg ihre Bemalung (Füllungsbilder zwischen Weißflächen).

Reiche Kapelle (St. Maria). – Ehem. Privatoratorium und „Geheime Kammerkapelle“ Maximilians I. Im 17. Jh. von den oberen Korridoren und Oratorien erreichbar. – Zimmergroßer Raum von ungewöhnlicher Pracht, sowohl darin wie in der gesamten Ausstattung von der gegenreformatorisch geprägten Frömmigkeit des Bauherrn bestimmt. Am inneren Portal Weiheinschrift „Dem höchsten Gott und der Jungfrau aller Jungfrauen ...“, 1607. Weitere Arbeiten bis 1615 bezeugt. Nach der nahezu totalen Zerstörung 1944 mit der ausgelagerten mobilen Ausstattung und Ergänzung restlicher Scagliolatafeln fast lückenlose Rekonstruktion 1958–66. – Wenn auch nur noch in Kopie erlebbar, spricht doch aus ihr die künstlerische Absicht, die wohl v. a. *Krumpper* und den Stuckmarmorkünstlern aus der Familie *Fistulator (Pfeiffer)* zu verdanken war.

Als „Heiltumskapelle" mit einer Fülle kostbar gefaßter Reliquien ausgestattet und mit einem sowohl christologischen als marianischen Bildprogramm ausgeschmückt. Das azuritfarbene Gewölbe mit vergoldetem Stuckzierrat überzogen, darin die Initialen Maximilians und Elisabeths von Lothringen. Die großenteils erhaltenen Reliefs bestehen aus Terrakotta, sie zeigen Geburt Mariens und Geburt Christi, Mariä Verkündigung und Aufnahme in den Himmel, in den Ecken stehende Heilige, in den Stichkappen Apostelpaare, in den Lünetten Auferstehung und Himmelfahrt Christi. Über dem Portal außen Verkündigungsbild und das Standbild des auferstandenen Christus mit Kreuz (nach *Michelangelo*) innen.

Über dem Altar Silberrelief mit der Kreuzigung Christi von *Jakob Anthoni*. Die umrahmenden Platten mit Ruhe auf der Flucht und Jesusknabe in einer Landschaft. Die kleinen Silberarbeiten am Altar ebenfalls aus Augsburger Werkstätten um *Anthoni, Hans Schwegler* und *Hans Pfleger*. Das Ebenholzgehäuse des Altars von *Paulus Dietrich*, ebenfalls gegen 1607. Das Mittelrelief konnte früher zugunsten einer Aussetzungsnische für Monstranz oder Ostensorium (mit Kreuzpartikel) versenkt werden. – An der Fensterwand auf Konsolen kleine Prunkorgel aus der Entstehungszeit der Kapelle, ehem. auch als Spielautomat zu betreiben. Gehäuse und Schmuck von den Goldschmieden *Jakob Melper* und *Hans Sepier*, dem Drechsler *Georg Haas*; Orgelpfeifen von *Jakob Schönauer*. – Aus der Kapelle der Neuveste übernommen ist der Heiltumskasten Wilhelms V., um 1596, aus Ebenholz, verziert mit Gemmen und Glasschnitten von *Zacharias Peltzer*. Weitere Reliquienschränke gingen im Zweiten Weltkrieg zugrunde. Die Reliquiare heute meist in der benachbarten „Geistlichen Schatzkammer". – Weitgehend erneuert sind die die Wände fast völlig verkleidenden Stuckmarmortafeln (Scagliola), um 1606 von *Blasius Fistulator*, einem der Hauptmeister dieses in München besonders blühenden Handwerks. Z. T. erhalten geblieben waren die Bildplatten mit Szenen aus dem Marienleben (frei nach *Dürer*-Stichen) von *Wilhelm Fistulator*, eingefügt 1632. – Der ebenfalls rekonstruierte Boden besteht aus Marmorplatten in mehreren Farben und einer zentralen Amethystrose.

Päpstliche Zimmer im Obergeschoß südlich zum Königsbauhof s. eigenen Abschnitt.

## Brunnenhof

Die schräge Lage innerhalb des Residenzkomplexes wurde durch den Verlauf des einstigen mittelalterlichen Stadtgrabens bestimmt, vor den stadtseitig der anfangs freistehende Antiquariumstrakt 1568–71 gestellt und zum Ausgangspunkt für alle Folgebauten genommen wurde. Mit der Errichtung von Verbindungsgängen zur nordöstlich gelegenen „Neuveste" (von 1385 ff.) und dem weiteren Residenzausbau wurde um 1610/20 versucht, die Situation zu regulieren. So entstand die Grundform des langgestreckten Achtecks; an den kurzen Fronten aufgesetzte Giebelrisalite, an der Nordwestseite der Residenzturm, 1612–15 errichteter Uhrturm, Zentrum des gesamten Gebäudekomplexes. Der freitragend in verkleideter Fachwerkbauweise konstruierte Aufbau wurde nach Kriegszerstörung 1944 bis 1957 rekonstruiert. – Die Brunnenhoffassaden erhielten ihre rhythmisch klare Fensteranordnung in zwei Geschossen schon durch den Bau des Antiquariums mit darüberliegender Bibliothek. Von dort wurden auch als plastische Elemente die Verdachungen der Obergeschoßfenster und das Traufgesims genommen, ergänzt nur durch die beiden Eingangsportale und knappen Giebelschmuck. Aufgemalte Pilastergliederung in zwei Geschossen mit gequaderten Rücklagen (1957 erneuert). Die Portale führen im Südosten zum Schwarzen Saal, im Nordwesten zu der die Obergeschosse erschließenden Breiten Treppe. In der Hofmitte der Wittelsbacher Brunnen, um 1610/20 unter Herzog Maximilian zum Ruhme der bayerischen Herrscherdynastie aufgestellt. Zunächst für das Grabmonument Wilhelms V. berstimmt, schuf *Hubert Gerhard* die Bronzefigur des ersten Regenten Otto von Wittelsbach (jetzt Kopie). Die kleineren Skulpturen (Allegorie der vier Elemente, Flußgötter, Tritonen) entstanden ebenfalls um 1600 nach Modellen von *H. Gerhard* und wurden anderen Zusammenhängen entnommen.

Charlottenzimmertrakt. – Schlichte Folge schmaler Räume an der Nordostseite des Brunnenhofs. Der Name bezieht sich auf Charlotte Auguste, Tochter Max I. Josephs, die ab 1814 hier wohnte. Bilder und Mobiliar z. T. aus dem pfälzischen Schloß Karlsberg (bei Homburg/Saar) stammend. Nach dem Zweiten Weltkrieg in einigen Zimmern auch Ausstattungsstücke aus den 1799/1800 in den Kaisersaaltrakt eingebauten, 1944 zerbombten Hofgartenzimmern aufgestellt, ebenso die weiß-golden gefaßten Täfelungen des sog. *Puille*-Kabinetts. Teile davon ebenfalls 1789 aus Karlsberg, von *Charles Pierre Puille* in München wiederverwendet. Pastellbildnisse, Mitte 18. Jh.

Charlottengang. – Nördlich entlang des Apothekenhofs; ehem. Verbindung zwischen der Neuveste (im Nordosten) und den Renaissanceneubauten. Gewölbestuck aus der Erbauungszeit 1613, nach Entwürfen *Krumppers* von *Antonio Castelli* (bis 1958 restauriert).

Schwarzer Saal. – Um 1590 unter Wilhelm V. als Erweiterungsbau im Osten an den wenig älteren Antiquariumstrakt gefügt, mit einem ehem. nahe an das benachbarte Franziskanerkloster vorgeschobenen Treppenhaus. Die urspr. reichlich befensterte, als gegenläufige Schachttreppe angelegte Stiege nach italienischem Muster gehört zu den frühesten ihrer Art in Deutschland. Das Äußere heute vom Vestibül des Neuen Residenztheaters umfangen, der Gewölbestuck von ca. 1610 nach Kriegsschaden teilweise erneuert. – Der bis 1979 völlig erneuerte Festraum ist nur eingeschossig, mit Decke in sog. Sargdeckelform. Daran Kopie (in Freskotechnik) einer illusionistischen Architekturmalerei nach dem 1944 verbrannten Leinwandoriginal von *Hans Werl* um 1602. Die rekonstruierten schwarzen Stuckmarmorportale urspr. von 1623; der Kamin dazwischen fehlt heute.

Antiquarium. – Größter Saal der alten Residenzteile. Für die Antikensammlung Albrechts V. als selbständiger Bau angelegt; das Obergeschoß für kurze Zeit Platz der herzoglichen Bibliothek. Erste bedeutende Erweiterung der spätmittelalterlichen Neuveste. Durch die Lage zur Stadt hin Ausgangspunkt für die gesamte weitere Entwicklung zum unbefestigten, den bürgerlichen Quartieren eng benachbarten Palast. Als Architekt ist (wohl nach einer Idee *Jacopo Stradas*) der Augsburger *Simon Zwitzel* erwiesen; Bauleitung durch *Wilhelm Egckl.* Rohbau 1570/71, erster Ausbau bis 1578 unter Wilhelm V. Veränderungen durch *Friedrich Sustris* und spätestens um 1600 Tieferlegung des Bodens. 1944 Zerstörung von fünf der siebzehn Gewölbejoche, bei deren Wiederherstellung bis 1958 die figürlichen Malereien nur angedeutet wurden. – Die Festhalle wird auch heute noch bestimmt von dem einheitlichen, mittels Stuck und Terrakotta-Arbeiten plastisch gegliederten Tonnengewölbe, dessen mehrteiliger Bilderzyklus von Groteskenmalerei umspielt wird. Maler waren *Peter Candid, Antonio Maria Viviani, Antonio Ponzano* und *Hans Thonauer, Sustris* lieferte Entwürfe. In den Stichkappen und Fensterlaibungen kulturgeschichtlich bedeutsame Folge von 102 ziemlich getreuen Ansichten *(Thonauers)* bayerischer Städte, Märkte, Burgen und Schlösser. In den unteren Gewölbezwickeln Puttenpaare mit Musikinstrumenten, Tugenden, Herrschaftssymbolen u. a.; im Scheitel Reihe von Bildfeldern mit Allegorien der Tugenden, die dank einer im frühen 17. Jh. durch die *Candid*-Werkstatt auf Holztafeln gemalten Zweitfassung vollständig erhalten sind. – Die an den Längswänden in Nischen und auf Sockeln systematisch aufgestellten Büsten und Figuren mit überwiegend antiken Köpfen ließ Albrecht V. 1566/67 in Italien aufkaufen. – An den beiden Schmalseiten Kamin- und Portalaufbauten in rotem Marmor, jeweils eingerahmt durch lebensgroße antike Figuren und Büsten; in der Bekrönung des Kamins das bayerische Wappen mit Herzogshut und Goldenem Vlies, um 1600. – Die Estrade vor dem Kamin an der Nordwestseite war Platz der herzoglichen Tafel; der Eingang erfolgte über die kleine Musiktribüne im Südosten. – Restaurierung 1996 ff.

Als Vorraum diente das Oktogon. Der Stuck um 1600/10, die z. T. antiken Statuen ehem. von den Grottenhoffassaden.

Kurfürstenzimmer im Obergeschoß s. eigener Abschnitt.

## Grottenhof

Erbaut unter Wilhelm V. im Anschluß an den Antiquariumstrakt 1581–86 durch *Friedrich Sustris.* Kleiner, rechteckiger, reich ausgestatteter Binnengarten („Geheimes Lust- und Residenzgärtlein“).

Entlang des alten „Jägergaßls“ und parallel zum etwa gleichzeitigen Damenstock errichtet; im 45-Grad-Winkel zum Antiquarium, dessen Westecke in den neuen Grottenhofostflügel vorstößt. Aus dieser Gegebenheit machte *Sustris* eine Tugend, indem er diese Ecke zu einer Grottenarchitektur gestaltete und mit einer Säulenhalle überwölbte, die urspr. (bis 1730) gegenüber ein Pendant mit drei Bögen besaß. Die ansonsten gleichartigen Längsseiten zeigen deutlicher die Aufteilung in zwei Hauptgeschosse mit eingefügtem Mezzanin. Um 1730 Umgestaltung durch *François Cuvilliés d. Ä.*, Gliederung der Längswände mit ionischen und korinthischen Pilastern.

In Wandnischen des Obergeschosses stehen Nachgüsse von Skulpturen, die im 16. Jh. unter Verwendung antiker Teile neu modelliert wurden. – Die Grottenhalle wurde nach Einsturz 1944 neu aufgebaut und bis 1958 ausgestaltet. Weitgehend alt die Grottierung aus heimischen Kieseln, Kristallen und z. T. farbig gefaßten Muscheln. Über dem mittleren Brunnen das Bayerische Herzogswappen, darüber die vergoldete Bronzestatue des Merkur, um 1580/85. Zuschreibung früher an *Giambologna*, neuerdings an *Hubert Gerhard*. In den Nischen Marmorbüsten von Bacchanten und Bacchantinnen, wohl Nachbildungen des frühen 17. Jh.s.

In der Hofmitte Perseusbrunnen, um 1590 nach Vorentwurf von *Sustris* und *Gerhard* modelliert und als Bronzeguß ausgeführt. Rundherum bronzene Putten mit Fabeltieren, um 1570/80, vielleicht von *Carlo Pallago* in München hergestellt.

Von der Südostecke des Hofes gehen drei Gartensäle ab, die immer auch dem Durchgang dienten. Einer davon, eine siebenachsige Halle mit hohen Fenstertüren, Erdgeschoßraum der ab 1733 von *Cuvilliés* errichteten Grünen Galerie, ist das sog. Vestibül am Königsbauhof, für einen ehem. hier beginnenden Treppenaufgang zu den prunkvollen Obergeschoßräumen angelegt. Der zeitgenössische Skulpturenschmuck urspr. nicht an dieser Stelle.

Im Süden des Grottenhofs, von ihm aus über einen schlichten Vorsaal leicht erreichbar, liegt im Erdgeschoß unterhalb der Reichen Zimmer die Ahnengalerie. Wie diese, zu denen sie ikonologisch gehört, wendet sie sich, hier mit zwölf als Fenstertüren ausgebildete Öffnungen, zum südlich angrenzenden „Großen Residenzgarten“, dem jetzigen Königsbauhof hin. Früheste Raumschöpfung in der Regierungszeit Karl Albrechts, 1726–30 durch Umbau der ehem. Gartenhalle Wilhelms V. aus dem späten 16. Jh. (Reste des Renaissancestucks in verdeckten Stichkappen des Gewölbes erhalten.) Völlige Auskleidung der Wände mit fein rhythmisierter, reiches Schnitzwerk tragender und wie die Stuckdecke weiß-golden gefaßter Täfelung, 1727–29 in der Werkstatt *Wenzeslaus Miroffskys* hergestellt. Anordnung der 121 Ahnenbildnisse in drei Etagen innerhalb vertikaler Tafeln, deren plastischer Dekor in leichter Differenzierung stetig wiederkehrende Akzente setzt und dabei die Deckenränder und deren Ornament miteinbezieht. Die Mitte ist stärker betont und verklam-

mert den langen schmalen Raum. Dies alles verrät die spezifischen Dekorationsprinzipien von *François Cuvilliés,* der trotz *Joseph Effners* Leitung als der eigentliche Architekt des Raumes angesehen werden muß. Der (weitgehend originale) Deckenstuck 1727 von *Johann Baptist Zimmermann.* Von den drei in die Decke eingelassenen Ölbildern, der sagenhaften Belehnung Bayerns an Theodo im Jahre 508, der Königswahl Ludwigs des Bayern 1314 und, in der Mitte, der Neustiftung des St.-Georgs-Ritterordens durch Karl Albrecht 1729 von *Balthasar Augustin Albrecht,* ist nur das letzte erhalten. Dem Ruhm des uralten Hauses Wittelsbach, ver-bunden mit dem Anspruch auf die Kaiserkrone (wie er sich 1742 dann kurzfristig erfüllte), ist der ganze Raum gewidmet. Die Brustbilder der Vorfahren stammen aus den Werkstätten *Jacopo Amigonis* (1726–28) und *Georges Desmarées'* (um 1730). Ergänzende Portraits: 1821–23 von *Moritz Kellerhoven* und 1875 von *Joseph Bernhardt.*
Dem Anspruch, Reichtum in Gestalt alter und neuerer Preziosen im prunkvollen Schatzgewölbe vorzuzeigen, diente das am Ende der Galerie liegende jetzige Porzellankabinett (als solches eingerichtet 1911). Die künstlerische Leitung *Cuvilliés* wird hier noch deutlicher, wo Wände und Decke mit einem geistvollen System ornamentaler Formen unter Einfügung erster Rocaillen besetzt sind. Stuck von *Zimmermann* 1730, Schnitzarbeiten an Boiserien und Wandschränken von *Joachim Dietrich* bis 1733.
Vom zentral gelegenen Brunnenhof aus erschlossen sich die meisten fürstlichen Wohnbereiche; über die Breite Treppe und den über der Durchfahrtshalle zum Kapellenhof liegenden, ehem. verzierten-Georgssaal auch die Raumgruppen im Obergeschoß der Grottenhoftrakte.
Reiche Zimmer. – Noch Kurfürst Max Emanuel begann vor seinem Tode 1726 mit der Modernisierung dieser fürstlichen Wohnräume an der Süd- und Ostseite des Hofes durch *Effner.* Nach dem Brand 1729 Neuplanung durch *Cuvilliés.* Die von der Breiten Treppe über dem Georgssaal her zugänglichen, heute so genannten Effnerzimmer dienten als 1. und 2. Antichambre für das neue Appartement. Der wenig günstigen Situation der Abwinkelung begegnete *Cuvilliés* durch die Anlage der Grünen Galerie über dem Vestibül am Königsbauhof, von dort aus durch ein bereits 1764 zu einem Speisesaal umgebautes und später beseitigtes Prachttreppenhaus erschlossen. Karl Albrecht bereitete hier mit künstlerischen Ausdrucksmitteln seine angestrebte Rangerhöhung zur Kaiserwürde vor. Ein vielleicht projektierter Residenzeingang von der Schwabinger Gasse aus gelangte nicht zur Ausführung. Erst nach Auflösung und Abriß des angrenzenden Franziskanerklosters konnte Ludwig I. in seinem Königsbau diesen Eingang schaffen, nun aber nicht mehr zu den Reichen Zimmern hinauf.
Grüne Galerie und Reiche Zimmer. – Bezeichnen den Höhepunkt des frühen Rokoko (Georg Dehio). Sowohl in der wandfesten

als auch in ihrer äußerst kostbaren mobilen Ausstattung sollte dieses prachtvolle, dabei fast heiter gestimmte kaiserliche Appartement jedem Gast nicht zuletzt den Charakter seines Auftraggebers Karl Albrecht widerspiegeln. Das architektonische Gesamtkonzept und die Dekoration der Räume und wohl auch zahlreiche Möbel (neben Pariser Importmöbeln) dürften von *Cuvilliés* entworfen sein. Tätig waren als Stukkateur *Zimmermann,* als Holzbildhauer *Joachim Dietrich, Wenzeslaus Miroffsky* und *Adam Pichler.* Dank der Auslagerung im Krieg blieben alle Leinwandbilder, die meisten Türflügel, Fensterläden, Boiserien der Grünen Galerie, des Schlafzimmers und des Inneren Audienzzimmers, einige Spiegelrahmen und die bewegliche Ausstattung bewahrt; in den vollständig ausgebrannten Räumen wurde fast der gesamte Stuck vernichtet. So konnte die Raumfolge abschnittweise bis 1973, das Miniaturenkabinett bis 1996 rekonstruiert werden. Auch heute kann nirgends das Typische der sog. „Effnerrahmen", mehr noch die Möbel-, Rahmen- und Flachschnitzkunst nach *Cuvilliés* Zeichnungen, besser studiert werden als in dieser imperialen Raumfolge.

Die Räume: Antichambre und Äußeres Audienzzimmer (sog. Effnerzimmer) im Grottenhof-Ostflügel, 1726–29 von *Effner* gestaltet, nach 1730 von *Cuvilliés* überarbeitet, vereinfacht wiederhergestellt. Supraportengemälde hier wie in den folgenden Räumen mit Bildnissen römischer Imperatoren, Repliken nach *Tizian* und dessen Werkstatt. – Inneres Audienzzimmer, 1729/30 als erstes der unter alleiniger Leitung von *Cuvilliés* neu angelegten und dekorierten Zimmer mit Fenstern zur Südseite hin. Täfelungen von *Dietrich* mit Figuren der vier Jahreszeiten, Thronbaldachin um 1730. – Im Konferenzzimmer sind Teile der originalen Wandbespannung aus ziseliertem Genueser Samt um 1730 erhalten. Supraportengemälde mit den Vier Kirchenvätern von dem Venezianer *Antonio Pellegrini.* Wandtische von *Miroffsky* und *Dietrich* (Fensterseite). – Das Paradeschlafzimmer ist eines der bedeutendsten seiner Art und in der schwebenden Leichtigkeit seines Dekorationssystems ein besonderes Meisterwerk von *Cuvilliés'* Kunst, entstanden 1730–32. Vergoldeter Stuck (wie überall), nach *Zimmermann* erneuert. Wandschnitzereien, mit Türen und Balustrade, weitgehend original aus der Werkstatt von *Miroffsky.* Im Alkovenbereich an den Wänden Hochreliefstickerei in Anlege- und Sprengtechnik auf rotem Seidendamast aus dem Atelier von *François Joseph Bassecour,* bis 1735. Supraportenbilder mit Allegorien von Tag und Abend, Nacht und Morgen von *Giuseppe Valeriani.* – Das Spiegelkabinett und das Miniaturenkabinett von 1731/32 sind weitestgehend rekonstruiert. *Cuvilliés* verfeinerte hier das vergoldete Ornament auf rotem Lackgrund aus Rocaillen, floralen und figürlichen Details zu allerfeinstem Gespinst, in dessen gleichsam schwebendes Ordnungssystem die 129 Miniaturgemälde niederländischer, französischer und deutscher Künstler des 16.–18. Jh.s eingebunden sind. – Am entgegengesetzten Ende mündet die

Flucht der Reichen Zimmer in den (1826 nach Abbruch des südlichen Gegenstücks verbliebenen) nördlichen Querraum der 1733–37 erbauten Grünen Galerie, die als Bildergalerie, Fest- und Eingangsraum für die ehem. Prachttreppe konzipiert war. Original sind hier nach dem Wiederaufbau neben der beweglichen Ausstattung Teile der Boiserien von *Dietrich* und *Miroffsky*. Stukkaturen, erneuert nach *Zimmermann*, mit Anspielungen auf das angestrebte Kaisertum. Als Ersatz für die auf das fürstliche Mäzenatentum für die Künste anspielenden drei zerstörten Deckenbilder ein für Schloß Bensberg geschaffenes Leinwandgemälde von 1713/14.

## Kurfürstenzimmer

Über dem zunächst freistehenden Antiquariumstrakt wurde bis 1581 ein großer Bibliothekssaal eingerichtet. Seit dem 17. Jh. lag hier die Wohnung des Kurprinzen, die Max III. Joseph nach dem Tode Karl Albrechts 1745 auch als regierender Kurfürst beibehielt. Neue Ausgestaltung durch *Johann Baptist Gunetzrhainer* 1746–48, nochmals verändert durch *François Cuvilliés d. Ä.* 1760–63. Nach Totalzerstörung 1944 vereinfachte Wiederherstellung der Raumfolge bis 1966. – Sie war als gegenläufiges Doppelappartement angelegt, am Nordwestende vom Georgssaal ausgehend:
1. Vorzimmer. – 2. Vorzimmer oder Speisezimmer; mit Ansichten von Markt Schwaben und Schloß Dachau, 1765 von *Joseph Stephan*, sowie die ehem. wandfesten Leinwandbilder des *Bernardo Bellotto*, gen. *Canaletto*, von München und Schloß Nymphenburg, 1761. – Konferenzzimmer, einziger vollständig rekonstruierter Raum. Schlafzimmer des Kurfürsten, ein Bibliothekskabinett, ein Schreibkabinett, das Schlafzimmer der Kurfürstin, deren Audienzzimmer, zuletzt ein Vorzimmer und ein Garderobenkabinett. Der in Mitte der Hinteren Kurfürstenzimmer (jetzt Ostasiatische Porzellansammlung) angebaute kleine ovale Raum entstand 1693–95 unter Max Emanuel als Holländisches Porzellankabinett.

## Päpstliche Zimmer

Der Name vom Aufenthalt des Papstes Pius VI. hier im Jahre 1782. Eingerichtet als Wohnung des Kurfürsten Ferdinand Maria und seiner Gemahlin Henriette Adelaide von Savoyen ab 1665 in Bautrakten Maximilians I. südlich der Hofkapelle und westlich zur Residenzstraße. Weitgehende Zerstörung 1944 nach bereits früherer Vereinfachung und Nutzung (straßenseitig die ehem. Staatsratszimmer, jetzt Silberkammern). Bis 1958 lediglich Wiederherstellung der Josephskapelle und des Herzkabinetts. – In die neuen Decken wieder eingelassen Gemälde mit Allegorien auf Tugenden, meist von *Anto-*

*nio Triva.* – Josephskapelle: kleiner, fast quadratischer Raum, um 1665–67 wohl von *Niccolo Perti* mit kräftigen Stukkaturen ausgeziert. – Herzkabinett, sog. Liebeskabinett, 1667. Durch die geschnitzten und gemalten Motive des Frieses und der Decke der Verherrlichung des Herzens gewidmet. Die heute bespannten Wände darunter waren vor dem Zweitem Weltkrieg noch mit Scagliolaplatten aus der Zeit um 1640 verkleidet. Davon nur (ergänzte) Teile am Kamin erhalten. Die Schnitzarbeit verwendet das Grundmotiv „Herz", die Namenszeichen des kurfürstlichen Paares; an der Rückwand eine aus Allegorien gebildete „Liebeskarte". Davor lag ehemals das Schlafzimmer mit großem Bettalkoven, wohl der bedeutendste Raum dieses Typs in Deutschland vor 1700.

## Königsbauhof

Ungeachtet der fast erdrückenden Rückfront des Königsbaus *Klenzes* wird der Hof von der Fassade der Grünen Galerie an seiner östlichen Schmalseite beherrscht. Die zweigeschossige Fassade zu sieben Achsen mit ihrer sorgfältigen Stuckgliederung, ihrem dreiachsigen Risalit mit vorgestellten ionischen Säulen unten und korinthischen Pilastern oberhalb des Balkons ist die am meisten französisch geprägte Architektur *Cuvilliés,* Eingangs- und Gartenseite zugleich (1733–37, s. auch unter Grottenhof: Gartensäle und Reiche Zimmer). Im Westen des Gartenhofes stand vor *Klenzes* Umgestaltung von 1826 ff. die Kammergalerie Maximilians I. Die Südseite dieses ehem. „Großen Residenzgartens" bestand seit dem 17. Jh. nur aus einer Kulissenwand, die das angrenzende Franziskanerkloster abschirmte. – Im Hof heute einige in München entstandene Bronzefiguren: zwei Satyrn und vier Putten, vermutlich von *Carlo Pallago,* um 1570/80 und zwei Quellgötter, um 1630 (urspr. im Unteren Hofgarten).

## Königsbau

Wohnpalast Ludwigs I. bis 1848 auf der ehem. mit Klosterbauten bestandenen Residenzsüdseite. Projekte zur Abrundung des Komplexes bereits durch *Maximilian von Verschaffelt* 1799, danach von *Karl von Fischer.* Alle sahen hier ein neues Corps de logis vor, das mit dem angrenzenden Hof- und Nationaltheater als Platzbegrenzung in städtebaulicher Hinsicht gleichwertig sein mußte. Ausführung durch *Leo von Klenze* ab 1826, bezogen 1835. Langgestreckter Baukörper zu zwei, im Zentrum zu drei enorm hohen Geschossen in florentinischen Renaissanceformen (wie bei seinen Stadtpalästen). In der Massenverteilung an den Palazzo Pitti, in Fassadendetails an den Palazzo Rucellai angelehnt. Auch die Ausführung der Außenfronten in Abbacher Grünsandstein soll an das in Florenz gebräuchliche graugrüne Steinmaterial erinnern. – Das dreitorige Portal am Max-Joseph-Platz ist nur bedingt Hauptzugang, da keine der großen

Raumgruppen des Traktes von hier repräsentativ erschlossen wird. Von der durch stuckierte Flachkuppelgewölbe und Säulenstellungen ausgezeichneten Eingangshalle gelangt man zum Hof, über das Treppenhaus im Westen zu den ehem. Privaträumen der Königsfamilie und zu den einstigen Blumensälen im obersten Geschoß. Östlich der Eingangshalle (an Stelle der heutigen Schatzkammer) befand sich die Küche. Hauptzugang zu den Nibelungensälen im westlichen Teil des Erdgeschosses war der Eingang an der Residenzstraße, der auch das Treppenhaus zum darüberliegenden Appartement der Königin erschloß.

Die Nibelungensäle sind gewölbte Empfangsräume mit sparsamer Möblierung, nach italienischem Vorbild nur knapp ausstuckiert, dafür mit prachtvollen Marmorböden ausgelegt und an Wänden und Decken nahezu völlig ausgemalt. Die Folge der Wand- und Deckenfresken von *Julius Schnorr von Carolsfeld* ist die erste monumentale Darstellung des mittelalterlichen Nibelungenliedes; 1827–34 und 1843–67 unter Mitarbeit von *Friedrich von Olivier* und *Wilhelm Hauschild* entstanden. Nach Kriegsschäden Teile bis 1958 erneuert, Restaurierung seit 1986.

Die Königin-Mutter-Treppe bildet den westlichen Hauptaufgang des Königsbaus zu den Räumen der Königin. Der halbrunde, typisch klassizistische, von einer Halbkuppel überwölbte Raum verbindet auch mit den älteren, weniger hohen Sälen der maximilianischen Residenz.

Die beiden Hauptappartements im Königsbau-Obergeschoß laufen, im Gegensatz zur barocken Tradition, in ihren Raumfolgen gegeneinander, so daß die privaten Räume in der Mitte beieinander liegen. Die Ausstattung, von Ludwig I. präzise vorgeschrieben, wurde von *Klenze* einheitlich entworfen. Damit entstand eine der bedeutendsten klassizistischen Fürstenwohnungen, die trotz sehr starker Kriegszerstörungen und nur vereinfachter Wiederherstellung (v. a. der Malerei) noch immer Aussagekraft besitzt. Das bewegliche Inventar entspricht in seiner Aufstellung seit 1980 wieder dem Zustand von 1835. Die vom König geforderte Strenge bei gleichzeitiger Pracht verbot textile Wandverkleidungen, Wandspiegel und das lose Hängen von Bildern. Vielmehr sollten die intarsierten Holzböden, die ornamentalen und figürlichen Wand- und Deckenmalereien zwischen marmorierten oder stuckierten Gliederungselementen für sich wirken. Die königliche Raumfolge erhielt Bildszenen der griechischen Mythologie, die der Königin Szenen aus der Blütezeit der deutschen Dichtung.

Die Wohnräume (hinter denen zum Hof hin, an Stelle der jetzigen Porzellanausstellung, intimere lagen) beginnen mit zwei Vorzimmern, an der Gebäudeecke der Servicesaal (Wandbilder vorwiegend von *Philipp Foltz,* mit Darstellungen nach Gedichten *Gottfried August Bürgers*). Die Wand- und Deckenbilder *Wilhelm Kaulbachs* in den anschließenden Räumen sind weitgehend verloren: der Thronsaal der

Königin wird nun von einer kräftig blau und golden gefaßten Stukkierung beherrscht; im Salon der Königin sind die Wandfelder nach pompejanischen Vorbildern behandelt. Reste von Wandbildern auch im Schlafzimmer, dem sich das pompejanisch gestaltete Schreibkabinett der Königin anschließt. Im Bibliothekszimmer Reste der Wandbilder von *Moritz von Schwind.*

Die Wohnflucht des Königs beginnt hier mit Ludwigs Schlafzimmer mit pompejanisch geprägter Ausmalung; Stuckreliefs, Nacht und Morgen von *Bertel Thorvaldsen.* Wie gegenüber die Wandgemälde weitgehend zerstört und nicht mehr ergänzt.

Im Empfangszimmer wurde nur die pompejanische Malerei rekonstruiert. Komplett wiederhergestellt ist der Thronsaal des Königs mit seiner stuckierten, weiß gefaßten korinthischen Gliederung auf großflächig vergoldeten Gründen. Die Bildwelt der nach *Ludwig von Schwanthalers* Entwürfen (meist neu) geschaffenen Reliefs ist aus Pindars Gesängen zusammengestellt. Im Kriege zerstört und vereinfacht wiederhergestellt wurden der Servicesaal und die beiden Vorzimmer, nunmehr ausgestattet mit großformatigen Bildnissen von Schlachten der Befreiungskriege aus dem untergegangenen Festsaaltrakt auf der Hofgartenseite.

Die Gelbe Treppe war Hauptzugang zu den Gemächern des Königs, eigenartigerweise erschlossen über den Schwarzen Saal und dessen am Brunnenhof beginnenden Aufgang.

## Festsaalbau

Erbaut unter Ludwig I. (zeitlich im Anschluß an den Königsbau) 1835–42 durch *Leo von Klenze* zur Aufnahme großer Empfangssäle. Die große Ausdehnung nach Osten ergab sich aus der Übernahme der Mittelachse des Oberen Hofgartens mit seinem Pavillon. *Klenze* mußte den ab 1611 erbauten Kaisersaalflügel Maximilians (mit der 1799 geänderten Fensterachsenteilung) übernehmen. Er verkleidete die Fassade und erhöhte die Risalite zu Pavillons. Den östlichen verband er mit dem neuen Thronsaal-Mitteltrakt, während die symmetrisch anschließenden Neubauten an die Stelle der letzten bis dahin noch bestehenden Reste der „Neuveste“ traten. – In der Mitte die große, neunachsige Pfeilerportikus, mit vorgestellten ionischen Säulen am Obergeschoß. Darauf Allegorien der damaligen acht Kreise Bayerns und Löwen, Steinarbeiten von *Schwanthaler.* Die Fassadenflächen verputzt, Quadertechnik vortäuschend, die Loggia mit stuckierten Gewölben. – Fortsetzung des Baues an der Ostseite entlang des Marstallplatzes mit gleicher Gliederung bis zum pavillonartigen Apothekenstock in der Bauflucht der alten Residenztheater-Ostfront und der Allerheiligen-Hofkirche.

Der Zugang (trotz dreiachsigen Vestibüls in der Mitte) urspr. an der Ostseite in der Apothekenhofdurchfahrt. Das dort gelegene große Treppenhaus führte durch eine Folge großer und kleinerer Säle (u. a.

mit den Schlachtengemälden im Königsbau und *Joseph Stielers* Portraits der „Schönheitsgalerie") zum Thronsaal Ludwigs I. Nach den Kriegszerstörungen 1944/45 seit 1953 dort der Herkulessaal als großer Konzertraum, daneben die Räumlichkeiten der Bayerischen Akademie der Wissenschaften. Die (jetzt durch Abbildungen ersetzten) Herkulesgobelins darin entstanden um 1570 im Antwerpener Atelier des *Michel de Bos* für das Dachauer Schloß. Im oberen Vestibül die Stuckreliefs des Alexanderfrieses von *Bertel Thorvaldsen* (aus dem kriegszerstörten Leuchtenberg-Palais am Odeonsplatz). – Das große Vestibül unter dem Herkulessaal ist neu; darin die zwölf wittelsbachischen Ahnenstatuen aus dem ehem. Thronsaal, 1834–42 von *Ferdinand von Miller* nach Modellen *Schwanthalers* gegossen (Bronze) und vergoldet.

## Apothekenhof

Den größten Residenzhof schuf *Leo von Klenze* 1835–42 durch Umformung und Ergänzung im Zusammenhang mit dem Neubau der Festsaalbautrakte an der Nord- und Ostseite. Backsteinbauten, deren Putzgliederungen Hausteinfassaden vortäuschen. Die Arkaden-Rückwände waren mit Ornamenten in pompejanischer Manier bemalt. Weitgehende Erneuerungen nach der Zerstörung im Zweiten Weltkrieg; dabei die Terrasse mit Treppe am Nordtrakt (vor dem Konzertsaal) neu angelegt. Klassizistisch verkleidete Trakte aus dem frühen 17. Jh. sind der Trierzimmertrakt im Westen und die Galerie im Süden, die die damals neuen Renaissanceräume mit der älteren Neuveste verband. Die Lage der schon im 17. Jh. abgebrochenen westlichen Teile dieser Burg ist heute im Hofpflaster markiert. Mauerreste und Wehrgänge sind darunter ebenso erhalten wie unter dem Apothekenstock und dem benachbarten Theaterhöfchen der Ballsaalkeller aus dem 16. Jh. – Im südöstlich angrenzenden Apothekenstock ist das Alte Residenztheater (s. dort) eingebaut.

## Allerheiligen-Hofkirche

Als neue kath. Hofkirche der erweiterten, nunmehr königlichen Residenz nach Angaben Ludwigs I. von *Leo von Klenze* 1826–37 erbaut (zeitgleich zum Königsbau). Die Fassade mit der einzigen Außentür zum Marstallplatz hin, mit der Ostfront des Theaters und dem späteren Apothekenstock fluchtend. Die Längsseiten ehem. zu kleinen Gärten hin freistehend konzipiert. Die einen basilikalen Aufbau vortäuschenden Seitentrakte enthielten Sakristeien (der südliche inzwischen durch Theateranbauten ersetzt; die Platzsituation vor der Kirche durch den Bau eines großen Kulissenhauses ab 1962 stark verändert).
Verputzter Backsteinbau, mit Gliederungen aus Abbacher Grünsandstein, die Fassade aus Werkstein. Alle Formen nach romanischen und

gotischen Vorbildern, an den Seiten auch nach solchen der Florentiner Frührenaissance. Portaltympanon: Christus mit den Evangelistensymbolen zwischen Magdalena und Johannes d. T., wie die Pfeilerfiguren, Petrus und Paulus, 1829 von *Konrad Eberhard*. – Das Innere sollte nach dem Willen des Bauherrn die Stimmung der ihm seit 1817 vertrauten Capella Palatina im sizilianischen Palermo vermitteln. *Klenze* schuf einen byzantinisierenden Längsraum, der sich aus zwei flachen gewölbten Pendentifkuppeljochen zwischen sechs vierteiligen Pfeilergruppen mit entsprechenden Tonnengewölbeabschnitten und zur Apsis hinleitenden Zwischenjochtonnen zusammensetzte. Einer Hofkirche gemäß waren auf den drei freien Seiten Emporen über von Säulen getragenen Rundbogenarkaden zwischen den Pfeilern eingespannt. – Vor der Kriegszerstörung 1944 war das Kircheninnere gänzlich von der romantischen Austattung, Malerei auf Goldgrund von *Heinrich M. Heß* und Schülern, Marmor- und Stuckmarmorverkleidung, bestimmt, von der nach langem Ruinenzustand fast nichts übrigblieb. Nach der endlichen Sicherung 1970 und Wiederherstellung der Gewölbe 1987 nur die architektonische Raumform erhalten. Fassadenrestaurierung 1995/96, schlichter Innenausbau mit sichtbaren Rohformen danach.

## Altes Residenztheater

★ Infolge des Brandes der Ostteile der Neuveste Anfang 1750, dem auch ein noch ziemlich neues Theater im St.-Georgssaal zum Opfer fiel, bestand Bedürfnis nach einem „Neuen Opera-Hauß" im unmittelbaren Residenzbereich. Der gewählte Standort des Neubaus über dem Residenzgraben im äußersten Südosten des Komplexes bot die Anbindung an die Schwarze-Saal-Treppe und damit an den Brunnenhof, v. a. aber den Vorteil geringstmöglicher Feuergefahr, der durch hohe Attikamauern, massive Treppen und eine Wasserdruckleitung unterstützt wurde. Grundsteinlegung 1751, Eröffnung 1753, Restarbeiten bis 1755. – Der schlichte, von hohem Walmdach mit querhausartig angefügten östlichen Treppenhäusern geprägte Außenbau hatte lediglich Fernwirkung, eine Fassade benötigte das allein Gästen des Hofes zugängliche Theater nicht. – Seine Qualitäten als Hauptwerk des Theaterbaus im Rokoko zeigten sich fast ausschließlich im Innern, Zeugnis gebend für das Können des Architekten *François Cuvilliés*. Sein Mitarbeiter *Karl Albrecht von Lespilliez* und der Bauleiter *Leonhard Matthäus Gießl* ordneten sich ihm offensichtlich genauso sehr unter wie die verschiedenen Kunsthandwerker, deren Anteile an der einheitlichen Gesamtleistung kaum zu trennen sind. Es waren dies mit ihren Werkstätten: *Johann Baptist Straub* („für alle Hauptverzierungen", also den figürlichen und wichtigsten ornamentalen bildhauerischen Schmuck), *Joachim Dietrich* (für die dekorativen Schnitzereien, für Modelle der Säulen), *Adam Pichler* (für alle Kistlerarbeiten, d. h. Täfelungen und deren Dekor in seinen

Grundformen). *Ambrosius Hörmannstorfer* wird als Faßmaler genannt, dazu der Vergolder *Murböckh*.
Umgeben von Betriebsräumen, enthielt der hohe Kernbau hinter kleinen Vorräumen und Gängen alleine das hölzerne vierrangige Logentheater und eine diese Teile an Ausdehnung noch übertreffende Bühne. 1781 führte hier Mozart erstmals seinen Idomeneo auf, 1896 baute *Carl Lautenschläger* hier die erste europäische Drehbühne ein. Der zeitweilige Ausbau des Logenschmucks im 19. Jh. zugunsten des Wintergartens für Max II. erleichterte 1943/44 erneut die Auslagerung dieser Teile, die damit dem Brand durch Bombenangriff im März 1944 entgingen. Während das alte Mauergehäuse 1948–51 den Einbau des „Neuen Residenztheaters“ *Carl Hocheders* für das Bayerische Staatsschauspiel aufnahm (erneut verändert 1988–90), wurde der Zuschauerraum *Cuvilliés* 1956–58 in den auf gleicher Bauflucht nördlich der Allerheiligen-Hofkirche stehenden, raumgleichen Apothekenstock *Klenzes* von 1835–42 eingebaut. Zugang über den Brunnenhof; neuer Vorhof und neue Vestibülräume mit drei Bronzeplastiken aus dem frühen 17. Jh. und Gemälden der „Großen Schönheitengalerie“ Max Emanuels von *Johann Baptist Corlando,* Ende 17. Jh.
Der Zuschauerraum spiegelt mit seinen urspr. abgeteilten, mit Groteskenmalereien auf fliederfarbenem Grund ausgezierten Logen die höfische Wertegesellschaft wider: Die hohen Logen in der Mitte und im Proszenium waren den Mitgliedern der Kurfürstenfamilie vorbehalten, ausgezeichnet mit vergoldetem Palmendekor, Kurhut und Putten. Die Parterrelogen nahmen den Stadtadel auf, die des 1. Ranges den Hochadel (Draperien in roter Lüsterfassung, Atlanten und Karyatiden, Allegorien der Jahreszeiten). Im 2. Rang saß der niedere Adel (Palmen, Musikinstrumente, Personifikationen der Tageszeiten, der Elemente, der irdischen Reichtümer und der Erdteile). Den 3. Rang füllten Beamte des Hofes (die oberen Rahmungen, das Hauptgesims, die Schnitzereien unter dem Bühnenbogen, die Vorhangdraperie und die Stuckmarmorsäulen sind Rekonstruktionen von 1957/58. Das Merkur und Minerva darstellende Deckenbild von *Zimmermann* ging schon im 19. Jh. verloren.) Dekorative und programmatische Angelpunkte des Raumes sind noch immer die Kartuschen in der Hauptachse, über der Kurfürstenloge mit dem Namenszeichen des Bauherrn Max III. Joseph, über dem Bühnenportal mit seinem Wappen, das mit dem seiner Gemahlin Maria Anna von Sachsen-Polen vereinigt ist. Ein Hubboden zur Einebnung des Parketts ermöglichte im 18. Jh. das Abhalten von Bällen im Parkett, das von fester Bestuhlung frei war.

## Hofgarten

Erster kleiner Garten unter Wilhelm IV. im 16. Jh. östlich der Neuveste mit einem kleinen achteckigen Pavillon. Ab 1560 ließ Albrecht V. nördlich der Burg einen trapezförmigen Garten anlegen, westlich von einer Mauer, östlich von einem Stadtbach begrenzt. Um 1565/67 Errichtung eines zweiflügeligen, doppelgeschossigen Lusthauses in der Nordostecke, dem westlich eine Säulenarkade angefügt wurde. Bauleitung durch *Wilhelm Egckl.* Ehem. reiche Ausmalung des Saales und der Wohnräume.

Neuanlage des Oberen Hofgartens 1610–20 unter Maximilian I., im Zusammenhang mit dem Ausbau der Kaiserhoftrakte der Residenz, jedoch unter Beibehaltung des trennenden Grabens dazwischen. Ausdehnung und Richtung des Rechtecks bestimmt vom bestehenden Bogengang an der Nordostseite und der Nordwestecke der neuen Schloßtrakte. Die schon unter Wilhelm V. aufgestockten Arkaden (mit Pfeilern) nördlich und westlich um den gesamten Garten herumgeführt. Der untere Bereich zu einem rechteckigen Weiher umgewandelt; am Ostende als Ergänzung des Lusthauses in der Mittelachse ein Fischhaus, südlich das Wohnhaus des Hofgärtners hinzugefügt.

Der obere Garten ist durch ein Wegekreuz in vier gleich große Parterres aufgeteilt. Im Zentrum 1615 Bau des polygonalen Hofgartentempels durch *Heinrich Schön d. Ä.*, 1660/61 an der westlichen Arkade Errichtung des breiten, mit hohem Satteldach versehenen Turnierhauses Ferdinand Marias durch *Marx Schinnagl,* welches 1825 bei der Anlage der Ludwigstraße wegen Verlegung der Bauflucht abgebrochen und durch das schmälere Bazargebäude *Johann Ulrich Himbsels* (s. Ludwigstraße–Odeonsplatz) ersetzt wurde. – Auf und an die nördliche Bogengalerie ließ Karl Theodor zur Unterbringung der stark gewachsenen Gemäldebestände 1780/81 von *Karl Albrecht von Lespilliez* ein langgestrecktes Galeriegebäude bauen. Mit seiner inneren Einteilung in eine Folge von Sälen und hoch angeordneten Fensterreihen wurde es zum wichtigsten Vorläufer moderner Gemäldemuseen. Die schlichten Außenfronten erhielten eine illusionistische Architekturbemalung.

Der untere Hofgartenteil wurde zu Beginn des 19. Jh.s Exerzierplatz einer an die Stelle der drei östlichen Gebäude getretenen Kaserne. Die Anlage der Hofgartenstraße entlang der Residenz in Verlängerung der Brienner Straße (s. dort) nahm Kronprinz Ludwig zum Anlaß, von *Leo von Klenze* 1816 das Hofgartentor errichten zu lassen, *Franz Schwanthaler* schuf den Reliefschmuck dazu.

Bei der Anlage des Festsaalbaus der Residenz 1835–42 machte *Klenze* erstmals die Nord-Süd-Achse mit dem Hofgartentempel zur Bezugslinie für die gesamte Residenzfassade in der Breite und Betonung der Mitte. Mit den Neubauten erhöhte *Klenze* auch alle Arkadenbögen rundum. Ihr Inneres ließ Ludwig I. teilweise ausmalen. Im Nordosten wurden die vermauerten unteren Arkaden aus dem 16. Jh. zum neuen Brunnhaus (seit 1986 ergraben), der Wasserturm wurde klassizistisch erneuert und 1865/66 durch *Eduard Riedel* um ein benachbartes Kunstvereinsgebäude ergänzt (beide 1944 beschädigt und abgebrochen).

Der Ersatz der Hofgartenkaserne durch den wuchtigen Neurenaissancebau des Armeemuseums von *Ludwig Mellinger* 1900–05 erzwang die Dominanz der West-Ost-Achse und ließ den tiefer liegenden östlichen Gartenteil zum belanglosen Vorplatz werden. Seine Mitte nahm ab 1911 ein Reiterstandbild für Otto von Wittelsbach von *Ferdinand von Miller* ein. Davor legten *Thomas Wechs* und *Ulrich Finsterwalder* 1924–26 das Mahnmal für die Gefallenen an. *Bernhard Bleeker* schuf die Skulptur des toten Soldaten (Bronzekopie, zuerst in Marmor).
Der Zweite Weltkrieg hinterließ alles ruinös. Beim Wiederaufbau erhielt das Galeriegebäude (nördlich, jetzt Kunstverein und Theatermuseum) seine alten Konturen; das Bazargebäude behielt die Aufstockung der Eckpavillons (um 1880). – Der Hofgartentempel wurde in alter Form (jedoch ohne Deckenmalerei) rekonstruiert; auf dem Kuppeldach Abguß der Bavaria *Hubert Gerhards* und Kopien der 1613 von *Hans Krumpper* hinzugefügten Putti. – Die Skulptur einer sitzenden Nymphe (Quellnymphe), Bronzeguß von 1852 nach einer Marmorfigur *Ludwig von Schwanthalers* für Schloß Anif, blieb unversehrt. – Die beschädigten Wandmalereien in den westlichen Arkaden beim Hofgartentor von 1826–29 zur Geschichte des Hauses Wittelsbach wurden weitgehend nachgemalt. – Die Gartenfläche entstand in Vereinfachung des originalen Renaissanceschemas 1951 neu als Blumen-, Hecken- und Rasenparterre mit axialen und diagonalen Wegen, vier Springbrunnen in einem rahmenden Baumgeviert. – Die stark beschädigten Seitenflügel des Armeemuseums wurden in den sechziger Jahren oberhalb der Sockelzone abgetragen und 1986 ganz abgebrochen; der Mittelteil 1972 baulich gesichert und seit 1988 für Neunutzung renoviert. Die Kuppel bildet seit 1992 das Zentrum des Neubaus der Bayerischen Staatskanzlei. Auf der N.-Seite wurden die Arkadenreste des 17. u. 19. Jh.s über dem Unterbau des 16. Jh.s (mit Pumpenanlagen des 19 Jh.s) gesichert.
An dem durch Verkehrsbauten abgetrennten ehemaligen Übergangsbereich zum Englischen Garten erinnert eine Kopie des Harmlos (Bezeichnung von der Inschrifttafel her) genannten Jünglings *Franz Schwanthalers* (1803) an die alte Wegebeziehung beider Gartenanlagen.

## Ehem. Hofreitschule und Marstall

Östlich des Residenzkomplexes an Marstallplatz und -straße gelegen und vor der Verbauung des Platzes 1962 durch den Querriegel des Opernhaus-Kulissenbaues auf die *Klenzeschen* Ostfassaden bezogen. – Langgestreckter klassizistischer Saalbau, 1817–22 nach Entwurf *Klenzes*, mit Pferdekopfmedaillons von *Johann Martin von Wagner*. 1944 ausgebrannt und 1969/70 äußerlich wiederhergestellt; als Kulissenmagazin genutzt. – Die niedrigeren Nebengebäude z. T. Ruine, die nordseitigen ab 1996 durch Neubauten ersetzt.

**Alter Hof**
*Archäologische Grabungen an der Südostecke der Anlage erbrachten Belege für eine Besiedlung seit der Urnenfelderzeit (10. Jh. v. Chr.)*
Im 12. Jh. n. Chr. Besiedlung nachgewiesen; Mauerfunde (bisher noch undatiert) machen eine Burggründung in der Zeit wahrscheinlich. Um 1255 unter Ludwig dem Strengen als hauptstädtischer Herzogssitz neu errichtet oder umgebaut (seit 1319 urkundlich belegt). In der Nordostecke des innersten Mauerrings und damit in Randlage zur Bürgerstadt lokalisiert. Wiederholt verändert und erweitert: unter Kaiser Ludwig dem Bayern (um 1283–1347) u. a. der Saalbau an der Westseite (Zwingerstock), unter Herzog Sigismund ab 1466 Neuausbau von Zwinger- und Burgstock (Südflügel) mit „Affentürmchen", dem dreistöckigen Holzerker. 1816 Bau des Rentamtes an Stelle der Lorenzkapelle (westlicher Teil des Nordflügels) von 1319–24. Nach Kriegsschäden vereinfachte Wiederherstellung dieses sog. Lorenzistocks ab 1948 und ab 1960 Neubau des beschädigten Kastengebäudes von 1570/90 an der Nordostecke sowie des Katasteramtes von 1831/32 an der Ostseite. Ab 1963 Fassadenrenovierung in freier Anlehnung an den Befund; die Fassadenmalerei am Zwingerstock urspr. Mitte 15. Jh.; 1966–68 Rekonstruktion des 1813 abgebrochenen oberen Turmteils nach dem *Sandtner*schen Stadtmodell (um 1570).
Vierflügelanlage über urspr. Grundriß. Durch Einhalten von Baulinien und -volumen bei den Neubauten ist wenigstens der Charakter einer mittelalterlichen Burganlage mit Innenhof gewahrt. Im Burgstock Bausubstanz wohl 13.–16. Jh. über älteren Mauerresten, der Erker 1470/80, im nachträglich eingegrabenen Keller doppelschiffige, kreuzgewölbte Pfeilerhalle mit breiten Bandrippen, das liegende Dachwerk Mitte 16. Jh.; Torturm 13./14. Jh. Der Zwingerstock wohl 13.–16. Jh., Erdgeschoß- und Kellerräume mittelalterlich; bemerkenswertes Dachwerk, Mitte 15. Jh.
Steinskulpturen, darunter ein Stifterrelief aus St. Lorenz um 1325/30 (Kopie davon im Durchgang zum Hofgraben), und ein Wandbild aus dem Ahnensaal (wohl von *Gabriel Mäleskircher* um 1470) im Bayerischen Nationalmuseum.
Neben dem nördlichen Hofeingang Reiterstandbild Kaiser Ludwigs des Bayern, Bronze, von *Hans Wimmer* 1964–67.
S. auch **Ehem. Münze.**

**Turm der ehem. Herzog-Max-Burg** (Pacellistr. 2). Von der weitläufigen Residenz Herzog Wilhelms V. aus den 1590er Jahren nach Abbruch der Kriegsruine nur der Turm mit flachem Zeltdach und farbiger Putzgliederung erhalten. Dieser an den zurückgesetzten Bau der Justizbehörden, der „Maxburg", von *Theo Pabst* und *Sep Ruf*, 1955–1957, der das Rastersystem des Vorgängers in einer modernen Fassadengliederung aufgreift, angebunden.

**Schloß Fürstenried,** jetzt Exerzitienhaus. Ehem. Jagdschloß am Nordrand des seit 1687 mit einem geometrischen Wegesystem durchzogenen Waldgebiets, dem „Forstenrieder Park", an der Stelle der ehem. Schwaige Poschetsried. – Neuanlage 1715–17 unter Kurfürst Max Emanuel durch *Joseph Effner.* Symmetrische Gruppierung schlichter Baukörper um den dreigeschossigen Hauptbau gemäß ihren Funktionen. Umgebaut 1881/82 für den hier lebenden, nicht regierungsfähigen König Otto. Neuere verändernde Eingriffe 1972–1976. Ehrenhofgitter von dem französischen „Eisenträxler" *François Houard,* Frontispizwappen von *Giuseppe Volpini.* – Im Inneren interessante Höhenverschränkung von Räumen. Vorderes niedriges Vestibül, dahinter zweigeschossiger Gartensaal. Der obere Saal auf der Hofseite unter Einbeziehung des 2. Obergeschosses (jetzt unterteilt); Stuckkehle erhalten, wohl von *Guillaume de Groff.* Von dort Blick auf das ehem. Tapis vert (jetzt Autobahn) zwischen doppelreihigen Lindenalleen nach Nordosten, Richtung Münchner Frauenkirche. Der Garten mit geometrischem Parterre zwischen kleinen Bosquets vermutlich von *Dominique Girard* und *Joseph Effner,* 1881 von *Carl von Effner* in den Ursprungszustand zurückversetzt. Skulpturenschmuck überwiegend 19. Jh.

★ **Schloßanlage Nymphenburg**

*Sommerresidenz der bayerischen Kurfürsten und nachmaligen Könige; dank kontinuierlichen Bewohnens durch die Herrscherfamilie legt sie mehr als andere Wittelsbachische Schlösser Zeugnis ab für viele künstlerische Entwicklungen als Rahmen fürstlichen Lebens. – Die Örtlichkeit, etwa sieben Kilometer nordwestlich der Stadtresidenz zwischen den Dörfern Neuhausen und Obermenzing gelegen, war mit dem Schwaighof Unterkemnathen besetzt, zu dem eine ins 14. Jh. zurückgehende kleine Magdalenenkirche gehörte. Anlaß zum Erwerb der bald um weitere Ländereien (z. B. Hartmannshofen) arrondierten Acker-, Wiesen- und Waldflächen durch Kurfürst Ferdinand Maria gab die Geburt des Kurprinzen Max Emanuel 1662. Parallel zur geistlichen Stiftung der Theatinerkirche sollte die junge Kurfürstin Henriette Adelaide, Prinzessin von Savoyen, hier ihr „Castello delle Nymphe" als Geschenk erhalten.*

Erste Planung Ende 1662, zunächst in Auseinandersetzung mit Projekten für das Turiner Schloß Venaria Reale. Als Architekt wurde *Agostino Barelli* tätig, die Bauleitung übernahm Hofbaumeister *Marx Schinnagl.* Sicherlich übte auch Pater *Antonio Spinelli* Einfluß auf die Planung aus. Sie sah einen mächtigen, fünfgeschossigen Würfelbau von 11 zu 13 Fensterachsen von großer äußerer Schlichtheit vor, in der Blickachse zwischen den entfernten Kirchtürmen von Pipping und Schwabing (heute St. Sylvester). Kleine, von je einem Belvederezimmer bekrönte Pavillons mit Verbindungsgalerien sollten ihn nördlich und südlich flankieren. Der Westseite wurde ein quadratisches, ummauertes Gartenparterre vorgelegt. 1664 Beginn der Arbeiten; erst

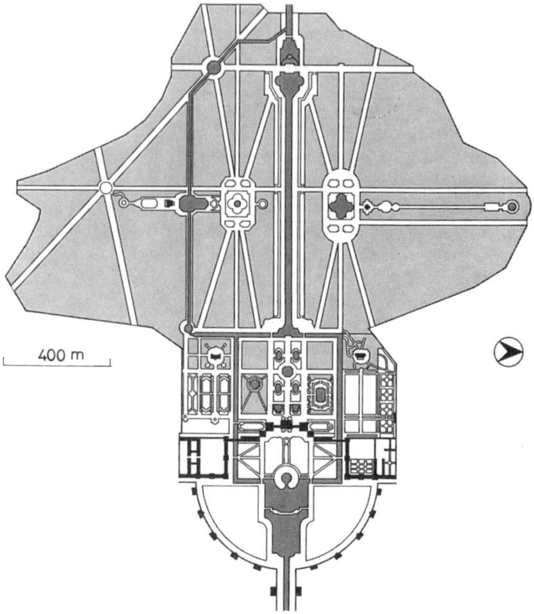


*München, Schloß Nymphenburg, Gesamtanlage um 1755*

1672 kam der Kernbau unter Dach, erfolgten erste Rodungen im Gartengelände. Mit Beginn des Innenausbaus wurde 1673 *Henrico Zuccalli* tätig, der sogleich den großen Saal wölbte. Beim Tod der Kurfürstin 1676 waren gerade einige vergoldete und bemalte Holzdecken, der Stuck im Saal sowie die östliche Freitreppe fertig. 1678 ließ *Zuccalli* die in älterer venezianischer Manier angelegten Zwerchhäuser auf dem flachgeneigten Walmdach abtragen; 1684, nun unter dem jungen neuen Kurfürsten Max Emanuel, verschwanden die Seitenpavillons. Der schleppende Innenausbau mündete in einen Umbau durch *Antonio Viscardi,* sehr wahrscheinlich nach Planungen *Zuccallis:* Vereinfachung der Decken, Einbrechen der großen rundbogigen Saalfenster, ab 1702/03 Errichtung der heutigen Seitenpavillons. Die Flucht Max Emanuels infolge des Spanischen Erbfolgekrieges brachte 1704 alle Arbeiten zum Erliegen. Erst zum Ende seines Exils wurden sie 1714 wieder aufgenommen. Begonnenes, wie die inneren Pavillongruppen mit Wohnräumen und der Schloßkirche, wurde vollendet. Ein neues Gesamtkonzept sah nun eine starke Erweiterung vor, indem südlich der Schwaigekomplex in einem weitläufigen, mehrere Höfe umschließenden „Nebenschloß" aufging, dem nördlich ein gleichartiges mit Orangerie, Sälen usw. entsprechen sollte. Diese nach Plänen von *Joseph Effner* entstehenden Trakte waren nicht annähernd ausgebaut, als an die inneren Wohnpavillons Längstrakte für einen Theatersaal und das Paßspiel angefügt wurden, die nach abermals nur kurzer Zeit durch die Anlage der „Wassergänge" mit den Außenflügeln verbunden wurden. Damit war der gut 600 Meter breite Komplex durchgehend zusammengeschlossen. Diese Erweiterungen entstanden zwischen 1716 (Johannis-Brunnturm), 1740 (Fertigstellung der Marstalltrakte) und 1756/58 (Orangerietrakt mit dem Hubertussaal). Ab 1728 wurde, vermutlich nach *Effners* und *Girards* Ideen, der riesige Halbkreis des Schloßrondells mit Errichtung seines mittleren südlichen Pavillons baulich eingerahmt; das nördliche Gegenstück, hinter dem die kurfürstliche Porzellanmanufaktur ihre Produktionsstätte fand, schloß den Komplex erst 1758 ab.

Parallel zu den Bauvorhaben ging die Ausgestaltung des Parks mit seinen Kanälen, Wasserbecken, Skulpturen, Laubengängen und den für Nymphenburg charakteristischen „Parkburgen" einher. Das zunächst noch von italienischen Gärten abhängige Parterre westlich des Kernschlosses wurde ab 1702 im französischen Sinn durch *Charles Carbonet* erweitert und mit Hilfe des bei Pasing abgeleiteten Würmwassers von Kanälen durchzogen. Ab 1715 gestalteten ihn *Dominique Girard* und *Joseph Effner* weiter aus. Umgestaltung zum englischen Landschaftsgarten durch *Friedrich Ludwig von Sckell* ab 1799 (Kronprinzengarten), vor allem zwischen 1804 (Südteil) und 1810–23 (Nordteil). Mit dem Bau der Gewächshäuser nördlich des in seiner Grundstruktur erhaltenen Mittelparterres durch *Sckell,* zuletzt dem Neubau des Monopteros durch *Leo von Klenze* am Badenburger See 1865 erhielt die Anlage im wesentlichen ihre endgültige Gestalt, die nur noch 1937/38 und 1986–1988 um Trakte an den großen Seitenhöfen ergänzt wurde.

## Äußeres

Schloß Nymphenburgs künstlerischer Wert liegt weniger in der Qualität architektonischer Detailformen als in der geschickten Anordnung von Baukörpern unterschiedlicher Größe und Höhe. In ihrer Addition erzeugen diese Kuben und Längstrakte trotz der geschichtlich bedingten und darum teilweise eher zufällig gewonnenen Tiefenstaffelung, der Silhouette und dem gewaltigen Ausmaß gleichermaßen den Eindruck von Großartigkeit. Die Rondellbebauung trifft exakt den Charakter eines Sommerschlosses, folgerichtig findet sie ihren Mittelpunkt in der großen Fontäne im Zentrum des Vorplatzes. Wie beim Belvedere in Wien wird bei der Schloßanfahrt mit Mitteln der Steigerung gearbeitet: Der sich dem Schloß Nahende sieht es zunächst nur im Ausschnitt von den lindenbestandenen Auffahrtsalleen beider-

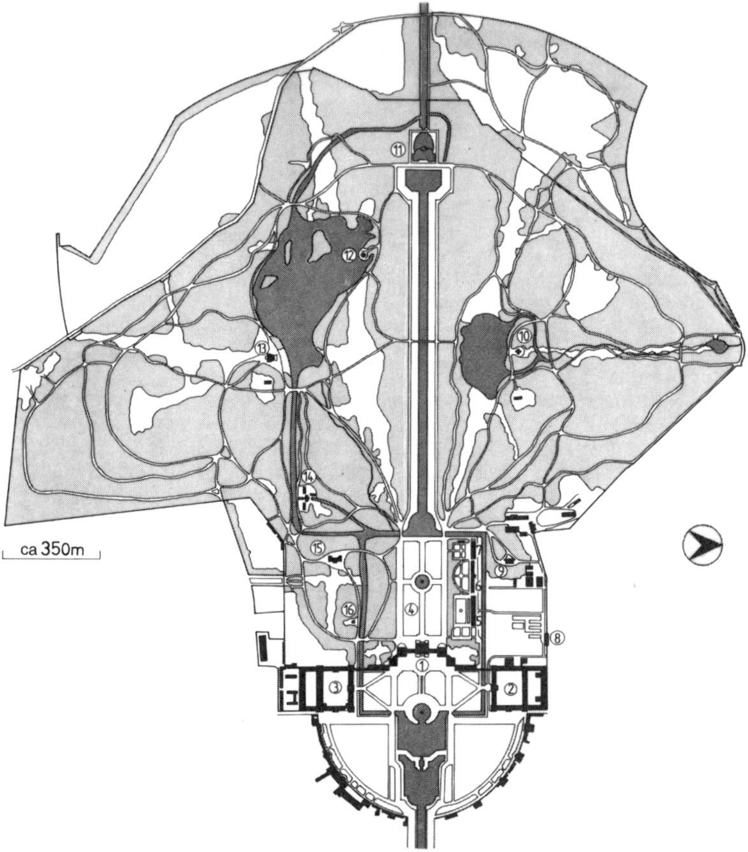


*München, Schloß Nymphenburg, Gesamtanlage 19. u. 20. Jh.*

1 *Hauptschloß*
2 *Orangerietrakt*
3 *Marstalltrakt (Marstallmuseum)*
4 *Gartenparterre*
5 *Eisernes Haus*
6 *Geranienhaus*
7 *Palmenhaus*
8 *Altes Gewächshaus*
9 *Magdalenenklause*
10 *Pagodenburg*
11 *Kaskade*
12 *Monopteros*
13 *Badenburg*
14 *Dörfchen*
15 *Amalienburg*
16 *Kronprinzenpavillon*

seits des Mittelkanals (1730) aus. Von der Einmündung der Wege in den rahmenden Schloßzirkel an steigern die mehrmaligen Richtungsänderungen des Anfahrtsweges die Wirkung der Architektur.
Der Mittelpavillon verrät seine Abhängigkeit von oberitalienischen Villen schon durch sein flach geneigtes Walmdach. Im Innern wird der beherrschende Mittelsaal seitlich von kurzen Appartements begleitet. Das 1. Obergeschoß, der Piano Nobile, ist durch größere Höhe und den direkten Zugang über große Freitreppenanlagen ausgezeichnet. Der Bau ist, wie das gesamte Schloß, aus Backstein errichtet, verputzt und an wesentlichen Teilen durch Stuck bereichert. Die Farbgebung 1970 nach Befund des 18. Jh.s erneuert: weiß, Gliederungen und Quaderung andeutende Rauhputzflächen in hellem grüngrauen Ton. Damit entsteht vornehme Distanz zu den weiß-ockergelb gefaßten Nebentrakten und Rondellbauten. Die am Mittelpavillon beim zweiten Umbau durch *Effner* ab 1714 bereichernd hinzugefügten ornamentalen Stuckteile sind ockergelb betont. Dabei wandelte *Effner* bisher vier engstehende seitliche Fensterachsen der Hauptfronten (mit teilweise blinden Öffnungen) zu Dreiergruppen um. Die Bereiche der Bogenöffnungen zum Saal faßte er durch Pilaster zu Mittelrisaliten zusammen, denen er Dreiecksgiebel aufsetzte, die *Klenze* 1826 wieder beseitigte, als das Traufgesims zu heutiger Form vergrößert wurde. Im Gegensatz zu der intimeren Zweigeschossigkeit von *Effners* Pilastergliederung auf der Ehrenhofseite ist jene, ihrer Fernwirkung wegen, auf der Gartenseite auf kolossale Weise ungeteilt hochgezogen. Der Trophäenschmuck auf den Verdachungen an der Ostseite von *Charles Dubut*. In den Rundnischen der Westseite antikisierende Steinbüsten von Diana, Aeolus (18. Jh.) und Mars (16. Jh.) – jetzt Abgüsse. Die Holzsprossengliederungen der Saalfenster nach französischem Vorbild, vermutlich die ältesten Beispiele in Süddeutschland. – Die gegenläufig angelegten, mit Kalkstein verkleideten Freitreppenanlagen stammen in der heutigen Form von einer Erneuerung um 1775; die Bildhauerarbeiten, einschließlich der Laternen in Bleiguß, aus der Werkstatt von *Roman Anton Boos*.
Die Pavillonpaare der 1. Schloßerweiterung von 1701 ff. durch *Viscardi* (eventuell nach Projekt von *Zuccalli*), wurden so übereck gestellt, daß auf der Stadtseite ein flacher Ehrenhof, wohl nach dem Vorbild des holländischen Schlosses Het Loo, entstand. Gliederung durch die flache lisenenartige Bänderung zwischen den Fensterachsen. Die Kapelle im nördlichen Pavillon verrät sich nur durch zusätzliche Mezzaninfenster in gekurvten Umrissen, die dort und beim südlichen Pendent, dem Knabenbau und urspr. Küchenpavillon, über dem 1. Obergeschoß eingefügt sind. – Die Verbindungsgalerien zum Mittelbau hin haben durch ihre Arkaden zu ebener Erde nichts Trennendes zwischen Garten und Vorplatz an sich. Eine gewisse Reduzierung ihrer Transparenz erbrachte die Erweiterung zu doppelter Breite 1795 unter Karl Theodor.

Die an die fünf Pavillons des eigentlichen Hauptschlosses anschließenden Längstrakte sind nördlich der Gardemeublebau, ehem. mit Saal für das Paßspiel; südlich der Küchenbau, urspr. mit Theatersaal, ab 1723 von *Effner*. Trotz großer Schlichtheit verrät die Anwendung von Scheinarkaden, Putzstreifen und Lisenen die französische Ausbildung des Architekten. Die schmalen „Wassergänge" über den Kanälen, die die im wesentlichen dem fürstlichen Wohnen vorbehaltenen Schloßtrakte in eine Insellage brachten, wiederholen diese Gliederung, um 1738/39.

Seitentrakte. Die zunächst frei stehend außerhalb des Kanalrechtecks gedachten Gebäudeblöcke begleiteten das höhere Hauptschloß wie Trabanten. Ausgeprägte Risalite, auch in der Dachzone stark betonte Eckpavillons, vor allem aber die zum Ehrenhof gewandten und von Uhrtürmen bekrönten Mittelpavillons gliedern die um große Höfe sich ausdehnenden Trakte. Weitere Nebentrakte um kleinere Höfe sollten sich anschließen, durch zentrale Durchfahrten blickmäßig untereinander verbunden. Der *Boffrand*-Schüler *Effner* legte die Planung hierzu spätestens knapp vor Baubeginn 1715 vor. Wesentliche Anregung dürfte neben der Kenntnis von Schloß Vaux-le-Vicomte das kurz zuvor eingereichte Projekt *Robert de Cottes* für entsprechende Nebentrakte am Neuen Schloß Schleißheim gegeben haben. Die zweigeschossigen Fronten übertragen mit ihren reichen und dennoch strengen Putzgliederungen zeitgenössische französische Fassadengestaltungen aus Backstein und Werkstein auf heimische Techniken.

Der Johannis-Brunnturm an der Nordostecke des Nordblocks entstand zuerst, um die Maschinerie zum Betrieb der Fontäne im Zentrum des Schloßrondells aufzunehmen. Im Anschluß daran auf der Kanalseite der Orangerietrakt mit Uhrturm erst 1755–58 von *Joh. Bapt. Gunetzrhainer*. Darin unten ehem. Orangensäle, im Obergeschoß der Hubertussaal für Komödienspiele und Konzerte. Den Ostflügel, der für die Sommerhofhaltung nicht benötigt wurde, baute *Effner* unter Karl Albrecht 1730–39 als Kloster für die aus Luxemburg berufenen Augustinerchorfrauen Nôtre Dame aus; seit dem 19. Jh. dort Orden der Englischen Fräulein. Die prächtige Saalkirche mit Stuck von *J. B. Zimmermann* 1937 profaniert und im Zweiten Weltkrieg zerbombt. Die rückwärtigen Flügel erst 1937/38 und 1970 ergänzt.

Auf der Südseite errichtete *Effner* als ersten Abschnitt 1716–19 den Östlichen Kavalierbau, mit urspr. rückseitig offenen Erdgeschoßarkaden und großen Bogenfenstern im Obergeschoß für Zuschauer bei der Pferdedressur im Marstallhof. Kavalierwohnungen oben, Stallungen unten. Kleine Appartements und Stallplätze auch im Nördlichen Kavalierbau entlang des Kanals (1733–40). Sein westlicher Eckpavillon (gleichzeitig mit der Amalienburg, die in der West-Ost-Achse des Marstallhofes steht) verrät Verzicht auf einen anschließenden Westflügel. Erst nach einem Brand um 1890 Ausbau

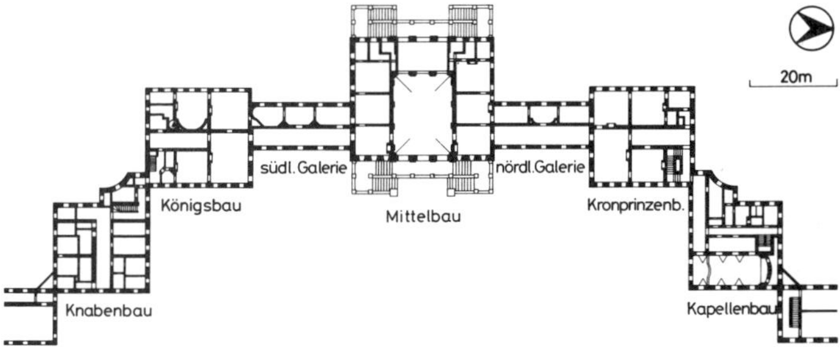


*München, Schloß Nymphenburg, Mittelteil, erstes Obergeschoß*

des bescheidenen Poststallbaus; Schließung des Hofs mit neuem Westtrakt in *Effners* Formen 1987. Anlage und Fassadenaufrisse des Marstalls in den alten Teilen leugnen nicht die Kenntnis des Pariser Invalidenhofs. – Die südlich folgenden Höfe abschnittweise für die neue Schwaige, Wohn- und Wirtschaftszwecke, im 18. Jh. ausgebaut. Bauleiter (nach *Effners* Grundkonzept) waren u. a. *Philipp Kögelsberger* und *Johann Baptist Gunetzrhainer*. Im heute einheitlichen „Schmiede-Stallhof" standen bis ins 19. Jh. zwei kleine Schmiedetrakte mit Taubentürmen.

## Innenräume

★ Die fürstlichen Wohn- und Empfangsräume lagen zunächst alleine im Mittelbau, danach in den über Galerien angeschlossenen Pavillons. Im Norden wohnte der Kurfürst, im Süden die Kurfürstin. Räume zu ebener Erde wurden erst im späten 18. Jh. für längere Zeit von Mitgliedern der Herrscherfamlie bewohnt. Auffallend die Wahl Max Josephs, 1799, im 1. südlichen Pavillon (Königsbau) unter den Räumen seiner Gemahlin zu logieren. Die Königinwohnung blieb unverändert, als sich König Max II. im 2. Obergeschoß des Mittelbaus 1848/49 ein Appartement ausbauen ließ. Prinzen und Prinzessinnen lebten in der Regel im 2. Obergeschoß der inneren Seitenpavillons.
Steinerner Saal. – Von Anfang an Hauptraum des Schlosses, den Mittelpavillon vom 1. Obergeschoß bis zur Dachtraufe ausfüllend. Der Name vermutlich von dem massiven, im Halbkreis hoch ansteigenden Muldengewölbe (nur die östliche Kappe als Lattenwölbung). An der Westseite liegen, seit 1701/02 in Bögen geöffnet, unten ein Gartensaal, darüber die Musikempore. Diese erste Umgestaltung zu Anfang des 18. Jh.s brachte auch die heutigen großen Öffnungen. Damals erst kann die Pilastergliederung angelegt worden sein, mit schon teilweise vergoldeten Kompositkapitellen, Fries und Konsolge-

sims. Erneuerung der Ausstattung 1755–57 durch den betagten *Johann Baptist Zimmermann* und seine Mitarbeiter im Sinne des fortgeschrittenen Rokoko (Abschlagen der Fresken von *Johann Anton Gumpp*). 1757 übernahm *François Cuvilliés d. Ä.* die weitere Planung, die sich bei gleichbleibender Künstlerschar dennoch in der nun disziplinierter wirkenden Pracht der Türbekrönungen und v. a. in den beiden westlichen Annexräumen auswirkte. Stuckvergoldung durch *Lorenzo Bigarello*. Die Restaurierung 1990–95 beschränkte sich weitestgehend auf Reinigungs- und Ausbesserungsarbeiten.
Das Deckenfresko in nur geringem Maße eigenhändig von *Zimmermann,* in kräftigen Farben, die zusammen mit der stuckierten Randzone das hohe Gewölbe im Sinne des Zeitgeschmacks „herunterspielen". Das Thema, Wohlstand und Blüte des Landes im Frieden – Wiederkehr des Goldenen Zeitalters, zeigt in umlaufender idyllischer Gartenlandschaft die antike Götterwelt mit Apollo auf dem Sonnenwagen, umgeben von Jupiter und Neptun, Juno, Merkur und Saturn. Besonders hervorgehoben im westlichen Teil der Nymphenbrunnen mit Flora. Über dem Gewölbeansatz kleine Grisaillebilder mit Fauna und Klio (Südseite), Astronomia und Urania (Nordseite). In den Raumecken Stuckreliefs und Putten, Allegorien der zwölf Monate. – In großen Stuckrahmen die Wandfresken, wiederum unter erheblicher Mitarbeit von *Martin Heigl* und *Franz Zimmermann* entstanden. Sie zeigen Szenen musizierender Schäferinnen und Schäfer, Cephalus und Procis im Aufbruch zur Jagd, den ruhenden (friedlichen) Mars mit Venus. – Das Deckenbild über der Musikempore stellt die Verwandlung der Lykischen Bauern zu Fröschen durch Latona dar; das Deckenbild des Gartensaals darunter Zephyr und Flora mit Nymphen und Faunen.
Nördliches Vorzimmer. – Bedeutendes Beispiel einer Ausstattung im Geschmack des „Régencestils", wie ihn Max Emanuel in seinem französischen Exil vor 1715 kennengelernt und ihn sein junger Architekt *Joseph Effner* zu gleicher Zeit in Paris zu studieren hatte: hell gefaßte Wandtäfelungen mit vergoldeten Flachschnitzereien, eine (aus Platten zusammengefügte) Stuckkehle, Marmorkamin, Gemälde des Herrscherpaares, „Versailler" Tafelparkett und Fenster mit Innenläden. Nur die Decke wurde, wie auch in den anderen fünf Zimmern des Mittelbau-Hauptgeschosses, als Reminiszenz an die Geschichte des Hauses aus der älteren Ausstattungsphase respektiert. Die zunächst schweren vergoldeten Schnitzereien an Friesen und Rahmen wurden stark reduziert. Das mittlere Deckenbild, von *Antonio Zanchi* um 1674/75, zeigt die Göttin Ceres. Außen Puttenbilder und Monogramme Max Emanuels von *Johann Anton Gumpp,* 1701/02. Die Wandvertäfelungen 1720/22 von *Johann Adam Pichler,* der auch die Tische im „Effnerstil" hier und in den Nachbarräumen schnitzte. Supraportenbilder mit spielenden Kindern als Allegorien der Vier Elemente, von *Jacopo Amigoni.* Die großen Portraits des Kurfürstenpaares von *Franz Joseph Winter* nach *Joseph Vivien.* – Die

beiden folgenden Räume, ehem. Audienzzimmer und Schlafzimmer, mit Vertäfelungen des frühen 19. Jh.s; Deckenbilder im Audienzzimmer von *Gumpp*, 1682: Triumph der Kriegslist, Mars und Minerva über dem trojanischen Pferd. Im Schlafzimmer ist in die Decke ein Bild der Meeresgöttin Thetis eingelassen, von *Joseph Werner* um 1674; die gleichzeitigen Eckbilder von *Jean Delamonce* später verändert. – Es folgt ein Kabinett, das *Cuvilliés* 1763/64 unter Verkleinerung des älteren Eckraumes neu ausgestaltete. Reicher Deckenstuck mit kleinen Putten von *Franz Xaver Feichtmayr*. In den Räumen kostbares Mobiliar des 18. Jh.s, die „Kleine Schönheitsgalerie" von *Pierre Gobert* (urspr. in der Badenburg) und Familienbild Max III. Josephs von *Peter Horemans* von 1761. Wandteppiche, Brüsseler Arbeiten um 1690 und 1720.

Mehr als die genannten Räume erschloß das prächtige Nördliche Vorzimmer seit ca. 1720 das damals unter *Effner* neu ausgestattete Appartement des Kurfürsten im 1. nördlichen Pavillon (heute Kronprinzenbau). Die dorthin führende Galerie mit ebenfalls weiß-golden gefaßten Täfelungen aus der *Pichler*-Werkstatt wurde 1722/23 nach Vorbild im Großen Trianon zu Versailles mit einer Folge von Schloßansichten von *Joachim Beich* ausgestattet. Vom (unzugänglichen) Appartement eine weitere mit weiß-goldenen Paneelen ausgekleidete Galerie und das rot-weiß-goldene Depeschenkabinett mit prächtiger Kaminarchitektur original erhalten; die übrigen Räume um 1810 in Empireformen verändert.

Das Südliche Vorzimmer entstammt in seiner heutigen Form einer Umgestaltung unter Max III. Joseph 1766, ein Beispiel für den beruhigten Spätstil *Cuvilliés:* geschnitzte Wandvertäfelungen in weißgoldener Fassung von dem Kistler *Johann Michael Schmidt* und dem Bildhauer *Johann Thomas Sailler*. In die Wände eingelassen Bildnisse von Karl Albrecht (als Kaiser Karl VII.) und Maria Amalia aus dem Atelier von *Georges Desmarées*. Supraportenbilder von *Dominique Nollet*, um 1720. Die Decke aus der 1. Ausbauphase des Schloß-Mittelbaus bewahrt das Mittelbild von *Antonio Triva* mit der Wassernymphe Arethusa. – Das Hauptbild in dem folgenden ehem. Audienzzimmer ebenfalls von *Triva*, zeigt die Erdgöttin Cybele als junge Frau. – Von *Triva* auch die Deckenbilder im Schlafzimmer um 1675, mit Flora im Zentrum. – Wiederum der späten Rokokophase, 1763/64, gehört das damals verkleinerte Chinesische Lackkabinett am Ende der kurzen Raumflucht an: farbig gefaßter Deckenstuck nach *Cuvilliés* Entwurf von *Feichtmayr;* die in Wände eingelassenen Koromandel-Lackplatten sind chinesische Importwaren aus dem 17. Jh., ergänzt um Arbeiten von *Johann Georg Hörringer*. – Die an das Südliche Vorzimmer anschließende Südliche Galerie wie ihr nördliches Gegenstück 1795 an der Gartenseite durch den Anbau dreier Zimmer erweitert; die Ausstattung gegen 1760 fertiggestellt. Auch hier Ansichten von Schlössern des Landes in die Wände eingelassen, die wirkliche (z. B. Landshut, Dachau, Haag) und über das damals Gebaute idealisierend hinausgeführte Zustände (Schleißheimer Schlösser) vorführen. Die Maler waren *Beich, Nikolaus Stuber, Joseph Stephan.* – Von den drei angrenzenden kleinen Räumen Carl Theodors das südliche bemerkenswert: Kleines Speisezimmer, nach Entwurf von *Maximilian von Verschaffelt* in chinesischen und frühklassizistischen Formen.

1. Südlicher Pavillon (Königsbau). – Im Hauptgeschoß die Wohnung der Königin Caroline (über der ihres Gatten Maximilian Joseph gelegen). 1845 wurde hier der spätere König Ludwig II. geboren. Die Ausstattung wich 1806/08 bis auf Reste einer Neugestaltung in Empireformen: glatt gezogene, nur durch vergoldete Streifen bereicherte Gesimsprofile, Supraporten mit ornamentalen Stuckreliefs, große Wandflächen, lange Spiegel, reich geraffte Vorhänge und Möbel aus erlesenen Hölzern, hauptsächlich Pariser Importe. Es gibt in Deutschland wenige Beispiele, in denen der Ausstattungsstil der Epoche Napoleons so rein überkommen ist wie hier. Die künstlerische Leitung oblag *Andreas Gärtner.* – Im ehem. Speisezimmer heute die „Schönheitsgalerie" Ludwigs I.: 36 äußerst qualitätvolle Porträtbildnisse schöner Frauen, von *Joseph Stieler* zwischen 1827 und 1850 gemalt. – Seit dem mittleren 18. Jh. verdeckt, erhielt sich neben der Kleinen Galerie die mit reichem Akanthuswerk gestaltete Stuckdecke eines Kabinetts, vermutlich 1714/15 von *Francesco Marazzi.* Das (unzugängliche) Erdgeschoß bewahrte neben klassizistischen Raumformen ein spätbarockes Zimmer mit in die Wände eingelassenen Vogelbildnissen.

Im langgestreckten, bis an den südlichen Kanal reichenden Küchenbau ließ noch Max III. Joseph 1777 den erst unter seinem Nachfolger Karl Theodor vollendeten Grünen Speisesaal ausbauen: ein prachtvoller rotbrauner Marmorkamin an der inneren Längswand ist der Blickfang; Türen, Paneele, der dezente Stuck am Deckenrand, zwei Öfen (von *Feichtmayr*) und die Füllungsmalerei mit bukolisch wirkenden Szenen aus der antiken Mythologie sind grün gefaßt auf weißem Grund.

Im Südflügel (Marstallmuseum-Obergeschoß) Rekonstruktion (1980–1982) eines klassizistischen „Tapetenzimmers" aus der Zeit um 1830 mit Handdrucktapeten. In Nachbarräumen weitere Bildtapeten des 19. Jh.s in neuer Anordnung.

Jüngste Raumgruppe im Schloß ist das Appartement von König Max II. im 2. Obergeschoß des Schloß-Mittelbaus (südlich der Empore des Steinernen Saales), nur über enge Treppen erreichbar (z. Zt. unzugänglich). Ausbau der hohen Räume 1848/49 erstmals in neubarocken Formen, unter der Oberleitung *Leo von Klenzes* vermutlich nach Planung *Eduard Riedels.*

Schloßkapelle St. Magdalena. – Die Lage im zweiten nördlichen Pavillon (Kapellenstock) und das Patrozinium stehen in der Tradition der hier seit dem Mittelalter vorhandenen (1702 abgebrochenen) kleinen Schwaigenkirche. Der mit der ersten Schloßerweiterung entstandene Neubau von 1702 ff. erst nach dem Spanischen Erbfolgekrieg 1714/1715 in zunächst schlichter Form nach dem Konzept von *Zuccalli* und *Viscardi* fertiggestellt. Danach immer wieder verändert und bereichert. Rechteckraum, durch zweieinhalb Geschosse reichend, mit abgerundeter Chornische und niedrigem Seitenschiff. Von einer gedrückten Stichkappentonne überwölbt. Typisch für eine Hofkirche: die Musikempore hoch über dem Hauptaltar, an der Rückseite die kurfürstliche Empore im Hauptgeschoß, an der Längsseite über dem Nebenschiff heizbare Oratorien. – Die grundlegende Stuckzier, Pilasterordnung mit Kompositkapitellen, Quadraturstuck unter der Empore, wohl auch die Hauptteile der Decke im seitlichen Oratorium des Hauptgeschosses 1714/15 von *Franz Marazzi*. Der kurz danach einsetzende Einfluß *Joseph Effners* mit seiner französischen Schulung wird an den ergänzenden Stuckprofilen der Fensterrahmungen und am Seitenaltaraufsatz mit einem Hubertusbild von *Johann Kaspar Sing* erkennbar. – Neugestaltung der Kapellendecke durch den Tiroler Maler *Johann Adam Mölck*, sign. 1759, mit Darstellungen aus dem Leben der Magdalena: im Hauptfresko Jesus mit Magdalena beim Gastmal des Pharisäers. Die knappe rahmende Stuckzier am Scheitel und in den Stichkappen malerisch fortgeführt.

Der Hochaltar im wesentlichen aus der 1. Ausstattungszeit mit Allianzwappen Max Emanuels und Therese Kunigundes von Polen. Im Zentrum lebensgroße Figurengruppe, Christus als Gärtner, 1. Drittel 17. Jh., *Christoph Angermair* zugeschrieben; Fassung Mitte 19. Jh. Im Unterteil des Altars schrankartiger Aufsatz mit Tabernakel und seitlichen Reliquienschreinen, um 1755 im Umkreis von *(Franz) Ignaz Günther* entstanden. Der vergoldete Reliquienschrein des Seitenaltars ist eine Hinzufügung von ca. 1740, in feinen Rokokoformen, vermutlich nach Entwurf *Cuvilliés*. – Seit 1822 im Seitenschiff steinerne, etwas überlebensgroße Johann-Nepomuk-Figur, um 1730, ursprünglich am Johannisbrunnpavillon. Kleines Relief des lehrenden Jesus in der barocken Kanzel von *Konrad Eberhard*, 1. Hälfte des 19. Jh. Zahlreiche Gemälde seit dem 18. Jh.

## ★ Park

Die Gestalt des ausgedehnten Schloßparks verrät seine wechselnde Entstehungsgeschichte. Dabei ergab sich eine spannungsreiche künstlerische Einheit und eines der Hauptwerke europäischer Gartenkunst. – Dem Schloßbau des späten 17. Jh.s war zunächst ein ummauertes Gartenparterre italienischer Prägung zugeordnet. Im beginnenden 18. Jh. Schaffung des heutigen Parterres in seinen Grundzügen, vermutlich nach Entwurf des Franzosen *Charles Carbonet*. Neben der Ost-West-Mittelachse und einem geometrischen Wegsystem Anlage von Sichtschneisen vom Schloßmittelbau aus: nordwestlich nach Blutenburg, südwestlich nach Pasing, auf der Ostseite Schrägachse

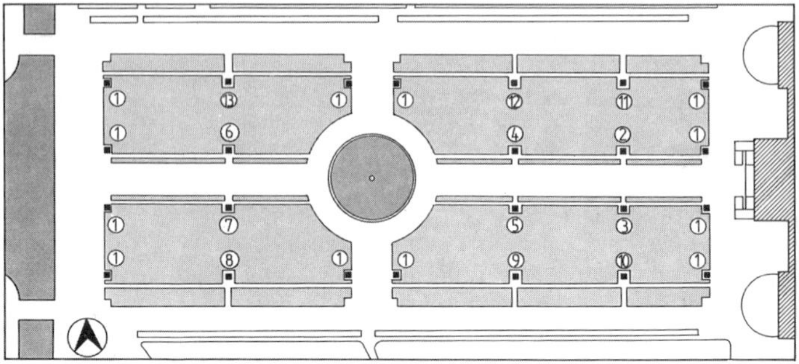


*München, Schloß Nymphenburg, der plastische Schmuck des Gartenparterres*

1 *Ziervasen (12 Stück): Roman Anton Boos (1785–1798)*
2 *Saturn: Giovanni Marchiori (1765; Transport aus Treviso)*
3 *Kybele: Giovanni Marchiori (1765; Transport aus Treviso)*
4 *Juno: Dominikus Auliczek (1791/1792 nach Modell von Johann Bapt. Straub 1766)*
5 *Jupiter: Dominikus Auliczek (1791/92 nach Modell von Ignaz Günther 1765)*
6 *Pluto: Dominikus Auliczek (1778 nach Modell von Johann Bapt. Straub)*
7 *Proserpina: Dominikus Auliczek (1778 nach Modell von Johann Bapt. Straub 1778)*
8 *Bacchus: Roman Anton Boos (1782 nach eigenem Entwurf)*
9 *Venus: Roman Anton Boos (1778 nach Bozetti von Ignaz Günther 1773)*
10 *Merkur: Roman Anton Boos (1778 nach Bozetti von Ignaz Günther 1773)*
11 *Diana: Roman Anton Boos (1785 frei nach Modell von Johann Bapt. Hagenauer)*
12 *Apollo: Roman Anton Boos (185 frei nach Modell von Johann Bapt. Hagenauer)*
13 *Ceres: Roman Anton Boos (1782 nach eigenem Entwurf)*

zum Schwabinger Tor vor der Stadtresidenz (noch heute verläuft auf einem Teil dieser Trasse die Nymphenburger Straße) und der Abflußkanal in Richtung Isarauen. – Weitere Ausgestaltung des Parks nach Max Emanuels Rückkehr aus dem Exil ab 1715 durch den von *André Le Nôtre* beeinflußten *Dominique Girard*, unter erheblichem Anteil *Joseph Effners*. Des Kurfürsten Vorliebe für Lustschlößchen führte zu der andernorts nie so eindeutig praktizierten Besonderheit, daß jedem dieser Gebäude eigene Gartenparterres von immer unverwechselbarem Charakter zugeordnet und nur durch die Alleen innerhalb der trennenden Bosketts miteinander verbunden waren. Skulpturen- und Ziervasenschmuck wurde nur vereinzelt in Stein oder Bleiguß vollendet; häufig blieben Modelle davon als Ersatz im Park stehen. Die Parkmauer entstand um 1735. – Unter Kurfürst Max IV. Joseph (als König Max I. Joseph) begann ab 1799 *Friedrich Ludwig von Sckell* mit der schrittweisen Umgestaltung des Parks zum englischen Landschaftsgarten: 1799 der Kronprinzengarten nordöstlich der Amalienburg; die südliche Parkhälfte mit See an der Badenburg 1804–07, der Nordteil mit Pagodenburgsee 1810–23, drei Blumengärten mit Gewächshäusern nördlich des Hauptparterres 1810–20. Während der nördliche Kabinettsgarten im Winkel der Schloßgebäude einen Rest seiner barocken Urform bewahrte, wurde sein Gegenstück unter Einbeziehung der Kleinen Kaskade in frühromantischem Sinn umgestaltet. *Sckells* Leistung besteht in der Zusammenfügung bewahrter axialer Bindungen und freier Landschaftsgestalt. Im Rondell und dem großen Parterre beließ er die geometrischen Grundformen, wie sie die Gebäude zur Entfaltung ihrer Außenarchitektur benötigen. Ausstrahlend davon wandelte er die großen Blickachsen in malerische Lichtungen, Wiesen und Seeflächen um, schuf kleine Täler, künstliche Bachläufe und deutete die Parkburgen zu Staffagen im Landschaftsgarten um.

Kanalsystem. – Die künstlerische Wirkung der Nymphenburger Schloß- und Parkanlage beruht zu wesentlichen Teilen auch auf dem System der Wasserflächen und der sie verbindenden Kanäle. Die Umgebung und die wichtigsten kurbayerischen Residenzen, Schleißheim, Dachau, Nymphenburg wurden durch dieses System miteinander verknüpft. Mühlbäche besaß das Hofgut Schleißheim schon seit 1611, hauptsächlich aus der Würm abgeleitet. Erneuerung als Karlsfelder Kanal 1687, sogleich danach Baubeginn (u. a. mit Hilfe türkischer Kriegsgefangener) des von der Isar nach Lustheim und Schleißheim geleiteten Dirnismaninger Kanals. Von 1690 datiert die älteste Nachricht über die Anstellung von zwei italienischen Gondolieri für Lustfahrten darauf. 1687/88 Bau des Schleißheimer Kanals bis zu den alten Brauchwasserbächen, 1690–94 schließlich bis zur Amper in Dachau. Durch Max Emanuels Statthalterschaft in den Niederlanden 1692–1701 verstärkte sich sein Interesse an künstlichen Wasserläufen, die auch zum Transport von Backstein aus Dachau und von Bauholz aus dem Isartal an den Bauplatz des Neuen Schlosses Schleißheim genutzt wurden.

Mit der ersten Erweiterung Nymphenburgs ab 1701 Ableitung von Würmwasser von Pasing in den neuen Park; Abfluß nach Nordosten über den Nymphenburger Kanal (von dem später auch Porzellanmanufaktur, Schwimmbäder und 1969/72 die Teiche des Olympiageländes gespeist wurden). Über den Biedersteiner Kanal 1702–04 Anbindung an den alten Schwabinger Bach und die Isarläufe. Von der Verbindung zur Residenz in München kam lediglich der später verfüllte „Türkengraben“ zur Ausführung. Das System der künstlichen schiffbaren Bäche wäre damit 40 Kilometer lang geworden.

Die Nymphenburger Parkanlage wird in West-Ost-Richtung von einem Kanal durchflossen; die Abzweigschleuse in Pasing parallel zur Würm verlassend, dann im rechten Winkel zur Schloßachse mit Zielpunkt Mittelpavillon. Er setzt sich auf der Stadtseite fort. Im Westen die nie ganz vollendete, figurengeschmückte große Kaskade, westlich vor dem großen Parterre Umleitung in zwei Arme, die die Pavillonbauten einschließlich der Verbindungsflügel umgreifen und in das große Becken vor der Ostseite münden. 1804–23 Anlage der Seen vor Baden- und Pagodenburg und kleiner Bäche. Das ausgeklügelte System der Nymphenburger Kanäle nutzt das leichte Geländegefälle von Süden nach Norden. Dadurch überall Fließbewegung des Wassers, Nutzung zum Antrieb von Wasserrädern für Pumpen. Die heutigen (statt der urspr. Kolbendruckpumpen mit anschließenden Gefälleleitungen von erhöhten Bassins aus von *Effner* und *Girard)* in reinem Drucksystem (Material: Gußeisen), konstruiert von *Joseph Baader* im frühen 19. Jh. Die Anlage im Grünen Brunnhaus des „Dörfchens" (1803) betreibt die Fontäne im Gartenparterre. Deren noch höher springendes Pendant im Zentrum des Schloßvorplatzes wird vom 1807 neu gebauten und 1835 renovierten Johannisbrunnwerk an der nördlich benachbarten Schloßecke betrieben. Z. T. erhaltene Schleusen aus dem späten 18. Jh. Die heutigen Brükken aus dem 19. Jh., z. T. im 20. Jh. erneuert. Bemerkenswert die den Werkstoff Beton auch dekorativ einsetzenden Brücken um 1890 in Nachbarschaft des Badenburger und des Pagodenburger Sees.

Kaskade. – Am Einlauf des Würmkanals als westlicher Point de vue der Parkmittelachse von *François Roëttiers* geplant, von *Joseph Effner* 1717 angelegt. Eine rahmende Architektur kam nicht zur Ausführung, die (1965 erneuerte) rötlich-weiße Marmorverkleidung entstand erst 1769–71. Der Skulpturenschmuck aus weißem Marmor im späten 18. Jh. teilweise von anderen Standorten zusammengestellt. Die hinteren Skulpturen des Herkules und der Athena schuf *Giuseppe Volpini* 1715–17 für das Schleißheimer Parterre. Nach vorne zu folgen: Flora und Äolus, um 1725 von *Charles Dubut,* Mars und Minerva, nach 1775 von *Roman Anton Boos,* Thetis und Neptun, 1765/75 von *Charles de Groff* und seinem Vater *Guillaume de Groff,* 1737. Zwischen den Kaskadenbecken zwei Donau und Isar versinnbildlichende Liegefiguren von *Volpini,* 1715–17.

Gartenskulpturen. – Während des ganzen 18. Jh.s wechselnde Planungen und Provisorien: einzelne in Bleiguß hergestellte, vergoldete Vasen und Skulpturen, dazu als Muster oder langjährige Provisorien aufgestellte Gipsstatuen. Kurfürst Max III. Joseph leitete schließlich das endgültige Projekt zur Aufstellung der „16 Hauptgottheiten des Olymp" in weißem Marmor ein. Erste Modelle lieferte *Johann Baptist Straub* 1760, jedoch begann mit der Ausführung der Göttereltern (Erdgöttin Kybele und Saturn) der Venezianer *Giovanni Marchiori* 1765. Nach kleinen Tonbozetti und großen Gipsmodellen von *(Franz) Ignaz Günther, Johann Baptist Hagenauer* und *Straub* schufen *Roman Anton Boos* und *Dominikus Auliczek* weitere vierzehn Götterskulpturen (vier an der Kaskade). Von *Boos* ab 1785 auch die zwölf großen Ziervasen mit Reliefriesen, die in Form von Puttenreigen thematisch auf die Götter der antiken Mythologie anspielen. Fertigstellung 1792.

Vor dem Schloß drei Puttengruppen mit kurfürstlichen Insignien bzw. Adler (Anspielung auf das kurzfristige Kaisertum Karl Albrechts?) von *Auliczek*, 1778 (urspr. vor der Badenburg; heute Kopien).

Im Park unweit der Badenburg, auf einem Felsen über künstlichem Quell in dichtem Gebüsch, die Skulptur des Ruhenden Pan, 1815 von *Peter Lamine.*

## Parkburgen

★ Pagodenburg. – Doppelgeschossige „maison de plaisance" in Form eines oktogonalen Zentralbaues mit vier kurzen Flügeln in den Hauptachsen. Im Schema angeblich nach Vorschlag des Bauherrn, Max Emanuel, und damit auf einen türkischen Serailpavillon anspielend. In der Ausstattung ist jedoch allgemein ein asiatischer bzw. „indianischer" Geschmack gesucht. – Erbaut 1716–19 von *Joseph Effner* als Zentrum des nördlichen Parkteils, damals mit einem südseitigen Parterre und einer nach Norden gerichteten Bahn für das Mailspiel. Die Außenstuckierung bereits 1767 durch *François Cuvilliés d. Ä.* unter teilweiser Abwandlung in Rokokoformen restauriert; aus dieser Zeit auch die 1985–87 u. 1995 rekonstruierte Fassung in blassen Beige- und Grautönen. Die das flache Zeltdach verbergende Attika ehem. ornamentiert und von Vasen bekrönt. – Im Inneren holländischer Fliesenschmuck zwischen Stuckdekor und gefaßtem Holzwerk französischer Prägung. Reiche dekorative Malereien, unten in Blau-Weiß, in dem in intime Kabinette aufgeteilten Obergeschoß stark farbig, meist von *Johann Anton Gumpp* (im Mittelsaal des Erdgeschosses im späten 19. Jh. völlig erneuert, ansonsten stark restauriert). Täfelungen von *Johann Adam Pichler,* der Versatzstuck der Kehlen wohl von *Guillaume de Groff.* Alle Gitter aus der Hofwerkstatt des *Antoine Motté.* Importierte chinesische Lackarbeiten, vermutlich durch den Augustinerfrater Edmund erheblich ergänzt.

★ Badenburg. – Erstes konsequent dem Thema „Baden" gewidmetes Schlößchen („maison de plaisance") Europas. Sicherlich angeregt durch französische Badeappartements, vermutlich mehr noch von türkischen Bädern, die der Bauherr, Max Emanuel, auf seinen Kriegszügen in Ungarn gesehen hatte. – Erbaut 1718–21 von *Joseph Effner.* Das Äußere additiv in zwei Teile gegliedert. Urspr. wegen begleiten der Baumreihen keine Seitenansicht; an der Nordseite ein Wasserparterre, dem südseitigen Wohnteil ein Blumenparterre zugeordnet. Wie der Fassadenstuck zwischen den Saalfenstern wurden im frühen 19. Jh. die flankierenden Sphingen auf der nördlichen Freitreppe entfernt. Die südliche Treppe um 1769 erneuert, dabei zwei Sand-

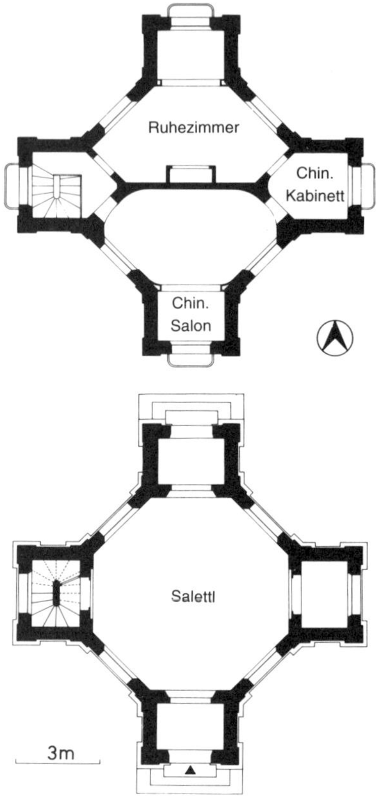


*München, Pagodenburg, Obergeschoß (oben) und Erdgeschoß*

steinlöwen von *Charles de Groff* aufgestellt. Bei der Restaurierung 1983/84 Wiederherstellung der originalen Farbgebung mit ockergelben Gliederungen auf weißen Rücklagen und des Holzschindeldaches. – Das Innere enthält ein reduziertes fürstliches Appartement in französischen Régenceformen. Das Vorzimmer mit chinesischer Papiertapete um 1760 führt zum kurfürstlichen Schlafzimmer mit ebenfalls chinesischer Tapete und Täfelungen von *Johann Adam Pichler*. – Im Schreibkabinett Groteskenmalerei an der Decke von *Nikolaus Gottfried Stuber*. In der ehem. Garderobe neuerdings eine chinesische Tapete aus dem frühen 17. Jh., urspr. im Schlafzimmer.

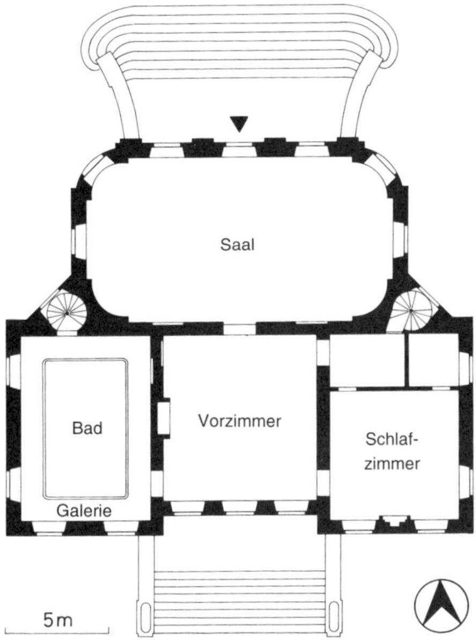


*München, Badenburg, Erdgeschoß*

Im Festsaal reicher, von heimischer Schmuckfreude beeinflußter Stuckdekor mit Gruppen der vier Jahreszeiten am Deckenrand, von *Charles Dubut.* Deckenfresko mit Darstellung der Elemente und der Tageszeiten. 1984 nach dem 1944 zerstörten Original von *Jacopo Amigoni* kopiert. Zwei Wandbrunnen mit kleinen Tritonenkindern und Fischen von *Guillaume de Groff.* – Vom Wohnbereich zugänglich ist die mit Stuckmarmor verkleidete Galerie des Badesaales. In der Decke Leinwandbild mit Najaden und Nymphen, 1719 von *Nicolas Bertin* in Paris gemalt. Geländer in typisch französischer Schmiedetechnik von *Antoine Motté.* Das auffallend große Badebekken im Untergeschoß war urspr. mit Bleiplatten ausgekleidet; holländischer Fliesenschmuck darüber. Die Stuckkonsolen unter der Galerie von *Charles Dubut,* 1767 von *F. X. Feichtmayr* restauriert. Im Untergeschoß Warmwasserkessel mit durchlaufender Rohrschlange erhalten.

Magdalenenklause. – Als bewohnbare Scheinruine 1725–28 durch *Joseph Effner* im schloßnahen und doch einsamen Nordteil des Parks erbaut. Die Gliederungen, namentlich am Kapellenteil, zeigen

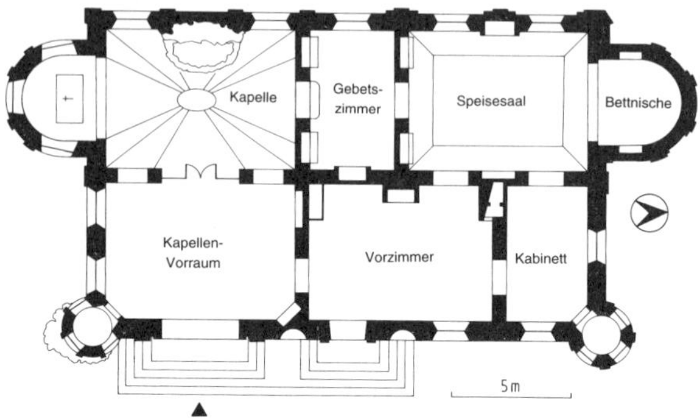


*München, Magdalenenklause, Erdgeschoß*

frühe Anspielungen an gotische Formen, gegen die bewußt der Eingangsgiebel nach italienischen Ruinenmotiven gesetzt ist. Das vor 1750 niedrigere und stark gegliederte Dach verstärkte urspr. den Charakter einer Einsiedelei. – Fast symmetrische Aufteilung in schlicht getäfelte Wohnräume und die zweiteilige Kapelle. Diese reichlich mit einheimischen Muscheln, ehem. gefärbten Kieseln und Getier aus Stuck von *Johann Bernhard Joch* grottiert. Gitter von *Antoine Motté*. Stuckfigur der Büßerin Magdalena von *Giuseppe Volpini*. Die Deckenfresken im Hauptraum und in der Apsis mit Szenen desselben Themenkreises von *Nikolaus Gottfried Stuber*.

★ Amalienburg. – „Das Rokoko hat kaum ein anderes Werk hervorgebracht, in dem seine besonderen Stileigenschaften, abgesehen von der hohen Qualität, so ausschließlich und so konzentriert zur Geltung kämen" (Georg Dehio). – Erbaut im Auftrage Karl Albrechts für seine Gemahlin Maria Amalia, die hier hauptsächlich der Fasanenjagd nachging. Entwurf und Ausführung 1734/35 durch *François Cuvilliés*, der Ausbau bis 1739. Aufteilung und Gliederung nach den zeitgenössischen französischen Empfehlungen für eine „maison de plaisance" und darin alle Vorbilder oder Anregungen übertreffend. Eingeschossiger Bau, der erhöhte zentrale Kuppelraum zur Gartenseite konvex vorspringend, auf der Eingangsseite kleiner eingeschwungener Ehrenhof. – Außen in „Rustica", der eine ionische Ordnung aufgesetzt ist. Voll ausgebildete Architektur mit Gebälk und Attika nur auf der Ostseite, die damit als Hauptfassade erscheint. An der westlichen Vor-Hofseite nur die Mittelachse voll ausgebildet, trotz der Brechungen erscheint sie dadurch wie eine Paraphrase eines Triumphbogenmotivs. Die 1986 restaurierte rosa-weiße (Erst-)Fassung

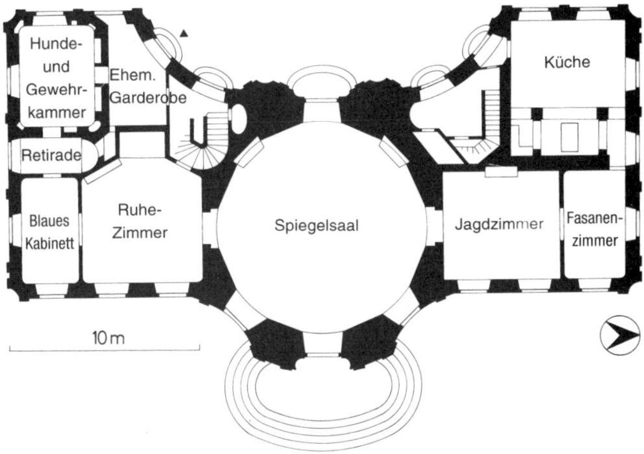


*München, Amalienburg, Erdgeschoß*

in scheinbarer Umkehrung des Architektursystems; die Steigerung zur Mitte urspr. durch enge Heckenpflanzungen mit schmaler Blick- und Wegachse noch überraschender. Attikavasen erneuert. Die Stuckplastik der Jagdgöttin Diana in der östl. Mittelnische von *Johann Baptist Zimmermann* bildet den Schlüssel zum gesamten Bildprogamm. – Folgerichtig ist der Reichtum der inneren Ausstattung mit Versilberungen (Farbe des Mondes) versehen. Gelber und blauer Fond wechselt von Raum zu Raum, bei kaum erkennbaren Übergängen von Wand und Decke, von Stuck und Schnitzwerk. Höhepunkt der Ausstattung ist der kreisrunde, von einer Flachkuppel überwölbte Spiegelsaal. Verspiegelte Wandfelder mit üppigen geschnitzten Umrahmungen. Figürlicher Stuckdekor der Decke mit Nymphen, Putten, Sinnbildern der Jagd. Die Ausführung lag vor allem in den Händen des Stukkateurs *Zimmermann* und des Holzbildhauers *Joachim Dietrich*. – Die teilweise erneuerten Ornamentmalereien schuf *Joseph Pasqualin Moretti*. Im Ruheraum Portraits des Kurfürstenpaares aus der Werkstatt des *Georges Desmarées;* im Jagdzimmer Fest- und Jagddarstellungen, auf denen blau-silberne Kleidung überwiegt, wie sie in diesen Räumen wohl überwiegend getragen wurde. Verschiedene Tier- und Pflanzenbildnisse werden *Franz de Hamilton* zugeschrieben. Der teilweise zu Figuren zusammengefügte Fliesenschmuck der Küche stammt aus holländischen Manufakturen. Einzig das einstige Schreibkabinett Maria Amalias (Fasanenzimmer) verlor im Laufe der Zeit seine besonders reiche, bunt-silbrig-goldene Wandfassung. Textilien, v. a. Ruhebett, 1990 nach Beschreibungen vereinfacht erneuert.

## Kleinere Parkbauten

Vogelhaus. – Im Südlichen Kabinettsgarten, 1757 von *François Cuvilliés.* Die (weitgehend erneuerte) Bemalung von *Ambrosius Hörmannstorffer.*

Kleine Kaskade. – 1768 nach Entwurf von *Cuvilliés* axial am Südende des damals noch regelmäßig angelegten Südlichen Kabinettsgartens errichtet. Im oberen Becken kleiner Springbrunnen. Die Ädikula dahinter zu Beginn des 19. Jh.s. Skulpturen: Venus Italica von *Antonio Canova* (Kopie, Original in der Residenz), daneben Leda mit dem Schwan und Satyr mit Bacchusknaben von *Konrad Eberhard,* um 1810/20, sowie die Gruppe des schlafenden Endymion, auf den Diana zueilt (Kopien).

„Dörfchen". – Am südlichen Parkkanal in der 2. Hälfte des 18. Jh.s zu Wohnzwecken um das schon bestehende mittlere, von zwei hölzernen Wassertürmen überragte Pumpenhaus angelegt. Dieses als Grünes Brunnhaus um 1803/04 umgebaut. Die dafür von *Joseph Baader* konstruierten, mit Wasserkraft betriebenen Druckpumpen für die Fontäne des Gartenparterres noch heute in Gebrauch.

Kronprinzengarten. – 1799/1800 in einem Seitenbosquet des Amalienburg-Gartens als erste Nymphenburger Arbeit *Friedrich Ludwig von Sckells* für den jugendlichen Kronprinzen Ludwig I. angelegt, 1982/83 erneuert. Darin hölzerner Pavillon mit oktogonalen Salettln in beiden Geschossen, mit 1988 renovierten klassizistischen Handdrucktapeten.

Monopteros. – 1862–65 an der Stelle zweier hölzerner Vorgänger auf einer Landzunge des Badenburger Sees als Staffagebau für den Landschaftsgarten mit mehrfachen Sichtbeziehungen errichtet. Letztes Bauwerk *Leo von Klenzes,* ausgeführt durch *Carl Mühlthaler.* – Schlankes, korinthisches Säulenrund aus graubeigem Sandstein. In der geputzten Kuppel und außen Malereien und Vergoldungen. Innen Stele aus Untersberger Marmor mit Widmung Ludwigs I. zur Erinnerung an die fürstlichen Auftraggeber der Parkanlage.

Gewächshäuser. – Sie zeigen in der Bauart den Wandel dieser Gattung auf. Aus dem 18. Jh. erhielt sich ein Treibhaus mit schräger Glaswand an der nördlichen Parkmauer, in der Blickachse des den Schloßmittelbau tangierenden Querweges. – Einschneidende, hauptsächlich aus England kommende Impulse brachte auch im Gewächshausbau *Friedrich Ludwig von Sckell* nach Nymphenburg. Die drei von ihm, wohl unter Beratung von *Karl von Fischer* entworfenen Pflanzenhäuser säumen den nördlichen Kanal. Auf ihre Südseite ist, in bewußter Absetzung zum übrigen „natürlichen" Landschaftspark, jeweils ein regelmäßig angelegter Blumengarten bezogen.

Das östliche Haus entstand zuerst, 1807, in geringerer Tiefe, aber schon mit den Eckpavillons für die königliche Familie. Nach einem Brand wurde es 1867 durch *Carl Mühlthaler* als Glas-Eisen-Konstruktion zum modernsten Gebäude umgebaut und erhielt den Namen Eisernes Haus. Die Brunnenfigur im rechteckigen, einstigen Blumenbeet von *Peter Lamine,* 1816. – Der mittlere Garten ist halbkreisförmig auf das niedrige, 1816 von *Sckell* zur Pflanzenzucht erbaute Geranienhaus bezogen. Dem Mittelpavillon antwortet die Figurengruppe Paris, Venus, Juno und Minerva aus graugrünem Sandstein, 1804–07 von *Landolin Ohmacht* geschaffen. Der Brunnenputto 1818 von *Johann Nepomuk Haller* nach *Lamine.* – 1820 erbaute *Sckell* das 1966–68 in leicht veränderter Form völlig erneuerte Palmenhaus. Seit 1830 besaß es die von *Carl August Sckell* konstruierte erste Warmwasserheizung Deutschlands.

### Rondellbauten

Nach einheitlichem Schema (aber kaum gleichzeitiger Planung von einer Hand) zwischen 1728 und 1758 ausgeführt. Die zunächst für Hofbedienstete gedachten Häuser jedes Zirkelabschnitts in lockerer Fünfergruppe mit verbindender hoher Mauer. Dabei die Mitten leicht betont, die schloßnahen Bauten ein wenig prächtiger gestaltet. Einfachere Gebäude setzten sich beiderseits des Kanals an den Auffahrtalleen in großen Abständen fort (Projekt einer „Carl-Stadt“?) – Ältester Pavillon („Hofkontrollor“, heute Krankenhaus) in der Mitte der Südseite, 1728, wohl nach Plan *Effners.* Sein nördliches Gegenstück als jüngster, 30 Jahre später für die Porzellanmanufaktur errichtet, deren dahinter liegende Werkgebäude gleichzeitig entstanden und die Wasserkraft des dort abfließenden Kanals nutzen. Das Mansarddach des vom Schloß aus vierten südlichen Pavillons dürfte das erste dieses Typs im Münchner Raum gewesen sein. Neben *Effner* darf man *François Cuvilliés* als Architekt, v. a. der schloßnächsten Rondellhäuser, vermuten, außerdem war hier *Johann Baptist Gunetzrhainer* als Architekt tätig.

**Hubertusbrunnen** am Nymphenburger Kanal ▷ BRUNNEN

**Museen in Nymphenburg** ▷ MUSEEN

★ **Schloß Blutenburg** (Obermenzing). Ehem. Jagd- und Lustschloß neben dem Ort Obermenzing, sowohl durch seine malerische Anlage an der Würm als durch die Ausstattung seiner Kirche gleichermaßen bemerkenswert. – Gründung vermutlich im 13. Jh. auf einer Würminsel, davon Reste eines Wohnturms 1981 aufgedeckt. Dieser mehrfach bis ins 17. Jh. zur Größe des heutigen „Herrenhauses“ erweitert und aufgestockt. Die heutigen Bauten entstanden im wesentlichen im 15. und 16. Jh., der Mauerring von Haupt- und Vorburg sowie der

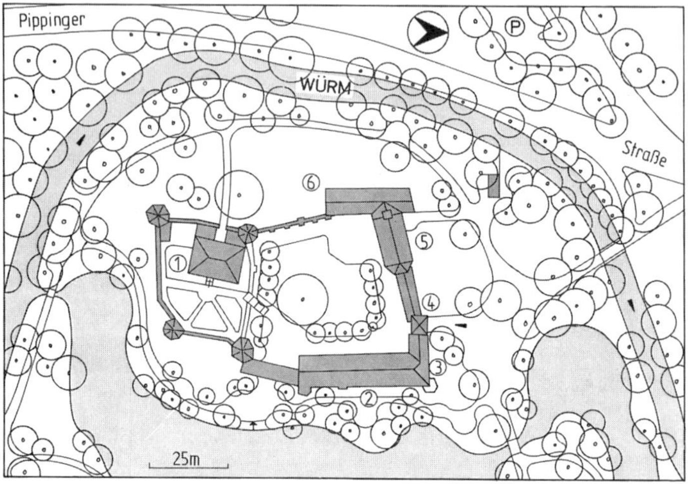


*München, Schloß Blutenburg*

1 *Herrenhaus*
2 *Ökonomiebau*
3 *Pfortenbau*
4 *Torturm*
5 *Schloßkapelle Hl. Dreifaltigkeit*
6 *Saalbau (Prinzenstall)*

Pfortenbau um 1431–40 unter Herzog Albrecht III. für sich und seine Gemahlinnen Agnes Bernauer († 1435) und Anna von Braunschweig. 1432 Nennung des Namens „Plüdenberg". Kurz danach Einfügung des bis ins 19. Jh. zinnengekrönten Torturms. Weiterer Ausbau unter dem resignierten Herzog Sigismund († 1501 in Blutenburg) zum ländlichen Wasserschloß in der heutigen Größe. Errichtung der Schloßkirche 1488 und schließlich des „Prinzenstalls" (= Saalbau) an der Nordwestecke 1528/29. Hauptteile waren das „Herrenhaus" und ein nicht mehr bestehender Bau zwischen den beiden östlichen Türmen, deren nördlicher eine Nikolauskapelle enthielt. Im 17. Jh. starke Verwahrlosung. 1676 Übergang der Hofmark Blutenburg an den Freiherrn Anton von Berchem. Umbauten vermutlich durch *Antonio Viscardi.* Abtragung des Südostbaus, Öffnung der inneren Burg zum Vorhof hin. Vor allem Vereinheitlichung der vier Türme der Hauptburg durch polygonale Obergeschosse und geschweifte Pyramidendächer, die der nicht mehr wehrfähigen Anlage eine Art vorromantischen Charakter verliehen. Nach Rückkehr der Anlage in kurfürstlichen Besitz 1702 und im 19. Jh. kleinere Umbauten. Eingreifende Gesamtrenovierung zur Aufnahme der „Internationalen Jugendbibliothek“ 1979–83. Dabei Unterkellerung des Hofs, Freilegung der Abgrenzung zwischen Vor- und Hauptburg, Wiederherstellung der Wasserflächen außerhalb, Aufbau des steilen Pyramidendachs auf dem Torturm. Fassadenanstriche im Sinne des 17. Jh.s (jedoch meist ohne die gemalten Lisenen).

Schloßkirche zur Heiligsten Dreifaltigkeit. Erbaut 1488, vermutlich durch den Hofbaumeister *Hans Trager* und die Bauhütte der Münchner Frauenkirche. Hervorragend (bis zum Dachstuhl hin) erhaltener einschiffiger, mit fünf Seiten des Achtecks schließender verputzter Backsteinbau. Westlich Giebeltürmchen; die Zwiebelhaube um 1676. Statt Strebepfeiler nur knappe Mauervorlagen, die unter einem gemalten Maßwerkfries Landshuter Prägung enden. In diesem Wappenfolge zur Erinnerung an Verwandte des Bauherrn. Auch die unteren Wandbereiche farbig gefaßt. Unten ein vierteiliger Bilderzyklus: der hl. Onuphrius als Einsiedler, Hl. Sippe, Anbetung der Könige, hl. Florian. Über dem Portal Gnadenstuhl, programmatisch auch für die um das Thema „Hl. Dreifaltigkeit“ kreisende Bilderfolge im Kircheninneren.

Der Innenraum wirkt trotz der Zäsur des Triumphbogens durch die Form der tief ansetzenden Netzgewölbe, die Farbgebung und Ausstattungsteile einheitlich. Schlichte Holzempore. Deutlich wird der Charakter einer Hofkirche in der Folge der in die helle (teilweise originale) Butzenverglasung eingefügten 16 Medaillons mit Wappen von dem Hause Wittelsbach verwandten Geschlechtern. Darunter in allen 8 Fenstern Glasbilder mit Darstellungen der Passion Jesu, seiner Auferstehung und der Verkündigung Mariens (eines bez. 1497). In gleicher Höhe auf Konsolen an den nur noch fragmentarisch bemalten Wänden ein Zyklus von Holzstatuen um 1490/95 mit alter Fassung. Wegen umstrittener Urheberschaft weiterhin Zuschreibung an den *Meister der Blutenburger Apostel*, der mit seiner Vorliebe für harte, tiefe Faltenbildungen trotz Tätigkeit im Münchner Raum Augsburger Einflüssen nahe stand. An den Seitenwänden die Zwölf Apostel, mit teilweise vertauschten und erneuerten Attributen. Der Zyklus zielt thematisch auf die Gruppe des Schmerzensmann-Christus und seiner Mutter Maria (im Chor, urspr. an der Scheitelwand und nur bei gewöhnlich geschlossenem Altar sichtbar).

Die drei Altäre einheitlich als Gruppe gestaltet, der südliche 1491 datiert. Die Malerei auf goldenen Gründen trotz Scheidung in vier Hände eindeutig von *Jan Polack* konzipiert. Im Chor über alter, offener Mensa einfacher Wandelaltar. Als Hauptbild Gnadenstuhl mit Fronleichnamschristus; auf den Flügeln Taufe Jesu durch Johannes im Jordan und Krönung Mariens durch die (in drei gleichen Königen verkörperte) göttliche Dreifaltigkeit. In der Predella die Vier Evangelisten. Auf den Flügelaußenseiten Doppelbild mit Herzog Sigismund, vom hl. Bartholomäus empfohlen, vor seinem Namenspatron. Im Gesprenge des Hochaltars Statuetten des richtenden Christus über Maria und Johannes, Adam und Eva. – Die gleichartigen Seitenaltäre ohne Flügel. Der südliche mit Gemälde der Verkündigung Mariens über dem Predellenbild mit Hl. Sippe. Das Hauptbild des nördlichen Seitenaltars zeigt Christus als Herrscher der Welt inmitten von Heiligen, seine Predella die Vierzehn Nothelfer. – An der nördlichen Chorwand Sakramentshaus von 1489 in Turmform, aus Sandstein, mit vergoldeten Gittern. Im Baldachin Statuen der Muttergottes und des Schmerzenmannes. – Weihwasserbecken aus der Erbauungszeit.

## STAATSBAUTEN

★ **Maximilianeum** (Max-Planck-Str. 1). 1857–74 durch *Friedrich Bürklein* als beherrschender Abschluß („Akropole, Athenäum") der Maximilianstraße (s. dort) auf der hohen Terrasse am Isarostufer erbaut. Die Straße in zwei den Hang ersteigenden Halbkreisen herumgeführt. Bestimmung: Stiftung Maximilianeum für die Ausbildung besonders begabter Landeskinder, seit 1949 auch Sitz des Bayerischen Landtags und des Senats. 1864 Planänderung (Spitzbogen zu Rundbogen umgewandelt). Nach geringeren Kriegsschäden 1946–48 Neuausbau, dabei Umwandlung der Galerieräume in Plenar- und Senatssaal. Rückwärts Erweiterungstrakte von 1958/59 und 1993/94. Fassaden- bzw. Innenrenovierung ab 1985, Arkadenrenovierung 1995 abgeschlossen. – Breitgelagerte Anlage auf hohem Sockelgeschoß mit Schauseite zur Stadt. Der von einem schlichten Wohntrakt hinterbaute Mittelteil schwingt zwischen zwei Risaliten konkav ein, die Seitenflügel sind offene doppelstöckige Arkaden mit Ecktürmen. Die Fassaden mit Terrakottaplatten verblendet. Die Mosaiken der Bogenfelder (Themen aus der Kultur- und politischen Geschichte Bayerns) gehen auf Entwürfe von *Karl Theodor von Piloty* (Mittelrisalit), *Michael Echter* (nördlich) und *Theodor Dietz* (südlich) zurück. In den offenen Loggien Marmorbüstenzyklus historischer Persönlichkeiten von *Peter Schöpf* und *Johann Halbig.*

Im veränderten Inneren sind die monumentale Treppenhalle sowie historische Wandfresken von *Engelbert Seibertz* erhalten: im restaurierten Konferenzsaal „Einführung *Alexander von Humboldts* in einen Kreis berühmter Gelehrter und Künstler in Bayern" (mit dem noch spitzbogig geplanten Maximilianeum als Hintergrund), hier und im Lesesaal ferner Persönlichkeiten der Weltgeschichte. – Der ehemals gemäß den Bildungsintentionen *Maximilians II.* als öffentliche Galerie präsentierte Zyklus großer Ölgemälde verschiedener Meister mit Themen aus der Weltgeschichte jetzt über verschiedene Räume verteilt oder deponiert; u. a. im Plenarsaal Kolossalbild „Seeschlacht bei Salamis" von *Wilhelm von Kaulbach,* im Steinernen Saal „Kaiserkrönung Karls des Großen" von *Friedrich Kaulbach* und „Kaiserkrönung Ludwigs des Bayern" von *August Kreling.*

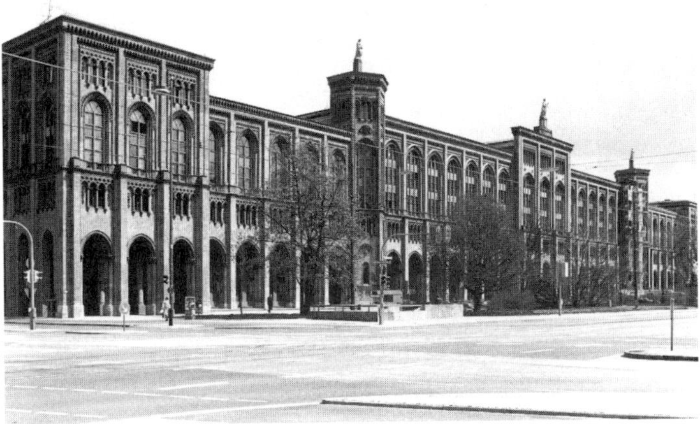

49. *Regierung von Oberbayern, Maximilianstr. 39*

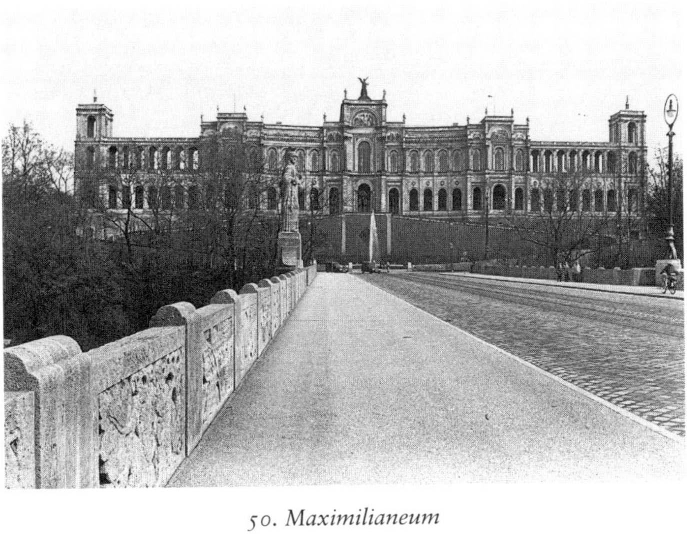

50. *Maximilianeum*

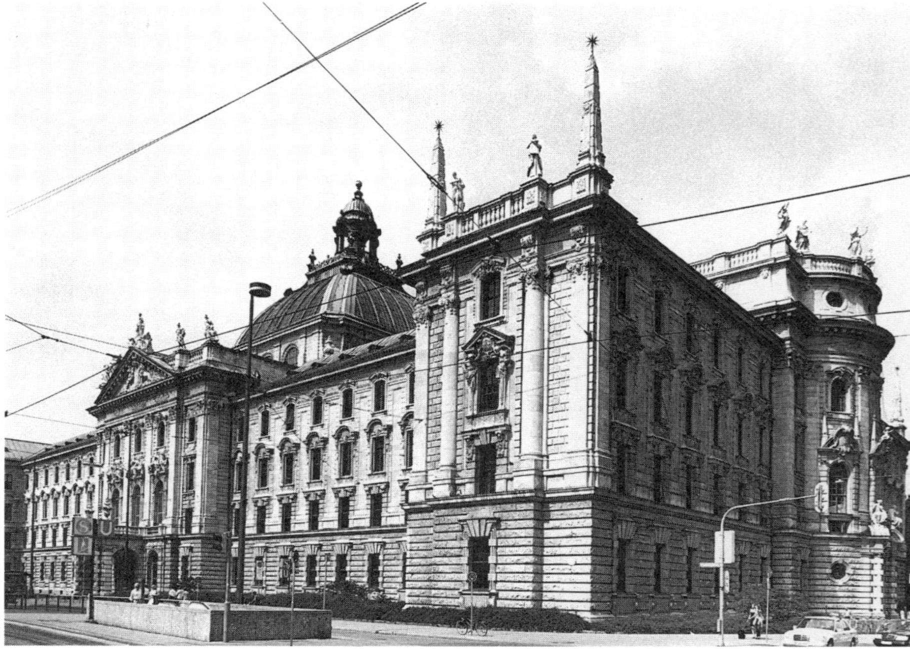


*51. Justizpalast*

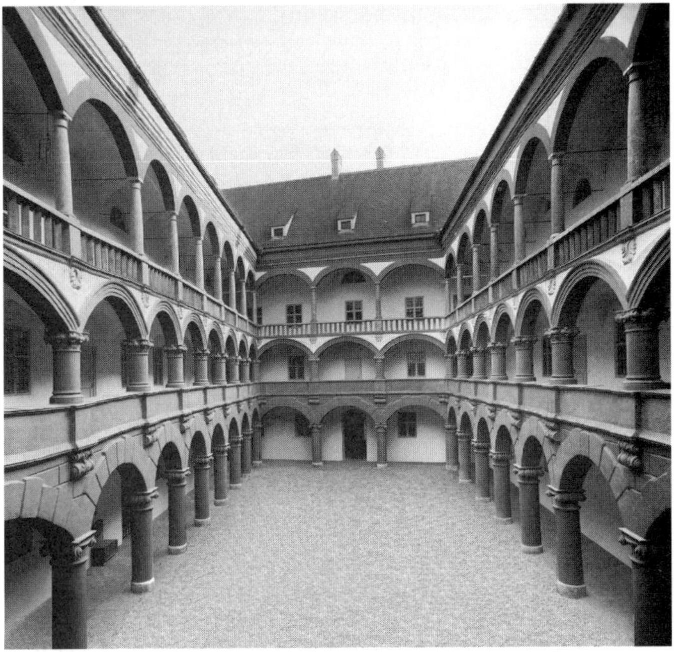

*52. Alte Münze, jetzt Bayerisches Landesamt für Denkmalpflege, Hof*

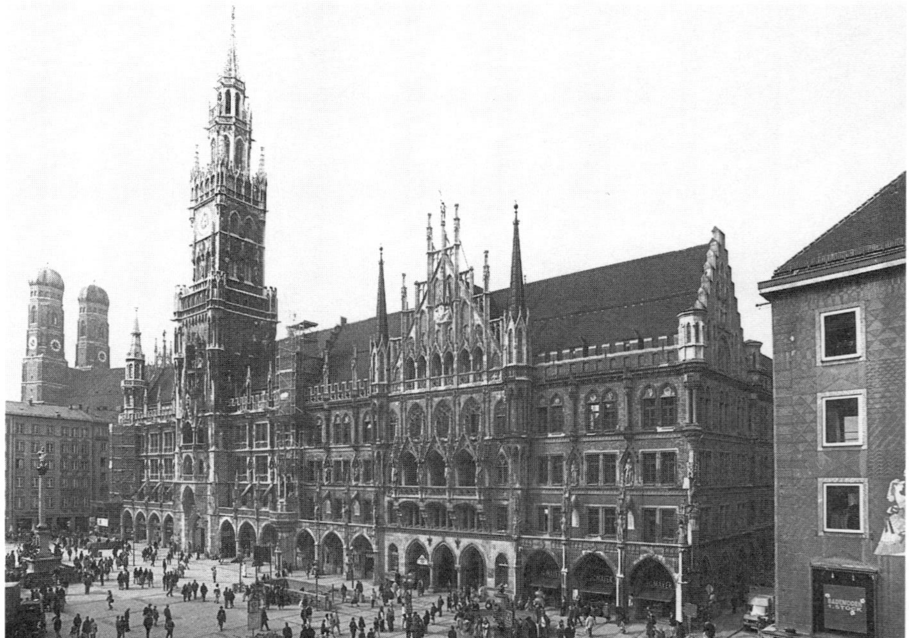


53. Neues Rathaus

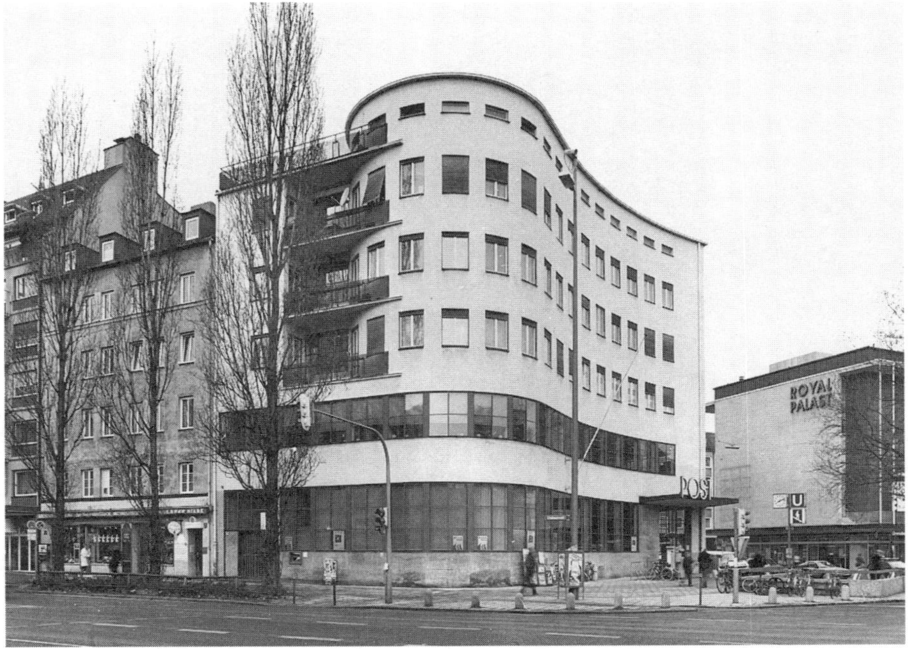


*54. Postamt Goetheplatz*

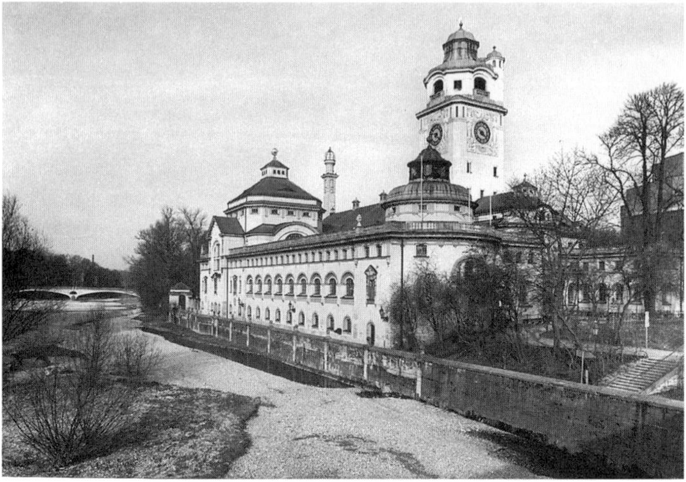

55. *Müllersches Volksbad*

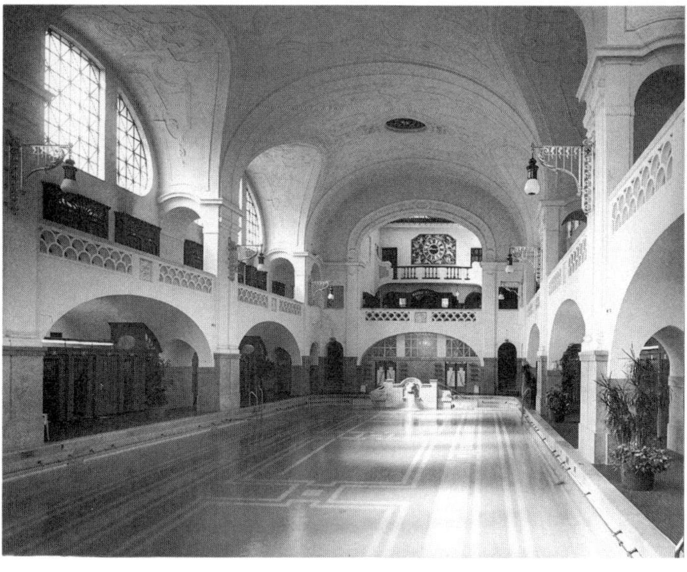

56. *Müllersches Volksbad, Herrenschwimmbad*

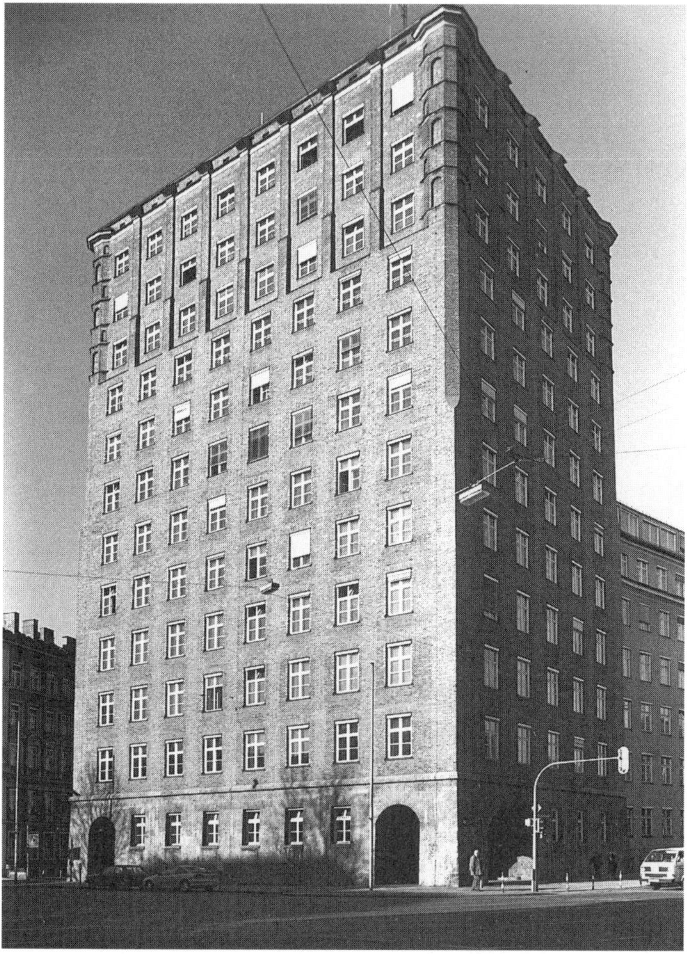

*57. Städtisches Hochhaus an der Blumenstraße*

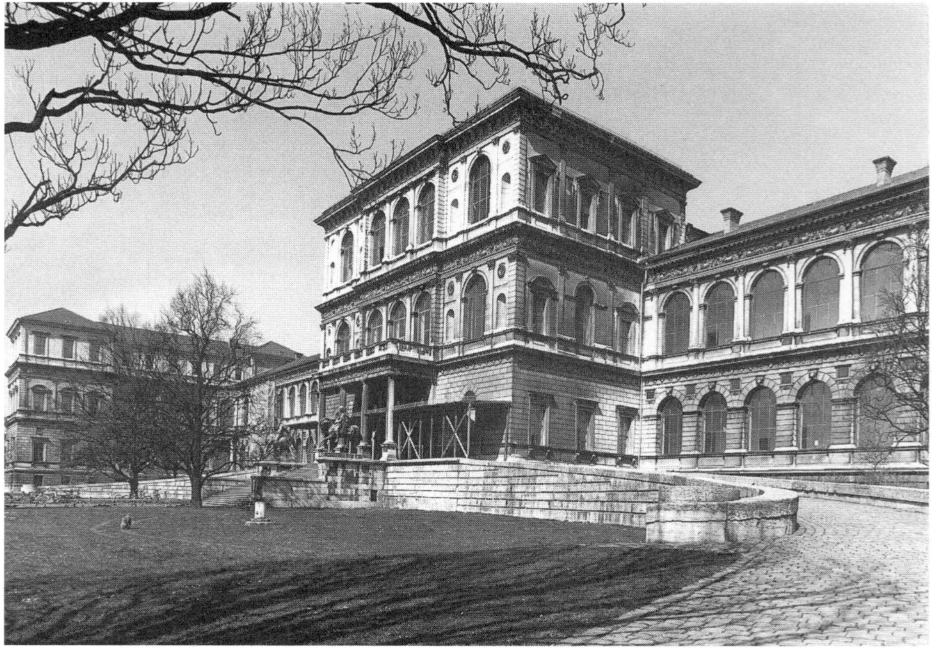

*58. Akademie der Bildenden Künste*

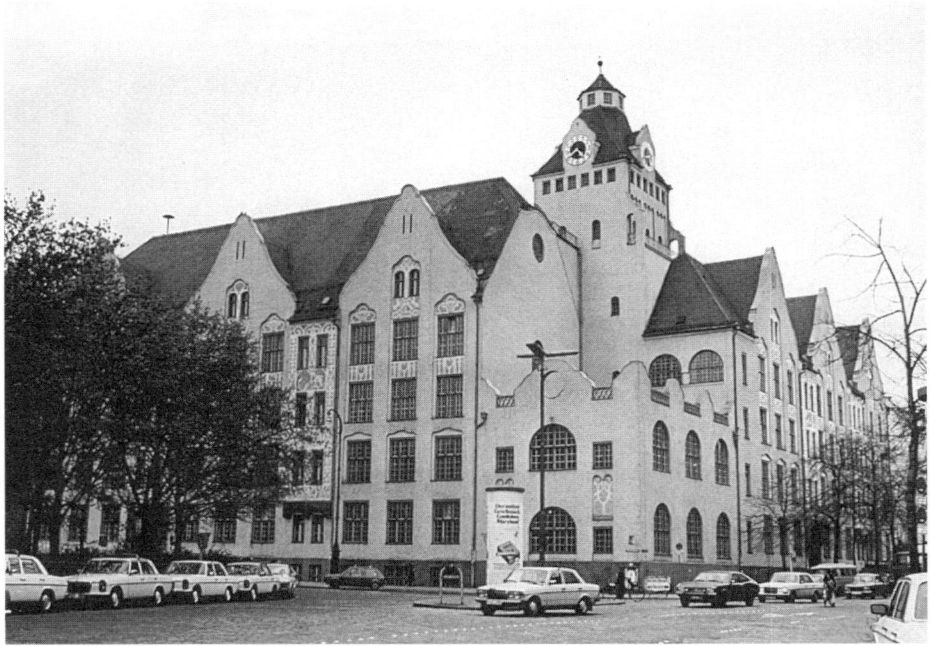

*59. Volks- und Gewerbeschule am Elisabethplatz*

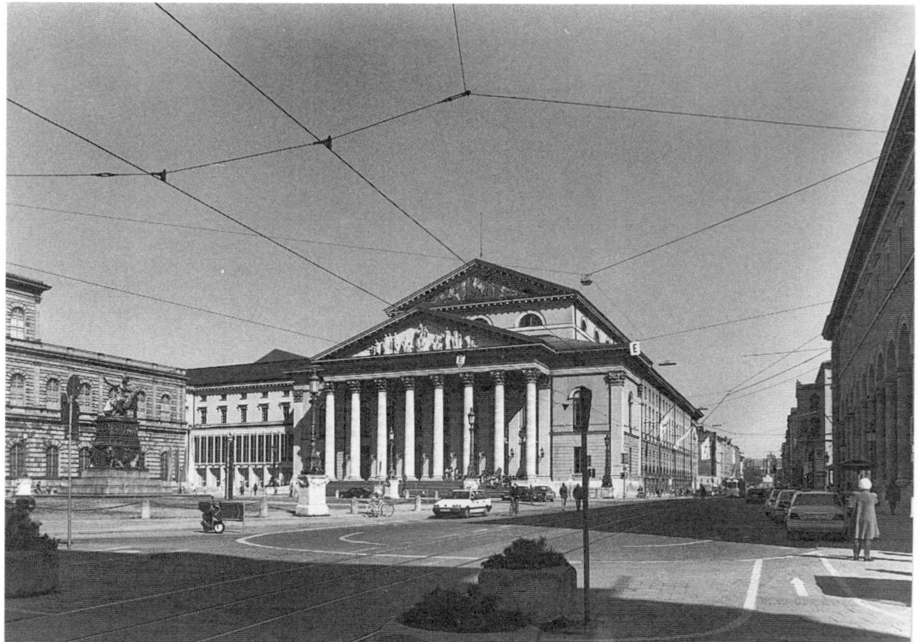

*60. Max-Joseph-Platz mit Nationaltheater*

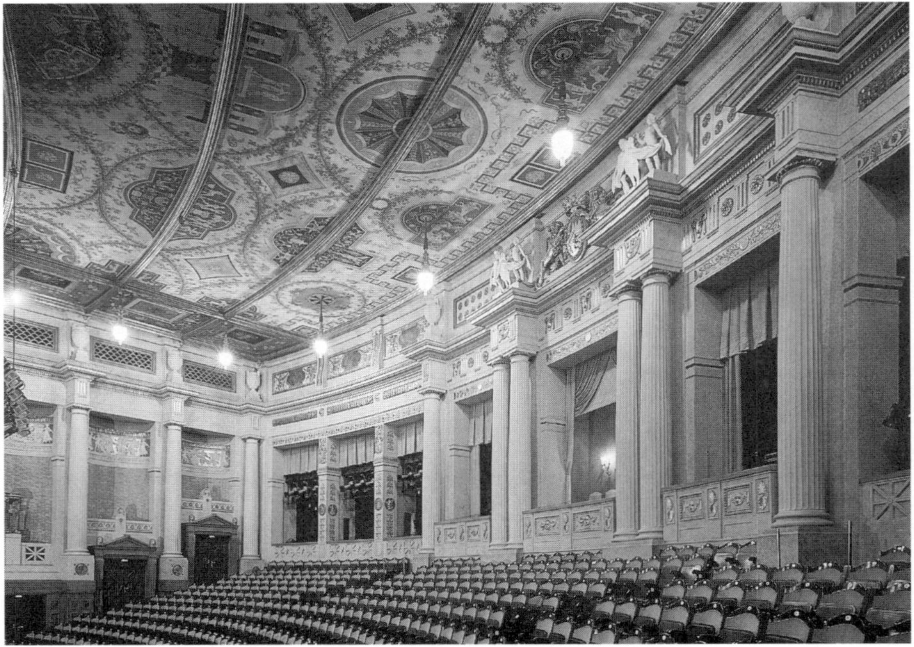

*61. Prinzregententheater*

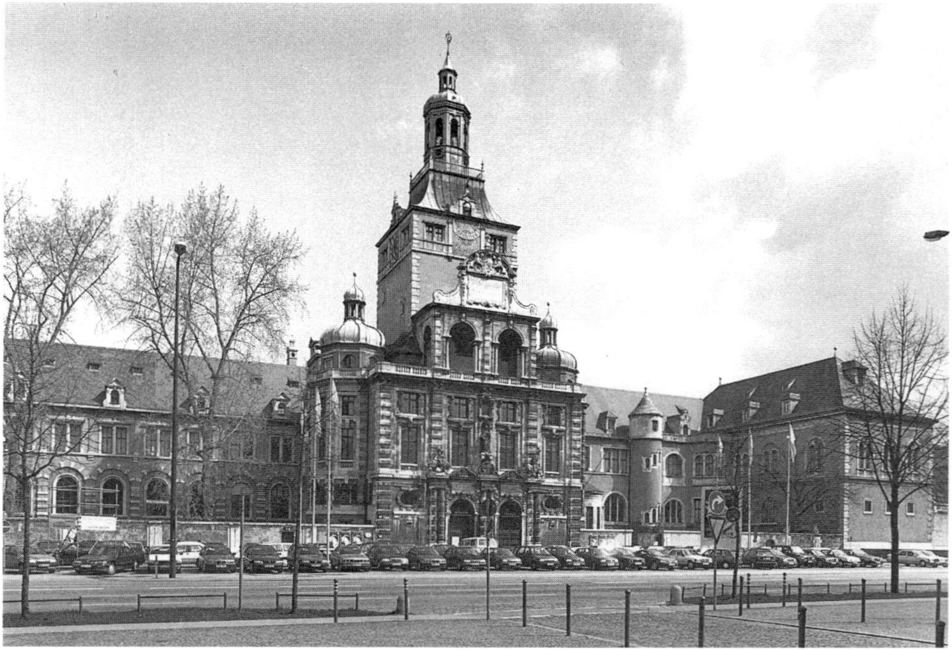

*62. Bayerisches Nationalmuseum*

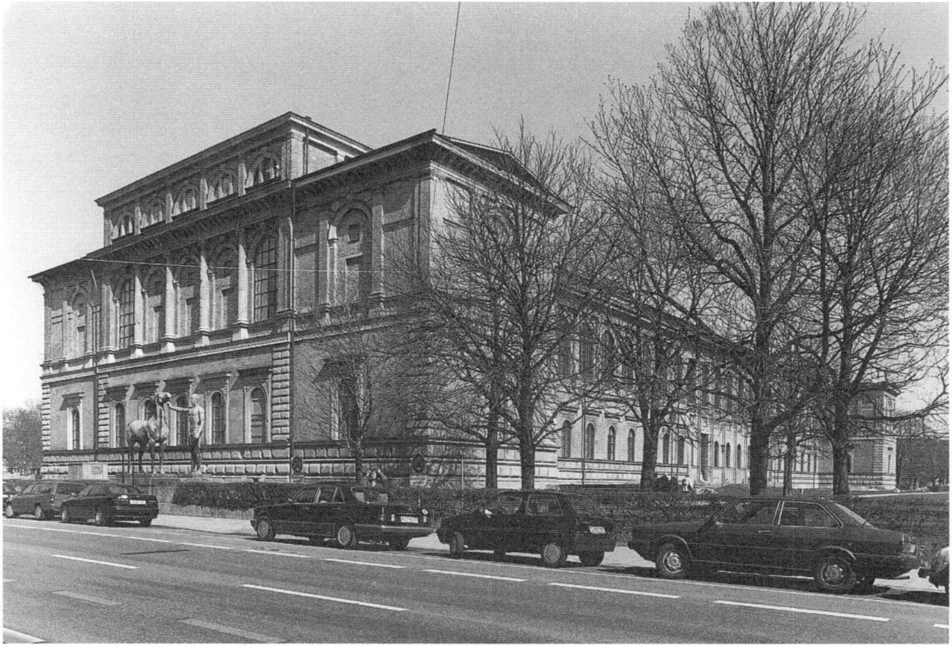

63. *Alte Pinakothek*

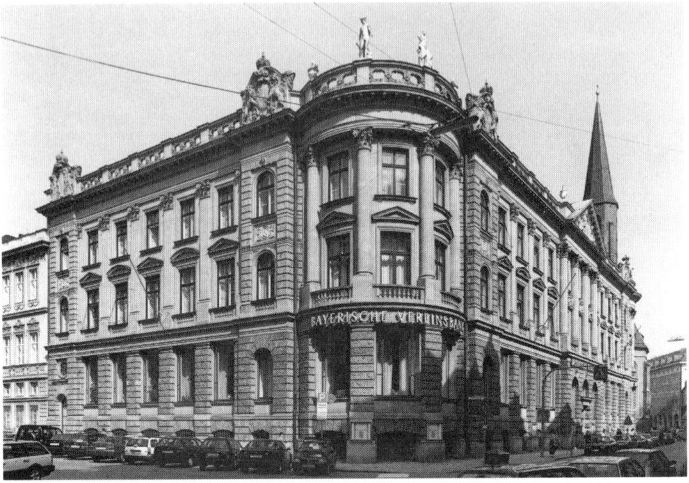


64. *Bayerische Vereinsbank, Kardinal-Faulhaber-Str. 1*

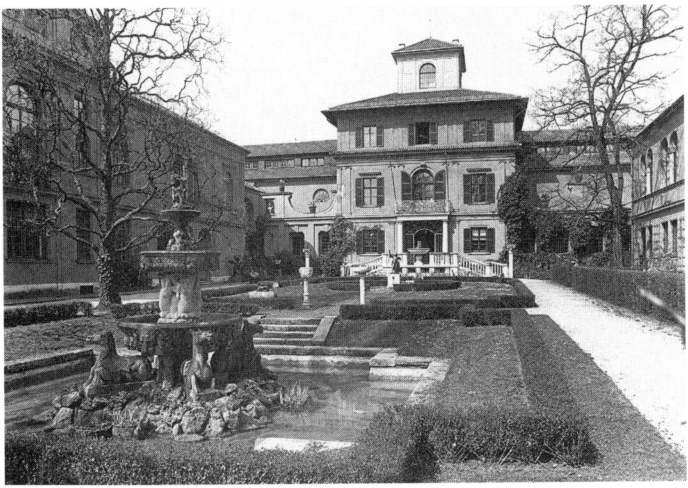

65. *Lenbachhaus*

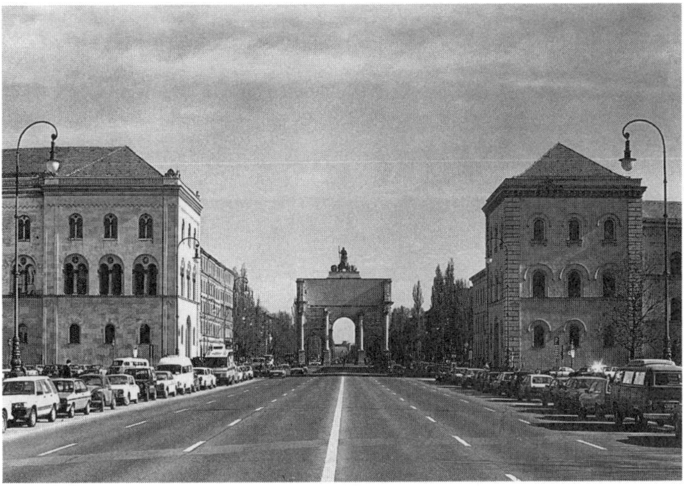

66. *Siegestor von Süden*

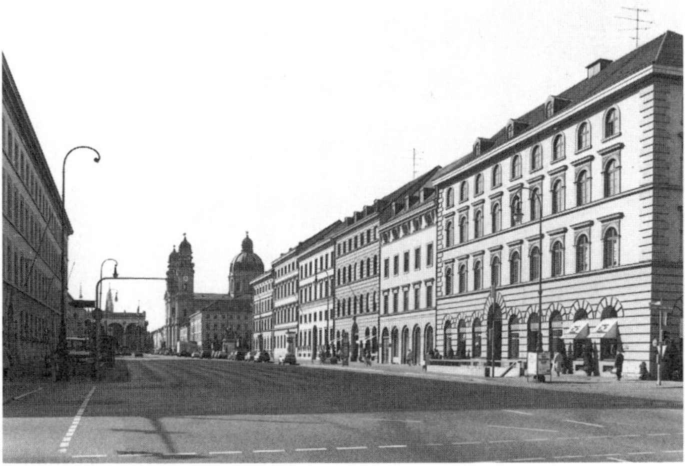

67. *Ludwigstraße gegen Süden*

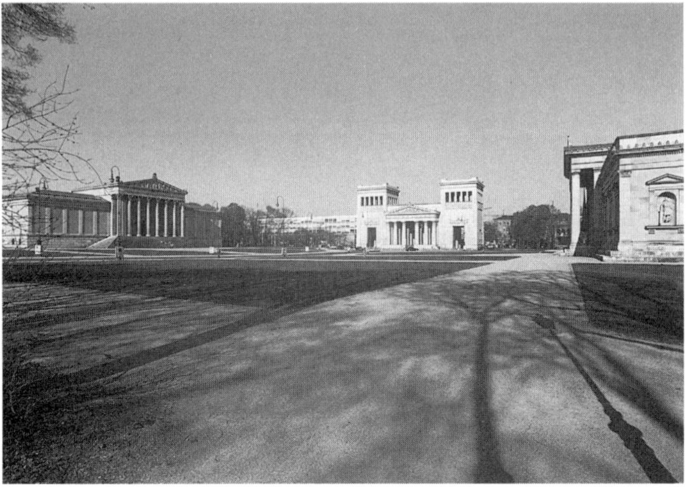

68. *Königsplatz mit Antikensammlung, Propyläen und Glyptothek*

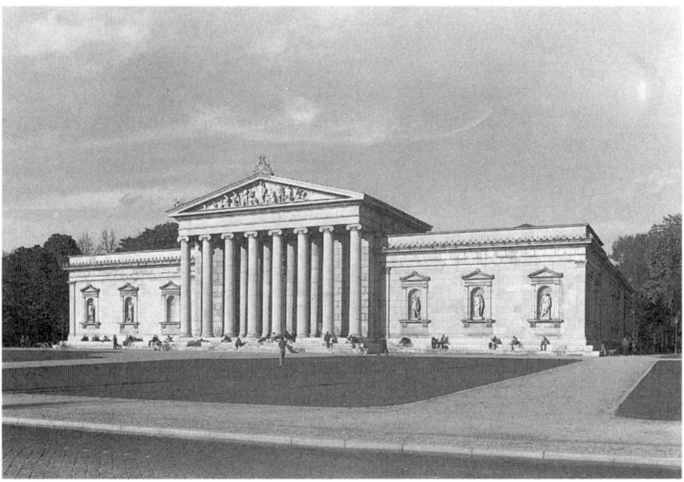

69. *Glyptothek*

Die wirkungsvolle Einfügung in den als Landschaftspark gestalteten Isarhang ist eine bemerkenswerte Leistung des romantischen Städtebaus; als Ausdruck der Architekturauffassung dieser Phase zu verstehen ist die vom Standpunkt des voluminösen Neurenaissancismus der *Semper*-Nachfolge kritisierte flächig-kleinteilige Gliederung der kulissenhaften Fassade.

**Bayerische Staatskanzlei** (Franz-Josef-Strauß-Ring 1). Neubau von 1990–93 (Architekt: *Diethard Johannes Siegert*) an der Ostseite des Hofgartens. Einbezogen der Mittelteil des kriegszerstörten ehem. Armeemuseums, 1900–05 von *Ludwig Mellinger,* mit ionischer Portikus, gewölbtem Vestibül, Treppenhaus und wiederhergestellter monumentaler Halle unter der Kuppel.

**Regierung von Oberbayern** (Maximilianstr. 39). 1856–64 durch *Friedrich Bürklein* an der Nordseite des Forums (▷ Maximilianstraße) errichtet. Nach Kriegsschäden von 1944 beim Wiederaufbau 1948–53 nur die Fassade vereinfacht erhalten und völlig neu hinterbaut. – 175 Meter langer Monumentalbau mit Arkadengang, zurückhaltende Gliederung in Mittelrisalit, Verbindungstrakte, Türmchen und Eckrisalite. Die Fassade des Verwaltungsbaus ist in Anlehnung an gotische Kathedralhochwandsysteme durch Arkaden, „Triforium-" und Fensterzone flächig gegliedert, auch urspr. ohne Bezug zu den dahinterliegenden Stockwerken. Die Oberflächen mit Terrakotta verblendet. – Die dekorative Kulissenarchitektur mit ihrer ambivalenten Wirkung horizontaler und vertikaler Elemente verdeutlicht am gelungensten die zwischen Mittelalterromantik und zeitgenössischer Technik schwankenden vielfältigen Anforderungen des Auftraggebers.

**Bundesfinanzhof** (Ismaninger Str. 109). Neubarocker Mansarddachbau mit Mittelrisalit, vier polygonalen Ecktürmen und Gartenanlage. Ab 1909 von *Heilmann & Littmann* für den Maler *Philipp Fleischer* erbaut. Größtes, in schloßartige Dimensionen gesteigertes Beispiel eines Künstlerwohnhauses in München. Nach Versteigerung 1921–23 Ausbau des unvollendeten Inneren für den Reichsfinanzhof.

★ **Ehem. Münze,** jetzt Bayerisches Landesamt für Denkmalpflege (Hofgraben 4). 1563–67 durch Herzog Albrecht V. an der Stelle dreier Bürgerhäuser als Hofmarstall mit Kunstkammer im zweiten Obergeschoß erbaut. Mit dem Alten Hof (s. d.) und ehem. auch der Neuveste (▷ Residenz) durch einen gedeckten Gang verbunden. Bauleitung durch *Wilhelm Egckl,* vielleicht nach Plänen des Augsburger Stadtwerkmeisters *Bernhard Zwitzel.* 1807–09 Umbau zur Königlichen Münze nach Entwürfen von *Andreas Gärtner* und *Franz Thurn* unter Leitung des letzteren. Die zeitgleichen Reliefs des Frontons, Personifikationen der Prägekunst, sind *Franz Schwanthaler*

zugeschrieben. 1948–53 nach Kriegsschäden im Innern teilweise verändert. Renovierung 1986–95; die Hoffassaden nach Befund der Bauzeit neu gefaßt.
Freistehende schiefwinklige Vierflügelanlage mit klassizistischen Fassaden und Treppenhaus aus der Wiederaufbauzeit. Hier seit 1996 Installation von *Erich Lindenberg* mit Resten der Gußmodelle aus Gips von *Christian Daniel Rauch* für das Max-Joseph-Denkmal (s. d.). Der etwa 35 × 12 Meter große Innenhof von dreigeschossigen Laubengängen mit unregelmäßigen Bogenöffnungen umschlossen. Die kurzen Säulen aus verputztem Tuffkalkstein mit ionisierenden Kapitellen, im niedrigen ersten Stock korinthisierend, die obere Reihe Rotmarmorsäulen toskanischer Ordnung. – Im Erdgeschoß des Südflügels dreischiffige Säulenhalle, Rest der ehem. das ganze Geschoß einnehmenden Stallungen, mit ebensolchen Säulen. – Der Arkadenhof ist in seiner Unregelmäßigkeit und den schweren, untersetzten Formen eine typisch deutsche Renaissanceanlage, verwandt vor allem dem kurz vorher, 1557 begonnenen Hof im Alten Schloß in Stuttgart; die Verbindung von Marstall und Kunstsammlung ist vergleichbar dem ähnlichen Komplex der Wiener Stallburg von 1558–65. Als eines der ältesten Sammlungsgebäude nördlich der Alpen mit der 1562/63 von *Zwitzel* ebenfalls freistehend erbauten ehem. Augsburger Stadtbibliothek (1893 abgebrochen) in Beziehung zu setzen.

**Bayerisches Landesamt für Maß und Gewicht** (Franz-Schrank-Str. 9). 1926–28 nach Plänen von *Karl Badberger* errichtet. Winkelanlage mit Gleisanschluß und Wasserturm. Rein technischer Sichtbacksteinbau in Formen des „Neuen Bauens“ mit flachem Blechdach und Gesimsen, Fenster- und Türeinfassungen aus Beton.

★ **Justizpalast** (Elisenstr. 1 a). 1890–97 von *Friedrich von Thiersch*. Achsensymmetrischer, nach vier Seiten freistehender Monumentalbau um zwei Innenhöfe. Die Längsseiten durch Mittel- und Seitenrisalite gegliedert, Haupteingang an der Nordseite. Die auf ihn bezogene Parkanlage an Stelle des Alten Botanischen Gartens 1935–37 geschaffen. – Aufwendige Natursteinfassaden. Die der Stadt zugewandte östliche Schmalseite durch konvexen Mittelrisalit mit Bauplastik als Schauseite ausgebildet. Über zentralem Lichthof mit repräsentativer Treppenanlage Glas-Eisen-Kuppel mit Laterne. Nach Kriegsschäden (1944) Wiederherstellung des ehem. prächtig ausgestatteten Treppenhauses, der Repräsentations- und Gerichtssäle und der Bibliothek in stark vereinfachter Form. Städtebaulich exponiertes späthistoristisches Werk, in dem (vor allem süddeutsche) Barockvorbilder verarbeitet sind.

**Neues Justizgebäude** (Prielmayerstr. 5). Zweitürmiger Rohbacksteinbau in spätgotischen und Renaissanceformen, 1906–08 von *Friedrich* *von Thiersch.* Im Sinne des malerischen Städtebaus bewußt in stilistischen Kontrast zum östlich benachbarten Justizpalast gesetzt.

**Polizeipräsidium** (Ettstr. 2/4). An Stelle des seit dem 13. Jh. bestehenden und 1803 profanierten Augustinerklosters auf unregelmäßigem Grundstück zwischen Ettstraße, Löwengrube und Augustinerstraße und unter Einbeziehung der südlich angrenzenden Augustinerkirche erbaut. 1910–13 nach Plänen von *Theodor Fischer.* – Weitläufiger verputzter Komplex um fünf Binnenhöfe. Die Baumassen in malerisch zusammenkomponierte, funktional unterschiedene Teile gegliedert, die sich durch ihre volkstümliche, teilweise historisierende Form und Fassadengestaltung dem empfindlichen Altstadtbereich zwischen Dom, St. Michael und der Augustinerkirche einpassen. Portallöwen von *Bernhard Bleeker,* 1911.

**Hauptpost,** ehem. Palais Törring-Jettenbach (Residenzstr. 2). 1747–1754 durch *Ignaz Anton Gunetzrhainer* als Adelspalais erbaut. Vierflügelanlage um Innenhof. 1835–38 durch *Leo von Klenze* unter seitlicher Erweiterung zur Hauptpost umgebaut. Dabei wurde der Fassade zum neu geschaffenen Max-Joseph-Platz eine offene Bogenhalle in Anlehnung an das Findelhaus *Brunelleschis* in Florenz vorgestellt. Überzeugende städtebauliche Lösung der Südseite des Platzes. Die farbige Fassung (z. T. in Enkaustikmalerei) war ein bedeutender Beitrag zur damals aktuellen „Polychromiefrage". 1944 wurden die Westfassade, das Vestibül und das Treppenhaus mit Stuck von *Johann Baptist Zimmermann* zerstört. Einbeziehung der erhaltenen Loggia in den Neubau von 1949–56 sowie bausinnwidrige Anbringung des barocken Portals in der Schalterhalle. Renovierung der Bogenhalle mit den Rossebändigerfresken 1951 und 1977. – Die ehem. neun überlebensgroßen, grau gefaßten allegorischen Holzskulpturen des Vestibüls von *Johann Baptist Straub* um 1772 befinden sich jetzt im Bayerischen Nationalmuseum.

**Postgiroamt,** ehem. „Frauengebäranstalt" (Sonnenstr. 24). 1853–56 von *Arnold Zenetti,* die Rohbacksteinfassade in gotisierenden Formen von *Friedrich Bürklein* als Muster für den neuen Stil der Maximilianstraße (s. d.) gestaltet. 1929 beim Umbau durch *Robert Vorhoelzer* einfühlend verändert: dabei die geweiteten Fenster durch gitterartiges Stabwerk gegliedert. Innen dreischiffige, gewölbte Vorhalle.

**Postbauten der frühen Moderne.** In den 1920er und frühen 1930er Jahren baute die Münchner Bauabteilung des Reichspostministeriums in einem – für München fast einmaligen – funktionalistischen, vom „Neuen Bauen" beeinflußten Stil.
Oberpostdirektion (Arnulfstr. 60). 1922–24 von *Robert Vorhoelzer* und *Georg Werner,* die Flachdächer nach urspr. Planung erst nach dem Krieg. Monumentaler Baukomplex um fünf Höfe mit vier überhöhten Eckrisaliten. Fenster- und Portaleinfassungen sowie die

Pfeilergliederung im „Prunkhof“ aus Sichtbackstein. Konstruktion aus tragenden Stützen, eingespannten Decken und Leichtbauwänden.

Paketzustellamt, jetzt Kantine und Bibliothek (Arnulfstr. 62). 1924–30 nach Plänen von *Vorhoelzer, Franz Holzhammer* und *Walther Schmidt.* Kernstück der großflächigen Anlage war ein rein funktionaler Rundbau zur Paketverteilung und -verladung, der ganz aus dem technischen Arbeitsablauf entwickelt war, jetzt entkernt. Stahlbetonhalle auf acht Pilzsäulen, mit Glastambour.

Postamt Agnesstr. 3. 1926/27 nach Entwurf von *Vorhoelzer, Schmidt* und *Holzhammer.* Verputzter Winkelbau mit expressionistischen Erkerformen und Spitzbögen im Erdgeschoß. Das Postamt als ebenerdiger Anbau rückwärts in den Posthof fortgesetzt.

Postamt Am Harras 1. Im Zusammenhang mit einer aus drei Flügeln bestehenden Wohnanlage und zum Platz hin ausgerichtet entworfen. 1931/32 von *Vorhoelzer* und *Hans Schnetzer.* Zweiteiliger, mit einer Brücke verbundener und z. T. an den Ecken abgerundeter, verputzter Stahlbetonpfeilerbau.

Postamt Fraunhoferstr. 24. 1929–31 nach Plänen von *Vorhoelzer* und *Schmidt.* Hofseitig durch einen Glasgang an den gleichzeitigen langgestreckten, fünfstöckigen Wohnkomplex angeschlossener quadratischer Baukörper mit abgerundeten Ecken. Verputzter Stahlbetonpfeilerbau mit Backsteinausfachung, zweigeschossig mit Flachdach und Fensterbändern.

★ Postamt Goetheplatz 1. Auf Eckgrundstück zwischen zwei in den Platz einmündende Straßen eingepaßt; die Einbuchtung der Front nimmt auf den Platz Bezug, die Eckabrundung leitet zur Lindwurmstraße über. 1931/32 nach Entwurf von *Vorhoelzer* und *Schmidt.* Die beiden unteren Geschosse als Stahlskelettbau mit verputzter Bimssteinausfachung und putzbündigen Fensterbändern, die Obergeschosse als Stahlbetonskelettbau.

Postamt an der Tegernseer Landstr. 57. Durch Zurücksetzen des Baukörpers hinter die Baulinie Schaffung eines Vorplatzes und Distanzierung von der umgebenden Bebauung. 1928/29 nach Entwurf von *Vorhoelzer* und *Schmidt.* Nach Kriegsschäden nach den Originalplänen wiederhergestellt. Streng sachlicher, kubischer Block mit Rückgebäuden und seitlich vorgestelltem ebenerdigen Ladenbau. Stahlbetonpfeilerbau mit Ziegelausfachung. – Restaurierung und Teilveränderungen 1989 ff.

**Ehem. Paketpostamt** (Arnulfstr. 195). 1965–69 nach Plänen von *Rudolf Rosenfeld, Herbert Zettel, Ulrich Finsterwalder, Helmut Bombard* und *Paul Gollwitzer* errichtet. Bis 1995 Paketpostamt München 3. Über einem Grundrißraster von 4,25 Metern entworfene Anlage, bestehend aus der zentralen Gleishalle mit 15 Bahnsteigen, um die sich niedrige Betriebshallen, das Postamt und ein achtstöckiger Bürobau gruppieren. Die Gleishalle ist eine imposante Bogen-

Faltwerk-Konstruktion aus Betonfertigteilen, die zu einer Spannweite von 148 Metern zusammengesetzt sind, wohl von der Betonrippenkonstruktion der Luftschiffhalle in Orly von *Eugène Freyssinet* (1916 ff.) inspiriert.

**Hauptzollamt** (Landsberger Str. 122–132). Weitläufiger Komplex um Ehrenhof, 1909–12 von *Joseph Kaiser* und *Gustav Freiherr von Schacky*. Das Hauptgebäude mit Dachreiter und Schalterhalle, dahinter mächtige Lagerhalle mit verglaster Kuppel; im Ostflügel die Zolltechnische Prüfungs- und Lehranstalt; westlich mehrere Dienstwohnungen. Für München kennzeichnende bedeutende Lösung zwischen reduziertem Historismus und früher Sachlichkeit.

S. auch **Ehem. Alte Akademie,** jetzt Bayerisches Statistisches Landesamt sowie ehem. Landschaftsgebäude, jetzt **Meisterschule für Mode** (beide unter Studiengebäuden).

## GEMEINDEBAUTEN

**Altes Rathaus.** Um 1310 an der Ostseite des Schrannenplatzes (jetzt Marienplatz), dem ehem. merkantilen Zentrum der Stadt (Korn- und Salzmarkt), nachgewiesen. 1470–80 Neubau des Festsaaltraktes an derselben Stelle durch *Jörg von Halspach, gen. Ganghofer* und Erneuerung des 1392–94 zum Ratsturm umgebauten ehem. Thalbrucktores (urspr. um 1180/1200) des ersten Befestigungsrings. 1944/45 ausgebrannt, der Turm und die südlich anschließenden Rathaustrakte (sog. Kleines Rathaus, seit 1392 dem Komplex einbezogen und weitere ausgebaute Häuser) zerstört und abgeräumt. Der in den Außenwänden erhaltene Saalbau mit den Giebelschaufronten zu Platz und „Tal" wurde 1952–57 vereinfacht nach der neugotischen Fassung von 1861–64 wiederhergestellt. Die Durchfahrten stammen von 1877 und 1934. Der jetzige Turm wurde 1971–74 als Platzabschluß – dem gotischen Erscheinungsbild nachempfunden – neu errichtet. 1981–86 im Festsaal Schnitzdekor der Holztonne (ehem. von *Hans Wengler;* Wappenschilde von *Erasmus Grasser*) rekonstruiert. – Zehn der 16 Moriskentänzer *Grassers* (1480 beendet) von der gotischen Saalausstattung sind im Stadtmuseum erhalten.

★ **Neues Rathaus.** Die gesamte Nordseite des Marienplatzes einnehmend. An Stelle von 24 Bürgerhäusern durch *Georg Hauberrisser* in drei Bauphasen errichtet: 1867–74 symmetrischer Ostteil mit Mittelrisalit in Backsteinmauerwerk mit Sandsteingliederung; 1889–93 rückwärtiger Erweiterungstrakt; 1899–1909 Komplettierung durch den Westteil mit Turm aus Kalk- und Tuffsteinquadern. – Malerisch und durch den Turm asymmetrisch gegliederter, weitläufiger Gebäudekomplex um mehrere Innenhöfe. Die Erdgeschoßarkaden als Reminiszenz an die Ladenzone der Vorgängerbauten. Die neugotischen

Formen in Anlehnung an flandrische Bürgergotik. Reicher plastischer Fassadenschmuck, auch in den Höfen. Im Prunkhof vortretender polygonaler Treppenturm. – Die bauliche Innenausstattung noch vielfach erhalten: Treppenhäuser, gewölbte Flure, Bibliothek, Kleiner Sitzungssaal mit Wandbild von *Wilhelm von Lindenschmit d. J.*, der große Sitzungssaal mit Galerie; derzeit deponiert das Kolossalgemälde der Stirnwand „Monachia“ von *Karl von Piloty.*

**Städtisches Hochhaus,** Verwaltungsgebäude (Blumenstr. 28 b). Teil und letzter Bauabschnitt einer langgestreckten, winkelförmigen Anlage von 1921–30. Nach Plänen von *Hermann Leitenstorfer* 1926–29. Turmartiger zwölfgeschossiger Stahlbetonskelettbau mit Backsteinverkleidung, das Erdgeschoß mit Nagelfluhverblendung. Ab dem siebten Obergeschoß die Ecken abgefast, die drei obersten Geschosse durch Eckoktogone und Lisenengliederung verklammert. – Funktionaler, bewußt als Stadtdominante gesetzter großstädtischer Hochhausbau der zwanziger Jahre, dessen Außenhaut formal und materiell auf die Frauenkirche Bezug nimmt.

**Städtisches Leihamt** (Augustenstr. 20/22). 1929–31 von *Fritz Beblo* und *Hermann Leitenstorfer.* Sechsgeschossiger, winkelförmiger Bau; die vierzehnachsige Fassade durch großflächige Fenster und Gesimsbänder horizontal gegliedert; am Erdgeschoß Natursteinverkleidung, Obergeschosse mit Sichtbacksteinmauerwerk.

**Verwaltungsgebäude der städtischen Gaswerke** (Unterer Anger 3). 1913–17 von *Robert Rehlen,* nach Kriegsschäden 1948/49 wiederhergestellt. Langgestreckter, durch kräftige Gesimse gegliederter fünfgeschossiger Bau mit mächtiger Säulenportikus; die beiden Untergeschosse mit Kunststeinverblendung. – Für den monumentalen Neuklassizismus der Jahre vor dem Ersten Weltkrieg beispielhaft.

★ **Ehem. Stadtschreiberhaus,** jetzt Gaststätte (Burgstr. 5). 1551/52 unter Stadtmaurermeister *Hans Aernhofer d. Ä.* Umbau eines gotischen Bürgerhauses zum Stadtschreiberhaus. Vom Vorgängerbau noch Reste des Arkadenhofes, der zum dazugehörigen Gebäude Dienerstr. 20 (ehem. städtischer Weinstadl) führt, samt gotischem Treppenturm sowie mehrere rippengewölbte Räume im Erd- und Kellergeschoß. 1944 Kriegsschäden. 1962/63 Innenumbau und Wiederherstellung der Fassaden zum Hof und zur Burgstraße. Rekonstruktion der Gesimse, Freilegung und rekonstruierende Wiederherstellung der Fresken von *Hans Mielich* (1551). 1990 ff. erneuter Innenumbau. – Dreistöckiger Traufseitbau mit zentralem Flacherker und architektonisch betontem Einfahrtstor; daneben kleines Portal mit gedrücktem Eselsrücken zur einläufigen steilen Treppe („Himmelsleiter“). Neben dem 1890 erneuerten Zwerchhaus Halbgiebelgauben („Ohrwaschl“). – Im Typus der Renaissancebürgerhäuser in München; die weitgehend

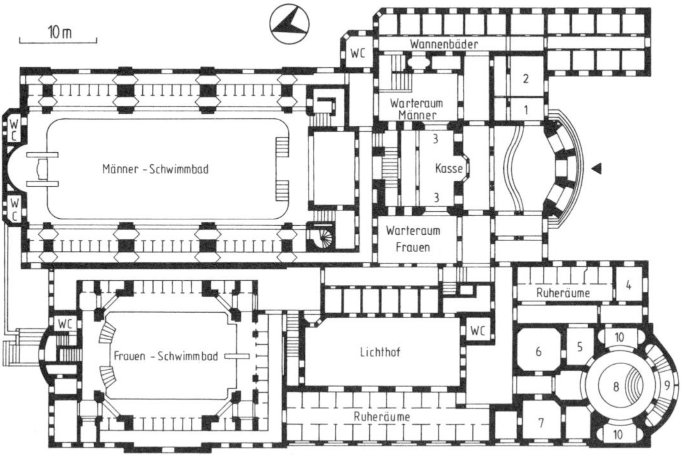


*München, Müllersches Volksbad (Plan 1897)*

*1 Laden*
*2 Friseur*
*3 Wäscheabgabe*
*4 Elektrisches Lichtbad*
*5 Massage-Raum*
*6 Dampfraum*
*7 Warmluftraum*
*8 Warmes Bassin*
*9 Kaltes Bassin*
*10 Brausen*

architektonische Fassadenmalerei in erdfarbenen Tönen vermittelt trotz des reduzierten Originalzustandes als einzig erhaltenes Beispiel Münchens einen Eindruck vom Aussehen großer Teile der Stadt im 16./17. Jh.

## FÜRSORGEBAUTEN

★ **Müllersches Volksbad** (Rosenheimer Str. 1). 1897–1901 nach Plänen *Carl Hocheders* als erstes öffentliches Hallenbad Münchens erbaut, nach dem Stifter Karl Müller benannt. Malerisch wirkender, verputzter Gruppenbau, auf die Situation an Fluß und Brücke bezogen: mit langer Schaufassade über dem Uferkai der Isar und Wasserturm. Die unterschiedlichen Funktionen dienenden Räume als eigene Bauteile ablesbar. Tonnengewölbte Pfeilerhalle des Herrenschwimmbads, überkuppeltes Damenschwimmbad und römisch-irisches Dampfbad. – Lösung der neuen Bauaufgabe mit historisierenden Mischformen aus der römischen Thermen- und der süddeutschen Barockarchitektur mit maurischen Anklängen und Jugendstildekor. Eine der wenigen erhaltenen Badeanstalten der Jahrhundertwende in Europa, ein Zeugnis des neuen Hygienebewußtseins (86 Wannenbäder!).

**Schwabinger Krankenhaus** (Kölner Platz 1). 1904–13 von *Richard Schachner.* Für die Bauzeit bemerkenswerte weitläufige Anlage im sog. Korridorsystem. Die in mehreren Zeilen hintereinander angeordneten Einzelbauten sind untereinander durch unterirdische Gänge verbunden, die Hauptfunktionen – Operationssäle, Zentralbad und Küche – in der Mittelachse. 1926–28 Kinderkrankenbau, ein Erweiterungstrakt in der vorgegebenen Form durch *Schachner* selbst; ab 1961 weitere Zusatzbauten in aktueller Form. – Die Erstanlage ist ein Hauptbeispiel für reduziert-historisierendes Bauen mit tradierten Baukörpertypen unter Verzicht auf Ornament. Gestalterisch am repräsentativsten ist die straßenseitige Front mit dem Hauptgebäude und der Kirche mit Sattelturm daneben. Das Areal umgibt eine mit Pavillons besetzte Ringmauer.

**Dermatologische Klinik** (Thalkirchner Str. 48). 1926–28 von *Richard Schachner.* Langgestreckter sechs- bis siebengeschossiger Flachdachkomplex mit drei erhöhten Risaliten, Gliederung durch Gurtgesimse und lange Bodenerker. Ein frühes Hauptwerk der modernen Krankenhausarchitektur in München in qualitätvollem sachlichen Baustil.

**Ledigenwohnheim für Männer** (Bergmannstr. 35). 1925–27 von *Theodor Fischer.* Gruppenbau aus einem sechsstöckigen, flachgedeckten Mitteltrakt, der niedrigere seitliche Flügelanlagen mit zurückgesetzten Walmdächern um zwei Höfe zusammenbindet. Bau aus Hartbrand-Sichtbackstein in den kubischen Formen des „Neuen Bauens“. In Backstein geschnittene Reliefs von *Karl Knappe.*

**Martinsspital** (Severinstr. 2). Städtisches Altersheim St. Martin. Klosterähnlicher barockisierender Vierflügelbau, 1892–94 von *Carl Hocheder,* 1902/03 erweitert. Im Obergeschoß des Haupttraktes polygonal vortretende Kapelle, Frühbeispiel des sakralen Neubarock, mit Rokokokanzel.

## STUDIENGEBÄUDE

**Ehem. Alte Akademie,** jetzt Bayerisches Statistisches Landesamt und Geschäftshaus (Neuhauser Str. 8). Die Bautrakte beherrschen zusammen mit der im baulichen Verband stehenden Michaelskirche die hier platzartig erweiterte Neuhauser Straße. 1574–98 wohl nach Plänen von *Friedrich Sustris* und *Wendel Dietrich* durch *Wolfgang Miller* als Jesuitenkolleg an Stelle von 34 Häusern errichtet; ehem. im zweiten Obergeschoß Kollegsaal, mit Kassettendecke mit Gemälden, Ende 16. Jh. Ab 1783 Bayerische Akademie der Wissenschaften mit naturwissenschaftlicher Sammlung, Einbau von Bibliothekssälen mit Deckenstuck von *Franz Xaver Feichtmayr d. J.* für Archiv und Hofbibliothek (bis 1843), 1809–85 Akademie der Bildenden Künste, 1826–40 Universität. 1944 ausgebrannt, teilzerstört und nach weitgehendem Abbruch 1953–55 neu überbaut. – Von dem an die Kirche westlich anschließenden Baukomplex um zuletzt sechs Höfe nur noch ein Teil an der Ettstraße sowie an der Neuhauser Straße die Südfassade neben der Kirche und die Ostfassade des vorspringenden Traktes verändert erhalten. Davor Richard-Strauss-Brunnen, 1962 von *Hans Wimmer.*

**Akademie der Bildenden Künste** (Akademiestraße 2). 1875–85 durch *Gottfried von Neureuther* auf künstlich erhöhtem Terrain erbaut. Die Mittelachse auf die eigens dafür verlängerte Amalienstraße ausgerichtet; die quer vor der Front verlaufende Akademiestraße platzartig verbreitert. Rückwärtig Garten für den Lehrbetrieb angelegt. Nach Kriegsschäden mit Verlust der Bohlensparrendächer über Mittel- und Seitenrisaliten und Teilen der Bauplastik 1947–59 stark vereinfachter Wiederaufbau der Dachzone mit die Proportionen beeinträchtigenden Walmdächern. Dabei das Treppenhaus durch eine Zwischendecke geteilt. – Monumentale Dreiflügelanlage mit Neurenaissance-Schaufassade aus Trienter Marmor. Die Säulenreihe ursprünglich für die Befreiungshalle bei Kelheim bestimmt. Der vorgezogene Mittelpavillon mit Freitreppe und zweiarmiger Auffahrtsrampe. Von der ehem. ikonographischen Bauplastik nur die bronzenen Reiterfiguren „Castor und Pollux" von *Max Widnmann* auf den Treppenwangen vorhanden. Die Gartenfront funktional und schmucklos. – Vorbildhafte Lösung der Bauaufgabe Akademie unter Orientierung am Schloß- und Museumsbau (vgl. Arkadenreihung an der Fassade).

**Anatomie** (Pettenkoferstr. 11). 1905–08 nach Plänen von *Max Littmann* erbaut. Flügelanlage, der Mittelbau mit flacher Kuppel und fünf verglasten Konchen. – Lösung der vorbildlosen Bauaufgabe aus der Funktion der Räume und der Konstruktion: in Material (zur Entstehungszeit einer der größten Stahlbetonbauten, nur die Seitentrakte ab erstem Obergeschoß in Putzbauweise) und haustechnischer Ausstattung (Lüftung und unterschiedliche Heizungssysteme) einer der modernsten Bauten seiner Zeit. Der Präpariersaal besitzt als historische Würdeform eine überspannende Kuppel.

**Meisterschule für Mode,** ehem. Landschaftsgebäude (Roßmarkt 15). Wohl 1775–98 als Gebäude der bayerischen Landstände nach Plänen von *François Cuvilliés d. J.* errichtet. Fassadenänderungen durch *Matthias Widmann* und durch *Emanuel Joseph von Herigoyen* (1811/12). Nach Kriegsschäden Vereinfachung der Fensterzone im zweiten Obergeschoß. – Palastartiger Monumentalbau zu 15 Achsen mit dreigeschossigem Walmdach, der Dachstuhl noch original. Die

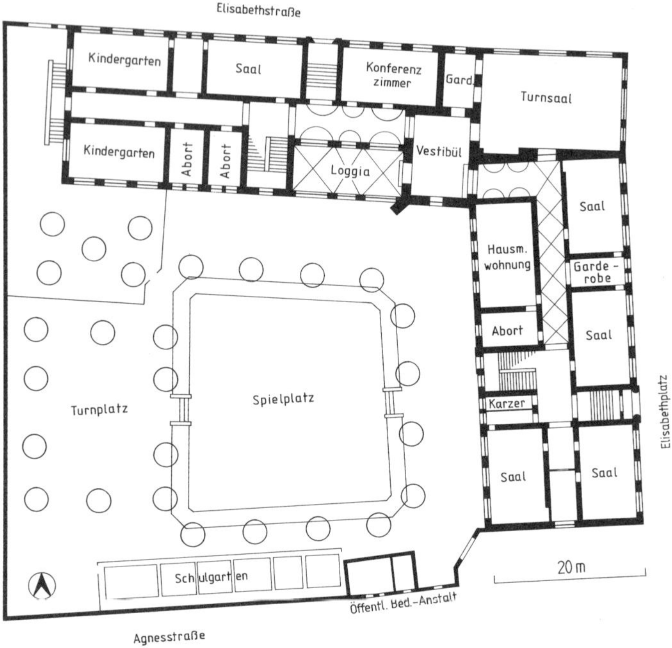


*München, Elisabethschule (Plan 1901/02)*

Fassadengliederung in Anlehnung an die späten Palais seines Vaters, *François Cuvilliés d. Ä.*, im nüchternen, auf römische Renaissanceformen zurückgreifenden Übergangsstil zwischen Spätbarock und Klassizismus. Gewölbte Mitteldurchfahrt mit Säulenstellungen.

★ **Volks- und Gewerbeschule am Elisabethplatz 4.** 1901/02 von *Theodor Fischer*. Zweiflügeliger Gruppenbau, der mit seiner dreigiebeligen Ostfassade und dem Turm den Elisabethplatz beherrscht und westlich begrenzt. Die Baumassengliederung mit der in die einspringende Ecke gestellten Turnhalle ist seit dem Schulhausbau Weilerstr. 1 (1898/99 von *Carl Hocheder d. Ä.*) vorbildhaft für Münchens Schulen und auch hier angewandt. – Architektonische Umsetzung der von dem Münchner Pädagogen *Georg Kerschensteiner* vertretenen Schulreformideen durch funktional gegliederte Baukörper und ein erweitertes Raumprogramm. Volkstümliche Bauformen und Putzdekorgliederung ohne direkte Anleihe bei historischen Vorbildern.

**Helen-Keller-Realschule,** ehem. Volksschule (Haimhauser Str. 23). 1897/98 von *Theodor Fischer,* ein Frühbeispiel seiner Abkehr vom Historismus: Putzbau mit an volkstümlichen Vorbildern angelehntem, die kindliche Phantasie ansprechendem Kratzputzdekor und reicher Bauplastik.

**Luisengymnasium und Gewerbeschule,** ehem. Höhere Töchter-Schule (Luisenstr. 7/9). 1897–1901 von *Theodor Fischer.* Symmetrisch gegliederter verputzter Bau in historisierenden Formen mit zwei seitlichen Giebelrisaliten und mittlerem Türmchen. Zentrale, als Arkadenhof ausgebildete Aula in Formen eines romanisierenden Jugendstils.

**Maximiliansgymnasium** (Karl-Theodor-Str. 9), 1911/12 von *Karl Hoepfel.* Als konkaver Ostflügel zusammen mit dem westlich parallelen Oskar-von-Miller-Gymnasium (ehem. Altes Realgymnasium) und dem durch die beiden Turnhallen gebildeten verbindenden Südtrakt einen weiten Hof (mit Jugendstilbrunnen) umschließender Gruppenbau mit reduziert historisierenden, asymmetrisch akzentuierten Putzfassaden: u.a. im Osten übergiebelter Eingangsteil mit Freitreppe und offener Loggia, im Südwesten hoher Achteckturm als Stadtteildominante; im Norden Hofportal mit Figur der römischen Wölfin. – In der Nachfolge von *Theodor Fischers* Universität Jena.

**Theresiengymnasium** (Kaiser-Ludwig-Platz 3). Schloßartiger Neubarockbau mit drei Risaliten, 1895–97, Fassadengestaltung von *Emanuel von Seidl.*

**Wilhelmsgymnasium** (Thierschstr. 46). 1876/77 von *Karl Leimbach* in italienischen Hochrenaissanceformen mit zwei erhöhten Eckrisaliten, der südliche am Forum der Maximilianstraße aus Naturstein mit Figurenschmuck.

S. auch **Staatsarchive, Staatsbibliothek, Universität** (alle unter **Ludwigstraße**)

## KULTURBAUTEN

**Künstlerhaus** (Lenbachplatz 8). 1893–1900 nach Plänen von *Gabriel von Seidl* als Vereinsbau der Münchner Künstlergenossenschaft errichtet. Urspr. in Hinsicht auf eine malerische Gesamtwirkung mit der ehem. benachbarten, 1938 abgebrochenen Synagoge (1884–87 von *Albert Schmidt*) entworfen. 1944 fast vollständig ausgebrannt; 1955–61 Wiederaufbau. – Festsaalbau mit vier Giebeln und turmartigem Dachreiter in Formen der Weserrenaissance. Niedriger dreiflügeliger Anbau (Restaurant) um einen Innenhof (der Westflügel 1937/38 aufgestockt). Darin das sog. Venezianische Zimmer mit Wandmalereien. – Im Festsaalbau Vestibül mit Treppe erhalten; der Festsaal, der ehem. unter Beteiligung *Franz von Lenbachs* ausgestattet war, wurde vereinfacht rekonstruiert.

## THEATER

**Deutsches Theater** (Schwanthalerstr. 13). 1895/96 von *Josef Rank, Alexander Bluhm* und *Karl Stöhr.* Von dem Neubarockbau nach starken Kriegsschäden nur die Fassaden und der Silbersaal im Neurokokostil mit Deckengemälde in Öl von *Gabriel Schachinger* erhalten. Der Zuschauerraum 1952 erneuert und 1977–82 durch *Reinhard Riemerschmid* neu gestaltet.

**Gärtnerplatztheater.** 1864/65 nach Plänen von *Franz Michael Reifenstuel* im Auftrag eines Bürgerkomitees als Volkstheater errichtet. Mittelpunkt des ab 1861 planmäßig erbauten Wohnquartiers, mit dem die bisherige Isarvorstadt an das Zentrum angebunden wurde. Geschickt ein keilförmiges Grundstück zwischen zwei in den Gärtnerplatz mündenden Straßen ausfüllend, bestimmen die kurze Fassade mit dem dreiachsigen Risalit und das erhöhte Bühnenhaus den Platz. Nach mehreren Umbaumaßnahmen im 19. und 20. Jh. sowie Kriegsbeschädigungen 1964–82 sukzessive Wiederherstellung in annähernd originaler Form. Auf Kreisgrundriß entwickelter Zuschauerraum mit vier Rängen.

★ **Münchner Kammerspiele im Schauspielhaus** (Maximilianstr. 26/28). 1900/01 von *Max Littmann* als Privattheater im Rücken zweier Häuser der Maximilianszeit errichtet. Innenraumgestaltung von *Richard Riemerschmid.* Nach Veränderungen 1937 und purifizierender Renovierung 1950 weitgehende Wiederherstellung 1970/71 nach Originalplänen und Befunden, die wichtige Farbgebung der Innenräume teilweise verändert. Der Zuschauerraum mit Rang, dekorativ strukturierter Decke und rekonstruiertem, jugendstilig gerahmtem Bühnenportal. – Einziges Jugendstiltheater Süddeutschlands, mit einheitlicher, bis ins Detail gehender Durchplanung unter dem Einfluß *Henry van de Veldes.* In der bewußt inszenierten Intimität Ausdruck der Theaterkunst der Zeit.

★ **Nationaltheater** (Max-Joseph-Platz 2). 1811–18 durch *Karl von Fischer* als Königliches Hof- und Nationaltheater am Ostrand des 1802 abgebrochenen Franziskanerklosters und als repräsentativer Ostabschluß des neu geschaffenen Max-Joseph-Platzes ohne die geplanten Seitenflügel erbaut. Nach Brand 1823–25 durch *Leo von Klenze* weitgehend nach dem Originalplan wiederaufgebaut; neu der zweite Dreiecksgiebel an Stelle des Walmdaches am Logenhaus. In den Giebeln ehem. Enkaustikmalerei, ab 1894 durch Glasmosaik ersetzt. 1944 vollständig ausgebrannt, der Portikusgiebel zerstört. Wiederaufbau 1956–63: die Platzfront nach *Klenzes* Form, der historische Vestibültrakt aus den Ruinen rekonstruiert (der Originalstuck von *Jean-Baptiste Métivier*); der Restbau mit dem nach Osten verschobenen, leicht vergrößerten Zuschauerraum auf der Grundlage der Pläne *Fischers* neu geschaffen. – Monumentaler Theaterbau mit repräsentativer Portikus auf Freitreppe, der der gewaltigen Fassade des Königsbaus eigengewichtig gegenübersteht. Als öffentlicher Bildungsbau am Odéon von 1782 in Paris orientiert. Noch als traditionelles Logentheater mit Königsloge, doch in französischer Art ohne durchgehende Logentrennwände errichtet.

★ **Prinzregententheater** (Prinzregentenplatz 12). 1900/01 nach Plänen von *Max Littmann* als Festspielhaus errichtet. Dadurch wurde das seit 1895 erschlossene Neubaugebiet am östlichen Isarhochufer aufgewertet. 1984–88 Renovierung des Zuschauerhauses und Rekonstruktion des im Krieg zerstörten Foyertraktes. – Freistehender Bau mit Fassade und Auffahrtsrampen zur Prinzregentenstraße in Formen eines klassizisierenden Jugendstils. Die Funktionen an der Außengestaltung ablesbar: Vorhalle, konvex vorschwingender Zuschauerraum, erhöhtes Bühnenhaus, niedrige Garderobentrakte und an der linken Seite angefügter Foyerbau. – Amphitheatralisch ansteigender Zuschauerraum mit rückwärtiger Logenreihe und verdecktem Orchestergraben nach dem Vorbild des Bayreuther Festspielhauses. – In der Nachfolge der Reformideen *Karl Friedrich Schinkels, Gottfried Sempers,* dessen Projekt für München (1865–68) nicht ausgeführt wurde, und *Richard Wagners.* Dekorative Malerei nach Entwürfen von *Julius Mössel* und *Karl Selzer.*

**Cuvilliéstheater** ▷ Residenz

**Marionettentheater** (Blumenstr. 32). 1901 von Theodor Fischer. Kleiner freistehender Walmdachbau mit Portikus.

## MUSEUMSGEBÄUDE

★ **Alte Pinakothek** (Barer Str. 27). 1826–36 durch *Leo von Klenze* als damals größter Museumsbau – einer der ersten öffentlichen – auf dem freien Gelände im Stadterweiterungsgebiet der Maxvorstadt errichtet. 1943/44 im Mittelteil schwer beschädigt, Verlust der Bauplastik und der reichen Innendekoration, die zusammen mit der Bilderhängung ein lehrhaftes, romantisches Kunstprogramm ergaben. 1952–57 Schließung der Fassadenlücken in bewußt karger, vom Originalbaubestand abgesetzter Form durch *Hans Döllgast.* Dabei Verlegung des Eingangs von der Ost- an die Nordseite und teilweise Veränderung der Innenraumdisposition. An Stelle der ebenfalls zerstörten Loggia mit Fresken der *Cornelius*-Schule (1830–40) moderne Schachttreppe. Seit 1977 sukzessive Renovierung der Fassaden, seit 1994 des Innern. – Längsrechteckiger, mit fugenlos gesetzten, nach innen sich verjüngenden Backsteinen verkleideter Bau mit kurzen Seitenflügeln und durchgehendem Dachaufsatz für die Flucht der Hauptsäle. Die Gliederungsteile aus Sandstein. Frühe Verwendung von Neurenaissanceformen am Monumentalbau. Trotz der Orientierung an italienischer Palastarchitektur wurde der Bau als ein vom Zweck bestimmter Typus für das ganze 19. Jh. vorbildhaft.

**Neue Pinakothek** (Barer Str. 29). Ein 1846–53 parallel zur Alten Pinakothek und mit ähnlichem Bauvolumen von *August von Voit* errichtetes, an den Außenwänden bemaltes Gebäude wurde 1949 nach starken Kriegsschäden abgebrochen und 1975–81 durch den Neubau von *Alexander von Branca* ersetzt. In Naturstein verkleideter, asymmetrisch um Eingangshalle und mehrere Höfe gruppierter Komplex mit hervorragend belichteten Räumen wechselnden Formats auf unterschiedlichem Niveau.

★ **Bayerisches Nationalmuseum** (Prinzregentenstr. 3). 1894–1900 durch *Gabriel von Seidl* als Museumsbau an der seit 1891 neu angelegten, das Zentrum mit Neubaugebieten jenseits des Flusses verbindenden Straße errichtet. Im Gesamtkomplex des nach den Prinzipien des malerischen Städtebaus entworfenen Straßenzuges mit dem benachbarten Point de vue des Friedensdenkmals zu sehen. – Vierflügeliger Gruppenbau in Stilformen des 16.–18. Jh.s; davor Prinzregenten-Reiterstandbild, 1901–13 von *Adolf von Hildebrand.* 1903–07 Erweiterungsflügel zur Himbselstraße. 1937–39 durch *German Bestelmeyer* Anbau des Studiengebäudes als östliche Platzfassung, Änderung des vorgelegten, ehem. teilvertieften Gartenparterres und Abtragung des Hubertusbrunnens, 1903–07 von *Hildebrand* (▷ Brunnen). 1943 Kriegsschäden mit Verlust der Barockkapelle. Durch die Purifizierung des Innern nach dem Krieg bis auf einige Räume im Ostteil des Erkerbaus Verlust der von *Seidl* und *Rudolf von Seitz* unter historisch-didaktischen Gesichtspunkten konzipierten Einheit von Dekoration und Ausstellungsgut. Bedeutendste erhaltene Innenräume: das barockisierende Treppenhaus und der in spätgotischen Formen gewölbte, weiträumige Kirchensaal.

**Deutsches Museum von Meisterwerken der Naturwissenschaften und Technik** (Museumsinsel). Als Museumskomplex auf der ehem. „Kohleninsel“ errichtet, mehrere Schauseiten lagebedingt. Der Ausstellungstrakt 1906 als letzter größerer Bau *Gabriel von Seidls* begonnen, ab 1913 durch *Emanuel von Seidl* und 1920–25 durch *Oswald E. Bieber* teilweise nach eigenen Plänen vollendet. – Asymmetrischer Gruppenbau mit Observatoriumsturm und Ehrensaalvorbau zum Hof. Die architektonische Gestaltung ist aus den Ausstellungsbedürfnissen entwickelt. Zur Entstehungszeit größter Eisenbetonbau Deutschlands; mit steinmetzmäßig bearbeitetem Vorsatzbeton und z. T. Muschelkalkquaderverblendung. Historisierende Baudetails spielen eine wesentlich geringere Rolle als in *Seidls* früheren Arbeiten. – Der Bibliotheks- und Kongreßsaaltrakt im Norden 1928–35 von *German Bestelmeyer,* die Kraftfahrzeughalle im Süden 1936/37 von *Karl Bäßler.* 1946–58 Wiederaufbau kriegsbeschädigter Teile des Ausstellungsgebäudes. 1969–75 Umbau der Verbindungstrakte am Hof durch *Franz Hart* und 1978–82 im Süden Anbau der Luft- und Raumfahrthalle durch *Sep Ruf.* Ehem. Kongreßsaal 1992 verbaut.

In den Gebäuden des ehem. **Heeresflughafens** in Oberschleißheim (▷ am Ende des Bandes) seit 1992 Zweigmuseum zur Geschichte der Luftfahrt.

★ **Glyptothek** (Königsplatz 3). 1816–30 durch *Leo von Klenze* als erstes öffentliches Museum für antike und zeitgenössische Skulptur in Deutschland errichtet. Der Entwurf über die Konzeption *Karl von Fischers* (um 1813) unter Auswertung zahlreicher Arbeiten anderer Architekten, u. a. eines Akademiewettbewerbs (1813–15), und unter großer Einflußnahme König Ludwigs I. entwickelt. Namensgebung durch den König (vom Griechischen γλγφω, einschneiden, in Stein hauen), vorbildhaft für ähnliche Museen. Durch Kriegszerstörung Verlust der reichen Innenausstattung nach *Klenzes* Entwurf (Stuckdekoration von *Jean-Baptiste Métivier,* Fresken von *Peter Cornelius* mit Schule, Reliefs von *Ludwig von Schwanthaler*). Nach Instandsetzung (1947–53) purifizierte Wiederherstellung mit teilweise verändertem Innenausbau durch *Josef Wiedemann* 1964–72. – Vierflügelanlage um Innenhof, der Eingang mit Giebelportikus, die doppelte Reihe unkannelierter Säulen mit ionischen Kapitellen. – Die Tympanon-skulpturen 1828–36 nach Entwurf *Johann Martin Wagners,* Künstler unter dem Schutz der Pallas in den plastischen Werktechniken arbeitend, verweisen auf das Sammlungsgebiet. Die Skulpturen in den Außennischen, Repräsentanten der Geschichte der Bildhauerkunst, stammen von 1838–62. – Die chronologische (nicht mehr inhaltliche) Anordnung des Ausstellungsgutes und – als öffentliche Sammlung – die ehem. didaktische Erläuterung durch die Dekoration war das ganze 19. Jh. hindurch vorbildlich.

**Haus der Kunst** (Prinzregentenstr. 1). 1933–37 nach Plänen von *Paul Ludwig Troost* als Ausstellungsgebäude „Haus der Deutschen Kunst“ errichtet. Im Zuge des Umbaus der ehem. unter malerischen Gesichtspunkten angelegten Parkavenue Prinzregentenstraße zu einer Auffahrtsstraße mit Abbruch der Häuserzeile an der Von-der-Tann-Straße und dem Bau des ehem. Luftgaukommandos (Prinzregentenstr. 28, 1937/38 durch *German Bestelmeyer*) an die unbebaute Nordseite (Englischer Garten) am Straßenanfang gestellt. – Langgestreckter neuklassizistischer Block aus Haustein (Kelheimer Kalkstein, Nagelfluh); beidseitig Pfeilerportikus annähernd in Fassadenbreite (die Freitreppe zur Straße 1971 entfernt). Trotz der Einbauten die Innenausstattung weitgehend erhalten. – Neben den Parteigebäuden am Königsplatz (Arcisstr. 12, Meiserstr. 10) einer der frühesten Bauten des „Dritten Reichs“. In seiner formalen Härte, schmucklosen Monumentalität, der handwerklich-materiellen Solidität, der gleichförmigen Reihung von Baugliedern und seiner Bedeutung im politischen Leben ein programmatisches Beispiel für die Selbstdarstellung des Hitlerregimes in der Architektur.

★ **Lenbachhaus,** jetzt Städtische Galerie (Luisenstr. 33/35). 1887–91 nach Plänen *Gabriel von Seidls* im Stil einer italienischen Villa suburbana in Renaissance- und Barockformen errichtet. Residenz eines „Künstlerfürsten“ in damals vornehmster Lage und mit hohem gesellschaftlichen Anspruch. 1927–29 Erweiterung für Museumszwecke (Nordflügelanbau). Nach Kriegsschäden Wiederherstellung und stark veränderter Innenausbau 1954–58; der westliche Anbau 1969–72. Die kostbare Innenausstattung großenteils verloren. – Asymmetrische Baugruppe mit ehem. Ateliergebäude im Süden und Wohnhaus im Westen, auf das die Gartenanlage ausgerichtet ist. Der dreistöckige Schalenbrunnen (Hippokampenbrunnen) wohl italienisch, 16./17. Jh., Carrara-Marmor (Knabe ergänzt).

**Münchner Stadtmuseum,** ehem. Stadtzeughaus (St.-Jakobsplatz 1). Repräsentativer Bau, der die Nordseite des Jakobsplatzes beherrscht, einen aus dem Straßennetz im Angerviertel wohl bewußt für überregionale Jahrmärkte (Jakobi-Dult ab 1310 belegt) und andere wirtschaftliche Funktionen wie Heumarkt ausgesparten Platz. – Zeughaustrakt. 1491–93 durch *Lukas Rottaler* als Getreidekasten und Büchsenhaus der Stadt erbaut. 1926–28 Ausbrechen der Fenster an der westlichen Längsseite. Nach Kriegsschäden Wiederherstellung 1949–54. Längsgestreckter dreistöckiger Backsteinbau mit hohem Satteldach. Im Erdgeschoß dreischiffige Pfeilerhalle aus sechs Jochen mit Kreuzrippengewölben. Selbstbewußte Darstellung der Stadtwehr; mit dem benachbarten, im Krieg zerstörten und 1976/77 wiederaufgebauten Stadthaus am Anger von 1410 (ehem. Fuhrpark, Heuboden und Marstall) jetzt Teil des Museums. Erweiterungsbauten 1926–28 von *Hans Grässel* und 1930/31 von *Hermann Leitenstorfer*.

**Prähistorische Staatssammlung** (Lerchenfeldstr. 2). 1973–75 nach Plänen von *Helmut von Werz* und *Johann Christoph Ottow*. Der Ausstellungstrakt besteht aus sechs gegeneinander versetzten Kuben um zwei Innenhöfe. Flachbauten in Stahlbeton-Skelettbauweise; die Außenhaut aus wetterfestem rostbildenden Stahl; fensterlos; Lichtschlitze zwischen den Baukörpern.

**Sammlung Goetz** (Oberföhringer Str. 103). 1992/93 von *Jacques Herzog* und *Pierre de Meuron*. Kubischer Ausstellungspavillon mit Räumen in zwei Etagen: Erd- und Tiefgeschoß umfassender Stahlbetonbau, darüber Holzkonstruktion mit abschließendem, durchgehenden Mattglasfensterband. Äußerste formale Strenge und puristisch zur Schau gestellte Materialität.

**Staatliche Antikensammlung,** ehem. Kunst- und Industrieausstellungsgebäude (Königsplatz 1). 1838–45 durch *Georg Friedrich Ziebland* gegenüber der Glyptothek errichtet. Mit dem südlich anschließenden Benediktinerkloster in baulichem und urspr. programmatischem Verband. 1943/44 ausgebrannt. 1962–66 Innenausbau für die antike Kleinkunstsammlung durch *Johannes Ludwig.* – Platzfassade mit korinthischer Säulenportikus auf hoher Freitreppe. Die Tympanonskulpturen nach Entwurf *Ludwig von Schwanthalers* (1836–40) stellen Repräsentanten verschiedener Künste unter dem Schutz der Bavaria dar.

**Staatliches Museum für Völkerkunde** (Maximilianstr. 42). 1853–63 an Stelle mehrerer geplanter und anders zu nutzender Einzelbauten durch *Eduard Riedel* als Bayerisches Nationalmuseum errichtet. – Horizontal gelagerter, gegliederter Baublock, an den Dimensionen des gegenüberliegenden Regierungsgebäudes orientiert. Der überwiegend neugotische Dekor ist der flächig wirkenden Fassadenwand ornamental appliziert. Seit 1926 Völkerkundemuseum. Kriegsschäden bis 1954 behoben, im stark beschädigten Westteil neue Innenraumdisposition. Im ersten Stock 38 von ursprünglich 143 Wandgemälden zur bayerischen Geschichte zahlreicher Münchner Historienmaler z. T. unter Abdeckung erhalten. Ein Saal mit Gemälden, 1864–67, von *Max Adamo, Hugo Barthelme, Wilhelm Hauschild, Eduard Schwoiser* und *Alexander von Wagner,* 1992–96 restauriert.

★ **Stuckvilla** (Prinzregentenstr. 60/62). In repräsentativer Lage an der ab 1895 neu angelegten Prachtstraße der neuen, vornehmen Vorstadt gelegen; Residenz eines „Künstlerfürsten" und gesellschaftlicher Mittelpunkt. Der Hauptbau 1897/98, der Atelierbau 1913/14, beide nach Entwürfen des Bauherrn *Franz von Stuck* (bis hin zur Ausstattung und den Dekorationsdetails) errichtet. Ausführung: Firma *Heilmann & Littmann.* Nach Brandbombenschäden im Dachgeschoß weitgehend originalgetreue Wiederherstellung der Salons im Erdgeschoß und des Ateliers im ersten Obergeschoß; die anderen Räume für Ausstellungszwecke hergerichtet. – Zwei monumentale, klassizisierende, kubische Baublöcke mit flächenhafter Fassadengliederung. Der Hauptbau mit Eckrisaliten, flachem Dach und Portikus. Die erhaltenen Räume mit fester und mobiler Ausstattung in historisierenden, symbolistischen Jugendstilformen, starkfarbig, aus z. T. wertvollen Materialien. Im Vorgarten „Amazone" von *Stuck* (1897), Reiterfigur aus Bronze. Rückseitig Hausgarten.

## GESCHÄFTS- UND BÜROHÄUSER

**Bayerische Hypotheken- und Wechselbank** (Kardinal-Faulhaber-Str. 10). 1895–98 von *Emil Schmidt*, Berlin. Der Westflügel mit langgestreckter, mächtiger neubarocker Schaufront zwischen den ehem. Adelspalais Holnstein und Portia. Mit der unteren Rustikazone und der Pilastergliederung über zwei Obergeschosse deutlich auf die

Barockpalais Bezug genommen, aber sie an Höhe und Aufwand übertrumpfend. Der dominierend in die Prannerstraße hineinwirkende Mittelrisalit mit wuchtig vorragendem Balkon und reichem, z. T. figürlichem plastischen Schmuck von *Hugo Kaufmann* versehen.

**Bayerische Vereinsbank,** ehem. Staatsbank (Kardinal-Faulhaber-Str. 1/3). 1893/94 und 1907/08 von *Albert Schmidt.* Palastartiger Neubarockbau mit Halbsäulen an den abgerundeten Eckrisaliten.

**Bernheimer-Palais** (Lenbachpl. 3). 1887–89 nach Plänen von *Friedrich von Thiersch* als Wohn- und Geschäftshaus erbaut, die Fassade von *Martin Dülfer.* Nach Kriegsschäden wurden Bohlensparrendach und Dachreiter erst bei der Fassadenrestaurierung und dem Innenumbau mit -sanierung seit 1994 wiederhergestellt. – Palastartiger Bau in Neubarockformen und – erstmals in München – sichtbar eingesetzter Eisenkonstruktion in den beiden unteren Geschossen. Über Mittelrisalit halbkreisförmiger Giebel mit plastischem Dekor. Durch den auf den Karlsplatz hin ausgerichteten Eckrisalit asymmetrische Fassadenwirkung. Rückseitig Erweiterungsbau, 1909 von *Thiersch,* mit erhaltener historisierender Ausstattung (Treppe, ehem. Gobelinsaal u. a.). – Vgl. auch den Komplex Lenbachplatz 4, 5, 6.

**Haus Böhler** (Brienner Str. 25). 1904/05 nach Plänen von *Gabriel von Seidl* als Wohn- und Geschäftshaus für den Antiquar Julius Böhler errichtet. Freistehender, palaisartiger Walmdachbau mit Schaufassade in italianisierenden Formen. Innen Galerieräume.

**Deutsche Bank/Bayerische Börse** (Lenbachpl. 2/2 a). 1896–98 nach Plänen von *Albert Schmidt* erbaut. Die ehem. vier Eckkuppeln im Krieg verloren. Freistehender palastartiger Block über ungleichmäßigem Grundriß in städtebaulich beherrschender Lage; vom Karlsplatz zum Lenbachplatz überleitend. Schaufassaden nach drei Seiten. Der neubarocke Formenapparat mit Anklängen an den Michaelertrakt der Wiener Hofburg (1889–93).

**Industrie- und Handelskammer** (Max-Joseph-Str. 2). 1911/12 nach Plänen *Gabriel von Seidls* als Wohn- und Geschäftshaus für den Antiquitätenhändler A. S. Drey erbaut. Bildet mit Maximilianspl. 8, der ehem. Börse, 1899 von *Friedrich von Thiersch,* einen monumentalen Block. Fassadenrestaurierung 1970/71. – Palastartiger verputzter Bau in Formen deutscher Renaissance; der Sockel aus Donaukalkstein, die reiche Terrakottagliederung nach Modelentwürfen von *Franz Naager.* Am Börsentrakt außen reicher Putzdekor; die Innenräume zum großen Teil erneuert.

**Kaufhaus Hertie,** ehem. Kaufhaus Tietz (Bahnhofpl. 7). 1904/05 nach Plänen von *Max Littmann* als erstes Warenhaus Münchens erbaut. Nach Kriegsschäden leicht vereinfacht wiederhergestellt.

Eisenbetonbau mit ovalem Lichthof. Die historisierenden Giebel, der Turm und die Muschelkalkverblendung auf Anordnung der städtischen Baukommission zur besseren Einpassung in das Stadtbild.

**Kaufhaus Karstadt/Haus Oberpollinger** (Neuhauser Str. 18). 1904/05 nach Plänen vom *Max Littmann* erbaut. Im Erdgeschoß verändert. Eisenbetonbau mit (verbautem) Lichthof. Die an hanseatischen Renaissanceformen orientierte Giebelreihung und die Muschelkalkverblendung auf Anordnung der städtischen Baukommission zur besseren Einpassung in das Stadtbild.

**Lenbachplatz 4, 5, 6.** Malerisch komponierter Block aus drei Häusern, die Nordseite der Platzwand bildend. Nr. 4 (Geschäftshaus): 1901 nach Plänen von *Albert Schmidt.* Nr. 5 (ehem. Galerie Heinemann) 1903/04 sowie Nr. 6 (Geschäftshaus) 1904/05, beide nach Plänen *Emanuel von Seidls.* – Breitgelagerte, formal aufeinander konzipierte Baugruppe in barockisierenden Formen mit Jugendstilelementen und teilweise reicher Bauplastik. – S. auch Bernheimer Palais.

**Medizinische Lesehalle,** ehem. Brakls Kunsthaus (Beethovenpl. 1 und Lessingstr. 2). Villenartiges Wohnhaus über dreieckigem Grundriß mit anschließendem Galeriebau in Jugendstilformen; 1909–13 von *Emanuel von Seidl.*

**Verwaltungsgebäude der Bayerischen Hypotheken- und Wechselbank** (Arabellastr. 12). 1975–81 nach Plänen von *Walther* und *Bea Betz,* die Innenausstattung von *Paolo Nestler.* Lebhaft gegliederter Baukomplex, aus drei bis 141 m hohen prismatischen Blöcken und zwei fünfstöckigen Flügelbauten zusammengesetzt, eingespannt zwischen vier Rundtürme, deren spangenartige Querelemente als technisches Geschoß der Aufhängung der unteren und der Stützung der oberen Geschosse dienen. Glas-Aluminium-Rasterfassaden. – Interessante städtebauliche Wirkung durch exzentrische Baumassengliederung.

**Verwaltungs- und Museumsgebäude der Bayerischen Motoren Werke AG** (Petuelring 130). 1970–72 nach Plänen von *Karl Schwanzer.* Über Rampen und Terrassen erschlossene Anlage aus Bürohochhaus, flachem Betriebsgebäude, Parkhaus und Museumsbau. – Das um einen Tragkern als Hängekonstruktion errichtete Bürohaus besteht aus vier zylinderartigen Baukörpern, werbewirksam an der Form von Motorenteilen orientiert. Durch eine Horizontalteilung in elf und sieben Geschosse gegliedert; rasterförmig ganz durchfenstert. Am Kopf des Turmes die Aufhängung der Bauteile sichtbar gemacht. Gegossene Aluminiumaußenhaut. Variable Großraumbüros. – Das Museum ist als schüsselförmiger Rundbau auf sechs Rundstützen mit Tragring konstruiert. Silbern bemalte Leichtbetongußschale. – Bedeutender städtebaulicher Akzent im Anschluß an das Olympiagelände.

**Verwaltungsgebäude der Bayerischen Rückversicherung AG** (Sederanger 4–6). 1976 nach Plänen von *Uwe Kiessler* und *Hermann Schultz*. Bürobau zu vier Geschossen über kleeblattförmigem Grundriß, Trägerkonstruktion mit Radialträgern auf Randstützen. – Kasinobau, kreisförmige Hängekonstruktion, zweigeschossig. – Beide Gebäude rundum verglast.

**Verwaltungsgebäude der Mannheimer Lebensversicherung** (Bavariaring 14). 1963–67 von *Egon Eiermann*. Fünfstöckiger kubischer Stahlbetonbau, das oberste Geschoß zurückgesetzt, mit Fensterbändern und Steinzeugplattenverkleidung. Variable Etagenaufteilung.

**Verwaltungsgebäude der Rhein-Main-Donau AG** (Leopoldstr. 28). 1928/29 von *Jakob Pfaller*. Monumentaler, sparsam gegliederter kubischer Block mit verputzter Rasterfassade, wuchtigem Kalksteinportal und einem für die Bauzeit in München ungewöhnlichen Flachdach.

**Zerwirkgewölbe** (Ledererstr. 3). Auf der Grundlage eines herzoglichen Gebäudes von 1264 wohl Ende des 15. Jh.s neu erbaut; aus der Zeit die ehem. als Bräuhaus genutzten, kreuzgratgewölbten Räume im Untergeschoß. Zusetzen der südlichen Erdgeschoßfenster und Abänderung der Ostwand später. Ab 1808 Nutzung für Wildbretzerlegung (zerwirken), heute Feinkostladen.

## BEDEUTENDE STRASSENZÜGE

★ **Brienner Straße – Wittelsbacher Platz – Karolinenplatz – Königsplatz.** Erste große Straßenanlage außerhalb der ehem. Stadtmauer, etwa auf der Trasse des alten Fürstenweges von der Residenz (Beginn am Hofgartentor) zum Schloß Nymphenburg mit vorläufiger Endplanung am Stiglmaierplatz. Als ehem. Hauptachse mit aufgereihten Plätzen erschließt sie das projektierte nördliche Erweiterungsgebiet, die Maxvorstadt, eine schematisch gerasterte, urspr. gartenstadtähnliche Anlage. Der „Generalplan“ dafür wurde von *Friedrich Ludwig von Sckell* 1811 auf den Ergebnissen eines städtebaulichen Wettbewerbs erstellt. Durch sternförmig vom Karolinenplatz abgehende Straßen an den neuen Maximiliansplatz mit Maxtor (1805) und den Karlsplatz (Neugestaltung ab 1791) angebunden.
Der gesamte Straßenzug mit seinen Plätzen ist ein bedeutendes Beispiel klassizistischer Stadtbaukunst, nacheinander durch die unterschiedlichen stadtplanerischen Vorstellungen *Sckells, Karl von Fischers* und *Leo von Klenzes* geprägt. Nach Kriegsschäden ist die „offene“ Bauweise von *Sckell* und *Fischer* um den Karolinenplatz gerade noch zu erahnen, das Bild der geschlossenen Bebauung im östlichen Teil sowie die Einfassung von Wittelsbacher- und Königs-

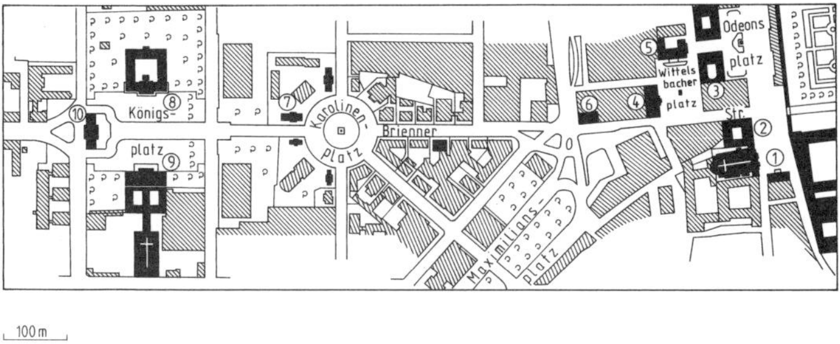


*München, Brienner Straße*

1 *Feldherrnhalle, Theatinerkirche St. Kajetan, Residenz*
2 *Ehem. Palais Moy*
3 *Ehem. Odeon*
4 *Ehem. Palais Arco/Zinneberg*
5 *Ehem. Alfons-Palais*
6 *Ehem. Palais Bayrstorff/Almeida*
7 *Nebengebäude der ehem. Palais am Karolinenplatz*
8 *Glyptothek*
9 *Staatliche Antikensammlung*
10 *Propyläen*

platz durch Fassadenrekonstruktionen weitgehend wiedergewonnen. Die überwiegend gründerzeitliche Bebauung der Brienner Straße zwischen Königs- und Stiglmaierplatz ist fast ganz ausgelöscht. Mit dem Durchbruch des Altstadtringes (1969) wurde der Straßenzug aufgerissen, das ausponderierte Gleichgewicht der seitlich einmündenden Plätze (Wittelsbacher- und Maximiliansplatz) sowie der Übergang zur „grünen" Vorstadt durch Überbauung des Vorgartens des neugotischen Wittelsbacher Palais (1843–48 von *Friedrich von Gärtner*, ab 1935 Gestapozentrale, nach schweren Kriegsschäden 1950/51 abgebrochen) im Bereich Brienner Str. 20 gestört.
Die geschlossene Bebauung zwischen Odeonsplatz und Altstadtring stammt aus der zweiten Entstehungsphase, die meisten Fassaden nach Entwürfen *Klenzes* 1819–25: Das ehem. Palais Moy (Brienner Str. 1/Theatinerstr. 23) von 1819 ist Teil der architektonischen Fassung, mit der die Brienner Straße an die Ludwigstraße angebunden ist; nur die Fassaden teilweise erhalten. – Aus der Zeit stammt auch die repräsentative herrschaftliche Architektur, die den Wittelsbacher Platz einfaßt: das ehem. Palais Arco-Zinneberg (Wittelsbacher Platz 1) von 1820, nach Abbruch der Kriegsruine Neubau 1959/60 durch *Georg Alexander Roemmich*, die Fassaden in Anlehnung an den Vorgängerbau unter Einbeziehung des originalen Säulenbalkons; das ehem. Alfons-Palais (Wittelsbacher Platz 4) 1825 als *Klenzes* eigenes Wohnhaus errichtet; Fassadenrenovierung und Zugangsverlagerung zur Platzseite 1960/68. – Platzbestimmend das Denkmal Maximilians I. (▷ Denkmäler). – Vom ehem. Palais

Bayrstorff/Almeida (Brienner Str. 14), 1823/24 von *Jean-Baptiste Métivier*, ist die Fassade erhalten; die Eisenkandelaber beiderseits der Einfahrt stammen aus dem *Eisengußwerk Bodenwöhr*. Von den ehem. kubischen, den Karolinenplatz umstehenden Gebäuden der ersten Bauphase, 1809–12 von *Fischer*, sind nur niedrige Nebengebäude an der Einmündung der Barer- und der Brienner Straße erhalten. – Der Obelisk, Bronzeplatten über Backsteinkern, zur Ehrung der im Rußlandfeldzug 1812 umgekommenen 30000 bayerischen Soldaten, 1833 nach Entwurf *Klenzes* errichtet, zentriert den Platz. Erste Arbeit aus der neu gegründeten Kgl. Erzgießerei unter *Johann Baptist Stiglmaier*.

★ Der Königsplatz wurde bereits von Kronprinz Ludwig zum westlichen Eingangsforum der Stadt und durch die Gebäude in den drei griechischen Ordnungen (1816–62) zu einem Forum antiker Baukunst bestimmt. Funktion und Bauausstattung der Gebäude verkünden die Vorbildhaftigkeit der antiken Kunst (Glyptothek), die Befreiung und neue Blüte Griechenlands unter dem Wittelsbacher König Otto I. (Propyläen) sowie die Erneuerung der Kunst und künstlerischen Techniken in Bayern (Ausstellungsgebäude). Aus Untersberger Marmor ausgeführt, sind sie die monumentale Versinnbildlichung der philhellenischen Bestrebungen Ludwigs I. und seiner Absicht, aus München „Isar-Athen" zu machen. Von der nationalsozialistischen Umgestaltung der Platz- und Straßenanlage stammen die stark auf den Platz einwirkenden Monumentalbauten an der Meiser- und Arcisstraße (Musikhochschule und Haus der Kulturinstitute), 1933–1938 von *Paul Ludwig Troost*. Die „Ehrentempel" für die beim Putschversuch von 1923 Erschossenen wurden 1947 gesprengt; der (weitgehend schadhafte) Steinbelag von 1935, durch den hier ein Aufmarschplatz geschaffen worden war, wurde 1987 zugunsten einer am urspr. Zustand orientierten Platzbegrünung entfernt.

**S. auch Glyptothek, Staatliche Antikensammlung, Propyläen**

★ **Ludwigstraße – Odeonsplatz.** Prachtstraße auf der Grundlage des durch *Leo von Klenze* 1816/17 überarbeiteten Generalplanes von *Friedrich Ludwig von Sckell* (1811) für die Stadterweiterung im Norden. Bruchlose Anbindung der projektierten Maxvorstadt unter Verlegung der bisherigen Hauptachse (▷ Brienner Straße). Ausbildung einer neuen, repräsentativen Stadteinfahrt auf der (begradigten) Trasse der Schwabinger Landstraße mit Ziel Residenz. Der neu geschaffene Odeonsplatz als Forum vor der Altstadt und die Residenzbauten im Hofgartenbereich (1832–42) machten den Sitz des neuen Königreichs (seit 1806) auch optisch erlebbar zum Landeszentrum. Ab 1816 Realisierung durch den Bau des Hofgartentores als Fluchtpunkt der Brienner Straße, den Bau des Leuchtenberg-Palais (1816–21), Abbruch des Schwabinger Tors (1817), Niederlegung der Bastionen und Grabenauffüllung (1818–20) sowie Bau der ersten

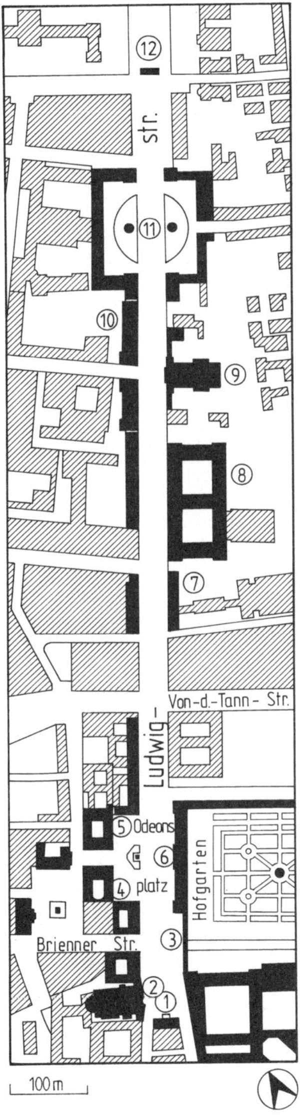


*München, Ludwigstraße*

1 *Feldherrnhalle*
2 *Theatinerkirche St. Kajetan*
3 *Hofgartentor*
4 *Ehem. Odeon*
5 *Ehem. Leuchtenbergpalais*
6 *Bazargebäude*
7 *Bayerische Staatsarchive*
8 *Bayerische Staatsbibiliothek*
9 *Ludwigskirche*
10 *Ehem. Salinendirektion*
11 *Ludwig-Maximilians-Universität*
12 *Siegestor*

Häuser an Ludwigstraße und Einmündung der Brienner Straße (ab 1817). Bis 1830 Errichtung aller Bauten – überwiegend Wohn- und Mietshäuser – bis in Höhe der Theresienstraße nach (Fassaden-) Entwürfen *Klenzes*. Als Privatunternehmen des Kronprinzen begonnen, wurde die Straße nach seiner Thronbesteigung 1825 als König Ludwig I. als „Via Triumphalis" mit Staatsbauten weitergeführt. Der nördliche Teil von *Klenzes* Nachfolger *Friedrich von Gärtner* ab 1827 geplant und fortgesetzt. Von ihm auch die Abschlußbauten Siegestor und Feldherrnhalle. Bereits 1827 wurde die Verlängerung (Leopoldstraße) über den Burgfrieden hinaus bis zur Fernstraßengabelung an der heutigen Münchner Freiheit festgelegt.
Monumentale geschlossene Straßenanlage und eine der bedeutendsten städtebaulichen Leistungen der ersten Hälfte des 19. Jh.s. Die unterschiedlichen Architekturauffassungen *Klenzes* und *Gärtners* waren urspr. an der Baustruktur deutlich ablesbar: kleinteiligere, an italienischen Renaissancebauten orientierte Wohnbebauung *Klenzes* im Südteil und, der Absicht König Ludwigs entsprechend, großdimensionierte Staatsbauten *Gärtners* in der Nordhälfte. Durch die Abbrüche der Nationalsozialisten von 1938 wurde der Bestand an *Klenze*-Bauten stark dezimiert. Die als Ersatz errichteten klotzigen Großbauten haben die urspr. Intention verfremdet: Der Wohnhauskomplex der ehem. Nummern 31, 30, 29, 28 mußte dem heutigen Landwirtschaftsministerium (Nr. 2/4) weichen, das hochrangige Herzog-Max-Palais von 1827, eines der Hauptwerke *Klenzes* mit wertvoller Bauausstattung der dann erst 1951 fertiggestellten Landeszentralbank (Nr. 13). Weitere Verluste durch Kriegsschäden (1943–45): Bei vielen Gebäuden sind nur noch die oft vereinfachten Fassaden erhalten; der Block Ludwigstraße 6/8/10 ist eine Rekonstruktion von 1960–68. Wenn damit noch das geschlossene Bild des Straßenraumes weitgehend gewahrt werden konnte, wurde es jedoch durch die Anlage des Altstadtringes und den damit verbundenen Abbruch des ehem. Hauses Nr. 7 (mit unsymmetrischer Verlängerung von Nr. 11) empfindlich aufgerissen.

**Feldherrnhalle.** 1841–44 als südlicher Abschluß der Ludwigstraße und als architektonische Fassung der Häuserzeile am ehem. nördlichen Stadteingang erbaut. Die Pläne von *Friedrich von Gärtner*; formal in Anlehnung an die Loggia dei Lanzi in Florenz als dreibogige, nach drei Seiten offene Halle mit Freitreppe und reichem Gesimsabschluß. Material: Oberauer Kalkstein. Bauplastik von *Anselm Sickinger* und *Francesco Sanguinetti*. – Monument zu Ehren des bayerischen Heeres; nach Hitlers 1923 gescheitertem Putschversuch und „Marsch zur Feldherrnhalle" nationalsozialistische Kultstätte. – In den Arkaden Bronzestatuen der Feldherrn Graf Tilly und Fürst Wrede nach Entwurf *Ludwig von Schwanthalers* um 1842/43; das Armeedenkmal 1892 von *Ferdinand von Miller d.J.*, die Marmorlöwen 1906 von *Wilhelm von Rümann*.

**Ehem. Odeon,** jetzt Bayerisches Staatsministerium des Innern (Odeonsplatz 3). 1826–28 durch *Leo von Klenze* als öffentlicher Konzertsaalbau erstellt, wegen einer einheitlichen Platzplanung äußerlich spiegelbildlich zum Leuchtenberg-Palais. 1944 ausgebrannt und teilzerstört. Die Fassaden 1951/52 durch *Josef Wiedemann* z. T. rekonstruierend wiederhergestellt. Der ehem. Konzertsaal mit halbrunder Exedra und ehem. zwei übereinandergestellten Säulenreihen wurde zum Innenhof umgewandelt. Damit Verlust einer der außergewöhnlichsten klassizistischen Lösungen der Bauaufgabe Konzertsaal. Der auf drei Seiten freistehende Bau ist für die Ausbildung von Odeons- und Wittelsbacher Platz wesentlich.

**Ehem. Leuchtenberg-Palais,** jetzt Bayerisches Staatsministerium der Finanzen (Odeonsplatz 4). 1817–21 durch *Leo von Klenze* als Stadtpalais für Eugène Beauharnais, Herzog von Leuchtenberg, den Schwiegersohn von König Maximilian I. Joseph und Stiefsohn Kaiser Napoleons I., errichtet. Erster Bau im Bereich der Ludwigstraße, konstituierend für den Odeonsplatz und vorbildhaft für den Außenbau des Odeons. Gilt als erster Neurenaissancebau in Mitteleuropa und wurde für den Stil der südlichen Ludwigstraße bestimmend. Bei Luftangriffen 1943 und 1945 ausgebrannt. Nach Totalabbruch (1962) des keineswegs irreversibel beschädigten Gebäudes mit wertvoller Bauausstattung Neuaufbau 1963–66 als Stahlbetonskelettbau mit vorgeblendeter rekonstruierter Backsteinfassade und Steingußgliederung; weitgehend original nur das Südportal. – Der im ehem. Speisesaal angebrachte „Alexanderfries“ von *Bertel Thorvaldsen,* 1819, Gipsabguß (nach dem Originalgips von 1812 im Quirinalspalast in Rom) jetzt im Vorraum des Herkulessaales der Residenz.

**Bazargebäude** (Odeonsplatz 6–18). Im Rahmen der Planung der Ludwigstraße als gerade Stadteinfahrt Abbruch des in der Trasse stehenden riesigen Turnierhauses, 1660/61 von *Marx Schinnagl* erbaut, sowie des Caféhauses Tambosi und Ersatz durch eine schmale Ladengalerie, das Bazargebäude. 1824–26 nach Plänen *Leo von Klenzes* durch *Johann Ulrich Himbsel* errichtet; die Rückseite über dem Westtrakt der Hofgartenarkaden. Die Eckrisalite 1854–56 durch *Himbsel* aufgestockt. – Architektonische Fassung der Odeonsplatz-Ostseite; der Mittelpavillon in der Achse der einmündenden Fürstenstraße als bauliches Gegenüber zur Ostfassade des Ludwig-Ferdinand-Palais (Alfons-Palais) am Wittelsbacher Platz erstellt.

**Staatsarchive** (West- und Südtrakt; Ludwigstraße 14/Schönfeldstraße 3). Der Bau an der Ludwigstraße 1827–30 durch *Leo von Klenze* als Kriegsministerium errichtet (vgl. die Bauplastik); der Trakt an der Schönfeldstraße 1829/30 hauptsächlich als Wohnung des Kriegsministers, dort auf der Grundlage militärischer Vorgängerbauten von 1794/1807. Nach schweren Kriegsschäden (1943/44) ab 1964

Neuausbau des Westflügels und nach Abbruch (1959) rekonstruierender Wiederaufbau des Südflügels für die Staatsarchive bis 1977. – Langgestreckter Monumentalbau des ehem. Ministeriums mit überhöhtem Mittelrisalit; sein südlicher Teil ist gleichzeitig Westflügel des um einen Ehrenhof angelegten Traktes an der Schönfeldstraße; hier ein Mittelpavillon mit die Flügel verbindenden, nicht wie urspr. hinterbauten Arkaden (original nur noch das Säulenportal).

★ **Staatsbibliothek** (Ludwigstraße 16). 1832–42 durch *Friedrich von Gärtner* als Bibliotheks- und Archivgebäude errichtet. Sein erster Profanbau an der Ludwigstraße als Nachfolger *Klenzes*. Formal stark durch die Einflußnahme König Ludwigs I. geprägt. Nach Kriegsschäden (1943–45) mit Verlust von etwa 500 000 Bänden 1950–66 Wiederherstellung der zerstörten Süd- und Ostflügel, äußerlich in historischer Form. – Langgestreckte Anlage um zwei Höfe. Der dreigeschossige Blankziegel-Baublock an der Ludwigstraße (155 Meter lang) mit 25 Achsen rundbogiger Fenster über gerastertem Grundriß organisiert. Für einen Monumentalbau dieser Größe in für die Zeit ungewöhnlich rigoros reduzierter Formensprache erstellt. Freitreppe mit vier Sitzfiguren (Thukydides, Homer, Aristoteles, Hippokrates) nach Entwurf *Ludwig von Schwanthalers* (heute moderne Nachschöpfungen). Gewölbte Eingangshalle. Das monumentale Treppenhaus ohne die ehem. Ausmalung wiederhergestellt; basilikale Anlage mit mächtigem Mittellauf, im Oberteil gewölbte Halle mit Säulenarkaden.

★ **Ehem. Salinendirektion,** jetzt Teil der Universität (Ludwigstraße 27). 1838–43 von *Friedrich von Gärtner*. Nach dem Kriegsministerium zweiter reiner Verwaltungsbau an der Ludwigstraße. Nach Kriegsschäden im Innern mit veränderter Raumdisposition. – Langgestreckter dreigeschossiger Block in roter und gelber Klinkerverblendung mit Terrakottadekor. 17 Achsen rundbogiger Fenster, die Mitte einzig durch Rundbogenportal hervorgehoben, die Fassade durch farbige Bänder und Lisenen gegliedert. Von *Karl Friedrich Schinkels* Backsteinbauten (Bauakademie, Berlin, 1831–36) beeinflußt, war die Salinenverwaltung eines der modernsten Gebäude ihrer Zeit.

★ **Universitätsplatz mit Bebauung.** Nach Entwurf *Friedrich von Gärtners* als quadratisches Eingangsforum am nördlichen Ende der Ludwigstraße angelegt. Von einer geschlossenen, nur durch die von Osten auf den Platz treffende Veterinärstraße unterbrochenen Bebauung umfaßt.

Universität (Geschwister-Scholl-Platz 1). 1835–40. Die westliche Platzhälfte umgreifende Dreiflügelanlage, die Mitte durch die hohen Arkaden der Eingangshalle betont. Über hohem Sockelgeschoß zwei Reihen italianisierender, rundbogiger Biforien. – Der Erweiterungsbau an der Amalienstraße 1906–09 von *German Bestelmeyer*; im Verbindungstrakt großer Lichthof mit Kassettenwölbung, Glaskuppel

und Mosaikboden; Aula mit Galerie auf Tragfiguren von *Ulfert Janssen*; das Exedramosaik, Helios, von *Wilhelm Köppen*.
Max-Joseph-Stift (Professor-Huber-Pl. 2, heute Teil der Universität) und Georgianum (Professor-Huber-Pl. 1), 1835–40. Ersteres als Erziehungsinstitut für Töchter höherer Stände (Nordbau), das andere als Priesterseminar (Südbau) errichtet. Die Ostseite des Platzes umschließende Winkelanlagen, durch die Veterinärstraße getrennt. Niedrigere, schlichtere dreigeschossige Gebäude; die Eckpavillons an der Ludwigstraße den gegenüberliegenden Kopfbauten der Universität an Höhe und Volumen angeglichen. Die monumentale Platzwirkung ist durch den (teilweise vereinfachten) Wiederaufbau nach dem Krieg (1946–51) wieder hergestellt. Eine Verarmung erbrachte jedoch die formale Angleichung der ehem. Biforien und Flachbogenfenster des Max-Joseph-Stifts im Sinne eines *Gärtnerschen* „Rundbogenstils".
Die beiden die durchgehende Straße flankierenden, auf der Querachse des Platzes liegenden monumentalen gußeisernen Schalenbrunnen mit Granitbecken 1840–44 nach Entwurf *Gärtners*.

**Siegestor.** 1843–52 nach Entwurf *Friedrich von Gärtners* als monumentaler nördlicher Abschluß der Ludwigstraße und neue Stadteinfahrt erbaut. Dem bayerischen Heer gewidmet; die Kampfreliefs jedoch ohne historischen Bezug. – Dreitoriger Triumphbogen, aus Kelheimer Kalksteinquadern fugenlos erbaut. Formal in Anlehnung an den Konstantinsbogen in Rom. Die äußerst qualitätvoll gearbeitete plastische Ausstattung nach Entwurf *Johann Martin von Wagners*; die Bavaria von *Friedrich Brugger*, die Löwen von *Johann Halbig* ausgeführt. Nach schwerem Bombenschaden Wiederherstellung der Architektur. In der Bauausstattung teilruinös belassen; die im Oberteil vereinfachte Südseite mit dem Frieden gewidmeter Inschrift. 1969–1972 rekonstruierende Restaurierung der Quadriga durch *Elmar Dietz*; ab 1996 Restaurierung der Architektur. – Seit 1995 in der Nieserstraße beim Wiederaufbau nicht wiederverwendete Skulpturen und Fragmente als „Lapidarium" aufgestellt.

★ **Maximilianstraße.** Dritte von der Residenz ausgehende Straßenachse zur Anbindung der flußnahen Bereiche und der 1854 eingemeindeten östlichen Vororte an das Stadtzentrum, erstmals unter Einbindung des Flusses in den Stadtgrundriß. Städtebauliches Projekt „aus einem Guß" nach Entwürfen *Friedrich Bürkleins* (1851–1853). Ziel war neben der notwendigen Stadterweiterung die bewußte Neuschaffung eines ebenso zeitgerechten wie nationalen Stiles. Der später so genannte Maximilianstil sollte nach den detaillierten Forderungen König Maximilians II. eine Verschmelzung vor allem gotisierender Formen mit rationaler Gliederung und zeitgenössischer Bautechnik darstellen. Zentrum der neuen Achse wurde ein Forum mit Grünanlage, flankiert von Staatsbauten politischer (Regierung von Oberbay-

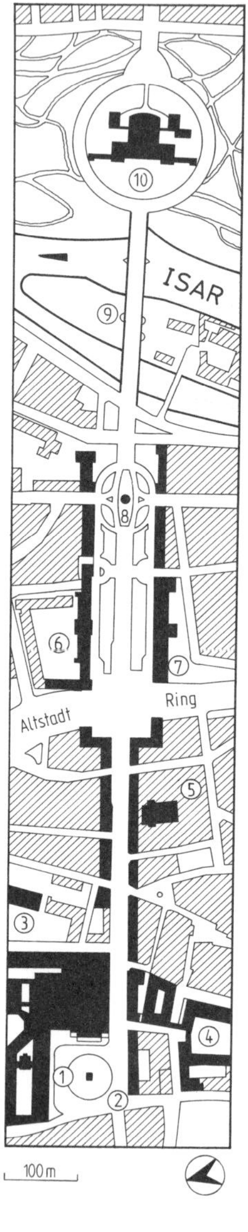


München, Maximilianstraße

1 Residenz, Nationaltheater, Max-Joseph-Denkmal
2 Hauptpost
3 Ehem. Marstall
4 Alter Hof und Ehem. Münze
5 Münchner Kammerspiele im Schauspielhaus
6 Regierung von Oberbayern
7 Staatliches Museum für Völkerkunde
8 Maxmonument
9 Maximiliansbrücke
10 Maximilianeum

ern) und musealer (ehem. Bayerisches Nationalmuseum, jetzt Völkerkundemuseum) Nutzung, daneben ein Hotel und Mietshäuser mit Ladeneinbauten, optischer Abschluß ein Monumentalbau (Maximilianeum) am jenseitigen Isarhochufer – alle auf die Fassadenentwürfe *Bürkleins* verpflichtet, doch im einzelnen differenziert.
1853–74 Anlage des gesamten Straßenzuges. Der erste Privatbau, Maximilianstraße 32, wurde 1854 errichtet. Die Maximiliansanlagen (s. d.) am östlichen Isarufer ab 1856. Die Isarbrücke von *Friedrich von Thiersch* (1903–05) ersetzte einen schmäleren Vorgängerbau von *Arnold Zenetti* (1857–63). Durch Luftangriffe 1943/44 Totalverlust der Gebäude mit den Hausnummern (heutige Zählung) 10, 11, 13, 33, 35, 53, 56, stark beschädigt 6, 8, der Block 21/23/25/27 und die beiden Staatsbauten am Forum. Beim Wiederaufbau weitgehende Wahrung des Straßencharakters unter Vereinfachung der Fassaden. Als Störungen des Straßenbildes wirken die Lücke hinter dem Nationaltheater (Nrn. 11/13) und der Neubau am Ostende (Nr. 53), besonders aber der durch den westlichen Teil des Forums geführte Altstadtring (1967), durch den der ehem. Raumcharakter und die Geschlossenheit des Straßenzuges aufgebrochen sind. 1979 Verengung der Südseite durch einen Kopfbau in Anlehnung an die ehem. Fassade, Pendant im Norden 1996 im Bau.
Auf dem Forum zwischen Regierung und Völkerkundemuseum vier Bronzestandbilder, nördlich General Graf Deroy, 1856 von *Johann Halbig*, und Graf Rumford, 1866 von *Kaspar von Zumbusch*, südlich Friedrich Wilhelm von Schelling, 1861 von *Friedrich Brugger*, und Joseph von Fraunhofer, 1868 ebenfalls von *Halbig*. Im Schnittpunkt von Maximilian- und Thierschstraße das Denkmal für König Maximilian II. (s. unter Denkmäler).
Die gesamte Straße ist ein zu ihrer Zeit viel diskutierter Versuch einer eigenen Stilschöpfung mit historischen Mitteln. Die bedeutende städtebauliche Wirkung beruht auf der Verbindung von straffer Perspektive, bewußt gesetztem Grün und dem fernen Prospekt.

**Regierung von Oberbayern** und **Maximilianeum** (▷ Staatsbauten) sowie **Staatliches Museum für Völkerkunde** (▷ Museumsgebäude).

**Prinzregentenstraße.** Schließt als letzter der großen repräsentativen Straßenzüge Münchens das Erweiterungsgebiet Bogenhausen (s. dort) an die westlich der Isar gelegene Altstadt an. Während der bereits durch Baumaßnahmen im Dritten Reich und durch Luftangriffe im Zweiten Weltkrieg stark in Mitleidenschaft gezogene Westteil der Straße ab 1891 als stark begrünte Avenue mit dem Prinz-Carl-Palais (s. d.) als Ausgangspunkt angelegt wurde, folgte der Ostteil ab 1895 nach den Vorstellungen von *Theodor Fischers* Generallinienplan. Das von Westen und Osten als Point de vue erlebbare Friedensdenkmal (s. Denkmalbauten und Denkmäler) und der städtebauliche Höhepunkt des Gebietes, der Prinzregentenplatz mit Theater, gliedern und akzentuieren die Straße in überschaubare malerische Abschnitte. Im östlichen Teil weitgehend geschlossene Mietshausbebauung, meist in Formen eines barockisierenden Jugendstils.

**Bayerisches Nationalmuseum** und **Haus der Kunst** (▷ Museumsgebäude)

**Dom-Pedro-Platz** (Neuhausen). Von den im Sinn des malerischen Städtebaus konzipierten Stadtteilzentren der Jahrhundertwende das bemerkenswerteste, entworfen von *Theodor Fischer* und *Hans Grässel.* Als lockere Gruppierung öffentlicher Gebäude vorwiegend sozialen Charakters in historisierendem Stil und in Verbindung mit Begrünung eine typisch münchnerische Lösung.
Nördlich (Nr. 6) Heiliggeistspital (städtisches Altersheim), 1904–07 von *Grässel,* klosterartiger Vierflügelbau in barockisierenden Formen mit nach Osten offenem Außenhof; in der Mitte des Westflügels Katholische Kirche mit Turm und gut erhaltener neubarocker Ausstattung.
Östlich (Nr. 4) Ev. Christuskirche, gotisierend (verändert) und Pfarrhaus (Nr. 3), 1899–1901 von *Heilmann & Littmann;* Gemeindezentrum (Nr. 5), klassizisierend, 1925/26 von *Eugen Hönig* und *Karl Söldner.*
Südlich (Nr. 2) Volksschule, 1899/1900 von *Grässel;* barockisierender Gruppenbau.
Unweit südwestlich Städtisches Waisenhaus (Waisenhausstr. 20). Barockisierender Dreiflügelbau (nur Nordflügel in originaler Form erhalten), 1896–99 von *Grässel;* als Ostabschluß der Nymphenburger Kanalachse errichtet.

## VORORT-ENSEMBLES

**Pasing.** 1938 eingemeindeter Ort, bis heute mit Mittelpunktfunktion im Münchner Westen. Erwähnt im 8. Jh., Hofmark seit dem 14. Jh., mit noch teilweise erhaltener giebelständiger, ehemals bäuerlicher Bebauung an der Planegger Straße. Westlich von ihr, im Garten des neubarocken Instituts der Englischen Fräulein (Nr. 4/6), ringförmiger Wassergraben des mittelalterlichen Burgstalls; südlich (Nr. 22) ehem. Schloß Gatterburg, zweigeschossiger spätklassizistischer Walmdachbau von 1869, aus dessen Garten der Stadtpark an der Würm hervorgegangen ist. Im 19. Jh. Entwicklung zum Bahnknotenpunkt; Bahnhöfe (Pasinger Bahnhofplatz 7; Rohbacksteinbauten) von 1854 und 1871 noch erhalten. 1905 Stadterhebung; 1905–09 Bau der neuromanischen Stadtpfarrkirche Maria Schutz von *Hans Schurr* (Bäckerstr. 21); Alte Kirche siehe Mariä Geburt. Nördlich der Bahn ab 1893 Entstehung der Villenkolonien (s. d.).

**Perlach.** Im 8. Jh. erwähnt; vergleichsweise gut erhaltene Anlage des vom offen fließenden Hachinger Bach durchzogenen Angerdorfes mit beiderseits giebelständigen (ehem.) bäuerlichen Anwesen an der Sebastian-Bauer-Straße. Der nördlich anschließende Pfanzeltplatz ist stärker durch vorstädtische Bebauung geprägt und von der barocken Pfarrkirche St. Michael (s. d.) dominiert. Unweit nördlich ehem. Schloß (Schmidbauerstraße 44), 17./18. Jh., bis zur Unkenntlichkeit im heutigen Kreiskrankenhaus verbaut. Ev. Paulskirche (s. d.).

## WOHNBAUTEN

Der Bestand an baugeschichtlich interessanten Wohnhäusern wurde bei den etwa 70 Luftangriffen in den Jahren 1943–45 vor allem in der Altstadt, im Bahnhofsviertel und in Schwabing stark reduziert. Dabei wurden die ehedem nur noch in Einzelexemplaren vorhandenen spätmittelalterlichen Gebäude fast völlig und die wertvollen barocken Bauten weitgehend zerstört, aus dem 19. Jh. wurde vor allem der Bestand des letzten Drittels stark dezimiert. Die Innenausstattungen sind fast restlos untergegangen.

### ALTMÜNCHNER BÜRGERHÄUSER

Über die ältesten nachweisbaren Haustypen unterrichtet das Stadtmodell von *Jakob Sandtner* (1572) im Bayerischen Nationalmuseum. Auf Bauernhaustradition gehen die offenen straßenseitigen Holzlauben zurück, die dort noch vereinzelt anzutreffen sind. Seit dem 15. Jh. bei Neubauten nur noch auf der Hofseite zugelassen, wurden sie seit dem 16. Jh. häufig in Stein ausgeführt. Davon haben sich Reste erhalten in Residenzstr. 13, mit Backsteinbrüstung, wohl 1. Hälfte 16. Jh. und im Ehem. Stadtschreiberhaus (s. Gemeindebauten). Holzlauben des 18./19. Jh.s finden sich noch in Sebastianspl. 3 (1761), Nr. 4 (19. Jh.) sowie Dienerstr. 16 und Hochbrückenstr. 8 (beide wohl 1. Hälfte 19. Jh.).
Die Regelungen der Münchner Bau- und Kundschaftsordnung von 1489, die bereits auf Bauverordnungen des 14. Jh.s zurückgeht und bis zur Mitte des 19. Jh.s gültig blieb, bestimmen von da an den Wohnbau: meist schlichte, verputzte Traufseithäuser, gelegentlich auch Steil- oder Halbgiebelhäuser, wandhaft geschlossen, mit kleinen Fenstern, häufig seitlichen Dacherkern mit Pultdach (sog. Ohrwaschl) und gemaltem Fassadenschmuck, im späten 17. und 18. Jh. mit Putzgliederungen und gelegentlich Stuckdekoration.
Das einzige weitgehend erhaltene Beispiel einer bemalten Hausfassade des 16. Jh.s ist wiederum das Ehem. Stadtschreiberhaus (Burgstr. 5). Eine Rekonstruktion von Fassadenmalerei aus dem 18. Jh. zeigt das Asam-Schlößchen (s. unter Landsitze). – In

Typus und Bausubstanz noch weitgehend erhalten sind Altenhofstr. 4, ein schlichter Putzbau mit zwei Flacherkern, vor 1572, barock aufgestockt; Burgstr. 8, das ehem. Wohnhaus *François Cuvilliés d. Ä.*, 1342 im Besitz Kaiser Ludwigs d. Bayern, um 1615 (Dachstuhl dendrochronologisch bestimmt) Gesamtüberbauung dreier Häuser unter Verwendung mittelalterlicher Bausubstanz wohl durch Stadtschreiber Georg Locher; von den jüngst zum größten Teil entkernten Häusern Pfisterstr. 10, mit Flacherker über drei Achsen, vor 1572, Pfisterstr. 4, dem Wohnhaus der ehem. Pfistermühle, mit gewölbten Erdgeschoßräumen, um 1573/79, sowie Platzl 2 und 3, mit „Ohrwaschl", vor 1572, stehen noch die Fassaden. – Das Moradelli-Haus (Hochbrückenstr. 8), vor 1572, im 17. Jh. aufgestockt, wurde 1969 von *Erwin Schleich* restauriert. – Hotterstr. 18 (▷ Gaststätte zur Hundskugel), in der jetzigen Form wohl um 1638. – Burgstr. 3 besitzt noch einen Dachstuhl von 1693. – Einen erhaltenen Straßenzug typischer Münchner Bürgerhäuser von bescheidenerem Typ des 17./18. Jh.s mit Halbgiebelgauben und teilweise Holzlauben, in der Bausubstanz wohl 17.–19. Jh., stellt Sebastianspl. 3, 4, 5, 6, 7, 8 dar. – Ein kleines Ensemble ist in der Damenstiftstraße bewahrt: neben den Fassaden des Lerchenfeldpalais (s. unter Adelspalais des 18./19. Jh.s) von 1726 und des ehem. Damenstifts von 1784/85 (▷ St. Anna, Damenstiftskirche) in den frühklassizistischen Wohnhäusern Damenstiftstr. 4, wohl von *Matthias Widmann*, Ende 18. Jh. und in Nr. 6 mit Fassade um 1800.

Das **Ignaz-Günther-Haus** (St.-Jakobspl. 15), mit erneuerter „Himmelsleiter" (einläufige steile Treppe) und Saal mit gotischer Balkendecke, entstand gegen 1600, 1975–77 für das Münchner Stadtmuseum ausgebaut.

**Gaststätte zur Hundskugel** (Hotterstr. 18). Typ des Altmünchner Bürgerhauses mit hohem Pultdach, Erker und Giebel mit Rundbogenfenster. Seit 1440 ist hier eine Gaststätte belegt. In der jetzigen Form wohl um 1638.

**Radspielerhaus/Palais Rechberg** (Hackenstr. 7). Vertritt den Typus des großbürgerlichen, innerstädtischen barocken Anwesens mit Arkadenhof und Gartenhof, um 1678; Umbau und Fassaden wohl 1817 angeblich durch *Jean-Baptiste Métivier* sowie Veränderungen 1873 und nach 1945; Brunnen von *Roman Anton Boos*, 1780.

★ **Asamhaus** (Sendlinger Str. 34). Ab 1729/34 Erwerb und Umbau zweier mittelalterlicher Bürgerhäuser durch *Egid Quirin Asam* zu eigenem Wohnhaus. Die Fassadenstuckierung um 1735. Die Erdgeschoßzone um 1900 leicht verändert. Außen- und Innenrenovierung 1972. – Vierstöckiger Putzbau zu fünf Achsen; der asymmetrische Erker

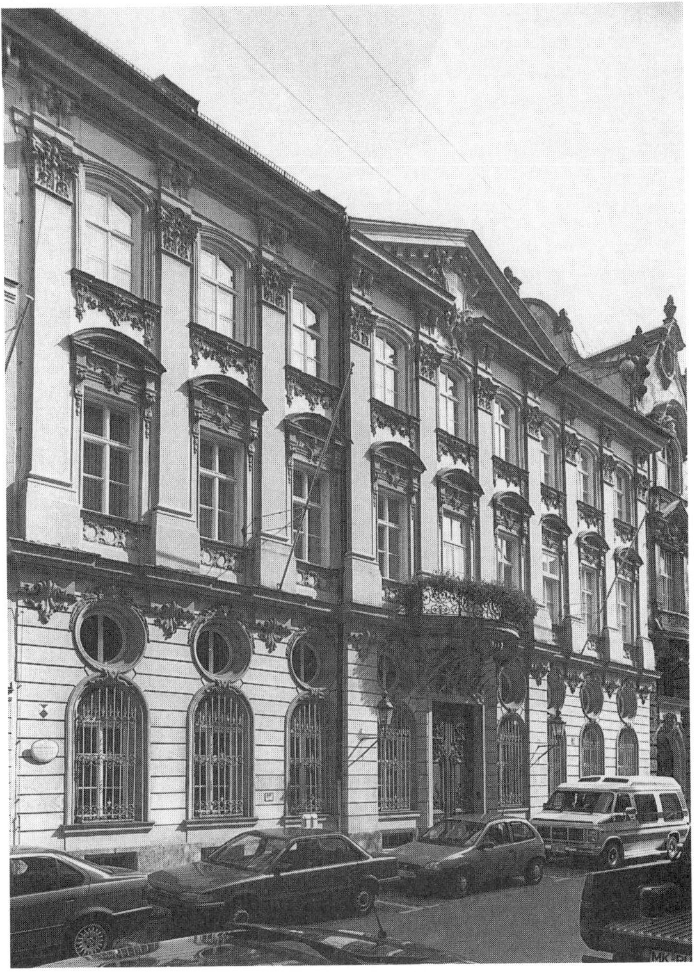

*70. Erzbischöfliches Palais, ehem. Palais Holnstein*

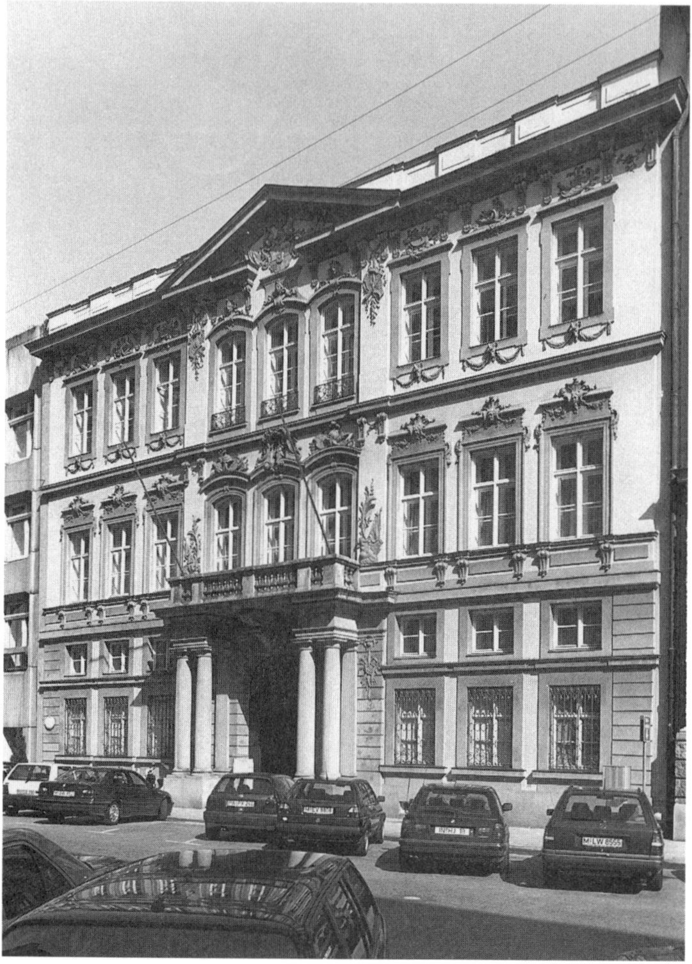

*71. Palais Preysing, Prannerstr. 2*

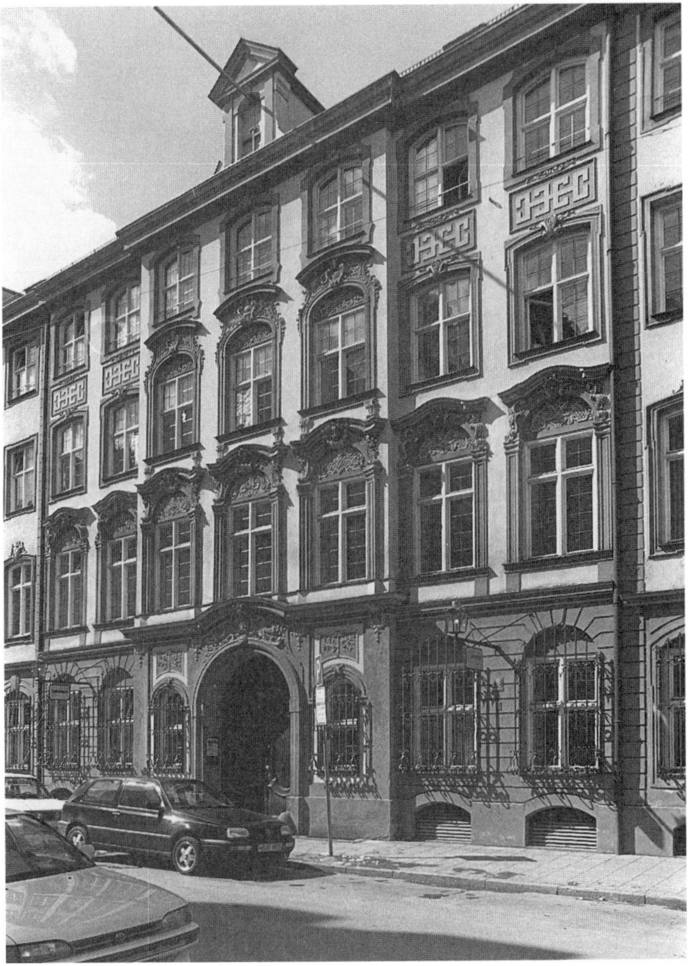

72. *Palais Lerchenfeld*

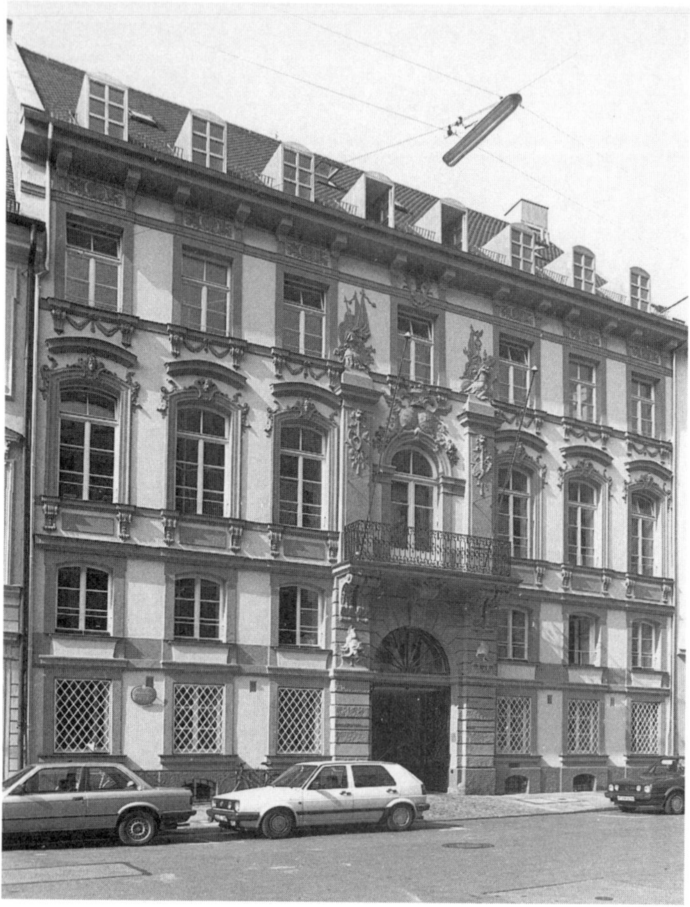

73. *Palais Gise, Prannerstr. 9*

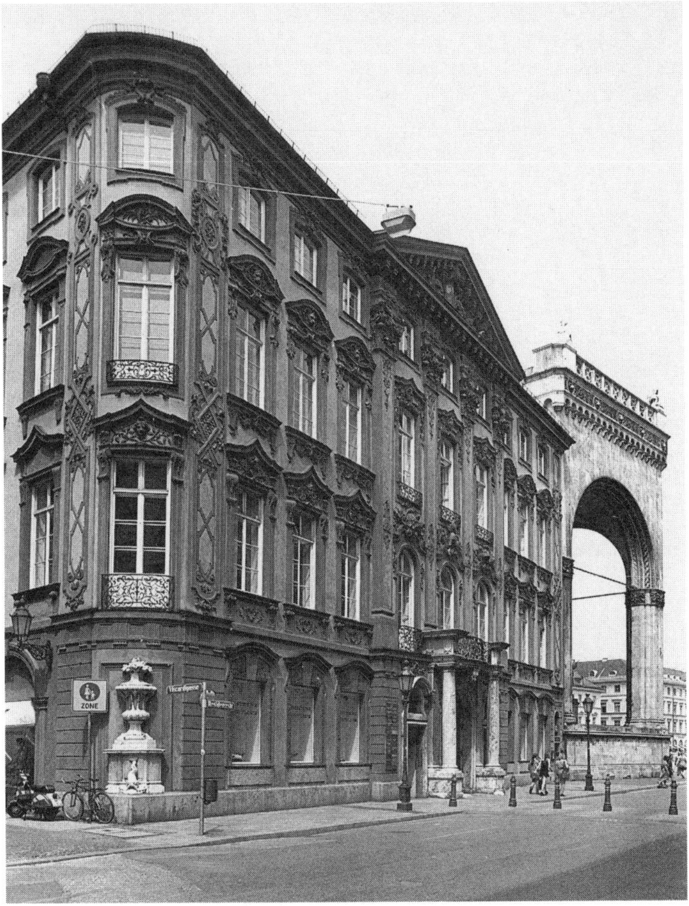


*74. Palais Preysing, Residenzstr. 27*

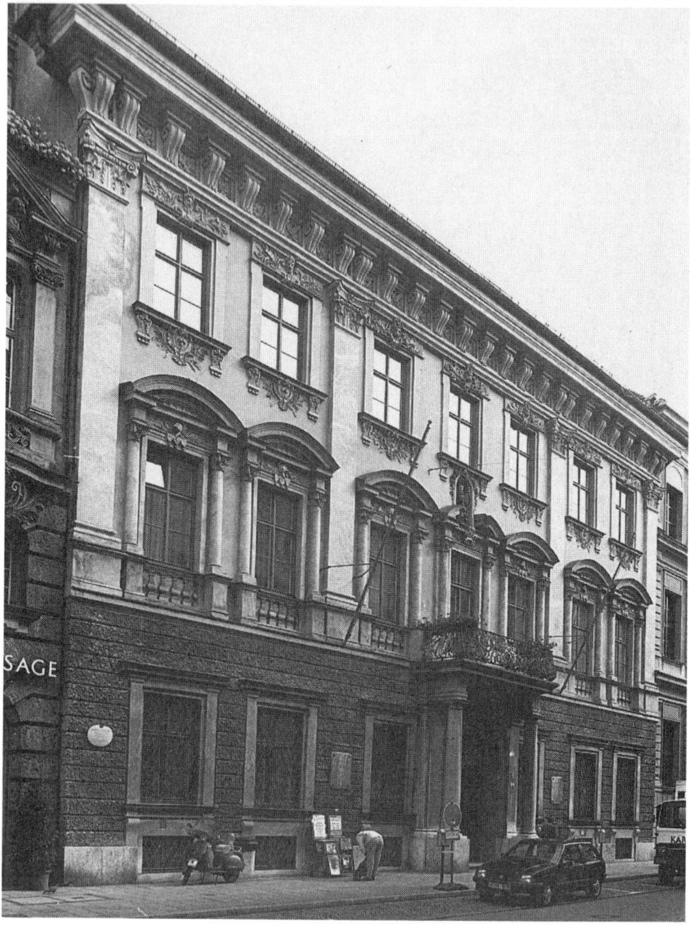


75. *Palais Fugger/Portia*

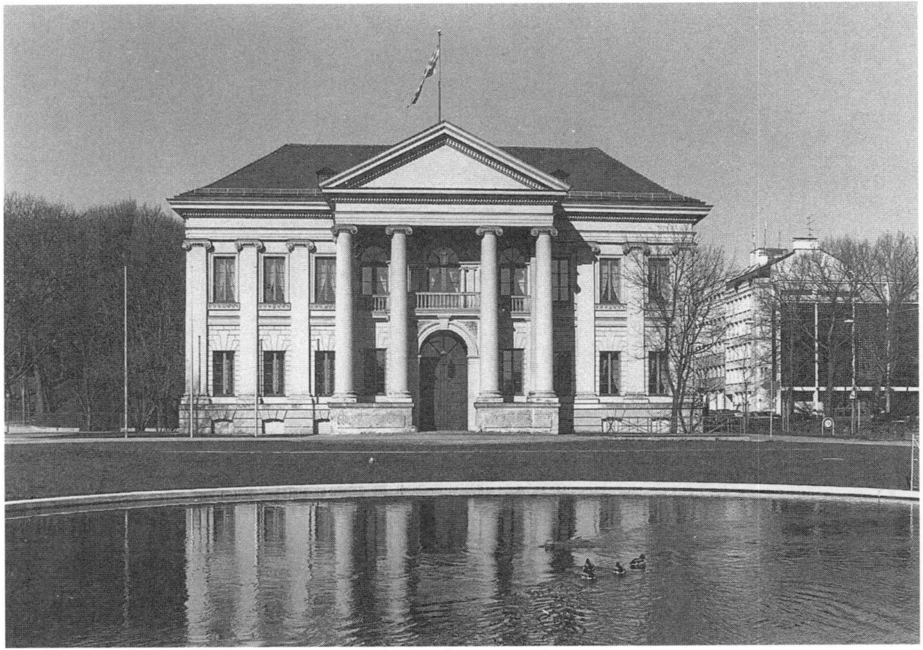

*76. Prinz-Carl-Palais*

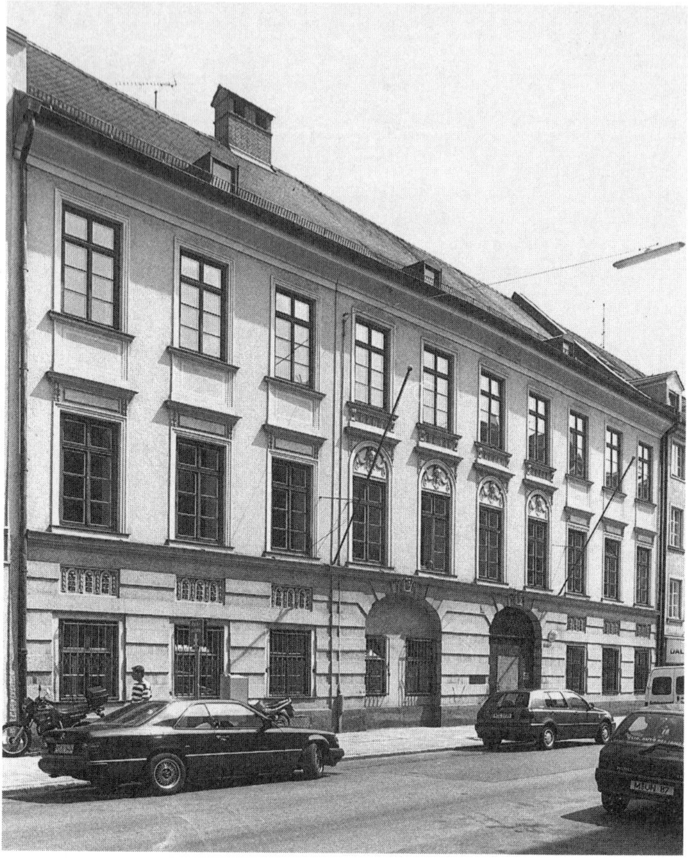

*77. Palais Woronzow, Herzogspitalstr. 12*

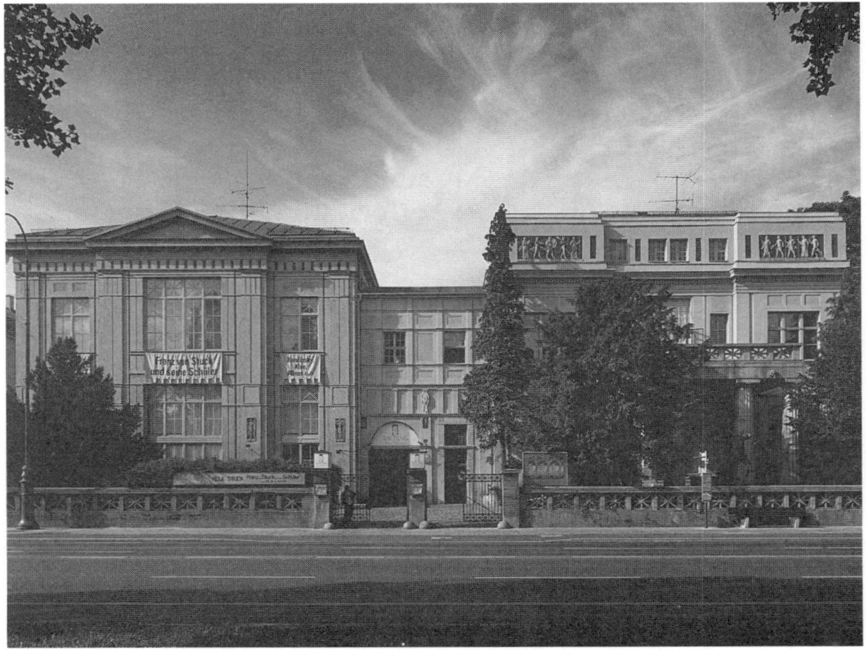


78. *Villa Stuck mit Atelieranbau*

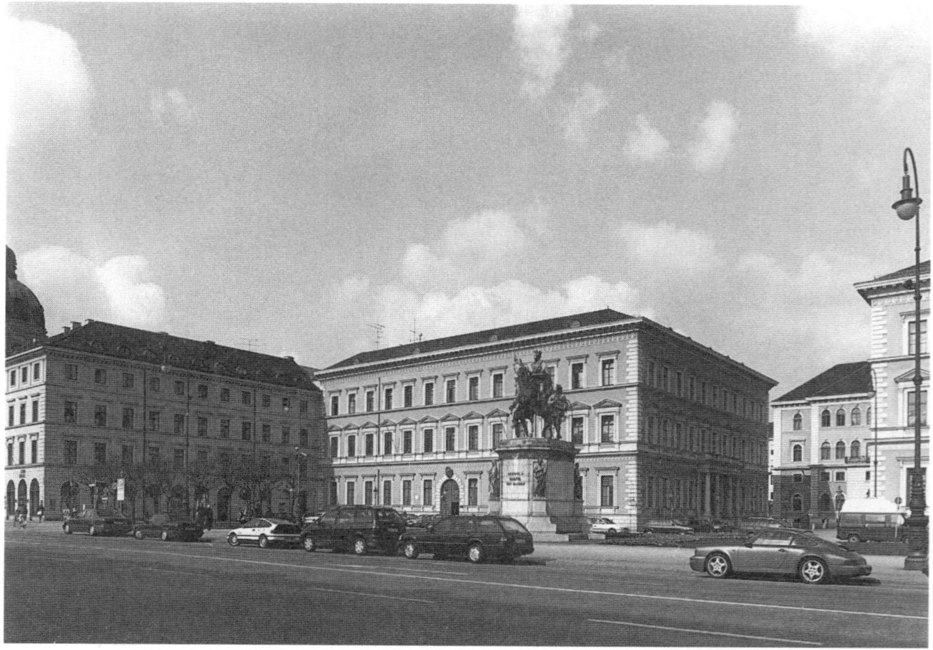

*79. Odeonsplatz mit Odeon und Reiterstandbild für König Ludwig I.*

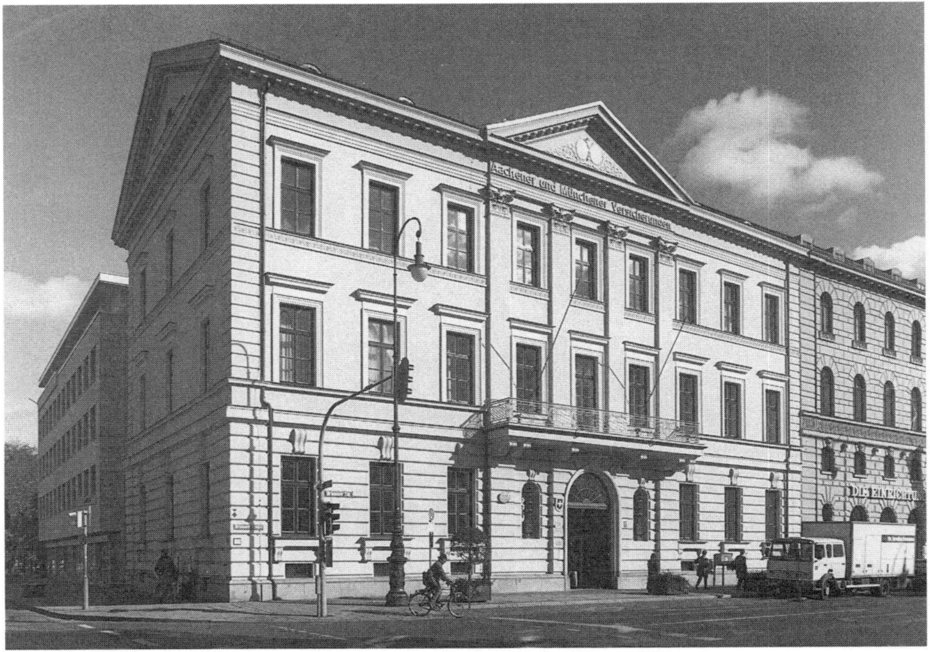


*80. Palais Baiersdorf/Almeida, Brienner Str. 14*

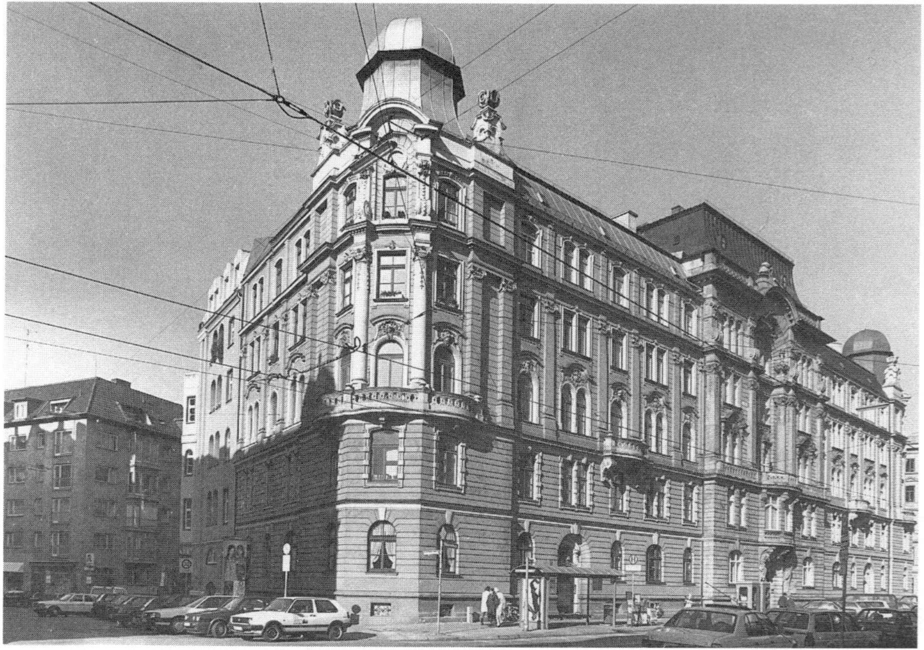

*81. Thierschstr. 25, 27, 29*

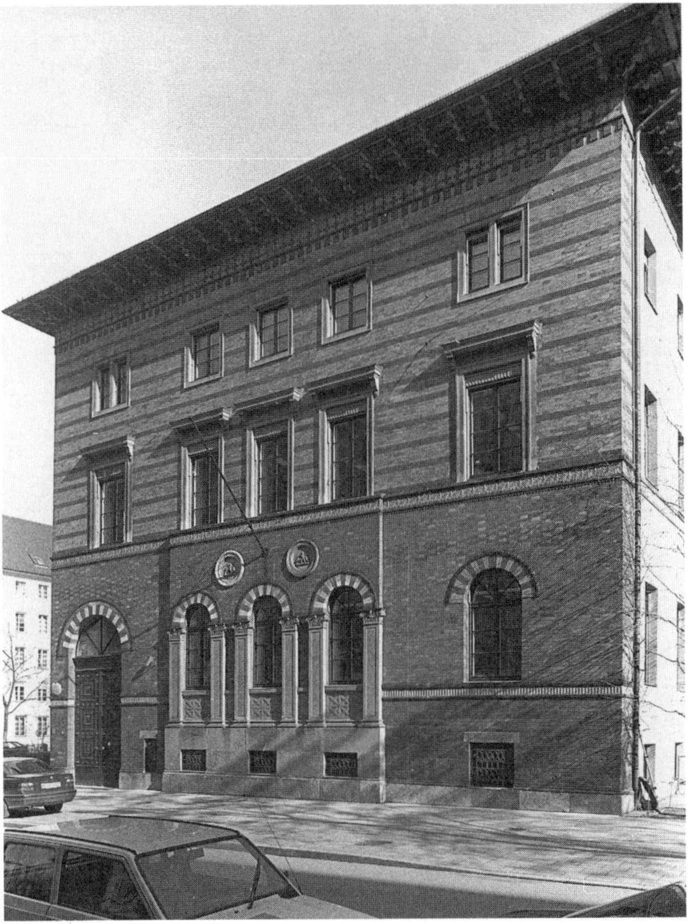

82. *Palais Dürckheim, Türkenstr. 4*

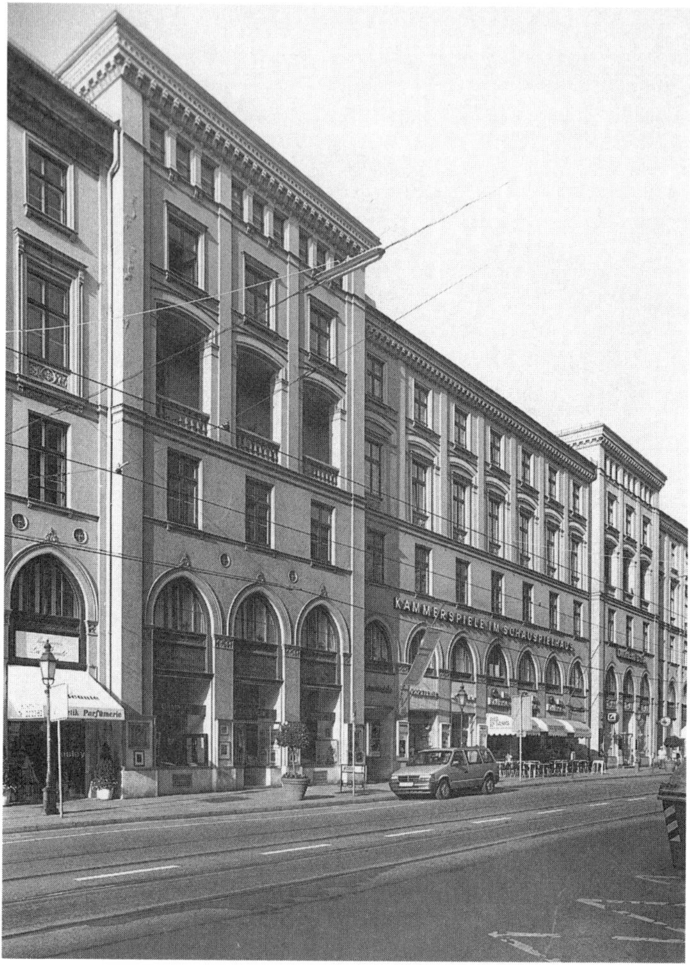


*83. Kammerspiele im Schauspielhaus, Maximilianstr. 26, 28*

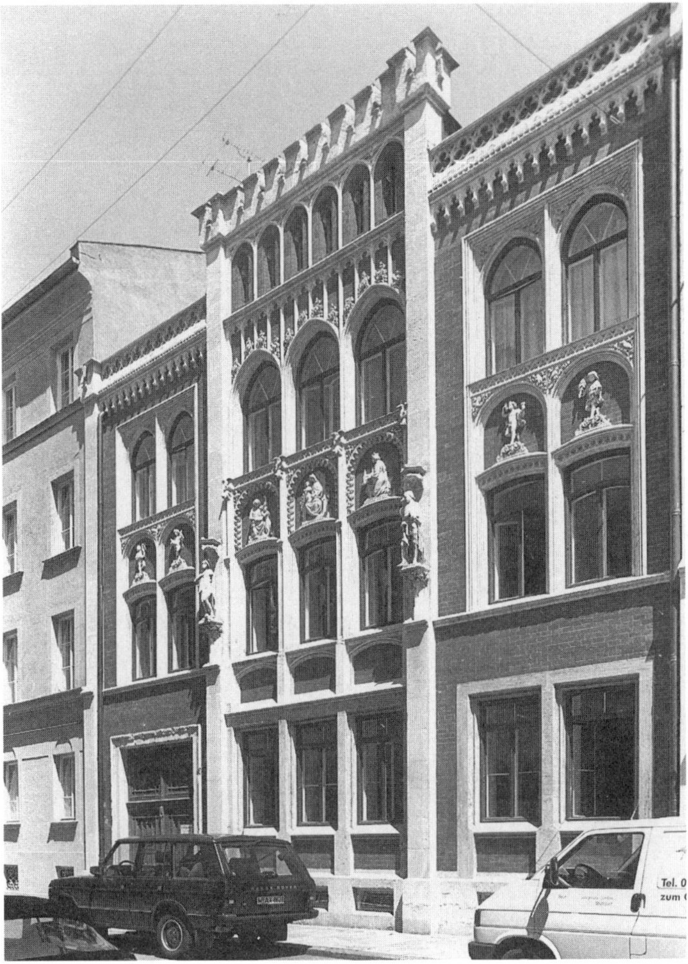


*84. Stollbergstr. 18*

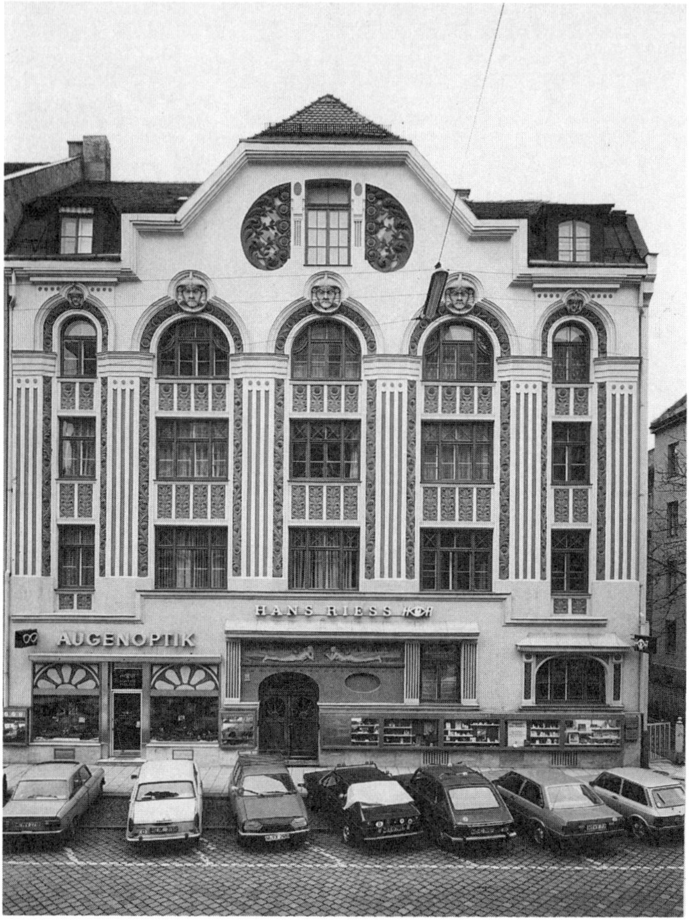


*85. Ainmillerstr. 22*

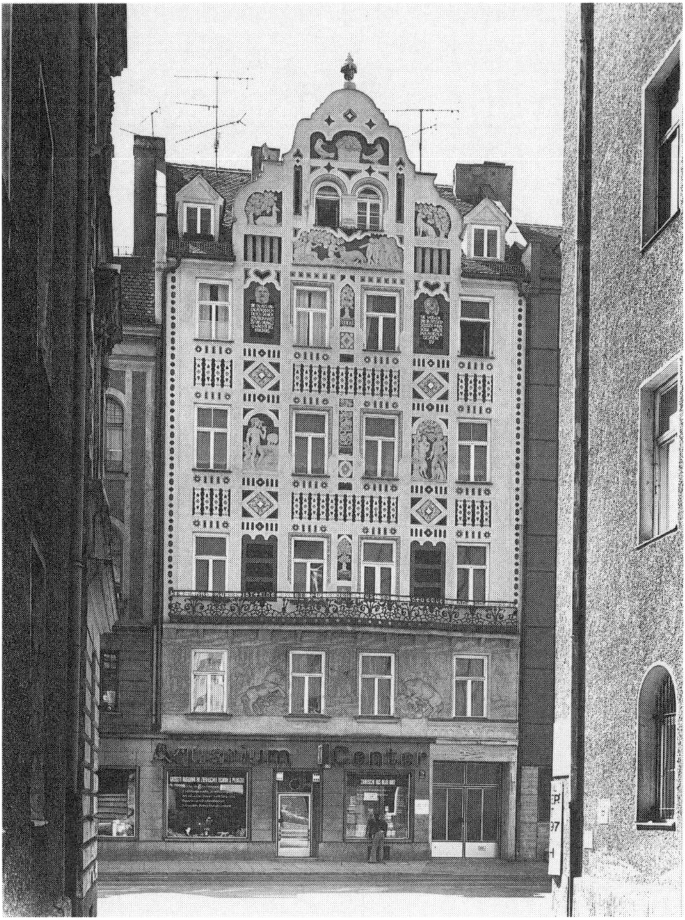

86. *Schwanthalerstr. 79*

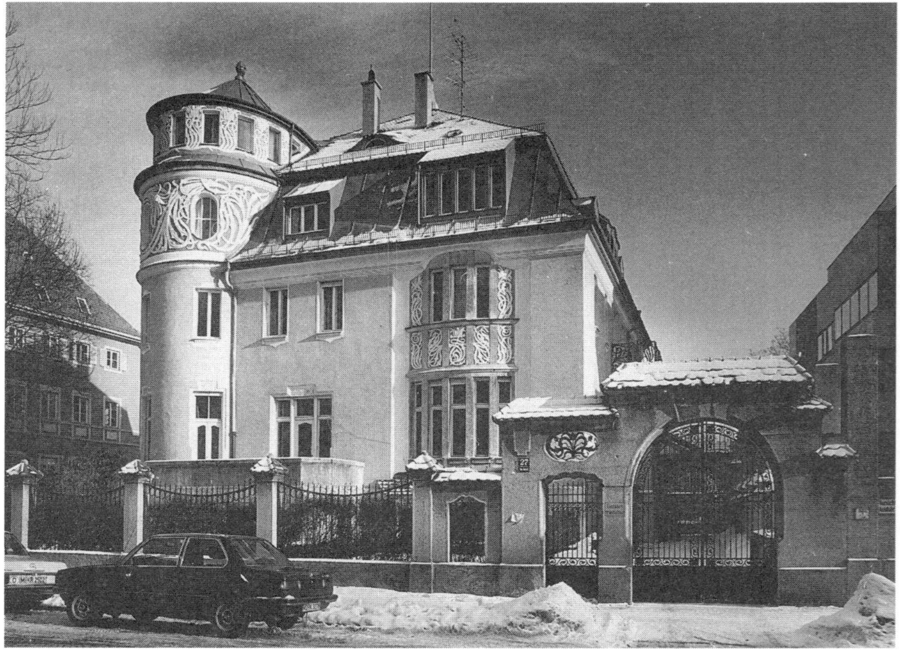

*87. Villa Bechtolsheim, Maria-Theresia-Str. 27*

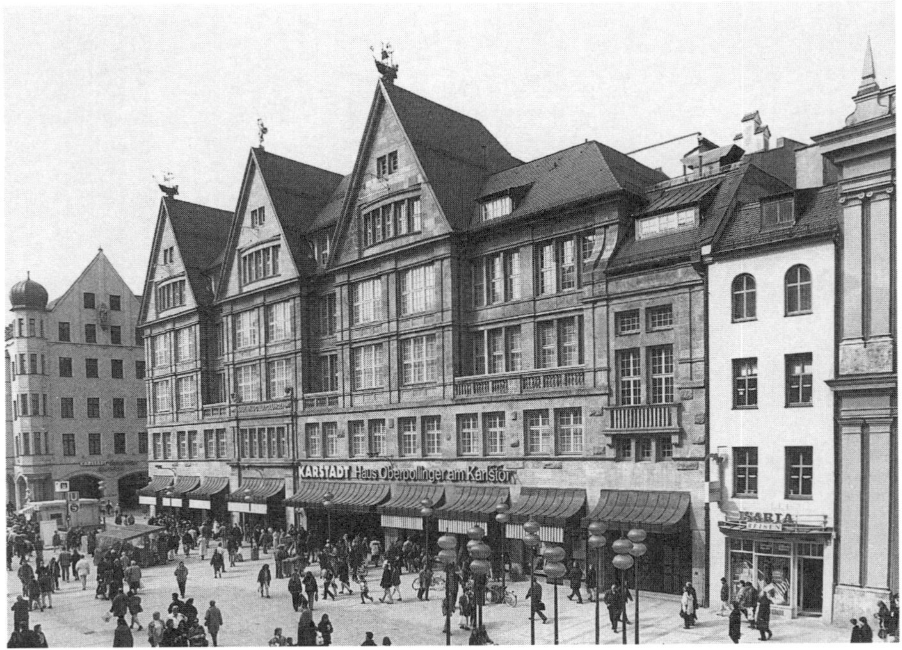


88. Karstadt, Haus Oberpollinger

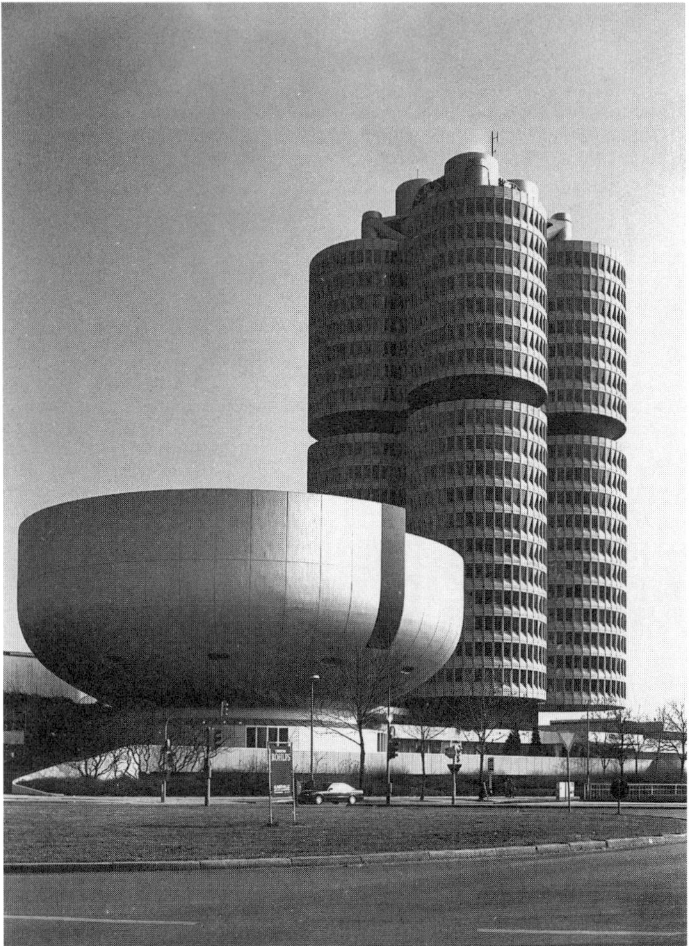

*89. Verwaltungs- und Museumsgebäude der Bayerischen Motoren Werke AG, Petuelring 130*

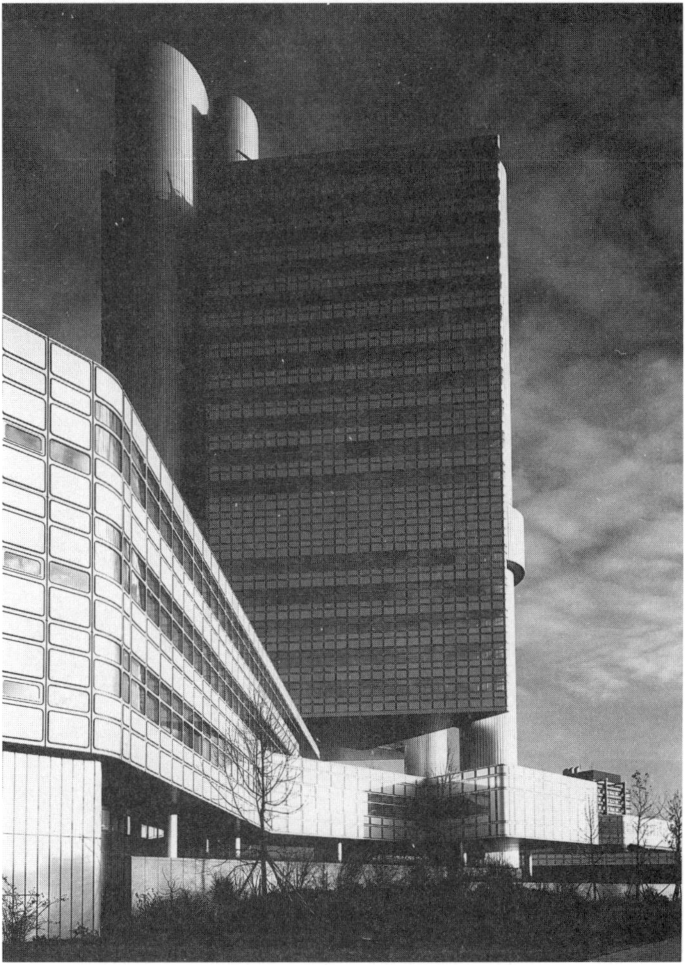

90. *Verwaltungsgebäude der Bayerischen Hypotheken- und Wechselbank, Arabellastr. 12*

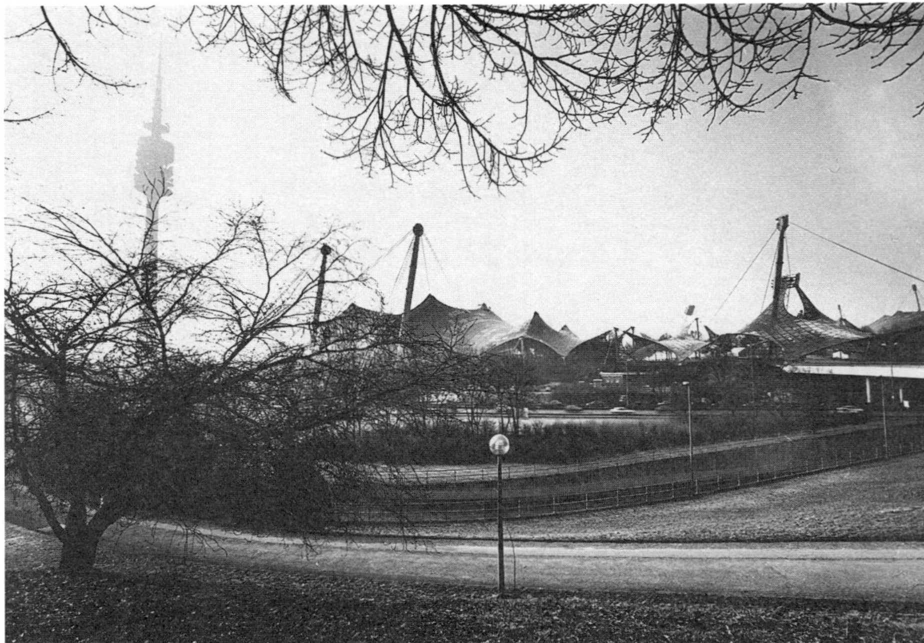

*91. Olympiapark mit Sportstätten und Olympiaturm*

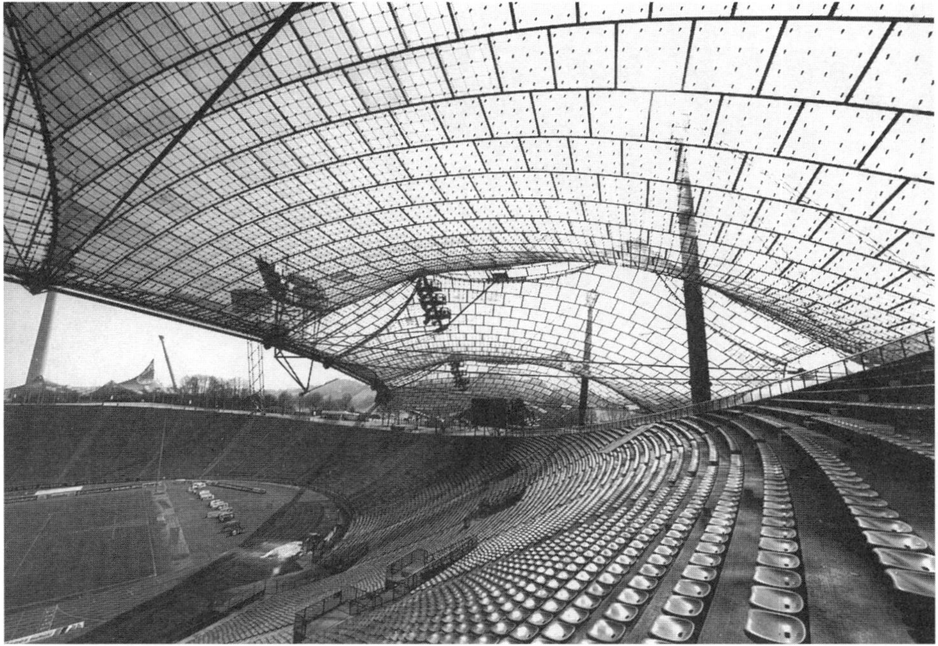

*92. Olympiastadion*

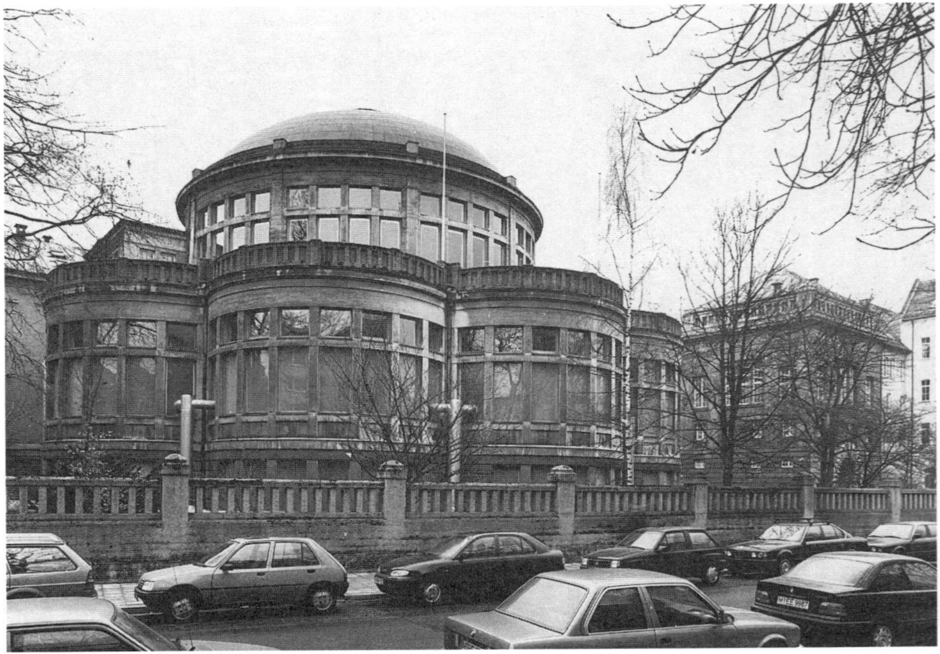

*93. Anatomie, Pettenkoferstr. 11*

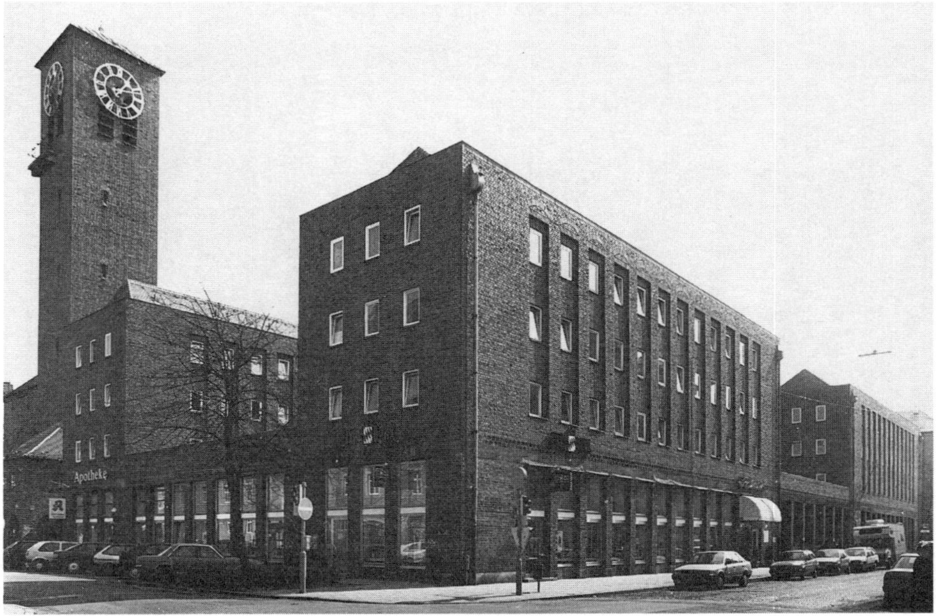


*94. Ledigenwohnheim für Männer, Bergmannstr. 35 und Turm der ev. Auferstehungskirche, Gollierstr. 55*

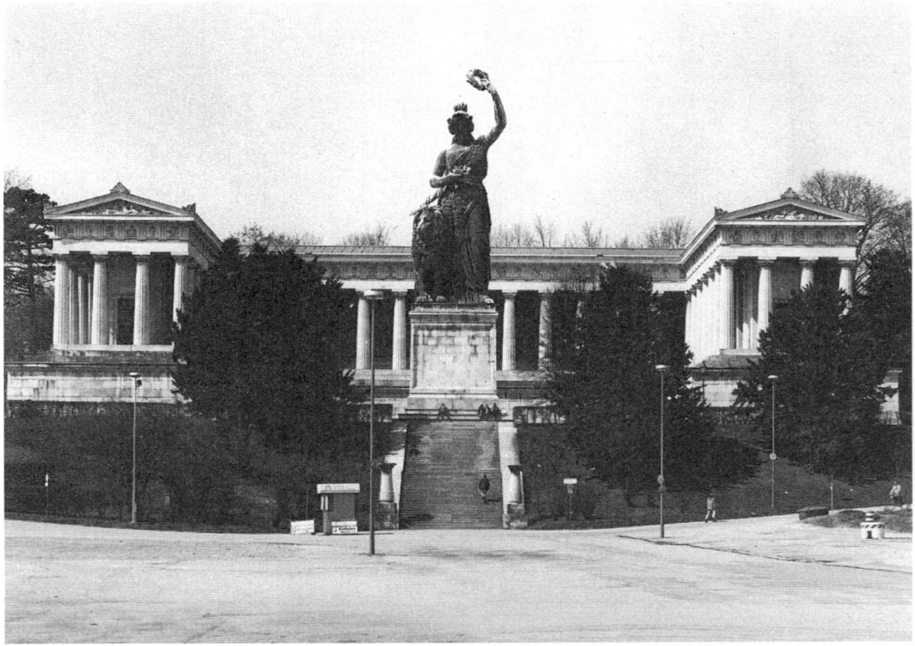

*95. Bavaria, von Ludwig von Schwanthaler,*
*Guß Johann Baptist Stiglmaier, 1844–1848*

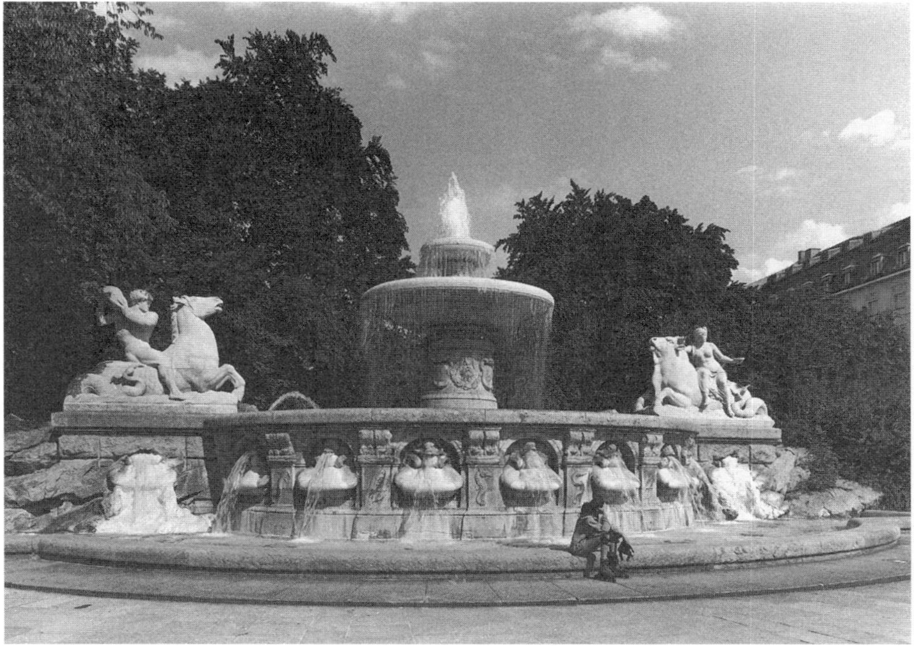

96. *Wittelsbacher Brunnen, von Adolf von Hildebrand, 1893–1895*

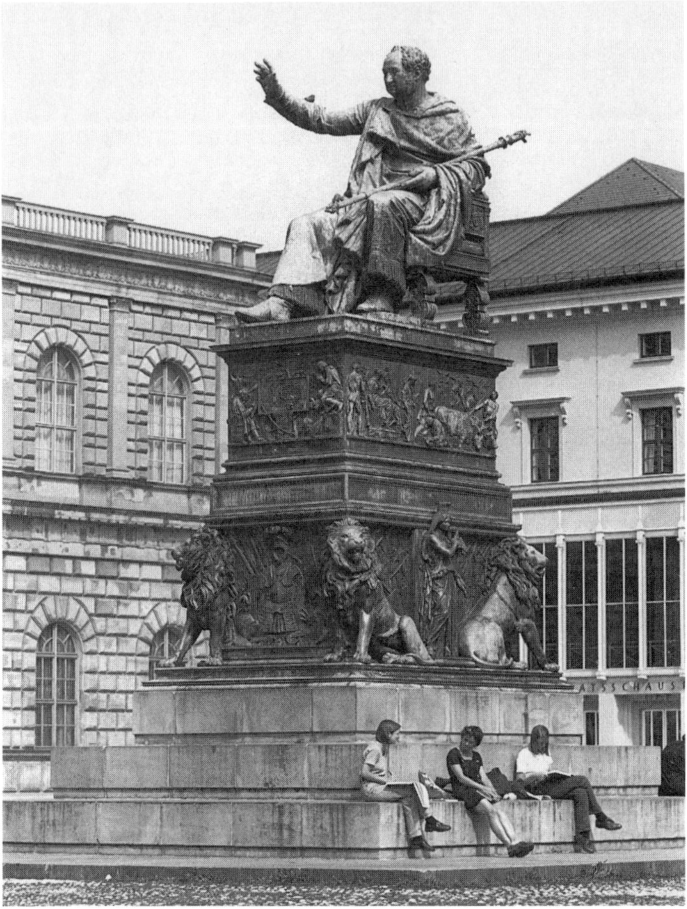

*97. Max-Joseph-Denkmal, von Christian Daniel Rauch, 1826–1835*

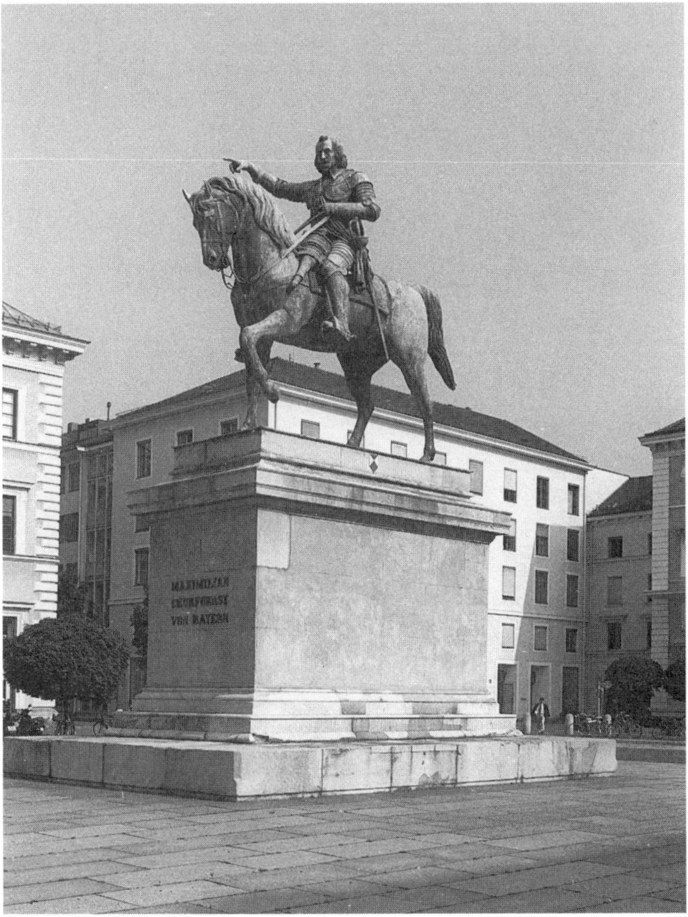

*98. Reiterstandbild für Kurfürst Maximilian I.,*
*von Bertel Thorvaldsen, 1830–1836*

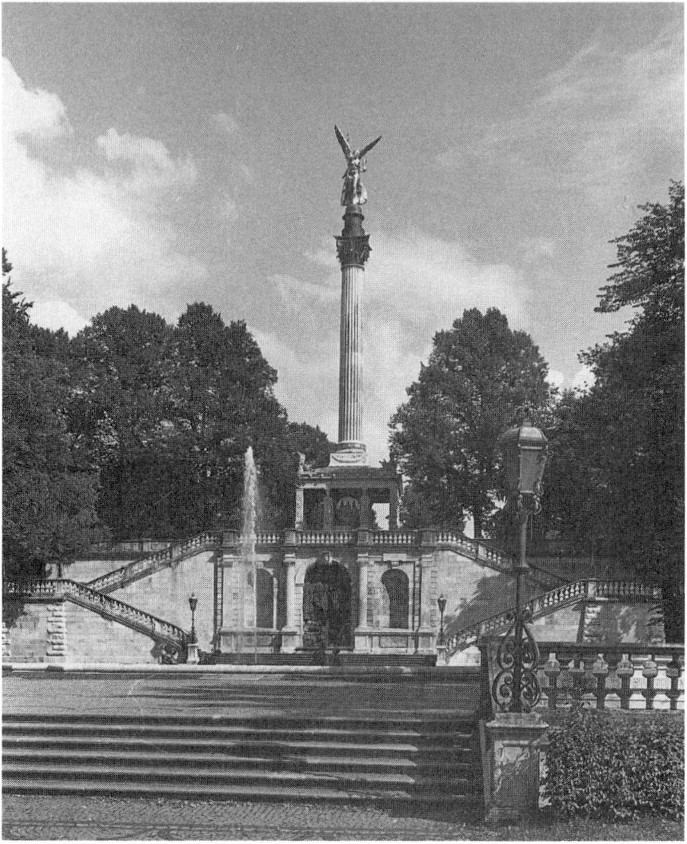

*99. Luitpoldterrasse mit Friedensengel, 1896–1899*

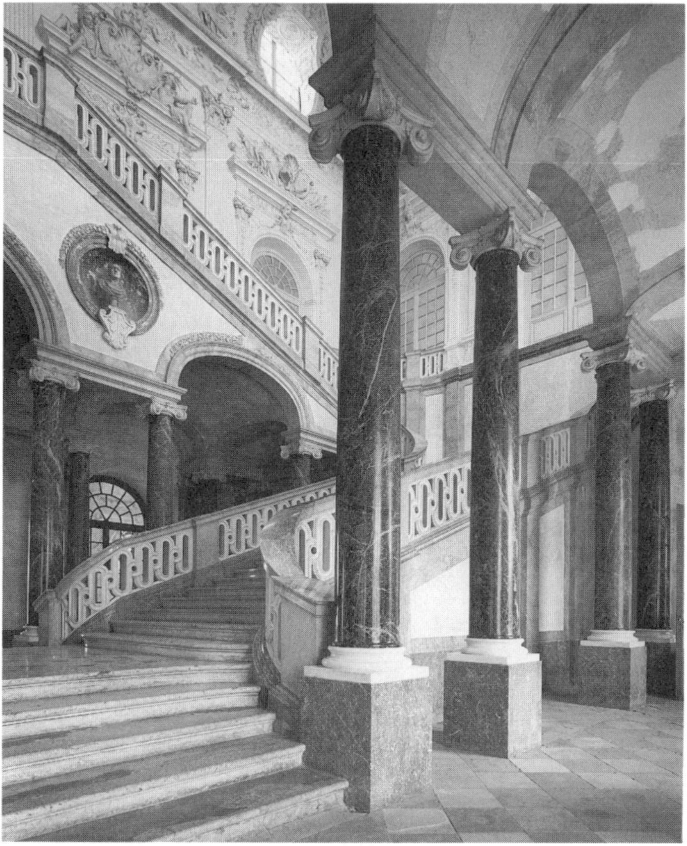

*100. Neues Schloß Schleißheim, Haupttreppenhaus*

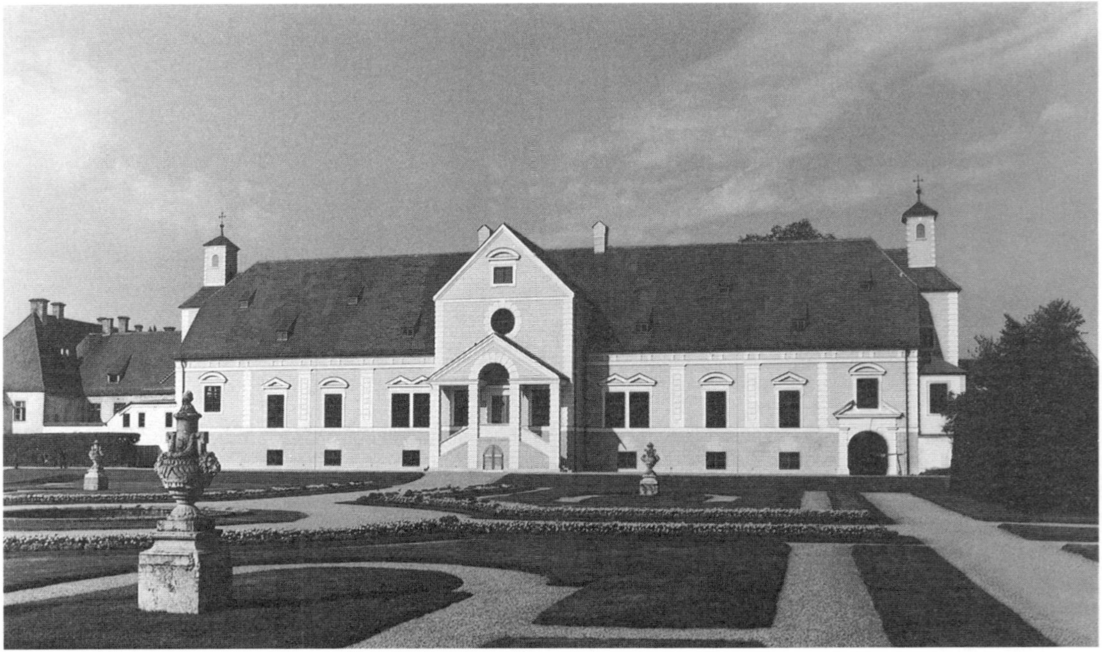

*101. Neues Schloß Schleißheim*

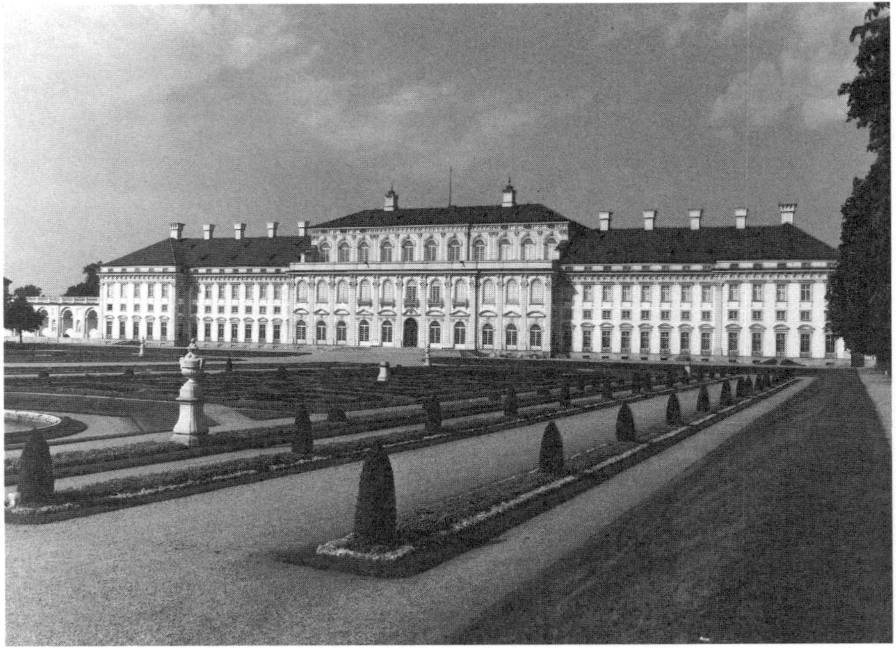

102. *Altes Schloß Schleißheim*

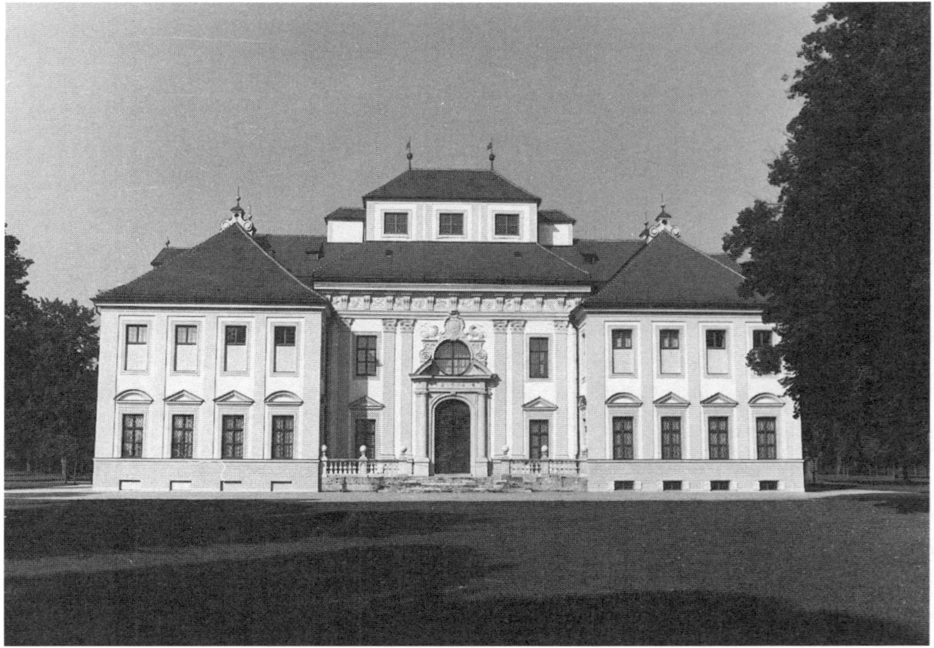

*103. Schloßanlage Schleißheim, Schloß Lustheim*

früher in der Mitte des nördlichen Hauses; darunter Durchfahrtsportal. Die beiden von *Asam* geschnitzten Eichenholztürflügel mit symbolischen Darstellungen der Überwindung von Teufel und Tod durch Christi Erlösungswerk befinden sich im Diözesanmuseum Freising.
Im plastischen Schmuck der Fassade programmatische Gegenüberstellung der weltlichen „vita activa“ der linken Fassadenhälfte mit der Hinaufführung des strebsamen Menschenkindes durch Pallas zum Parnaß der Kunst und der christlichen „vita contemplativa“ auf dem Erker, unter deren Primat der Künstler, sprich Hausherr, arbeitet. Im Treppenhaus teilweise aufgedeckte und restaurierte Freskenreste und Stuckreliefs. – Einzigartige Schöpfung im Werk *Asams*, in der sich Reichtum, Selbstbewußtsein und Status des Künstlers ausdrücken. Ebenso aufwendige wie einmalige Umsetzung der in München seit dem 16. Jh. üblichen Fassadenbemalung in eine plastische Dekoration.
Im Hof Abguß einer im Bayerischen Nationalmuseum befindlichen Stuckplastik des hl. Johann Nepomuk von *Asam* (vor 1746). – S. auch Sendlinger Str. 30.

**Ehem. Wohnhaus von Johann Baptist Gunetzrhainer,** auch Ostermaierhaus (Promenadepl. 15). Wohl um 1730 durch eigenen Umbau des Baumeisters entstanden, 1959–61 nach starken Kriegsschäden Rekonstruktion der Fassade. Reich stuckiert, die mittleren beiden Achsen betont. Die Hausmadonna ist eine Bronzekopie nach dem Terrakottaoriginal im Bayerischen Nationalmuseum, *Hubert Gerhard* zugeschrieben, um 1595.

**Haus zur Hundskugel** (Hackenstr. 10). Typisches Münchner Bürgerhaus des 18. Jh.s; schlichte, nur durch Putzflächen gegliederte Fassade; vielleicht um 1741 von *Johann Michael Fischer* für *Johann Baptist Straub* erbaut. Die Innenaufteilung noch weitgehend erhalten. Die Hausmadonna ist eine Kopie des Originals von *Straub* im Bayerischen Nationalmuseum, bez. 1759; das Relief mit den Hunden ist eine Kopie nach *Roman Anton Boos*.

**Dienerstr. 16.** Um 1747 von *Leonhard Matthäus Gießl* auf dreiachsigem mittelalterlichen Grundriß erbaut; rückwärtig Lauben, erneuert. Die Fassade mit Stuckdekor, wohl neubarock überarbeitet.

**Dienerstr. 22.** Siebenachsig mit Hausmadonna um 1770/80, seit etwa 1600 im Besitz von Kaufleuten. Die Fassade mit Stuckdekor, wohl neubarock überarbeitet.

★ **Sendlinger Str. 30.** Priesterhaus zur Asamkirche. Neubau von 1771–1773, die Fassade in der Art *François Cuvilliés d. J.* mit reichen spätbarocken Gliederungen. Die Innenraumdisposition und teilweise die Wanddekoration noch erhalten. Besterhaltenes Bürgerhaus des 18. Jh.s in München. – S. auch Asamhaus.

ADELSPALAIS VOM SPÄTEN 17. BIS FRÜHEN 19. JAHRHUNDERT

**Erzbischöfliches Palais** ▷ **ehem. Palais Holnstein.**

★ **Ehem. Palais Fugger/Portia** (Kardinal-Faulhaber-Str. 12). Eines der frühesten Palais im unweit der Residenz gelegenen Kreuzviertel und maßgeblich für dessen Umwandlung zum Adelsquartier. Umbau eines älteren Wohnhauses zu einem Stadtpalais für Gräfin Fugger 1693/94 nach Plänen *Henrico Zuccallis*. Die ehem. Vierflügelanlage 1944 bis auf die Fassade zerstört, einschließlich der wertvollen Bauausstattung von 1731–37, die Gräfin Morawitzki, die Geliebte Kurfürst Karl Albrechts und spätere Fürstin Portia vornehmen ließ, darunter Stukkaturen *Johann Baptist Zimmermanns* und Boiserien *Joachim Dietrichs*. – Die 1950–52 restaurierte Fassade ist wohl von *Giovanni Lorenzo Berninis* Palazzo Chigi-Odescalchi in Rom von 1664 beeinflußt: wie dieser dreigeschossig, mit stark vorspringendem, von Konsolen getragenem Dachgesims, Portal und erstes Obergeschoß architektonisch hervorgehoben. Erstmals die für die weitere Entwicklung der Münchner Palaisfassaden wichtige Dreiteilung durch Kolossalpilaster. Balkongitter und Stuckdekor stammen von der Rokoko-Überformung durch *Zimmermann* nach Entwurf von *François Cuvilliés d. Ä.* Die Schrägstellung der Portalsäulen auf die Innenstruktur bezogen.

**Ehem. Palais Gise** (Prannerstr. 9). Wohl vor 1760 nach Entwurf von *Karl Albrecht von Lespilliez* erbaut. Nach Kriegsschäden wurde die Putzfassade 1949 unter Erneuerung des obersten Stockwerks durch einen Neubau in alter Geschoßhöhe und im Erdgeschoß auf alter Grundrißeinteilung hinterbaut. – Ein Beispiel dafür, das Fassadenschema *Cuvilliés* (Palais Holnstein) mit zeitgenössischen Tendenzen der Architekturgestaltung wie Horizontalgliederung und Dekorreduzierung zu vereinen. Verlust an tektonischer Wirkung.

★ **Ehem. Palais Holnstein,** jetzt Erzbischöfliches Palais (Kardinal-Faulhaber-Str. 7). Im Auftrag Kurfürst Karl Albrechts für seinen natürlichen Sohn, den Grafen von Holnstein, 1735–37 durch *François Cuvilliés d.Ä.* an Stelle dreier Bürgerhäuser erbaut. – Vierflügelanlage um Innenhof. Grundrißorganisation wie bereits bei seinem im Zweiten Weltkrieg zerstörten Palais Piosasque de Non (um 1726–32) im Sinne der zeitgenössischen französischen Bautheorie: klare Trennung von Raumfluchten nach ihrer Funktion im gesellschaftlichen (Vorderhaus) und privaten (Hinterhaus) Leben. – Der Münchner Palaisfassadentypus des 18. Jh.s ist hier voll ausgeprägt: Zweiteilung in Erdgeschoß mit Mezzanin sowie zwei Hauptgeschosse, deutliche Geschoßtrennung und gleichgewichtige Anordnung horizontaler und vertikaler Bauelemente. Bereits traditionell sind die Hervorhebung der Mitte durch dreiachsigen Risalit, Portal, Balkon und Giebel, neu jedoch das Fehlen einer architektonischen Portalrahmung. Die Würdeformen der

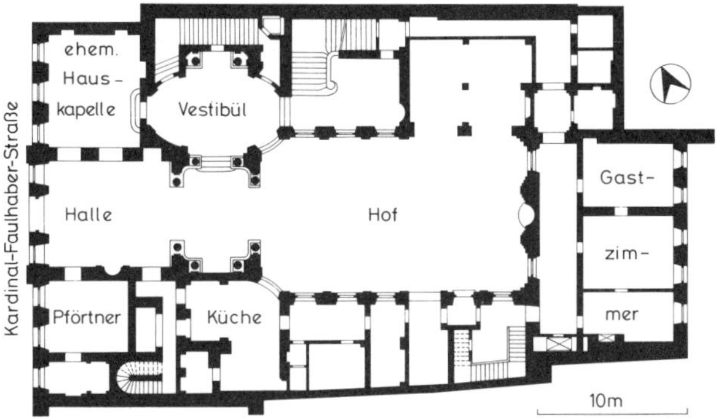


*München, Erzbischöfliches Palais, ehem. Palais Holnstein, Erdgeschoß (aktueller Zustand)*

die Hauptgeschosse zusammenfassenden, metrisch geordneten Kolossalpilaster sowie der kräftigen Fensterverdachung folgen italienischer Tradition, sie sind wohl am benachbarten Palais Portia orientiert und dem Rang des zukünftigen Bewohners entsprechend gewählt. – Einziges, auch in der Raumaufteilung und Bauausstattung weitgehend erhaltenes Palais des 18. Jh.s in München. Farbgebung der Putzfassade 1961 ohne Befund, im Innenhof 1986 nach Befund. – Stukkatur an der Fassade, im Treppenhaus, im ersten Obergeschoß in einer Enfilade von vier Räumen und im zweiten Obergeschoß in zwei Räumen erhalten (nicht zugänglich). Die Ausführung wohl durch *Johann Baptist Zimmermann* 1736/37 nach Entwurf von *Cuvilliés.* Der Stuck ist im ersten Stock weiß auf Hellgrau gefaßt, im zweiten noch urspr. golden auf Weiß. Stilistisch den Arbeiten in den Reichen Zimmern der Residenz und der Amalienburg vergleichbar, ikonographisch und vom formalen Aufwand her schlichter. – In Treppenhaus und zwei Räumen im zweiten Stock (wohl ehem. Musikzimmer) 1921 bzw. 1971 freigelegte Fresken, Iustitia und Pax (Allegorie der guten Regierung) sowie der Parnaß; im Arbeitszimmer übertünchtes Fresko. Gelten als Arbeiten *Zimmermanns.* – In Wandnischen Skulpturen, Allegorien der Künste, wie die Fresken wohl auch von *Zimmermann.* – Das Kabinett enthält noch die Erstausstattung, Boiserien und textile Wandbespannung (Samtweberei).

**Ehem. Palais Lerchenfeld,** jetzt Städtisches Bestattungsinstitut (Damenstiftstr. 8). Nach 1726 erbaut, wohl gleichzeitig und symmetrisch dazu angeordnet die schlichteren vierachsigen Häuser zu beiden Seiten (heute Teil von Nr. 8 und Nr. 10). *Effner*-Schule, *Ignaz Anton Gunetzrhainer* zugeschrieben. Nach Kriegsschäden 1944 bis auf die Fassade abgebrochen. Diese 1957/58 renoviert und in den Neubau einbezogen. – Bürgerliches Wohnhaus im Stil eines Adelspalais. – Ehem. Vierflügelanlage um Innenhof. Viergeschossige Fassade zu sieben Achsen. Der flache, dreiachsige Mittelrisalit und die ersten beiden Obergeschosse durch Stuckdekor betont.

**Ehem. Palais Montgelas** (Promenadeplatz 2). 1811–13 nach Plänen von *Emanuel Joseph von Herigoyen* Umbau des barocken Palais Perusa und des angrenzenden Salzstadels von 1406 zu einem Stadtpalais für Maximilian Graf von Montgelas. 1866–69 um ein Stockwerk in angepaßter Form erhöht. 1971/72 unter Abbruch rückwärtiger Bauteile für Hotelnutzung saniert. – Vierflügelanlage um Innenhof. Putzbau, die beiden Fassaden zu 12 und 17 Achsen, jeweils mit flachem Mittelrisaliten. Gliederung durch korinthische Pilaster und Gebälk mit reichem Stuckdekor. – Im Keller mittelalterliche Gewölbe (Gaststätte), neben der weitgehend urspr. Grundrißaufteilung der südlichen Bauhälfte vor allem im zweiten Obergeschoß ein großer Saal und mehrere Repräsentationsräume mit Innendekoration von *Jean-Baptiste Métivier* (1811/12) erhalten. – Am Übergang vom frühklassizistischen zum monumentaleren Palaisbau der Ludwigszeit stehend, in Proportionen und Bauausstattung französisch geprägt.

**Ehem. Palais Neuhaus/Preysing** (Prannerstr. 2; Teil der Vereinsbank). Um 1750/55 wohl unter Einflußnahme oder gar nach Entwurf *François Cuvilliés d. Ä.* vielleicht von *Karl Albrecht von Lespilliez* als Vierflügelanlage erbaut. 1956–58 von dem im Krieg beschädigten Bau nur die Fassade mitsamt dem klassizistischen Attikaaufbau wiederhergestellt. Das Gesamtschema ist an der Fassade des nahen Palais Holnstein orientiert. Aus dem Verzicht auf imposante Gliederungselemente erwächst dem eleganten Dekor eine stärkere Präsenz.

★ **Ehem. Palais Preysing** (Residenzstr. 27). Auf unregelmäßigem Grundstück zwischen zwei auf das ehem. Schwabinger Tor zulaufenden Straßen und zwischen den Großkomplexen Residenz und Theatinerkirche sich behauptend. 1723–29 von *Joseph Effner* für Johann Maximilian IV. Graf von Preysing-Hohenaschau errichtet. 1944 die letzten drei historischen Raumausstattungen untergegangen, das Treppenhaus schwer beschädigt. 1946 Reste der Westfassade und Teile der Südfassade niedergelegt. 1958–60 weitgehend rekonstruierender Wiederaufbau des Äußeren und des Treppenhauses durch *Erwin Schleich*. Stockwerksanzahl im Innenausbau erhöht, Raumdisposition neu. – Verputzter Backsteinbau, dreigeschossig mit Mezzanin, ehem. mit kleinem, heute überbautem Innenhof, die Passage im Verlauf der ehem. Durchfahrt. Drei Fassaden, je nach Situierung unterschiedlich reich ausgearbeitet, die weitgehend original erhaltene Hauptfassade östlich zur Residenz. Die Stuckelemente an den Fassaden und in dem kostbar ausgestatteten Treppenhaus, das eine zweiläufige Treppenanlage besitzt und in eine weite Halle (ehem. mit Deckenbild) mündet, wurden beim Wiederaufbau unter Einbeziehung originaler Partien von *Johann Baptist Zimmermann* ergänzt. – Einzig gesicherter Wohnbau *Effners* in München, in bezug auf Baudetails und Dekorationsstil eigenständige Verarbeitung französischer (*Germain Boffrand*, *Jean Bérain*) und österreichischer (*Johann Bernhard Fischer von Erlach*, *Lucas von Hildebrand*) Vorbilder. Die Fassadengliederung durch flachen Mittelrisalit mit Portal und Giebel sowie die Übertragung innenarchitektonischer Dekorationselemente auf das Äußere in München neu und richtungsweisend.

★ **Prinz-Carl-Palais,** jetzt Sitz des bayerischen Ministerpräsidenten (Franz-Josef-Strauß-Ring 5). 1804–06 durch *Karl von Fischer* für den Abbé Pierre de Salabert als Stadtpalais am Eingang des Englischen Gartens erbaut. 1826–30 Innenraum-Umgestaltung für Prinz Carl in einer heute nicht mehr zu klärenden Weise durch *Jean-Baptiste Métivier*. 1937 Erweiterung nach Westen, Angleichung der Nord- an die Südfassade und Innenumbau. 1971 Mittelrisalit der Gartenfront vorgezogen. – Zweigeschossiges Palais mit Ostportikus im Charakter einer palladianischen Gartenvilla. Die ehem. ebenerdige Durchfahrt 1937 zur Eingangshalle umgebaut. Durch die starke Bau- und Fassadengliederung betont eigengewichtig und mit Wirkung auf den künstlichen Naturraum hin angelegt. – Im ersten Stock Repräsentationsräume mit Bauausstattung des frühen 19. Jh.s.; in der Mitte Festsaal mit korinthischen Pilastern. – Bedeutender klassizistischer Bau, erstes Werk *Fischers* für München. In seiner städtebaulichen Wirkung bereits durch die Anlage der Prinzregentenstraße ab 1891 zu deren Blickpunkt uminterpretiert, durch die Untertunnelung im Rahmen des Altstadtring-Ausbaus 1967–71 beeinträchtigt.
Der dazugehörige „Finanzgarten“ nach 1802 unter Einbeziehung eines Restes der Wallanlage als Landschaftsgarten und notwendiger Übergang zwischen Hofgarten und Englischem Garten gestaltet.

## LANDSITZE

Von den wenigen erhaltenen, ehem. zahlreichen vorstädtischen adeligen und bürgerlichen Landsitzen mit Gartenanlagen sind zu nennen:

**Asam-Schlößl „Maria Einsiedel“** (Maria-Einsiedel-Str. 45). Nach 1724 Umbau eines adeligen Landsitzes durch *Cosmas Damian Asam* zu eigenem Wohnhaus mit Atelier. 1729/30 allseitige Freskierung. 1838 Gaststättenanbau an Ostseite. Nach schweren Kriegsschäden Wiederherstellung 1958/59 durch *Erwin Schleich*. Die jetzige Rekonstruktion der Malerei (in Secco-Technik) 1980/81 in der *Asam*schen Fassung nach einer Vedute durch *Karl Manninger*. Sie veranschaulicht die noch bis ins späte 18. Jh. in München übliche – in diesem Beispiel allerdings sehr reiche – bürgerliche Fassadenbemalung.

**Landschlößchen Suresnes,** jetzt Kath. Akademie (Werneckstr. 24). Langgestreckter, zweigeschossiger Walmdachbau mit überhöhtem Mittelrisalit; 1717/18 vielleicht vom jungen *Johann Baptist Gunetzrhainer* für einen kurfürstlichen Kabinettssekretär errichtet. 1925 neuklassizistisch überformt. 1969/70 nach dem Zustand des 19./20. Jh. renoviert. – Stuckierte Innenräume von 1790 und 1925; Gartenanlage mit Skulpturen des 18. und 19. Jh.s.

## HERBERGEN

Neben dem Bürgerhaus der Münchener Altstadt herrschte in den 1854 eingemeindeten östlichen Vorstädten Haidhausen, Au und Giesing, vor allem in den Bereichen der heutigen Einsteinstraße (ehem. In der Grube), Wiener Platz (An der Kreppe), Lilien- und Nockherstraße sowie auf der Stadtseite Am Gries der wohl im 17. Jh. entstandene Haustypus der sog. Herbergen vor: ein weniger stilistisch als soziologisch zu definierender Anteileigner-Haustypus. Wohl auf ländlicher Bautradition der Münchener Umgebung basierend, waren diese Kleinhäuser in oft winzige Eigentumsparzellen mit meist eigenem Zugang aufgeteilt und von Taglöhnern aus der landflüchtigen Bevölkerung bewohnt. Diese Quartiere wurden seit Anfang des 20. Jh.s, im und nach dem Zweiten Weltkrieg zerstört. Verblieben sind einzelne wenige Beispiele An der Kreppe, an der Sammtstraße und der weitgehend erneuerte Kriechbaumhof (Preysingstr. 73), ein zweigadiger Blockbau mit steilem Schopfwalmdach und Laube, wohl Mitte 17. Jh., ehem. in sechs selbständige Wohnungen aufgeteilt.

## WOHN- UND MIETSHÄUSER DES 19. UND 20. JAHRHUNDERTS

**Mietshäuser** traten in München vereinzelt Anfang des 19. Jh.s auf. Sie unterscheiden sich von den Bürgerhäusern nur durch die Eigentumsverhältnisse und wurden meist nicht zur eigenen Benutzung, sondern als Spekulationsobjekte erbaut. Erst als nach der Entfestigung (1791 ff.) auf dem unbebauten vorstädtischen Gelände neue Quartiere entstanden, wurde auch das Mietshaus – in klassizistischer Formensprache – ein Faktor im Stadtbild. Nachdem im letzten Krieg die Anfang des 19. Jh.s angelegte Ludwigsvorstadt westlich vor dem Karlstor weitgehend zerstört wurde, weist heute noch die Maxvorstadt (s. d.) einzelne Beispiele auf.

Für die klassizistische Fassadengestaltung wurden die im Anschluß an das Leuchtenberg-Palais 1818–25 nach Plänen *Leo von Klenzes* erbauten Häuser Ludwigstr. 1, 3, 5, 7, 9 (▷ Bedeutende Straßenzüge) vorbildhaft, deren Stil sich an der florentinischen Renaissance orientiert. Mit *Friedrich von Gärtner* und seinem Schülerkreis folgte der sog. Rundbogenstil, charakterisiert durch romanisierende und gotisierende Formen, unverputztes Ziegelmauerwerk und farbige Baumaterialien.

Die Maximilianstraße (▷ Bedeutende Straßenzüge) in dem nach seinem Initiator König Max II. benannten Maximilianstil war als Versuch der Schöpfung eines nationalen Baustils gedacht. Mit seiner kleinteilig-spröden Oberflächengliederung repräsentiert er die Phase zwischen dem Klassizismus und der nach 1870 dominierenden plastisch-voluminösen Neurenaissance.

Ganze Miethausviertel entstanden nach der Jahrhundertmitte, als der enorme Bevölkerungszuwachs zusätzlichen Wohnraum erforderte, so das Gärtnerplatzviertel (▷ Isarvorstadt) und das Ostbahnhofviertel (▷ Haidhausen), nach dem noch bis in die neunziger Jahre geltenden geometrischen Baulinienplan.

Das letzte Jahrhundertdrittel prägte der gründerzeitliche Stilpluralismus: Die Wohnbauten weisen Fassaden in spätklassizistischen, Neurenaissance- und Neubarockformen auf. In großzügig projektierten „herrschaftlichen“ Mietshäusern für das gehobene Bürgertum umfassen die Wohnungen mitunter bis zu zwölf Zimmer.

Um die Jahrhundertwende erweitern Jugend- und Heimatstil den Formenschatz. Fassadengestaltung wird nun zu einem schöpferischen Akt eklektischen Arbeitens aus dem Fundus der Architekturgeschichte – mit oft erstaunlich ansprechenden Ergebnissen. (Zur Charakterisierung werden Hilfsformeln wie klassizisierender oder barockisierender Jugendstil u. ä. verwendet.) – Typische Elemente der Fassadengestaltung des Münchener Jugendstils sind unterschiedliche Putzflächenstruktur, Erdgeschoßverdachung und ornamentale Friese. Häufig sind die Giebelfelder mit Masken, floralem Liniendekor oder Blütenteppichen ausgefüllt. Eine Spielart des Stils zeigt flächendekkend gegenständliche und ornamentale Motive von oft starker Polychromie. Neben der herkömmlichen symmetrischen Fassadenaufteilung treten auch auffällige Gliederungsasymmetrien auf. – Daneben existierte ein heimattümelnder, malerischer Eklektizismus, als frei historisierende Reformarchitektur proklamiert. Kennzeichnend sind farbige Putze und gegenständliche, an Formen der Volkskunst orientierte Motive.

Nach 1900 wurden tradierte Formen zunehmend im Sinne eines freien, vereinfachenden Historisierens angewandt – für diese Richtung wurde der Begriff „Reduktionsstil“ vorgeschlagen. Eine konservative Variante orientierte sich an regionaler Bautradition.

**Einfamilienhaus.** Als Vorformen des Einfamilienhauses sind die ehemals zahlreichen Landsitze (s. d.) und Gartenhäuschen der Barock- und Biedermeierzeit anzusehen. Das bedeutendste, zerstörte Beispiel war die Königliche Villa an der Leopoldstraße, 1845 durch

*Friedrich von Gärtner* für Königin Therese erbaut. Auch die in der Maxvorstadt nach dem originalen Konzept (▷ Brienner Straße unter Bedeutende Straßenzüge) zeitweise verwirklichte offene Bauweise führte zu einem typologisch verwandten Ergebnis.
Die in der Gründerzeit verbreitete großbürgerliche Herrschaftsvilla prägt trotz starker Dezimierung heute noch den Charakter ehem. vornehmer Quartiere: im Nordwesten im Raum Gern, Neuwittelsbach und Nymphenburg, im Süden die Prinz-Ludwigs-Höhe (um die Heilmannstraße) und Solln, im Nordosten Bogenhausen (s. d.), im Südosten Harlaching. Vgl. dazu auch Kapitel Wohnanlagen und Siedlungen.

**Künstlerhaus um 1900.** Als Kunstmetropole im 19. Jh. wurde München auch eines der Zentren des sog. Künstlerhauses, welches Wohnhaus, Arbeitsstätte und manchmal auch ein eigenes Museum vereinigte. Nicht als architektonische, sondern als eine sozialgeschichtliche Hausgattung seit der Renaissance bekannt, sollte es die ideelle Vereinigung von Kunst und Leben verkörpern und der Selbstdarstellung der Künstler dienen. Im Zeitalter der „Künstlerfürsten", um 1900, hatte sich als Typus die „herrschaftliche" Künstlervilla herausgebildet. Qualitätvolle Vorläufer des 18. Jh.s in München sind das Asamhaus (▷ Altmünchner Bürgerhäuser) und das Asam-Schlößl (▷ Landsitze, Maria-Einsiedel-Str. 45).
Bavariaring 10. – 1897/98 von *Emanuel von Seidl* als eigenes Wohnhaus in Neurenaissanceformen erbaut (Dachzone verändert).
Grütznerstr. 1. – 1883/84 von *Leonhard Romeis* für den Genremaler *Eduard Grützner* errichtet; malerisch am Rande der Maximiliansanlagen gelegener Bau in Formen der deutschen Renaissance.
Hildebrandhaus, jetzt Monacensia-Abteilung der Münchener Stadtbibliothek (Siebertstr. 2). – 1897/98 nach Angaben des Bauherrn *Adolf von Hildebrand* durch *Carl Sattler* errichtet; barockisierend, mit eingestelltem Rundturm; im ehem. Atelier jetzt Lesesaal.
Höchlstr. 4, Haus Lindenhof. – 1903/04 von *Max Littmann* als eigenes Wohnhaus in historisierenden Formen errichtet.
Ismaninger Str. 109 ▷ Staatsbauten, Bundesfinanzhof.
Karl-Theodor-Str. 48. – Im Burgenstil mit Rundturm; 1895 von *August Exter* und *Alfred Pinagel* für den Jugendstilkünstler *Hermann Obrist*, 1946 nach Kriegsschäden vereinfacht wiederhergestellt.
Kaulbachstr. 15. – In den Formen eines italienischen Renaissancepalais; 1887–89 von *Gabriel von Seidl* für den Maler *Friedrich August von Kaulbach* erbaut.
Lenbachhaus (Luisenstr. 33/35) ▷ Museumsgebäude
Schwanthalerstr. 106. – Ehem. Wohnhaus des in München ansässigen Architekten *Georg Hauberrisser*, nach eigenem Entwurf 1878/79 in Formen der deutschen Renaissance erbaut; von dem ehem. Doppelhaus nur der ältere Teil mit Turm erhalten.
Stuckvilla (Prinzregentenstr. 60/62) ▷ Museumsgebäude

## ALTSTADT

Herzogspitalstr. 8. 1806, reich stuckiert; – Nr. 12, ehem. Palais Woronzow; wohl 1807 von *Jean-Baptiste Métivier*. Beides frühe Beispiele von Mietshäusern, letzteres eigens zur Vermietung an den russischen Gesandten gebaut.

★ Neuhauser Str. 27. – Doppelhaus in Neurenaissanceformen; im Erdgeschoß die Gaststätte Augustinerbräu mit reicher neubarocker Ausstattung und Schmuckhof, 1896/97 von *Emanuel von Seidl*.

Pacellistr. 4. – 1820 von *Johann Ulrich Himbsel*; palastartiger Bau, viergeschossig zu neun Achsen, mit kräftiger Gliederung durch Gesimse und Fensterverdachungen; *Klenze*-Nachfolge.

Platzl 1 a. – Mit gotisierender Fassade, 1896/97 von *Max Ostenrieder*.

Promenadeplatz 6, Hotel Bayerischer Hof. – Im Neubau Spiegelsaal des Vorgängerbaus mit reichem Neurokokostuck von 1897/98 erhalten.

★ Rindermarkt 10, Ruffiniblock. – Hauptwerk der sog. Reformarchitektur; als Wiederaufleben des Altmünchner Bürgerhausstils verstanden. Block aus drei unterschiedlich gestalteten Häusern, die reich mit Reliefstuck und Fassadenmalerei überzogen sind, 1903–05 von *Gabriel von Seidl*, nach schweren Kriegsschäden wiederaufgebaut.

Sendlinger Str. 56. – 1899 von *Max Ostenrieder* in sog. Astwerkgotik mit Prunkerker.

★ Sendlinger Str. 14, Altes Hackerhaus (mit den Häusern Nr. 12 und 10 eine Gruppe bildend). – 1829–31 erbaut, 1982–84 renoviert. Reich gegliederte klassizistische Fassade. Im Innern Räume der zweiten Hälfte des 19. Jh.s erhalten, darunter der sog. Silbersalon von 1882 mit reichem Neurokokodekor.

★ Stollbergstr. 18. – Besterhaltener Bau im Stil der sog. *Gärtner*-Nachfolge; gotisierend, mit Sichtbacksteinmauerwerk, Kalksteingliederung und Bauplastik, 1857/58 von Maurermeister *Windwart*; entwerfender Architekt nicht ermittelt.

## MAXVORSTADT

Nordwestlich der Altstadt gelegen. Neben der Ludwigsvorstadt vor dem Karlstor frühestes Erweiterungsgebiet nach der 1791 begonnenen Entfestigung (▷ Bedeutende Straßenzüge, Brienner Straße und Ludwigstraße). Nach dem ersten städtebaulichen Wettbewerb in Deutschland planmäßige Erschließung im Rastersystem. Im Bereich der Brienner Straße in offener Bauweise begonnen.

Amalienstr. 38. – 1827 von Maurermeister *Xaver Mayr*, palastartig zu elf Achsen mit Mittelrisalit, Dreiecksgiebel und klassizistischen Fensterumrahmungen.

Karlstr. 18/20/22. – Einheitlich konzipierte klassizistische Mietshausgruppe mit reicher gegliedertem Mittelteil, 1828 von *Rudolf Röschenauer*.

Karlstr. 21. – Finanzbehörde, ehem. riesiger „Zinspalast", 1829 von *Joseph Höchl*; erhalten die durch Risalite gegliederte repräsentative Fassade in *Klenzes* florentinischem Neurenaissancestil.

Ludwigstr. 1, 3, 5, 7, 9. – Zwischen 1818 und 1825 nach Fassadenplänen *Leo von Klenzes* erbaut, nach Kriegsschäden z. T. vereinfacht wiederhergestellt. Erhaltener Teil der von *Klenze* geschaffenen Wohn- und Mietshäuser an der Ludwigstraße (▷ Bedeutende Straßenzüge); ihr an italienischer Renaissance orientierter klassizistischer Stil vorbildhaft für die Gestaltung vieler Fassaden in der Maxvorstadt.

Luisenstr. 33/35 ▷ Lenbachhaus (Museumsgebäude).

Max-Joseph-Str. 9, ehem. Palais Schrenck-Notzing. – 1904–06 von *Gabriel von Seidl*; monumentaler Bau in Formen der italienischen Hochrenaissance (inspiriert vom Wohnhaus *Raffaels* von *Bramante* in Rom); der plastische Dekor von *Anton Pruska*; im Innern Vestibül und Treppe erhalten.

Richard-Wagner-Straße 1–35. – Geschlossenes Ensemble in Mischformen aus Spätgotik und deutscher Renaissance, reich gegliedert und von malerischer Wirkung, 1900–03 überwiegend von *Leonhard Romeis*.

★ Schellingstr. 26. – 1897–1900 von *Martin Dülfer*, mit zackenförmigen Fenstereinfassungen und reichem Stuckdekor, 1986 in der urspr. kräftigen Farbigkeit renoviert.

Türkenstr. 4, ehem. Palais Dürckheim. – 1843/44 von *Franz Xaver Kreuter* in italianisierenden Neurenaissanceformen mit Reliefs.

Türkenstr. 30. – Durch Lisenen reich gegliederter Bau aus weißen und roten Backsteinen, mit Rundbogenfenstern und Terrakottaornamenten, um 1845 von *Johann Friedrich Schöpke* wohl nach Entwurf *Kreuters*; von *Friedrich Gärtners* Salinendirektion (▷ Bedeutende Straßenzüge, Ludwigstraße) beeinflußt, ehem. Teil einer Gruppe.

## Isarvorstadt

Hans-Sachs-Str. 1–18. – Noch weitgehend geschlossen erhaltener Straßenzug des späten Historismus in Stilformen der deutschen Renaissance und des Neubarock. Zur Strukturierung des unregelmäßig gewachsenen Gevierts im Glockenbachviertel angelegt. Reiche, stark plastische Fassadengliederung und Baudetails. 1897–1900 unter Mitarbeit der Architekten *Karl Stöhr*, *Leonhard Moll*, *Anton Spenger*, *Heinrich Volbehr*, *Hermann Berthold*, *Hans Thaler*, *Alois Barbist* und *Johann Schmalschläger* errichtet.

Rumfordstr. 6. – 1902/03 von *Franz* und *Josef Rank* in klassizisierenden Jugendstilformen.

Gärtnerplatzviertel. – Südöstlich zwischen Altstadt und Fluß. Planmäßige Stadterweiterung um 1860–70 nach einem auf der Grundlage des genehmigten Bebauungsplanes von 1830 erstellten Erweiterungsplan von 1861. Erstes ausschließlich als Mietshausquartier angelegtes Stadtgebiet, ein Spekulationsobjekt der Bankiersfamilie von Eichthal. – Um einen kreisrunden Platz sternförmig erschlossenes Viertel mit vorgeschriebener Bebauung: viergeschossige, einheitlich hohe Häuser in geschlossener Bauweise. Flach modellierte spätklassizistische Fassadengestaltung, meist vereinfacht.

## LEHEL/ST.-ANNA-VORSTADT

Das von Bächen und Kanälen durchzogene Gebiet östlich der Altstadt bis zum Fluß, etwa zwischen Ludwigs- und Max-Joseph-Brücke, wurde erstmals in den 1840er Jahren durch Hildegard- und Adelgundenstraße planerisch erschlossen. Erst durch den Bau der Maximilianstraße (▷ Bedeutende Straßenzüge) ab 1853 konsequent in die Stadtraumplanung einbezogen und in zwei Hälften geteilt; 1875 durch die Anlage von Thierschstraße, Thierschplatz und Mariannenplatz in Nord-Süd-Richtung strukturiert und wieder zusammengebunden. Gründerzeitliche Bebauung überwiegend in Neurenaissanceformen.

Südlich der Maximilianstraße:

Ländstr. 1/3/5/6. – Kleines Ensemble in Neurenaissanceformen, 1891–95 von *Karl Stöhr, Emanuel von Seidl, Albin Lincke* und *Max Littmann.*

Liebherrstr. 2/4/8/10. – In Formen der deutschen Renaissance mit reichem plastischen Dekor, 1903–06 von *Georg Hagn* und *Adolf Wentzel* unter Mitarbeit von *August Spieß* und *Konrad Böhm.*

★ Mariannenplatz. – Geschlossene vornehme Bebauung des letzten Jahrhundertviertels um die ev. Lukaskirche (1893–96 von *Albert Schmidt,* romanisch-gotisierender Zentralbau als zeitgemäße Realisierung einer Predigtkirche, Rohbackstein-Gruppenbau mit zwei schräggestellten Türmen und Kuppel, städtebaulich am Isarkai höchst wirkungsvoll). Hervorzuheben die monumentale neubarocke Mietshausgruppe, die die Platzwestseite schließt(▷ Thierschstr. 25/27/29).

Steinsdorfstr. 10. – 1893/94 von *Albin Lincke* und *Carl Vent* sowie Nrn. 12/13/14, 1891–94 von *Georg Meister*; monumentale neubarocke Bebauung am Isarkai (▷ auch nördlich die Widenmayerstraße).

Thierschstr. 25/27/29. – 1889 von *Albin Lincke* und *Max Littmann*; prächtige Hausteinfassade, der plastische Dekor von *Anton Kaindl.*

Nördlich der Maximilianstraße:

Liebigstraße. – Eindrucksvolle, noch weitgehend erhaltene Bebauung zwischen 1870 und 1900; Nr. 7, Neurenaissance, 1884 von *Heinrich Neumann*; Nr. 12 a, zurückhaltend neubarock, 1891/92 von *Adolf Ziebland* und *Josef Kollmus*; Nr. 21, 1882 von *Gabriel Seidl.*

Reitmorstraße. – Fast lückenlos erhaltene Bebauung, die das stilistische Spektrum zwischen 1850 (Nrn. 3 und 5, biedermeierlich) und 1925 (Nrn. 35/37, neuklassizistisch) abdeckt; – Nrn. 23/25, barockisierender Jugendstil, 1893/94 von *Martin Dülfer*; – Nrn. 27 und 29, neubarock, 1896/97 von *Georg Guinin.*

St.-Anna-Platz. – Platzschöpfung des späten 19. Jh.s im Zusammenhang mit dem Neubau der Pfarrkirche 1887–92 (▷ St. Anna „im Lehel"); die gleichzeitige, nur z. T. erhaltene Bebauung in der Höhe auf die Kirche bezogen.

★ Widenmayerstraße. – Noch großenteils geschlossene, repräsentative Mietshausbebauung am Isarkai; der Südteil meist neubarock ab 1893, im Abschnitt nördlich der Prinzregentenstraße dominieren Varianten des Jugendstils und Neuklassizismus vom Anfang des 20. Jh.s (▷ auch südlich die Steinsdorfstraße).

## Haidhausen

Gallmayerstr. 4. – 1901/02 von *Johann Lang*, bewegt gegliederte, z. T. vereinfachte Fassade in Anlehnung an *Martin Dülfers* Hauptwerk in München, das 1929 völlig veränderte Pressehaus Bayerstr. 57/59 von 1900/01.

Grütznerstr. 1 ▷ Künstlerhaus um 1900.

Sckellstr. 1, 2/3, 4/5 und 6. – Um 1877/78 von *Simon Killer* und *Karl Hock* in Neurenaissance- und neuklassizistischen Formen.

Ostbahnhofviertel (sog. Franzosenviertel). – Unter kommunaler Planung nach Entwurf des Oberbaurats *Arnold Zenetti* zwischen 1870 und 1900 bebautes Erweiterungsgebiet im Sinn des geometrischen Städtebaus. Das Erschließungssystem besteht aus einem im Ostbahnhof fluchtenden Straßendreistrahl, der eine Rastergliederung überlagert. Urbane Zentren sind die boulevardartige Wörthstraße mit dem Forum Bordeauxplatz und die aufgereihte Platzfolge Rosenheimer-, Weißenburger-, Pariser- und Orleansplatz. Reines Mietshausviertel; im Zusammenhang mit dem Bau des Ostbahnhofes (1871) als Spekulationsobjekt des Barons Karl von Eichthal realisiert (vgl. Isarvorstadt, Gärtnerplatzviertel). Architektonische Homogenität durch das in der Bauordnung von 1863 begründete „geschlossene Bausystem" und die vorgeschriebene Bebauungshöhe von vier und fünf Stockwerken erzielt. Meist flächig und straßenzugweise recht einheitlich gehaltene Fassadengestaltung in Formen der gründerzeitlichen Baustile.

## Wiesenviertel

Ab 1882 angelegtes Quartier östlich der Theresienwiese mit dem Kaiser-Ludwig-Platz als Zentrum und Verteiler für ein sternförmig ausstrahlendes Straßensystem. Letztes Erweiterungsgebiet Münchens, das noch – wenn auch nur teilweise – im Sinne des geometrischen Städtebaus bis etwa 1900 verwirklicht wurde, erstmals jedoch in dem durch die Bauordnung von 1879 eingeführten „offenen Bausystem“ mit vorgeschriebener Stockwerkszahl, Traufhöhe und festgelegten Gebäudeabständen. Überwiegend vornehme Miets- und Wohnhäuser, die sich im Charakter vielfach Villen annähern.

Bavariaring 4/6. – Großbürgerliches Doppelwohnhaus mit reichem Putzornament bzw. figürlichem Reliefdekor, Nr. 6 1901/02, Nr. 4 1907/08 von *August Zeh.*

Bavariaring 10 ▷ Künstlerhaus um 1900.

Bavariaring 11. – 1903 in gotisierenden Formen von *Emanuel von Seidl.* Zusammen mit Nr. 10 wirkungsvolle Rahmung der Zufahrt zur St.-Pauls-Kirche.

Bavariaring 24. – Reich gegliedertes Eckhaus in neubarocken Formen; 1888 von *Gabriel von Seidl,* plastischer Dekor von *Anton Pruska.*

Beethovenstr. 5. – Palastartiger Neubarockbau; 1894 von *Carl Zeh.*

Kaiser-Ludwig-Pl. 5. – Reich gegliederter nobler Neubarockbau; 1895 von *Emanuel von Seidl.*

Rückertstr. 1. – In Formen der deutschen Renaissance, mit original erhaltener Dachzone; 1889/90 von *Johann Baptist Graser.*

Schwanthalerstr. 79. – Jugendstil, Fassade mit flächendeckendem Putzdekor und originaler Polychromie, 1905 von *August Zeh.*

Schwanthalerstr. 106 ▷ Künstlerhaus um 1900.

Uhlandstr. 7. – Schlößchenartiger Neubarockbau, um 1891 von *August Thiersch.*

## SCHWABING

Agnesstr. 12, 14, 16, 20 und Tengstr. 22, 24, 26, 33, 35, 37. – Typisches Beispiel für die meist zerstörte vornehme Mietshausbebauung Westschwabings zu Anfang des 20. Jh.s von *Otto Orlando Kurz* und *Eduard Herbert.* Die heute noch als zusammengehörig empfundene Gruppe ist durch reduziert-historisierende Fassaden mit hohen Ziergiebeln geprägt.

Ainmillerstr. 20. – 1900 von *Eugen Hönig* und *Karl Söldner,* Jugendstilfassade mit sehr reichem Stuckdekor.

★ Ainmillerstr. 22. – Extravagante polychrome Jugendstilfassade, reiche Gliederung mit z. T. figürlichem Dekor; 1898 von *Henry Helbig* und *Ernst Haiger.*

Belgradstr. 22/24. – 1899 von *Johann Lang;* einer der Initialbauten des Münchner Jugendstils. Fassade in Felder mit reichem floralen Stuck gegliedert.

Franz-Joseph-Str. 21/23 mit Friedrichstr. 18. – Aufwendig durch Erker und Balkone ausgestattete Eckgruppe um 1904 von *Max Langheinrich* in Formen des Jugendstils.

Franz-Joseph-Str. 38. – Letzter erhaltener Bau einer Gruppe von Jugendstilmietshäusern mit einer lebhaften Fassadengliederung durch architektonische und plastische Motive; 1903 von *Max Langheinrich.*

Gedonstr. 4/6. – Jugendstilfassade mit Kammputzdekor und geometrischem Gitterwerkstuck in unregelmäßig geformten Ornamentfeldern; 1904 von *Martin Dülfer.*

Georgenstr. 4. – Freistehender Bau in Art einer italienischen Renaissancevilla; 1892/93 von *August Thiersch.*

Georgenstr. 8, sog. Pacelli-Palais. – Reich gegliederte Neubarockvilla mit Kuppeln, Mosaiken und Plastiken; 1880/81 von *Josef Hölzle*, 1900/01 von ihm selbst umgebaut. – Mit diesem im baulichen Verbund Nr. 10, ehem. Palais Bissing, 1902/03 von *Ernst Robert Fiechter* umgestaltet; polychrome Putzfassade.

Isabellastr. 22. – In eleganten barockisierenden Jugendstilformen mit zurückhaltendem Dekor; 1907/08 von *Adolf Wentzel.*

Kaiserstr. 4, 6, 8, 10, 12 und 16, 18, 20, 22. – Zwei zusammenhängende Reihen von Villen in Neurenaissanceformen. Stark gegliederte Sichtbacksteinbauten mit Putzgliederungen, Risaliten und Erkern; 1884–88 von *Josef Vasek.*

Kaiserstr. 14. – 1902/03 von *Eugen Drollinger.* Seltene Synthese von romanisierenden Formen und Jugendstilelementen.

Karl-Theodor-Str. 48 ▷ Künstlerhaus um 1900

Kaulbachstr. 15 ▷ Künstlerhaus um 1900

Leopoldstr. 4 und 6. – Beide 1896/97 von *Martin Dülfer* und Nr. 8/10, hakenförmiger Komplex, 1909–11 von *Friedrich Thiersch.* Großbürgerliche Mietshäuser in barockisierenden und klassizisierenden Formen, die zusammen mit Schackstr. 1 und 2 (s. d.) die östliche Begrenzung des Forums am Beginn der Leopoldstraße bilden. – Nr. 77, 1900–02 von *Martin Dülfer*, Fassadendekor rekonstruiert.

Martiusstr. 1, 3, 4, 5, 6, 7. – Ensemble in barockisierendem Jugendstil, 1906–08 von *Anton Hatzl*, Nr. 6 von *Franz Popp.*

★ Ohmstr. 13/15/17 mit Königinstr. 85. – 1906/07 von *Martin Dülfer*; große, urspr. noch mit den Häusern Ohmstr. 9 und 11 symmetrisch aufeinander bezogene Mietshausgruppe mit z. T. bizarren Giebelformen, gezackten Loggienrahmungen und floralem Liniendekor.

★ Römerstr. 11. – 1899 von *Henry Helbig* und *Ernst Haiger* in klassizisierenden Jugendstilformen; kräftige, nach Befund erneuerte Polychromie.

★ Römerstr. 15. – 1900 von *Eugen Hönig* und *Karl Söldner*; Jugendstilfassade mit halbrundem Erker und sehr reichem, vor allem auch den Giebel ganz ausfüllendem Putz- und Stuckdekor.

Schackstr. 1 und 2. – 1897 von *Leonhard Romeis* in reichen Neubarockformen (▷ auch Leopoldstr. 8/10).

Schackstr. 4. – 1894 von *Leonhard Romeis*, neubarock, reich gegliedert und stuckiert.

Tengstr. 22, 24, 26, 33, 35, 37 ▷ Agnesstr. 12 ff.

## Bogenhausen

Durch die Eingemeindung von Bogenhausen 1892 konnte das südlich des Dorfkerns gelegene Land als Erweiterungsgebiet für vornehme Villen und Wohnbauten genutzt werden. Basis- und Erschließungsstraße wurde die Prinzregentenstraße (▷ Bedeutende Straßenzüge). Auf der Grundlage des 1895 von Baurat *Voit* skizzierten Straßenplans arbeitete *Theodor Fischer* den Generallinienplan für Bogenhausen bis 1898 aus; bauliche Realisierung ab 1900. Erste großflächige Anwendung der von *Fischer* entwickelten Prinzipien des malerischen Städtebaus, die auf der Schrift *Camillo Sittes* über den Städtebau nach künstlerischen Grundsätzen und einem diese berücksichtigenden Beitrag von *Karl Henrici* zum Städtebaulichen Ideenwettbewerb von 1892 für das gesamte geplante Münchner Erweiterungsgebiet basierten. Seine den geometrischen Städtebau in München ablösende Konzeption arbeitete mit einem flexiblen, naturräumliche Verhältnisse integrierenden, unregelmäßigen Straßennetz, mit malerisch gestalteten, überschaubaren Straßenabschnitten und mit unterschiedlichen, Höhenentwicklung, Dichte, offene oder geschlossene Bauweise bestimmenden Baustaffeln. Hier finden sich geschlossene mehrstöckige Miethausbebauung, die Reihenhaussiedlung an der Cuvilliésstraße und die Villen an der Isarkante im Bereich Maria-Theresia-/Möhlstraße.

Friedrich-Herschel-Str. 1 und 3. – Jugendstilmietshäuser, beide 1910 von *Franz Popp*, stark gegliedert und plastisch dekoriert.

Höchlstr. 2. – Repräsentative Neubarockvilla, 1899–1901 von *Heilmann & Littmann* für Rudolf Diesel erbaut.

Höchlstr. 4 ▷ Künstlerhaus um 1900.

★ Holbeinstraße. – Ein von mehreren Architekten geschaffenes Ensemble; darunter die Nrn. 4/6/8 von *Sigmund Weidenschlager* und *Max Kirschner*, 1907/08 als Baugruppe mit asymmetrisch angebrachten Details erbaut und wohl inspiriert von dem jetzt im oberen Teil völlig veränderten Haus Nr. 10, dem Haus Nassauer, 1900 von *Paul Vincent Paravicini.*

Ismaninger Str. 109 ▷ Staatsbauten, Bundesfinanzhof.

Lucile-Grahn-Str. 47. – Eckhaus am Prinzregentenplatz mit reichem floralen Stuckdekor (an den Erkern entfernt); 1901 von *Johann Zitter.*

Maria-Theresia-Str. 4 a. – Villa in Formen italienischer Renaissance; 1896/97 von *Heilmann & Littmann.*

Maria-Theresia-Str. 27, Villa Bechtolsheim. – 1896–98 von *Martin Dülfer*; sein erster Wohnbau und vielleicht der erste Bau in Deutschland mit Jugendstildekor.

Possartstr. 2. – Mietshaus von 1901 in Formen des klassizisierenden Jugendstils; sehr reich gegliedert und mit Stuckreliefs.

Prinzregentenpl. 11–23. – Vornehmes Mietshausensemble im Umkreis des Prinzregententheaters, in barockisierenden Formen;

1900–09 von *Hans Hartl*, *Carl Vent*, *Franz Popp* und *August Günther*.
Prinzregentenstr. 60/62 ▷ Stuckvilla (Museumsgebäude) und Bedeutende Straßenzüge, Prinzregentenstraße.

## NEUHAUSEN, NYMPHENBURG, LAIM

Die Eingemeindung der Vororte im Nordwesten und Westen, Neuhausen (1890), Nymphenburg (1899) und Laim (1909) erbrachte große Flächen, die bereits in den Städtebaulichen Ideenwettbewerb von 1892 und ab 1893 in die Generallinienplanung *Theodor Fischers* einbezogen wurden und als neue Wohngebiete durchstrukturiert und ausgewiesen werden konnten. Villenkolonien und Siedlungen, die hier seit den achtziger Jahren angelegt wurden, ▷ Villenkolonien Neuwittelsbach und Gern, Reihenhausanlage Laim, Villenkolonie Schloßpark Laim und Siedlung Neuhausen – wuchsen vor allem in den Bereichen Nymphenburg und Gern zu großen, ähnlich bebauten Gebieten zusammen.
Agnes-Bernauer-Str. 101. – Einfamilienhaus in schlichten sachlichen Formen mit expressiven Details, 1924–26 von *Bruno Paul*; vom Architekten auch im Inneren durchgestaltet.
Bothmerstr. 1–20. – Mietshaus- bzw. überwiegend Villenbebauung des späten Historismus, 1890/1900. In dieser Geschlossenheit in München selten geworden.
Gümbelstr. 2 und 4. – 1904 von *Anton Hatzl*; reich gegliedert, in Formen eines barockisierenden Jugendstils.
Hedwigstr. 9 und 11. – 1901–03 von *Fritz Hessemer* und *Schmidt*, im Stil der deutschen Renaissance, mit reich dekorierten Erkern.
Montenstr. 8, sog. Lusthaus Reiner. – Umfangreiche schloßartige Anlage, 1905/06 von *Karl Bauer* für einen Telephonfabrikanten als Ort geselliger Veranstaltungen errichtet; mit Garten und Nebengebäuden.
Nymphenburger Str. 86 (im Hof): Bruckmann-Verlag, 1898 von *Martin Dülfer*, Jugendstil, reich stuckiert. – Nr. 149/151 barockisierende Mietshausgruppe in Straßengabelung, 1896–98 von *Martin Dülfer*. – Nr. 187 malerisch-burgenartiger Eckbau mit Turm, 1899/1900 von *Alois Barbist*. – Nr. 191 bez. 1902, die Ecksituation wirkungsvoll interpretierendes Mietshaus im barockisierenden Jugendstil mit Stuckdekor.
Orffstr. 1–23. – Weitgehend erhaltenes Mietshausensemble um 1900 in historisierenden Formen.
★ Romanstr. 5. – 1902/03 von *Georg Müller* nach Entwurf *Hans Lettners*; mit üppigem floralen Stuck und wechselnden Flächen von Kamm-, Glatt- und Rauhputz.

## WOHNANLAGEN UND SIEDLUNGEN

Neue Wege des Einfamilienhausbaus wurden kurz vor der Jahrhundertwende beschritten durch den meist von sog. Terraingesellschaften geplanten und durchorganisierten Bau von Villenkolonien. Die Besiedlung erreichte mit diesen raumheischenden Projekten die Stadtgrenzen; risikofreudige Unternehmer griffen in das stadtnahe Umland aus, z. B. nach Pasing, ins Würmtal, nach Grünwald und Großhesselohe im Isartal (Kr. München) oder Feldafing am Starnberger See (Kr. Starnberg).
Als besonders sparsame Lösung des Einfamilienhausbaus wurde, ebenfalls noch zu Ende des 19. Jh.s, das Reihenhaus entwickelt. Dieses im Bauverbund stehende Einfamilienhaus mit kleinem Vorgarten und rückwärtigem Grundstücksanteil in Wohnungsbreite war platzsparend und billiger zu erstellen. – Mit der Kombination von Miet- und Einfamilienhaus in solchen Reihenhausanlagen wurde erstmals 1909 in Laim die Vermischung sozialer Schichten programmiert, schließlich 1919 in der Alten Heide das Prinzip der Reihenhaussiedlung ausschließlich auf den Bau von Mietwohnungen angewandt.

**Villenkolonie Neuwittelsbach** um das Rondell Neuwittelsbach. Nur als Fragment realisierter Teil einer weitaus umfangreicheren, noch nach der geometrischen Alignementsplanung von 1870–90 ausgeführte Anlage. Erschließung durch sternförmig vom Rondell ausgehende Straßen. Durch starke Begrünung und große Bauabstände Dominanz eines gartenstadt- oder parkähnlichen Charakters. Offene Bauweise durch zweigeschossige, zwischen 1880 und 1920 entstandene Villen. Originale Bebauung vor allem in der Flüggenstraße geschlossen erhalten; in der Lachnerstraße mehrere vornehme Villen. – Romanstr. 13, 1902–05 von *Friedrich Thiersch,* Arztvilla (jetzt Polizeiamt), Jugendstilparaphrase einer italienischen Renaissancevilla.

**Villenkolonien Pasing I** (ab 1893) und **Pasing II** (ab 1897). Durch den Architekten *August Exter* geplante und ab 1899 im Verein mit der Münchner Terraingesellschaft Westend organisierte Siedlungsanlagen auf zwar von der Kernstadt abgelegenem, aber bereits durch regelmäßig verkehrende Vorortzüge gut erreichbarem Gelände. Nördlich und nordwestlich des Pasinger Bahnhofs beiderseits der Würm über rasterförmigem Grundriß angelegte Gartenstädte. Bewußt in Grün eingebettete Kleinvillen für einen mittelständischen Interessentenkreis, die nach Katalog in unterschiedlicher Größe und Stilhaltung bestellt werden konnten. Die Grundrißaufteilung jedoch wenig variiert. Neben *Exter* arbeiteten als Architekten hauptsächlich *Otto Numberger, Carl Nicolay, Georg Völkl, Johann Schalk, Ulrich Merk, Georg Niggl, Bernhard Borst* und die *Fa. Gebrüder Ott.* – Den architektonischen Auftakt der Kolonie II, in den Zwickel zweier Hauptstraßen gelegt, bildet die ev. Himmelfahrtskirche, 1903/04 von *Karl Hocheder,* in barockisierenden Formen.

**Villenkolonie Gern** um die Böcklinstraße. Älteste Münchner Reihenhaussiedlung, ab 1892 durch die Firma *Heilmann & Littmann* erstellt, als Architekt *Erich Göbel* tätig. Zweistöckige, in unterschiedlich große Gruppen zusammengefaßte, differenzierte Haustypen im Landhausstil mit späthistorisierenden Formen; unterschiedliche Grundrißgrößen.

**Reihenhausanlage Laim** (Stadtlohner Straße). 1909–11 nach Plänen von *Theodor Fischer* erbaute Miets- und Einfamilienhausanlage mit Anklängen an die Musterprojekte der Deutschen Gartenstadtgesellschaft in Hellerau und Falkenberg. Zur Form vgl. Villenkolonie Schloßpark Laim; typologisch verwandt auch *Fischers* Kleinwohnhauskolonie um die Laimer Gunzenlehstraße (1911).

**Villenkolonie Schloßpark Laim** (Vohburger Straße). 1912 nach Plänen von *Hans Brühl.* In reduziert-historisierenden Formen, wegen der Sparsamkeit der Mittel als Reformarchitektur verstanden. Durch eine Differenzierung der Gesamtanlage und der Details wurde der Charakter eines kleinstädtischen Ortsbildes angestrebt.

**Militärwohnanlage Schwere-Reiter-Str. 8–26/Barbarastraße/Infanteriestraße.** Einheitlich konzipierte Kleinwohnanlage; 1909/10 nach Vorentwurf des Baurates *Beetz* von Baurat *Besold* errichtet. Einzigartiges Beispiel des von der Bayerischen Armee geförderten Wohnungsbaus für Militärangehörige in unmittelbarer Kasernennähe. Im Stil an Gartenstadtidee und Vorstellungen *Theodor Fischers* orientiert, sind diese Mehrfamilienhäuser mit traditionellen Sattel- und Walmdächern, Fachwerk, Zwerchgiebel, Schleppgauben und eingegrenzten Gartenstücken „kleinstädtisch" ausgestattet.

**Siedlung „Alte Heide"** (westlich der Ungererstraße, Alte Heide u. a.). 1919–23 nach Plänen von *Theodor Fischer* durch die „Gemeinnützige Baugesellschaft Alte Heide" als Arbeitersiedlung errichtet. 30 Wohnblöcke mit 700 einfachen Kleinwohnungen, davon 27 Blöcke in Zeilenbauweise. Erste Anlage dieser Art in Deutschland. Schlichte, verputzte Satteldachbauten mit Ecklisenen und spitzbogigen Öffnungen neben den Eingängen; zwischen den Zeilen Nutzgärten. Die Wohnfläche pro Einheit überwiegend 48 bis 60 Quadratmeter, zwei Zimmer, Wohnküche, WC, Vorplatz und Loggia. Die Gemeinschaftseinrichtungen, Verwaltung, Lebensmittelhandlung und Badeanstalt durch historische Formen hervorgehoben. Im Zentrum Kinderspielplatz.

★ **Siedlung „Borstei"** (zwischen Dachauer-, Pickel- und Bernhard-Borst-Straße). 1924–30 nach Plänen von *Bernhard Borst* als Siedlung für den Mittelstand durch *Borst* und *Oswald E. Bieber* im städtischen

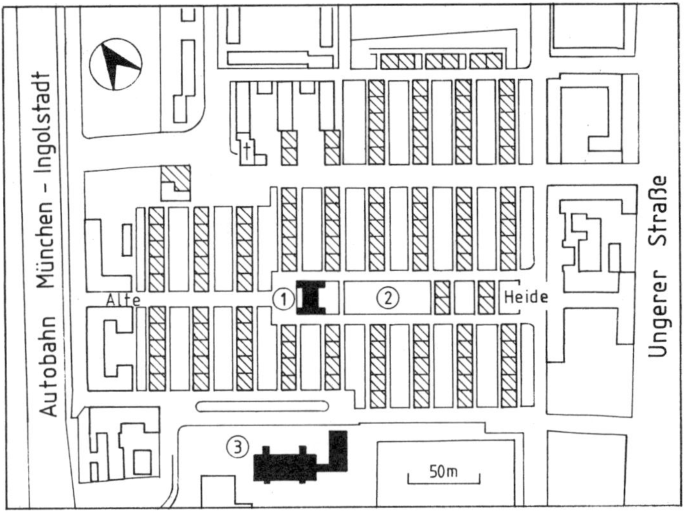


*München, Siedlung Alte Heide*

*1 Verwaltungsbau*
*2 Städt. Kinderspielplatz*
*3 Schule*

Auftrag errichtet. Weitläufige geschlossene Anlage aus langgestreckten, drei- bis viergeschossigen, verputzten Satteldachblöcken um unterschiedlich große Gärten, Höfe und platzartig verbreiterte Straßen. Sparsam historisierende Formen verwendet wie Rundbogen an Durchfahrten und im Erdgeschoßbereich; Treppen, Haus- und Wohnungseingänge unterschiedlich ausgebildet. 772 Wohneinheiten (Zwei-, Drei-, Vierzimmerwohnungen, Küche, Bad, Kammer). Gemeinschaftliche Fernheizversorgung und Zentralwäscherei, 14 Läden, Postamt, zwei Kindergärten. Zahlreiche künstlerische Elemente wie Brunnen, Plastiken, Fassadenmalerei.

**Postversuchssiedlung Arnulfstr. 107–163 (ungerade Nrn.).** 1928/29 von *Robert Vorhoelzer* und *Walther Schmidt* für die Reichsforschungsgesellschaft für Wirtschaftlichkeit im Bau- und Wohnungswesen. Funktionalistisch geplante Anlage um weiten, begrünten Innenhof. Langgestreckte dreigeschossige Blöcke in betont sachlichen Formen; zur Erprobung neuer Materialien unterschiedlich mit Sattel- und Pultdächern sowie Dachgärten versehen. Zwei Wohnungstypen

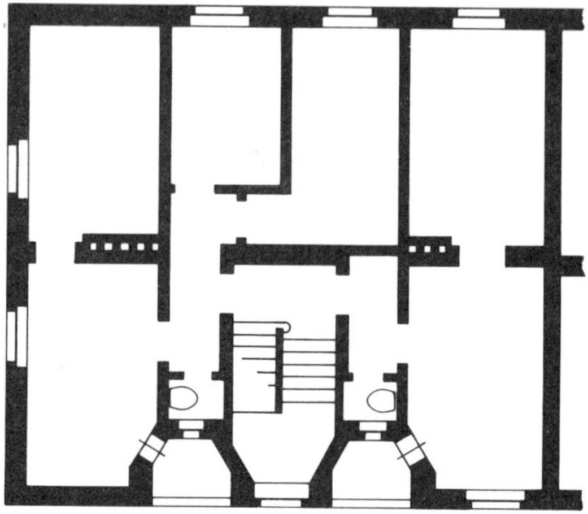

*München, Siedlung Alte Heide, Wohnungstyp, erstes Obergeschoß*

von 57 und 70 Quadratmetern. Als Besonderheit die sog. Münchner Küche: eine Wohnküche mit abgetrennter Kochnische, die aber durch eine in halber Höhe verglaste Wand und einen offenen Durchgang in Sicht- und Hörverbindung mit dem Eßbereich steht.

**Siedlung „Neuhausen“** (zwischen Arnulf- und Ofterdingenstraße, Steuben- und Winthirplatz). 1928–30 nach Gesamtplanung und unter Oberleitung von *Hans Döllgast* durch verschiedene Architekten, u. a. *Peter Danzer, Gustav Gsaenger, Hans Haedenkamp, Otto Orlando Kurz, Martin Mendler, Uli Seeck* und *Wolfgang Vogl* erbaut. Eine von fünf durch die „Gemeinnützige Wohnungsfürsorge AG München“ in Zusammenarbeit mit dem städtischen Hochbauamt erstellten, jedoch formal unterschiedlichen Siedlungen. Zielgruppe: Mittelstand. Elf Blockreihen durch lange Zeilenbauten umschlossen, mit städtebaulich repräsentativem Kopfblock zum Steubenplatz und integriertem „Künstlerhof“, einer Baugruppe niedriger Künstlerateliers. Innerhalb eines vorgegebenen Rahmens unterschiedlich gestaltete vier- bis fünfgeschossige, verputzte Blöcke mit Satteldächern. 1900 Wohneinheiten, Zwei-, Drei-, Vierzimmerwohnungen mit Küche, Bad und Kammer zu 58, 65, 82,5 und 105 Quadratmetern Grundfläche. Aufwendige künstlerische Gesamtbauausstattung mit Wandmalerei und Bauplastik sowie mehreren Brunnen.

**Mustersiedlung Ramersdorf** um die Bernauer Straße. – In Hinsicht auf die Deutsche Siedlungsausstellung München 1934 im Juni 1933 beschlossen und 1934/35 nach Konzeption und Entwurf von *Guido Harbers* errichtet. Programmatisch als Siedlerstellen mit Eigenanbau und für unterschiedliche Einkommensgruppen gedacht. – Kleinhaussiedlung aus Einzel-, Doppel- und zweistöckigen Reihenhäusern, die innerhalb der Grundstücke so gestellt sind, daß ein nutzbarer Südgarten verblieb. Zwölf unterschiedliche Grundrißanordnungen mit Wohnflächen zu 58 und 68 Quadratmetern; wegen der geringen Größe nach 1945 häufig erweitert. Die Gesamtanlage nach der alten Pfarrkirche St. Maria (s. d.) ausgerichtet, die als „dörflicher" Gefühlswert einbezogen wurde.

**Siemenssiedlung** (Boschetsrieder Straße/Halskestraße, Obersendling). 1952–54 nach Entwürfen von *Emil Freymuth*. Lockere Anordnung unterschiedlich hoher und langer Baublöcke auf der vom Durchgangsverkehr frei gehaltenen Grünfläche. Hier erstmals in Bayern Sternhäuser mit 17 Geschossen und ein Scheibenhaus mit zwölf Geschossen. Stark variierende Grundrisse zwischen 35 und 114 Quadratmetern Wohnfläche; durchwegs Balkone oder Loggien.

**Parkstadt Bogenhausen** (Stuntzstraße). 1955/56 nach Bebauungsplan von *Franz Ruf* durch die Architekten *Helmut von Werz, Matthä Schmölz, Johannes Ludwig, Hans Knapp-Schachleiter* und *Franz Ruf* selbst. – Weitläufiges Siedlungsareal um zentrale Grünflächen mit räumlich gegliederten, unterschiedlich hohen Reihen- und Scheibenhäusern in Zeilenbauweise sowie Hochhäusern über T-förmigem Grundriß. Beabsichtigte optische Vereinheitlichung durch gleiche architektonische Details. 15 Wohnungstypen mit 26 bis 80 Quadratmetern Grundfläche. Erschließung von Küche und Schlafräumen über die Wohnzimmer („amerikanische Lösung").

## FLÄCHENANLAGEN

### FRIEDHÖFE

Nach Auflassung der innerstädtischen Friedhöfe 1788 durch kurfürstliches Reskript Anlage des Alten Südlichen Friedhofs (s. d.) als Zentralfriedhof. Zur Entlastung folgte 1866–69 der Alte Nördliche Friedhof (Arcisstr. 45) nach Plan von *Arnold Zenetti*. In 16 Felder geteiltes Geviert mit nach Kriegsschäden teilweise erneuerter Rohbacksteinmauer, Teilen der ehem. Arkadenhalle und der Friedhofsgebäude. Zahlreiche künstlerisch gestaltete und historische Grabsteine. Bemerkenswert vor allem das eigene Grabmonument des Bildhauers *Michael Wagmüller* († 1881) in Grabfeld 9, ein Todesengel mit Kind auf einem Sarkophag sitzend, Marmor.
Nach Eingemeindung der Vorstädte in der zweiten Hälfte des 19. Jh.s und Vervierfachung des Stadtgebiets Anlage von dezentralisierten

großen Friedhöfen in den vier Himmelsrichtungen; die Pläne stammen von *Hans Grässel* ab 1891. In seinem neuen Friedhofskonzept ging er von Harmonie und Ordnung der Gesamtanlage aus; es wurde, zusammen mit seinen Grabmalvorschriften von 1907, vorbildhaft und noch heute gültig für zahlreiche in der Folge entstandene Friedhöfe: das Binnenwegsystem ist in weitgehend symmetrischer Anordnung auf das Friedhofsgebäude hin angelegt; die Einbeziehung oder Schaffung von Bodenformationen, Naturgegenständen, Brunnen, Denkmälern und Architekturen ist unter stimmungsmäßigen, ästhetischen, hygienischen und künstlerischen Gesichtspunkten vorgenommen, die Grabfeldgestaltung ist innerhalb unterschiedlicher Preiskategorien einheitlich vorgeschrieben. Alle Friedhöfe wurden durch rastermäßig geteilte Flächen in der Folge erweitert. In den historischen Teilen befinden sich Grabsteine und Grabmalplastik des frühen 20. Jh.s. – Ostfriedhof (St.-Martins-Pl. 1), 1894–1901. Das Friedhofsgebäude neuklassizistisch, 1898–1900, als städteplanerischer Point de vue zusammen mit den umliegenden Straßen entworfen und die Severinstraße axial darauf bezogen; nach Kriegsschäden von *Hans Döllgast* vereinfacht wiederhergestellt; das Krematorium 1927–29 von *Grässel*. Unregelmäßig geschnittenes Gräberfeld unter Einbeziehung des Auer Gottesackers von 1817. – Nordfriedhof (Ungererstr. 130), 1895–1910; das Gebäude neubyzantinisch, 1897–99, kriegsbeschädigt. Rechteckiges Gräberfeld an Stelle des Leichenakkers von 1884. – Westlicher Friedhof (Baldurstr. 28), 1897–1902; das Gebäude im frühchristlichen Stil, gleichzeitig; das Gräberfeld über Winkelgrundriß. – ★ Waldfriedhof (Fürstenrieder Str. 288), 1905–07; das Gebäude gleichzeitig. Erster wirklicher Waldfriedhof Europas, auf Waldparkareal, die Wegführung unregelmäßig, die Grabmäler in den landschaftlichen Rahmen eingefügt.

★ **Alter Südlicher Friedhof** (Thalkirchner Straße 17). 1563 als Pestfriedhof vor den Stadtmauern eingeweiht (zur Kirche ▷ St. Stephan). Nach Auflassung der innerstädtischen Friedhöfe 1788 Gesamtfriedhof. 1818–21 Erweiterung nach Entwurf *Gustav Vorherrs*; symmetrische Neuanlage und architektonische Fassung über sarkophagähnlicher Grundfläche. 1844/45 südliche Erweiterung durch quadratischen „Campo Santo“ nach Entwurf *Friedrich von Gärtners*. Nach Kriegsschäden (1943) stark vereinfachte Wiederherstellung der die Friedhofsteile verbindenden Arkadenreihe und Bauten unter Einbeziehung von *Gärtners* Kuppelvorhalle auf 16 Pfeilern durch *Hans Döllgast* 1953/54. Grabmälerbestand des späten 18. bis frühen 20. Jh.s; seit 1944 nicht mehr belegt.

**Alter Israelitischer Friedhof** (Thalkirchner Str. 240). 1816 angelegt, 1881/82 erweitert, Gebäude 1882 von *Kilian Stützel*. Fast ungestörtes Gräberfeld mit Grabsteinen des 19. und 20. Jh.s seit der Belegungszeit. Vor allem die Sandsteingrabmäler mit teilweise irreversiblem

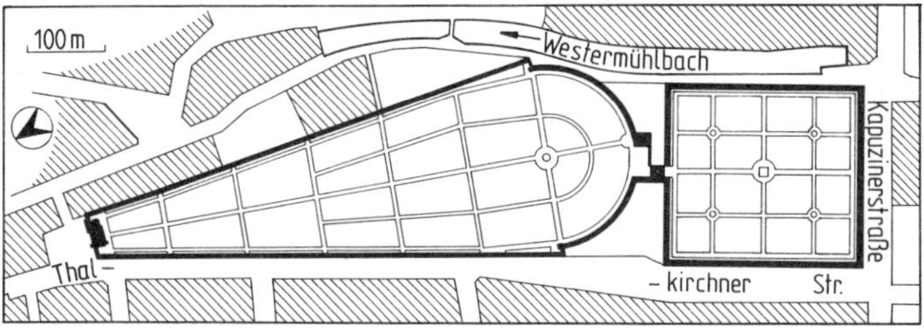


*München, Alter Südlicher Friedhof*

Schadensbild. – Hervorzuheben das Grabmonument für den Dichter *Michael Beer* († 1833), ein hoher Aufbau mit Sarkophag auf vier Pfeilern nach Entwurf *Leo von Klenzes.*

**Israelitischer Friedhof** (Garchinger Str. 37). Das Friedhofsgebäude mit reich ausgestatteter Versammlungshalle und der historische Friedhofsteil 1906–08 nach Plänen von *Hans Grässel.* Dort Grabmäler aus dem 1. Drittel des 20. Jh.s.

## Parkanlagen ausser Schlossgärten

**Botanischer Garten der Universität** (Menzinger Straße 61–71). Als Ersatz für den zu kleinen innerstädtischen Alten Botanischen Garten nördlich des Justizpalastes (s. dort und ▷ Eingangsportal des Alten Botanischen Gartens) 1910–14 nach Angaben des Direktors Prof. Karl von Goebel durch den Gartenbauingenieur *Peter Holfelder* nördlich des Nymphenburger Schloßparks neu angelegt, gestalterisch eine Synthese wissenschaftlicher und künstlerischer Gesichtspunkte. – Im Norden an der Straße das schloßartig dimensionierte, reduziert historisierende Institutsgebäude, 1911–14 von *Ludwig von Stempel* und *Ludwig Ullmann,* das in einer achtekkigen Kuppel mit Zeltdach gipfelt. Der südlich vorgelagerte Schmuckhof ist als geometrisches Gartenparterre ausgebildet, mit Majolikafiguren von *Josef Wackerle* (1936). Östlich Gruppe von Gewächshäusern, in freier Anlehnung an die originale Konzeption *Ullmanns* 1964–82 sukzessive (Mittelhalle 1975) durch eine auch ästhetisch bemerkenswerte neue Glas-Stahl-Konstruktion ersetzt (*Landbauamt München*).

★ **Englischer Garten.** An Stelle des einst kurfürstlichen Jagdreviers in den Isarauen ab 1789 unter Kurfürst Karl Theodor als erster Volkspark des Kontinents begonnen, 1792 eröffnet. Anlage unter Mitwir-

kung von *Friedrich Ludwig von Sckell* durch *Benjamin Thompson* (ab 1792 *Reichsgraf von Rumford*) bis 1798. Seit 1804 von *Sckell* bei Reduzierung der Staffagebauten umgestaltet und unter Einbeziehung der Hirschau nordwärts weitergeführt. – „Natürliche“ Parkanlage, durch geschickte Ausnutzung der landschaftlichen Gegebenheiten wie der vorhandenen Stadt- und Isarbäche und vieler möglicher Blickbeziehungen mit einfachsten gestalterischen Mitteln unter Verwendung einheimischer Pflanzen und „Staffagebauten“ zu einer Folge von weiten und engen, offenen oder geschlossenen Erlebnisbereichen gestaltet. Im Nordteil der künstliche Kleinhesseloher See mit Inseln.
Bauwerke: – Chinesischer Turm, 1789/90 von *Johann Baptist Lechner* nach Entwurf von *Joseph Frey* als Aussichtspagode in Holz errichtet. Nach Kriegszerstörung (1944) bis 1952 erneuert. – Chinesisches Wirtshaus, 1789/90 von *Lechner* aus Holz erbaut, 1912 als Massivbau erneuert. – Rumfordhaus, 1791 von *Lechner* in „palladianischem Stil“ aus Holz und Stein errichtet. – Kinderkarussel 1913. – Monopteros 1832–36 auf Veranlassung König Ludwigs I. durch *Leo von Klenze* als ionisches Säulenrund auf künstlichem Hügel errichtet. Die dezente Architekturfassung nach antiken Vorbildern ist vorwiegend in der Nahsicht wirksam; bedeutsam als Versuch, sich vom klassizistischen Ideal heller monochromer Bauten zu entfernen. – Halbrunde Marmorbank, 1838 von *Klenze* auf dem Unterbau eines älteren Monopteros angelegt. – Wasserfall an der Kreuzung von Eisbach und Schwabinger Bach, Arrangement 1814/15 von *Andreas Gärtner* und *Friedrich Ludwig von Sckell*. – Denkmäler: – Rumford-Denkmal, 1795 aus Kalktuff, Sandstein und Marmor von *Franz Jakob Schwanthaler*. – Sckell-Denkmal am Seeufer in Säulenform von *Ernst von Bandel* und *Klenze*, 1823. – Werneck-Denkmal in der Nähe des Sees, 1838 nach Entwurf *Klenzes*. – Aumeister-Jägerhaus (Nordende), 1810/11.

**Hirschgarten.** Naturpark – im Westteil mit sehr altem Eichenbestand – und Wildgehege, 1780 unter Kurfürst Karl Theodor eingezäunt und durch die Hirschgartenallee – später Hauptachse eines Villenquartiers – mit Nymphenburg verbunden. Im Eingangsbereich an ihrem Beginn steht das Jägerhaus (jetzt Gaststätte) von 1791, ein langgestreckter, eingeschossiger, niedrig proportionierter Satteldachbau mit leicht erhöhtem Walmdachrisalit in der Mitte.

★ **Maximiliansanlagen.** Als Umrahmung des Maximilianeums und landschaftsgärtnerische Gestaltung des steilen östlichen Isarufers 1856–66 von *Karl Effner* und seinem geadelten gleichnamigen Sohn *Carl von Effner* mit einheimischen Hölzern und zahlreichen Solitärbäumen angelegt. Die Luitpold-Terrassen (▷ Friedensengel) erst 1890 eingefügt.

**Luitpoldpark** (Schwabing). 1910/11 von der Stadtgemeinde angelegt und nach Prinzregent Luitpold anläßlich seines 90. Geburtstags benannt; Entwurf von *Jakob Heiler*. In der Verbindung von regelmäßigen Zügen letztlich barocker Provenienz mit solchen des Landschaftsgartens charakteristisch für die Gattung des zeitgenössischen Stadtparks. Im Südteil Luitpold-Obelisk, 1911 von *Heinrich Düll* und *Georg Pezold*. Im Westteil sog. Bamberger Haus (Brunnerstr. 2), als Parkrestaurant erbaut 1912 von *Franz Rank*, zweigeschossiges Walmdachhaus unter Verwendung prächtiger barocker Sandsteingliederungen von ca. 1710, die um 1900 von der Gartenfassade des sog. Böttingerhauses in Bamberg (Judenstraße 14) abgenommen wurden. (Nach 1945 Parkerweiterung im Norden mit Schuttberg aus Luftkriegstrümmern.)

★ **Olympiapark.** Weitläufige Sport-, Erholungs- und Wohnanlage auf dem ehem. Oberwiesenfeld, einem von 1887–1960 als Exerzierfeld und 1925–39 als Verkehrsflughafen genutzten Gelände. 1968–72 nach Plänen von *Günther Behnisch* und Partnern in Zusammenarbeit mit *Jürgen Joedicke* für die Olympischen Spiele 1972 angelegt. Landschaftsgestaltung nach Entwurf von *Günther Grzimek* und *Behnisch* unter Einbeziehung des seit 1945 aus dem Bombenschutt aufgeschütteten Trümmerberges und Aufstauen eines künstlichen Sees. Die durch öffentliche Verkehrsmittel günstig erschlossene Anlage ist durch den Georg-Brauchle-Ring halbiert. – Südlich davon die von einer Zeltarchitektur – einer an hohen Rundstützen aufgehängten Seilnetzkonstruktion mit Acrylplattenbedachung – überspannten Sportstätten: Olympiastadion (zu zwei Dritteln als Erd-, zu einem als Hochbauwerk errichtet), Olympiahalle (Mehrzweckhalle), Olympische Schwimmhalle und der Olympiaturm, ein 290 Meter hoher Fernsehturm mit Restaurant, 1967 und 1972 durch Baureferat und Deutsche Bundespost erbaut; etwas abseits das Radstadion, 1970–72 nach Plänen von *Herbert Schürmann*, und das Eissportstadion, 1966/67 von *Rolf Schütze* mit Netzkonstruktion über der Freieisfläche, 1981–83 von *Kurt Ackermann* und Partner. – Nördlich des Rings das ehem. Olympische Dorf, die Hochhäuser des Frauendorfes, jetzt Studentenwohnheim, die Terrassenhausanlage des Männerdorfes sowie weiter nordwestlich die Pressestadt (s. Plan auf S. 202).

**Tierpark Hellabrunn** (Thalkirchen, Siebenbrunner Straße 6). Eröffnet 1911; natürliche Vorgaben einbeziehende Landschaftsanlage zwischen Isar und östlichem Talhang, nach Generalausbauplan von *Emanuel Seidl*, bis in die Gegenwart laufend fortentwickelt und verändert. Von den originalen Strukturen ist vor allem *Seidls* 1914 vollendetes Elefantenhaus erhalten, ein orientalisierender Zentralbau auf querovalem Grundriß mit freitragender Beton-Glas-Kuppel und vier runden Eckpavillons. Aus jüngster Zeit bemerkenswert ist

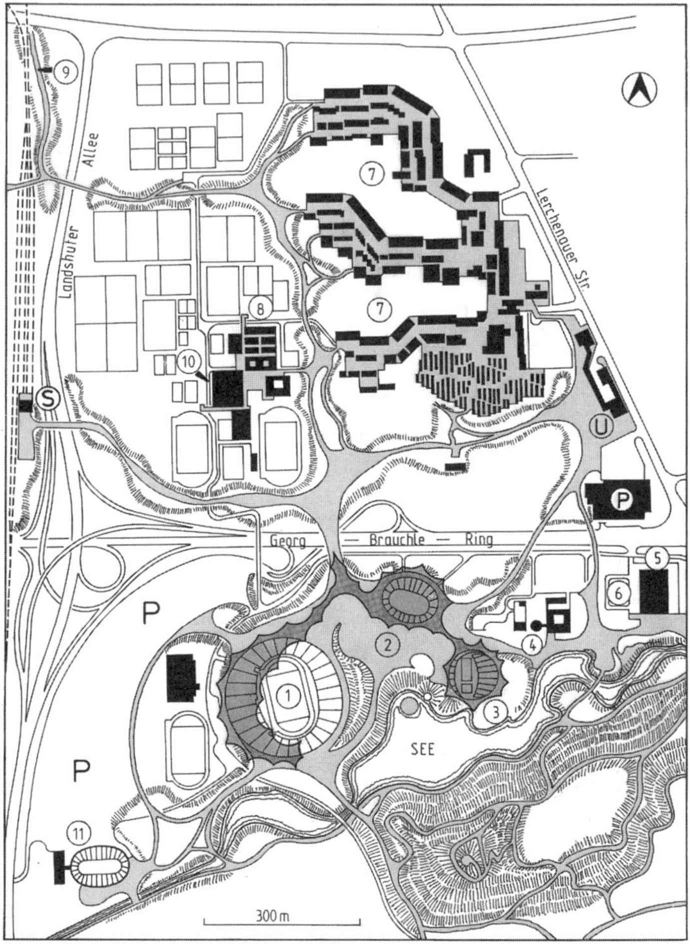


München, Olympiapark

1 Olympiastadion
2 Olympiahalle
3 Olympische Schwimmhalle
4 Olympiaturm
5 Eissporthalle
6 Freieisfläche
7 Olympisches Dorf
8 Rundfunk- und Fernsehzentrum
9 Pressezentrum
10 Zentrale Hochschulsportanlage mit Volleyballhalle

u. a. die Großvoliere, 1980 von *Jörg Gribl* in Zusammenarbeit mit *Ted Happold* und *Frei Otto*, ein bis 18 m hohes, freischwingendes Edelstahlnetz, das eine Auenlandschaft mit Bachlauf überspannt.

## BRUNNEN

**Brunnenbuberl** (jetzt vor Neuhauser Str. 20). Die marmorne Brunnensäule als Faunherme gebildet, das „Buberl" aus Bronze; 1895 von *Matthias Gasteiger*.

★ **Hubertusbrunnen** (Waisenhausstraße). Am Ostende des Nymphenburger Kanals. Errichtet 1904–07 von *Adolf von Hildebrand* und *Carl Sattler*. Urspr. in der Prinzregentenstraße vor dem Bayerischen Nationalmuseum; aus Anlaß der Umgestaltung des ehem. Parterres 1937 abgetragen; am heutigen Standort seit 1954. Name und Thema als Widmung sowohl an den die Jagd liebenden Prinzregenten Luitpold als auch an den bereits 1444 gestifteten St.-Hubertus-Orden des Hauses Wittelsbach zu verstehen. – Zentraler, überkuppelter Steinpavillon von stark plastischer Wirkung, bekrönt vom knienden Hubertus. In den Ecknischen Bronzefiguren einer amazonenhaften Jägerin, eines Bogenschützen, eines beutebeladenen Waidmanns und einer hexenhaften Waldfrau. Im durch Gitter verschlossenen Innern Wasserbecken zwischen Säulen, im Zentrum Hirsch des hl. Hubertus.

**Neptunbrunnen** (Elisenstraße, Alter Botanischer Garten). 1937 von *Josef Wackerle* in der Tradition barocker Monumentalbrunnen.

**Nornenbrunnen** (ehem. Karlsplatz, jetzt bei Maximiliansplatz 8). Jugendstilanlage aus Muschelkalk mit Becken auf zwei Ebenen und Figuren der drei nordischen Schicksalsgöttinnen Skuld, Verdandi und Urd; 1907 von *Hubert Netzer*.

**Vater-Rhein-Brunnen** (Auf der Insel, bei der Ludwigsbrücke). 1897–1903 von *Adolf von Hildebrand* für Straßburg geschaffen, 1932 hier Neuaufstellung. Malerische architektonische Anlage mit erhöht gestellter Bronzefigur.

★ **Wittelsbacher Brunnen** (Lenbachplatz). 1893–95 von *Adolf von Hildebrand*; Entwürfe seit 1889. Prospektartig in die Geländestufe der ehem. Wallbefestigung hineinkomponierte und den davor liegenden Platz äußerst malerisch abschließende Anlage. Zentraler Schalenbrunnen römischer Art mit flankierenden Reiterfiguren auf fabelhaften Wassertieren, die die zerstörerische Kraft (steinschleudernder Mann; nach Kriegsbeschädigung 1951/52 durch *Theodor Georgii* teilerneuert) und die segenspendende Wirkung des Wassers (Frau mit Schale) symbolisieren. Untersberger Marmor. Anlaß für den Brunnen war die Fertigstellung der Quellwasserleitung aus dem Mangfalltal.

**Wittelsbacher Brunnen** (▷ Brunnenhof der Residenz), **Perseus-Brunnen** (▷ Grottenhof der Residenz), **Quellnymphe** (▷ Hofgarten), **Große Kaskade** (▷ Schloß Nymphenburg, Park), **Schalenbrunnen** (▷ Ludwigstraße, Universitätsplatz), **R.-Strauss-Brunnen** (▷ Alte Akademie), **Hippokampenbrunnen** (▷ Museumsgebäude, Lenbachhaus).

## DENKMALBAUTEN UND DENKMÄLER

★ **Ruhmeshalle mit Bavaria.** (Theresienhöhe 16) Vaterländisches Monument, im Gegensatz zur gesamtnationalen Walhalla „zum Ruhme der verdienten und besonders ausgezeichneten Bayern" von Ludwig I. errichtet. Erdacht vor 1809, wurde die von *Leo von Klenze* 1834 zuerst vorgelegte Form in der Art eines antiken Opferaltars (jedoch mit je einer Cella in den Seitenflügeln und vor die Mitte gestelltem Kolossalstandbild) zur Ausführung auf der von Bäumen hinterpflanzten Hangkante über der Theresienwiese akzeptiert. Bauzeit 1843–53; Guß der Bronzestatue 1844–48, Enthüllung 1850. – Die dorische Architektur aus Untersberger Kalkstein, nur innen bemalt, vor Kriegsbeschädigung mit dachförmiger Decke in der Haupthalle. Der plastische Schmuck in den Giebeln verkörpert die Provinzen Bayern, Rheinpfalz, Schwaben und Franken. Er stammt wie die mit Viktorien alternierenden, verschiedene Berufe darstellenden Metopenreliefs von *Ludwig von Schwanthaler*. Von ihm auch Entwurf und Modell für das Riesenstandbild der Bavaria, dessen Guß von *Johann Baptist Stiglmaier* vorbereitet und von dessen Neffen *Ferdinand von Miller* ausgeführt wurde, der sie auch aufstellte. Die alten und neuen Portraitbüsten aus weißem Marmor in der Halle sind meist signiert.

★ **Propyläen** (Königsplatz). 1846–62 durch *Leo von Klenze* errichtet; ein Aufgreifen seines eigenen Vorschlags von 1816. An der Stadtausfahrt nach Nymphenburg gelegen und für die Platzbildung wesentliches Bauwerk. Freistehende Torhalle mit seitlich angefügten Turmbauten; Säulenportikus in Anlehnung an die Propyläen in Athen. Außen dorische, innen ionische Ordnung. Durch die plastische Ausstattung nach Entwurf *Ludwig von Schwanthalers* als Denkmal für die Befreiung Griechenlands und die Erhebung Ottos I., des Sohnes Ludwigs I., zum griechischen König ausgewiesen. Nach Kriegsschäden (1944/45) in den Jahren 1951–54 und 1965/66 weitgehend in historischer Form wiederhergestellt. – Die Skulpturen in den Giebeln weitgehend Kopien, Aufstellung der Originale in der U-Bahn-Station Königsplatz.

**Eingangsportal des Alten Botanischen Gartens.** 1811/12 von *Emanuel Joseph von Herigoyen*. Propylon in dorischen Formen. 1972 nach erhaltenen Farbresten neu gefaßt. Falls die Farbgebung auf die Bauzeit zurückgeht, erstaunlich frühes Beispiel einer klassizistischen Verwendung von Polychromie am Bau. Die Inschrift von *Johann*

*Wolfgang von Goethe.* (Planung und Ausführung des Gartens durch *Friedrich Ludwig von Sckell* 1808–14. Bereits 1854 beim Bau des 1931 abgebrannten Glaspalasts und durch die Neuanlage 1935–37 verändert; ▷ Neptunbrunnen.)

★ **Mariensäule** auf dem Marienplatz. Aufgrund eines Gelübdes für die Erhaltung der Städte München und Landshut in der Schwedenzeit (1632) von Kurfürst Maximilian I. 1637–40 errichtet. Der Entwerfer des Monuments unbekannt. Die überlebensgroße Bronzefigur der Muttergottes wird *Hubert Gerhard* wohl vor 1598 zugeschrieben; die vier Bronzeputten, Allegorien der Überwindung von Hunger, Krieg, Pest und Häresie durch die Gottesmutter, jüngst *Ferdinand Murmann* zugeschrieben, der Guß 1639/40 von *Bernhard Ernst.* Bei der Renovierung 1967–70 Ersetzen der Steinteile (Adneter Marmor); Neuvergoldung der Muttergottes 1984, seit 1994 Restaurierung der Putten und Ersatz durch Kopien (Originale im Münchner Stadtmuseum).

★ **Max-Joseph-Denkmal** (Max-Joseph-Platz). Durch den Magistrat der Stadt zur Erinnerung an König Maximilian I. Joseph vor Residenz und Nationaltheater 1835 aufgestellt. Der figürliche Teil von *Christian Daniel Rauch* und seiner Werkstatt nach Vorentwurf *Leo von Klenzes*; der Bronzeguß von *Johann Baptist Stiglmaier.* – Monumentale sitzende Herrscherfigur mit symbolisch-allegorischen Reliefs und Beifiguren. In der typologischen Verschmelzung des legitim thronenden Regenten und des segnenden Friedensfürsten Wiederaufgreifen einer Denk- und Grabmaltradition des 16. Jh.s (Thronsessel auf von Löwen getragenem Sarkophag). In der Typologie und den Reliefs (Darstellung eines „Goldenen Zeitalters" unter der Herrschaft des Königs und der Verfassung) sind aufklärerisches Gedankengut ebenso wie restaurative ludovizische Bestrebungen ablesbar (starke Einflußnahme König Ludwigs I. auf die Gestaltung). Das damals aktuelle künstlerische Problem der Kostümfrage wurde von *Rauch* durch eine Vermischung zeitgenössischer und antiker Motive und ihre spezifische Plazierung innerhalb des ikonographischen Zusammenhanges gelöst. – Zum Ausführungsmodell aus Gips ▷ Ehem. Münze.

★ **Denkmal für Kurfürst Maximilian I.** (Wittelsbacher Platz). Reiterfigur nach dem Modell *Bertel Thorvaldsens*, 1830–36, der Bronzeguß von *Johann Baptist Stiglmaier*, 1839 aufgestellt. Obwohl typologisch in der Tradition barocker Herrscherdenkmäler, wird Maximilian distanziert und vor allem als historische Persönlichkeit dargestellt, wobei der hohe Sockelkubus (aus sog. Granitmarmor), von *Leo von Klenze* nach Wunsch *Thorvaldsens* in Anlehnung an das Marc-Aurel-Denkmal in Rom entworfen, die platzbeherrschende Wirkung mitbegründet. Die bestellten Sockelreliefs mit Allegorien für Gerechtigkeit und Staatslenkung (Gipsmodelle im Thorvaldsen-Museum, Kopenhagen) wurden aus politischen Gründen nicht angebracht.

**Reiterdenkmal König Ludwigs I.** auf dem Odeonsplatz. 1857–62 von *Max Widnmann.* Motivisch durch einen Entwurf *Ludwig von Schwanthalers* (1847) für ein Denkmal König Matthias I. Corvinus von Ungarn angeregt; auch in dessen spätromantischem Stil. Der hohe Sockel aus Untersberger Marmor; der Reiter, die beiden Pagen und die Allegorien der Herrschertugenden aus Bronze.

**Maxmonument** (Maximilianstraße). „Nationaldenkmal" für König Maximilian II., als Bekenntnis des Großbürgertums zur konstitutionellen Monarchie von einem Bürgerkomitee in Auftrag gegeben. Im Schnittpunkt von Maximilian- und Thierschstraße, inmitten des Forums an Stelle einer urspr. geplanten Trajansäule errichtet. 1867–1875 von *Kaspar von Zumbusch.* – Hochaufragende Bronzefigur des stehenden Königs, sitzend die vier Allegorien des Friedens, der Freiheit, Gesetzmäßigkeit und Stärke. Der Sockel aus rotem Meißner Granit, der Stufenaufbau aus Redwitzit. Guß der Figuren durch *Ferdinand von Miller.*

★ **Friedensengel** (Prinzregentenstraße). 1896–99 unter Leitung von *Joseph Bühlmann* durch die Bildhauer *Heinrich Düll*, *Georg Pezold* und *Max Heilmeier* gefertigt. Standbein und die Flügel des Engels bei der Restaurierung von 1981–83 erneuert. – Friedensdenkmal anläßlich der fünfundzwanzigjährigen Wiederkehr des Versailler Friedensschlusses von 1871. – Das Monument befindet sich auf einer Terrassenanlage (Luitpold-Terrassen) von 1891 von *Wilhelm Zimmermann* mit Nischen, doppelarmiger Freitreppe und Springbrunnen: 23 Meter hohe korinthische Säule mit vergoldetem Bronzeengel in Anlehnung an die Nike des *Paionios* (Guß 1897 in der Königlichen Erzgießerei) über einem Sockelbau in Form einer „Korenhalle" mit Reliefs und Mosaiken. – Dominierender ostseitiger Isarabschluß der Prinzregentenstraße, jedoch von beiden Seiten als Point de vue angelegt.

**Kaiser-Ludwig-Reiterstandbild** (Kaiser-Ludwig-Platz). Bronzefigur auf romanisierendem Unterbau mit Terrasse, 1905 von *Ferdinand von Miller.*

**Denkmal für Franz Xaver Gabelsberger,** den Erfinder der deutschen Kurzschrift (Ottostraße). Bronzesitzbild, 1890 von *Syrius Eberle.*

**Denkmal für den Chemiker Justus Freiherr von Liebig** (Maximiliansplatz). Marmorsitzbild, flankiert die den Park durchschneidende Max-Joseph-Straße; 1883 von *Michael Wagmüller.*

**Denkmal für den Hygieniker Max von Pettenkofer** (Maximiliansplatz). 1909 von *Wilhelm von Rümann.* Pendant zum Liebig-Denkmal.

**Denkmal für Friedrich von Schiller** (Maximiliansplatz, Ostende). Bronzestandbild, 1863 von *Max Widnmann.*

**Denkmal für Richard Wagner** (bei Prinzregentenplatz 12). Marmorsitzbild, 1913 von *Heinrich Waderé.*

In der Grünanlage am Promenadeplatz Standfiguren von **Christoph Willibald Gluck** und **Kurfürst Max Emanuel**, beide von *Friedrich Brugger,* 1848 und 1861, sowie von **Orlando di Lasso** und **Lorenz von Westenrieder**, beide von *Max von Widnmann*, 1849 und 1854.

**Siegestor** (▷ Ludwigstraße), **Obelisk** (▷ Brienner Straße, Odeonsplatz), **Mahnmal für die Gefallenen** (▷ Hofgarten), **Reiterstandbild Prinzregent Luitpolds** (▷ Bayerisches Nationalmuseum), **Reiterstandbild Otto von Wittelsbachs** (▷ Hofgarten und ▷ Wittelsbacher Brücke), **Reiterstandbild Kaiser Ludwigs des Bayern** (▷ Alter Hof), **Harmlos** (▷ Hofgarten), ▷ auch Denkmäler in der **Maximilianstraße,** im **Englischen Garten** und an den **Isarbrücken**.

## BRÜCKEN

Nach Zerstörung der Isarbrücke bei Oberföhring 1157 durch Herzog Heinrich den Löwen Bau der ersten Münchner Brücke für die Salzstraße zwischen Reichenhall und Augsburg im Bereich der heutigen Ludwigsbrücke, was zum mythischen Gründungsdatum wie Gründungsakt der Stadt (1158) wurde. Im 19. Jh. weitere Brücken zur Anbindung der Ziegelindustrie in Bogenhausen und der 1854 eingemeindeten Vorstädte Au, Haidhausen, Giesing. Nach Hochwasserkatastrophe 1899 ab 1901 Uferbefestigung und Brückenneubauten durch die Firma *Sager & Woerner*. Dreigelenkbogen-Konstruktionen mit aufgeständerter Fahrbahn, z. T. in Haustein-, z. T. in Betonbauweise mit Verkleidung in Muschelkalkblöcken. Nach dem Krieg teilweise Fahrbahnverbreiterungen und -verstärkungen durch Spannbetonplatten.

**Corneliusbrücke.** 1902/03 nach Entwurf von *Friedrich von Thiersch*; Brückenplatte auf Sandschüttung. Auf vorgelagerter Terrasse Kopf des im Krieg eingeschmolzenen Standbildes von König Ludwig II., Bronze, 1910 von *Ferdinand von Miller d. J.* – **Kabelsteg** (Fußgängerbrücke zwischen Ostufer und Kalkofeninsel). 1898 nach Entwurf von *Adolf Schwiening* und *A. Altmann* durch die Firma *Wayss & Freytag* als frühe Stahlbetonbrücke in Jugendstilformen, mit Eisengeländer. – **Ludwigsbrücke.** 1934/35 nach Entwurf von *Fritz Beblo* und *German Bestelmeyer*; drei Pylonen des Vorgängerbaus (der vierte im Krieg zerstört) mit Gußeisenschalen und allegorischen Skulpturen von 1890–92 von *Syrius Eberle*, *Hugo Kaufmann*
★ und *Hermann Hahn*. – **Luitpoldbrücke** (Prinzregentenbrücke). 1900/01 nach Entwurf von *Theodor Fischer*; allegorische Liegefiguren: Bayern von *Hahn*, Franken von *Balthasar Schmitt*, Schwaben von *Erwin Kurz* zeitgleich, die Pfalz 1954 von *Josef Wackerle* nach Kriegszerstörung. – **Maximiliansbrücke.** 1904–06 nach Entwurf von

*F. von Thiersch.* Fortführung der Maximilianstraße; die innere Brükke als Gewölbekonstruktion, eine Verbreiterung des Baues von *Arnold Zenetti* (1857–63) aus Nagelfluhquadern in Beton; äußere Brücke als Dreigelenkkonstruktion mit aufgeständerter Fahrbahn; gemeinsame Brüstung mit Rankenwerkfüllung, Monumentalplastik
★ der Pallas Athene von *Franz Drexler.* – **Max-Joseph-Brücke** (Tivolibrücke). 1901/02 nach Entwurf von *Theodor Fischer.* Über Muschelkalkbogen unverkleidete Betonaufständerung für die Fahrbahn; figürlicher Dekor. – **Reichenbachbrücke.** 1902/03 nach Entwurf *Friedrich von Thierschs,* vierjochig, Stahlbeton mit Hausteinverkleidung, bei Verbreiterung 1964 die vier allegorischen Liegefiguren von 1925 an die Brückenköpfe versetzt. Als Verbindung zu den jenseits der Isar liegenden Vorstädten bereits 1816 geplant (*Johann Ulrich Himbsel*) und 1832 als zweite Isarbrücke der Stadt als Holzkonstruktion (*Karl Muffat, Franz Xaver Reiffenstuel*) erbaut. – **Wittelsbacher Brücke.** 1904/05 nach Entwurf von *Fischer.* Auf Pylon das Reiterstandbild Herzog Ottos von Wittelsbach von *Georg Wrba*, am Geländer Erkersitze.

**Hackerbrücke.** 1890–94 im Bereich eines Vorgängerbaus von 1869/70 als Gleisüberbrückung westlich des Hauptbahnhofs (1950–60 nach Entwurf von *Franz Hart* unter Einbeziehung der Flügelbahnhöfe aus den zwanziger Jahren; 1988 ff. Umgestaltung) durch die *Maschinenbau AG Gustavsburg (MAN)* errichtet. 1952/53 Teilrekonstruktion nach Kriegsschäden. 1982–84 Sanierung mit Teilerneuerung von Pfeilern und der Brückentafel. – Sechs eiserne Fachwerkbogenträger mit elastischem Zugband und untergehängter Brückentafel auf Pfeilern aus Natursteinmauerwerk und seit der Sanierung Pfeilerköpfen und Widerlagern aus Beton. – Einer der wenigen erhaltenen Ingenieurbauten des 19. Jh.s in München.

## OBERSCHLEISSHEIM Kr. München.

★ **Schloßanlage Schleißheim**

*Sehr bedeutende Schloß- und Parkanlage des Absolutismus, bestehend aus dem Alten Schloß, dem Neuen Schloß und Schloß Lustheim. Gegründet von Herzog Wilhelm V. durch den Ankauf umfangreicher Wiesen- und Ackergründe zwischen Dachauer und Erdinger Moos. 1598–1600 Errichtung eines Hofguts mit Turm und Herrenhaus. In der Umgebung Bau von sieben Kapellen mit kleinen Mönchszellen, die den religiösen Übungen des Herzogs dienten. Nach 1616 unter Wilhelms Sohn Maximilian I. Erneuerung des Hauptbaus zum später so genannten Alten Schloß. Ab 1679 Planungen Max Emanuels, Schleißheim zu einer großen Sommerresidenz zu verwandeln. Mit dem Baubeginn des von Seitenpavillons flankierten Gartencasinos Lustheim 1684 war der Park in seinen Ausmaßen und wesentlichen Grundzügen festgelegt. Dazu gehörte schon damals ein sog. Neues Schloß, das nach langwierigen Überlegungen 1701–04 von Henrico Zuccalli im Rohbau erstellt wurde. Die anfängliche Absicht, das Alte Schloß in den Komplex mittels Seitenflügeln einzubeziehen, wich um 1704 der Vorstellung, es einer Ehrenhofanlage zuliebe aufzugeben. Zuccalli ist auch der Schöpfer der Wegestruktur des Parks und ab 1688 des Kanalsystems (▷ München, Schloß Nymphenburg, Kanalsystem). Vor allem Dominique Girard plante für ihn im Sinne französischer Gartenkunst. Max Emanuels erzwungener Auslandsaufenthalt nach der Schlacht von Höchstädt erbrachte einen Baustopp bis 1719. Der Ausbau 1719–26 durch den in Paris ausgebildeten Joseph Effner erfolgte im französischen Geschmack. Mit dem Tod des Bauherrn 1726 stockte der Weiterbau abermals. 1763 neue Portale, danach einige Ergänzungen im Innern unter Max III. Joseph. Anlage des Mittelkanals. Gegen Ende des 18. Jh.s verkam der Park mit den bereits ausgeführten Wasserspielen. Die Schlösser hauptsächlich für die Gemäldesammlungen genutzt. 1819 Erneuerung der Westfassade des Neuen Schlosses durch Leo von Klenze, danach Ausbau der nördlichen Arkade, der Fußböden in Vestibül und Treppenhaus. Wiederanlage des Gartenparterres durch Carl von Effner ab 1860. Bombenschäden des Zweiten Weltkrieges (u. a. am Alten Schloß) in mehreren Abschnitten behoben, weitere Restaurierungen in der Folgezeit.*

**Altes Schloß.** Dem 1598 unter Herzog Wilhelm V. angelegten ausgedehnten landwirtschaftlichen Mustergut war das eigentliche Schloß in bescheidenen Formen am östlichen Ende axial eingefügt. Langgestreckte Trakte mit Ställen, Mühlen, Scheunen, Molkerei und Brauerei rahmten einen westlichen Hof, dem ein kleinerer, durch einen Torturm in der Mittelachse verbundener östlicher Hof mit den Wohntrakten folgte. Im späten 18. Jh. bauliche Veränderungen durch *Karl Albrecht von Lespilliez.* Nach starken Kriegsschäden 1944/45 Ergänzung der Gebäudegruppe in alten Konturen für Wohnzwecke 1985–88. – Vom alten Baubestand bedeutend: – Stalltrakte im Norden, wohl 18. Jh., im Osten als dreischiffige Säulenhalle, im Westen mit weit gespannten „Platzlgewölben". – Tor- und Uhrenturm. Ältestes sichtbares Bauwerk der Schloßanlage, um 1600 (die größere der zwei Schlagglocken bez. 1602). Der Turmschaft anfangs als nur dünn geschlämmter Backsteinbau errichtet, im 17. Jh. mit Rauhputzauftrag und Eckquaderbemalung ergänzt. Portikus bei Erhöhung der angrenzenden Wohntrakte im späten 18. Jh. vorverlegt. – Im Nordosten des Schloßhofs („Maximilianshof") befanden sich die Küchen, in der Südostecke lag eine Winterwohnung des Kurfürsten (heute Schloßwirtschaft).
Hauptbau. – Im bestehenden Gebäude der Kernbau Wilhelms V. von 1600 bis Terrainhöhe in den Außenmauern erhalten. 1615 kam Herzog Maximilian mit Ideen *Vincenzo Scamozzis* zum Villenbau in Berührung und ließ, wohl dadurch beeinflußt, den Neubau in den

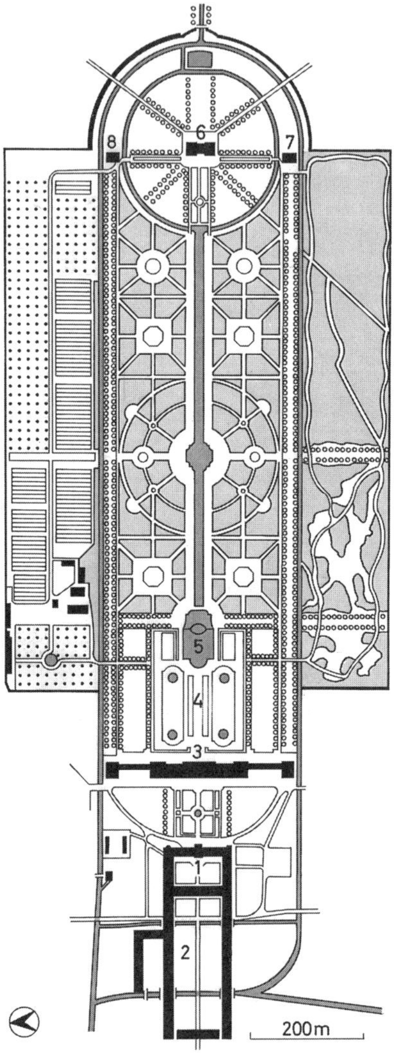


*Schloßanlage Schleißheim mit Park*

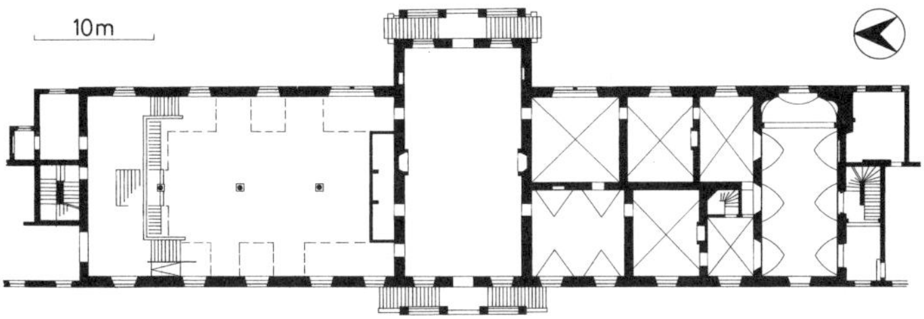


*Oberschleißheim, Altes Schloß Schleißheim, Hauptgeschoß (Zustand seit 1986)*

Jahren 1616/17 erstellen. Architekt war *Heinrich Schön d. Ä.*, sicherlich beraten von *Hans Krumpper* und *Peter Candid.* Baufeste Ausstattung bis 1623. 1818 Profanierung der Kapelle, bis 1934 kirchliche Nutzung des Mittelsaals. Zerstörung der mittleren Teile der Ostseite 1944, nach weitgehendem Abbruch äußerer Wiederaufbau 1970–72, Innenausbau 1985–90; dabei der Nordtrakt modern, Mittelsaal und Südflügel rekonstruiert. – Langer eingeschossiger Baukörper mit steilem Dach. Ihn durchdringt bei gleicher Firsthöhe in der Mitte der höhere Saaltrakt, der an der Ostseite aus der Bauflucht ragt. Im Schnittpunkt ursprünglich kleiner Dachturm. In der Hauptachse beidseitig gleichartige überdeckte, als Portikus ausgebildete Treppenanlagen mit *Serlio*-Motiv. An den Nahtstellen zu den niedrigeren Hoftrakten Treppentürme. Der ganze Bau mit aufgeputzter Quaderung überzogen, mit rustizierten Pilastern und knapper dorisierender Gesimszone, vielleicht Ersatz für eine geplante Fassadenbemalung. Die Grundrißaufteilung war uspr. symmetrisch: zu beiden Seiten des tonnengewölbten Festsaals quadratische und rechteckige, nach außen in ihrer Raumgröße abnehmende Zimmerfluchten. Die östliche Flucht sieben Räume mit früher Enfilade. Weitgehend verloren die originale Bauausstattung: die Tonnen- und Kreuzgewölbe mit Quaderung und Rahmenstuck, darin die Ausmalung von *Peter Candid* und Umkreis mit Themen zum Landleben, die rötlichen Stuckmarmorportale und die typisch manieristisch gemusterten Steinplattenböden. – Grundriß, Raumfolge und Proportionierung machten deutlich, daß das Alte Schloß ein Ableger oberitalienischer Villen war. Dies läßt auch die Rekonstruktion nachempfinden. Dem besonderen religiösen Verständnis des Bauherrn Maximilian ist die trotz starker Restaurierung im wesentlichen origi-

◁ *1 Altes Schloß, Hauptbau*
*2 Ehem. Ökonomiebauten*
*3 Neues Schloß*
*4 Gartenparterre*
*5 Kaskade*
*6 Schloß Lustheim, Hauptbau*
*7 Renatuspavillon*
*8 Stallpavillon*

nal ausstuckierte Wilhelmskapelle zu verdanken. Auch hier durchgezogene Rustizierung. Oratorienfenster an beiden Längsseiten, die östlichen urspr. zu den Privaträumen des Kurfürsten. Wiederhergestellt der weitgehend originale Altaraufsatz in Form einer Aedikula, mit klassizistischen Veränderungen. Gemälde von *Peter Candid,* Hl. Wilhelm vor der Madonna.

★ **Neues Schloß.** Der bestehende Bau im Frühjahr 1701 begonnen, Architekt und Oberbauleiter *Henrico Zuccalli.* Nach 15 Monaten Bauzeit standen die Seitenflügel des Corps de Logis unter Dach; der Einsturz des teilweise aufgemauerten Mitteltrakts im Juli 1702 erforderte eine Planänderung, eine andere Disposition des zentralen Saaltrakts und brachte die Große Galerie an der Gartenseite ins Spiel. Spätestens ab 1704 sah *Zuccalli* die Verlängerung des hohen Mittelbaus auf elf Achsen vor, mußte aber – wie auch für seine bedeutendste architektonische Leistung, die Treppenanlage – die Ausführung schließlich *Effner* ab 1719 überlassen. Von der geplanten Ehrenhofanlage mit großen Seitenflügeln war nichts begonnen, als dieser den neuen „Haupt-Überschlag“ ausarbeitete. Räumliche Veränderungen gab es nur in den Wohnflügeln an der Hofseite und bei der Vergrößerung des Schlafzimmers. Ausbau bis zu Max Emanuels Tod 1726, danach weitgehend Stillstand der Arbeiten. Die Seitenflügel schrumpften zu kleinen Galerien, von denen lediglich die nördliche als Kellergang zum Küchentrakt beim Alten Schloß zur Ausführung kam. Der wenig bewohnte Schloßtorso schon damals überwiegend als Gemäldegalerie angesehen. Unter Max III. Joseph in der 2. Hälfte des 18. Jh.s und unter Ludwig I. im 19. Jh. Ausbauarbeiten. Kriegsschäden von 1945, vor allem an Fresken, behoben. Konstruktive Sicherungsmaßnahmen am Mitteltrakt 1990–94.

### Äußeres

Außerordentlich langgestreckter Baukörper, allein der Hauptbau 169 Meter lang, 39 Fensterachsen, bei verhältnismäßig geringer Höhe und geringer Tiefe. Gesamtlänge 330 Meter. Der nur leicht vorgezogene elfachsige Mittelbau dreieinhalb-, die Flügel zweieinhalbgeschossig. Auch die Eckrisalite nur flach. Die Flügel ohne Vertikalgliederung zu je 14 Fensterachsen (je sechs kommen auf die Risalite). Eigentlich nur das „Corps de Logis“ der geplanten Anlage verwirklicht. Dadurch die glatte, zerfließende Westfassade zum Alten Schloß hin. Die Gartenfront hingegen durch vortretende Risalite strukturiert. Die Außengliederung mit großer Pilasterordnung, vom Erdgeschoß an, die Gesimszone mit Konsolfries. Das Mezzaningeschoß darüber von *Zuccallis* Rohbau 1701–1704 vorgegeben. Der Aufriß ist sicher von Bauten *Berninis* abhängig, das Schloß in der Gesamtstruktur mit den erkennbaren seitlichen Wohntrakten und dem mittleren Saalbau aber eindeutig vom zeitgenössischen französischen Palastbau be-

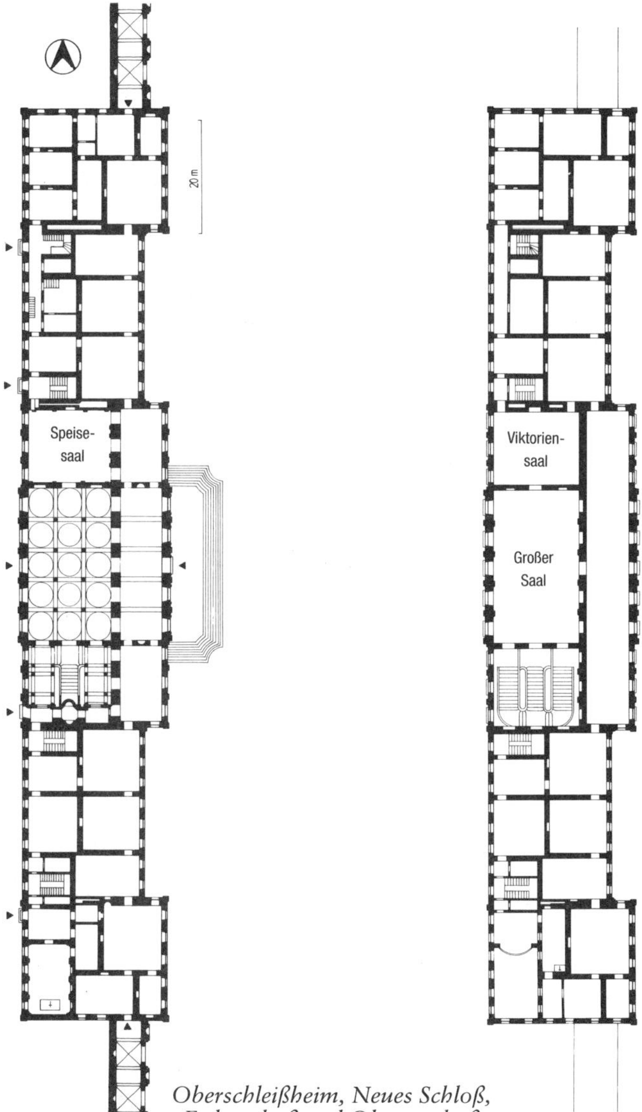


*Oberschleißheim, Neues Schloß,*
*Erdgeschoß und Obergeschoß*

stimmt. Der Mitteltrakt mit einer zusätzlichen Reihe hoher Rundbogenfenster erhöht, deren schräge und oben hochgezogene Laibungen ein Motiv *Borrominis* vom römischen Palazzo Barberini weiterentwickeln. Die mächtigen Kaminköpfe des Schlosses sind bewußter Teil der Architektur (in ihrer Konstruktion nach venezianischem Schema, hier nur quadratisch). Die Dachlandschaft wurde urspr. zusätzlich wesentlich bereichert durch auf dem Traufgesims sitzende Gaubenreihen und zentrale große Dreiecksgiebel. Alle Fassadengliederungen nach heimischer Manier aus Putz und Stuck auf Backsteinmauerwerk. Die jetzige Farbigkeit in Ockergelb/Weiß gemäß dem Zweitanstrich aus der Mitte des 18. Jh.s, darunter als Erstfassung nur dunkle Grautöne nachgewiesen. – Der Stuckdekor der Fassaden von der *Zimmermann*-Werkstatt; an der Westseite die Veränderung *Klenzes* 1959–63 im Sinne *Effners* rekonstruierend ersetzt, einstweilen ohne die zentralen Giebelaufsätze. – Die schlichten Marmorrahmen der Mitteleingänge bei Veränderungen um 1763, wohl durch *François Cuvilliés d. Ä.*, entstanden, die beiden grandiosen Holztüren von *(Franz) Ignaz Günther*. In den Bogenfeldern Allianzwappen Bayern-Sachsen. In den Türfüllungen des Westportals Reliefs mit Apollo als Beschützer der Künste und Wissenschaften, gegenüber Darstellungen von Gartenkunst und Jagd. – Die östliche, im 18. Jh. nur vereinfacht ausgebaute Freitreppe 1972 nach dem Schloßmodell von 1725 ausgeführt. Alle Brüstungsgitter von der Hofwerkstatt des *Antoine Motté* (vor 1726). Nach französischer Manier auch die damals in Deutschland neue Form der kleinscheibigen Holzsprossenfenster.

### Inneres

Klare, schon im Rohbau *Zuccallis* vorgegebene Disposition der Appartements und Raumgruppen: im Erdgeschoß in der Mitte Vestibül, an dessen Nordseite der „Speisesaal“ (als Gardesaal vor 1726 nicht ausgebaut), gegenüber das Stiegenhaus. Zum Park hin drei Gartensäle, an die sich südlich das Appartement des Kurprinzen, nördlich das der Kurprinzessin anschließen. Über die Haupttreppe wird der Große (oder „Weiße“) Saal erreicht; seinem Rang nach eigentlich nur Vorsaal. Auf ihn folgt in gerader Richtung der „Viktoriensaal“. Gleichrangig liegt zum Garten hin die große Bildergalerie, durch die südwärts Max Emanuels Prachtappartement, nordwärts das seiner (zweiten) Gemahlin Therese Kunigunde (Sobieska von Polen) erreicht werden. Zwischengeschosse über beiden Hauptetagen für die Dienerschaft. Schlichtere Gästeappartements in den beiden äußeren Pavillons.

Vestibül. – Zunächst von *Effner* mit freitragender Voutendecke erbaut, Einfügung der Rotmarmorsäulen mit Wölbung erst 1722/23. Die illusionistische Architekturmalerei von *Nikolaus Gottfried Stuber*, Stuck an den Gurtbögen von *Giuseppe Volpini*. Durchgang in fünf Bögen zur Sala terrena. Die Außenwand unter *Zuccalli* in

Arkaden zum Garten hin offen; Schließung ab 1720 durch *Effner*. Die vornehme Stuckausstattung und die Terrakottareliefs 1723–25 von *Volpini;* Grisaillemalereien von *Stuber*. – Die äußeren Gartensäle folgen im Grundschema dem Mittelraum, Ergebnis eines Umbaus von *Effner* ab 1720. Der südliche Raum 1723/24 weitgehend fertiggestellt: wenig französisch *Johann Baptist Zimmermanns* Stuckdekor, der jenen in der Nymphenburger Badenburg an Fülle noch überbot. Hier und in benachbarten Sälen entwickelte sich über die Hofkunst Vieles von der schließlich Altbayerns Kunstlandschaft durchziehenden, hochstehenden Spätbarock- und Rokoko-Ausstattungslust. Auf die zartfarbenen Medaillons mit Puttenszenen sind die (stark überarbeiteten) Deckengrisaillen von *Cosmas Damian Asam* mit Gartenmotiven abgestimmt. Nördliche Gartenhalle (zeitw. „Antecamera", später „Billardsaal"): *Zimmermanns* Wandstuck von 1723/24 nach der Jahrhundertmitte neu gestaltet, wohl von *Franz Xaver Feichtmayr d. J.* nach Entwurf *Cuvilliés d. Ä.* Die Grisaillemalereien 1764 von *Philipp Helterhof*.

Appartements des Kurprinzenpaares. – Durch die seitlichen Gartensäle erschlossen. In der Größe denen des Fürstenpaares darüber entsprechend, ist hier jedoch die wandfeste Ausstattung von teilweise intarsierten eichenen Täfelungen bestimmt. Die heutigen Wandbespannungen erinnern nur entfernt an prächtigere im gleichen Farbenkanon; die Galeriehängung folgt indessen einer ähnlich umfangreichen Bilderfülle. Im „Roten Salon" des Kurprinzen (Südseite) ein 1729 aufgestellter Keramikofen von *Antonio Canavese*. Prunkvolles Ziel der südlichen Raumfolge war das „Blaue Kabinett", in dem lediglich der Kamin, die Stuckdecke *Zimmermanns* von 1722 und die geschnitzten Täfelungen *Johann Adam Pichlers* original erhalten sind. Die Fassungen in kräftigem Blau mit (damals noch seltenen) Versilberungen ergänzten ursprünglich mit Silberborten reich besetzte rote Damaste an den mit Wirkbildern aufgelockerten Wänden, dazu an Tür, Fenstern und einem (im 19. Jh. entfernten) Nischenbett.

Die ähnliche Raumfolge der Kurprinzessin im Nordflügel wurde nach 1760 unter Max III. Joseph mit „lichtblauen" Textilien neu ausgestattet. Unverändert erhielt sich das „Schreibkabinett der Kaiserin" (seiner Mutter Maria Amalia). Ähnlich dem entsprechenden „Blauen Kabinett" auch hier reicher Deckenstuck von *Zimmermann*. Wie in der Kammerkapelle darüber, stammen die Wandverkleidungen mit Scagliola-Platten von etwa 1630 aus der Münchner Residenz, 1724/25 durch solche mit barocken Ornamenten von *Anton* und *Benedikt Langenbuecher* einfühlsam ergänzt. Bildnis Maria Amalias von *Franz Joseph Winter*. Das benachbarte ehem. „Drexelzimmer" um 1830 in „pompejanischem Stil" ausgestattet.

Speisesaal. – Schon jenseits des Rokoko liegt der Stilcharakter des von der Lage her als Gardesaal konzipierten großen Erdgeschoßraums nördlich des Vestibüls. Unter Max III. Joseph als Festraum, vielleicht unter Leitung *François Cuvilliés d. J.*, 1762–74 ausgestattet. Pompöses meidend, ließ der letzte altbayerische Wittelsbacher Sproß durch die Einfügung großer Bildnisse seiner kurfürstlichen Vorväter eine Art Ahnensaal entstehen. Der Stuck vermutlich von *F. X. Feichtmayr.* Die große Deckenkehle mit Reliefs spielender Putten leitet zum Deckenfresko über; in der Hauptszene empfängt die Nymphe Calypso den sein Schiff verlassenden Odysseus auf der Insel Ogygia. 1768 von *Christian (Thomas) Wink* gemalt, ist es trotz illusionistischer Bildauffassung einansichtig für den vom Vestibül her kommenden Besucher; nach Kriegsschäden (1945) stark ergänzt. Die Raumfassung 1975 nach Befund erneuert. Die in die Wände eingelassenen Leinwandbilder sind älter und nachträglich auf die heutigen Rahmenmaße gebracht: an der Nordwand Reiterbildnis Maximilians I. von *Nikolaus Prugger,* Ferdinand Maria stehend von *Georges Desmarées,* Feldherr Max Emanuel zu Pferd von *Martin Maingaud,* 1710; an der Südwand Reiterbildnisse von Karl Albrecht und Max III. Joseph von *Desmarées.*

Haupttreppenhaus. – Dieser höchste Raum des Schlosses diente allein dem repräsentativen Aufgang in die Prunkräume des Hauptgeschosses. Als Folge des Einsturzes der Ostfassade, 1702, Umplanung der Schachttreppe in die nunmehr freistehend in hoher Halle sich entfaltende dreiläufige Stiegenanlage. Im Prinzip 1703 von *Zuccalli* entworfen, baute *Effner* die Stiege 1720–23 nur leicht verändert, den Saalraum darüber jedoch höher aus. Die zu überwindende Differenz zum Piano Nobile wurde durch das hochgelegene Antrittspodest und Zwischenstufen bei den Umkehrpodesten überspielt. Mit seinem Entwurf ließ *Zuccalli* sämtliche Treppenkonzepte (in Genua, die Münchner Kaisertreppe und auch die gleichzeitige Berliner Schloßtreppe *Schlüters*) in neuartiger räumlicher Großzügigkeit hinter sich. (In ihrer Disposition diente sie später u. a. als Vorbild für die Anlagen *Balthasar Neumanns* in Würzburg und Brühl.) Die Aufwärtstendenz wird unten durch die rosagetönten Schachtmauern und die grünen (Sterzinger) Marmorsäulen hervorgerufen, oben dafür im weiten, hellen Rechtecksaal durch die klare Gliederung mit Fenstern und Spiegeln aufgehoben. – Die Treppenstufen erst nach 1840 verlegt (zuvor hölzernes Provisorium auf der massiven Unterkonstruktion). Ebenso erst damals (statt eines geplanten Geländers) durch *Leo von Klenze* die sehr massiv wirkende Marmorbrüstung geschaffen; zugleich Beseitigung weißer Stuckzier auf den unteren Wänden. Der obere Teil vollendet: die Hauptdecke in Form eines Muldengewölbes mit Stichkappen für die oberen Fenster; Hauptzäsur die große Gesimskehle (von klassischen Architekturregeln bewußt abweichend). Alle Öffnungen im Hauptgeschoß mit Ädikulen. Das Deckenfresko in der Kuppel mit Venus in der Schmiede des Vulkan, der die Waffen für Aeneas schmiedet, 1721 von *Cosmas Damian Asam.* Malereien auf dem obersten (Musikanten-?) Umgang von *Stuber.* Die erfindungsreiche Stuckplastik mit kurbayerischem Wappen, geflügelten

Mischwesen, Trophäen (in Anspielung auf den Türkensieger) und Maskarons von *Zimmermann.*

Großer Saal. – Obwohl größter Raum im Zentrum des Schlosses, war er protokollarisch doch nur Vorsaal zwischen dem Treppenhaus und dem Viktoriensaal bzw. vor der Großen Galerie; darum auch in seiner farblichen Zurückhaltung dem Stiegenhaus verwandt. Zusammen mit jenem von *Joseph Effner* 1722/23 dekoriert. Das Deckenbild von *Jacopo Amigoni* schon 1722 als fertig bezeichnet. Die Form des Saales vom Rohbau *Zuccallis* seit 1703 festgelegt. *Effner* fand 1720 einen für den neuen Ausstattungsstil ungünstig proportionierten Raum mit nachteiliger Höhenplazierung der Öffnungen vor. Die Bewältigung der Probleme wurde eine seiner bedeutendsten künstlerischen Leistungen: Gliederung durch kannelierte Pilaster auf hohen Sockeln, optische Erhöhung der unteren Fensterbögen durch hochgezogene Volutengebilde. Zierliches, teilweise mit grotesken Tierkörpern und Masken durchsetztes Stuckornament mit abschließendem Randwulst, von Putten getragene Vorhänge über den Bildern, Kriegsembleme und kurbayerisches Wappen, 1722/23 von *Zimmermann.* Der gesamte Stuck ist in Antragetechnik an Ort und Stelle ausgeführt, offenkundig in zwei Jahresabschnitten (1722/1723). Seine lichte Kalkfassung in Weiß-, Rosa- und Gelbtönen. – Das Bildprogramm huldigt dem Türkensieger Max Emanuel, seitlich in riesigen Leinwandbildern *Joachim Beichs* von der Anfangsplanung 1702–04 mit Darstellungen der siegreichen bayerischen Armee beim Entsatz von Wien 1683 (Nordseite) und bei Mohacz 1687 (Südseite). Ungewöhnlich für ihre Entstehungszeit die ungeteilte und ungerahmte Deckenfläche mit dem Fresko von *Jacopo Amigoni,* 1721/22 (im Anschluß an sein Werk in der Nymphenburger Badenburg): Aeneas im Kampf gegen König Turnus unter der antiken Götterwelt; 1944 zu einem Drittel zerstört, 1950 und 1992 restauriert.

Viktoriensaal. – Eigentlicher Audienz- und Speiseraum des Schlosses, in seltsamer Mischung von monumentaler Stuckbildhauerei und Ausmalung im oberen Bereich und fast intimer Durchgestaltung mittels der aufs feinste geschnitzten und vergoldeten Holzverkleidungen darunter. Die Zweigeschossigkeit der Wände von der Befensterung vorgegeben, nachdem *Effner* die Seitenteile des Mitteltrakts auf dieselbe Höhe gebracht hatte wie den Großen Saal. Die mächtigen, die Decke tragenden 24 Herkuleshermen schaffen Spannung zu den zarten Reliefs der übrigen Stuckdekoration, die *Charles Dubut* um 1723 sowohl in Antragetechnik als auch mit z. T. bereits für die Badenburg vorgefertigen Stücken schuf. Geplante Vergoldung unterblieb. Das streng rechteckige, plane Deckenbild von *Amigoni* zeigt die Ankunft des Aeneas bei Königin Dido, darüber Venus und Amoretten; um 1950 stark restauriert. Gut erhalten die oberen Wandbilder mit Putten. Von *Amigoni* auch das Ölbild von 1724 über dem Kamin, das den jungen Max Emanuel im Lager von Belgrad 1688 beim Empfang einer türkischen Gesandtschaft darstellt. Die übrigen Leinwandbilder von *Beich* bis 1724 gemalt und in die vorzügliche, weiß-golden gefaßte Wandtäfelung der *Pichler*-Werkstatt eingefügt (die ein so in Deutschland nicht wiederkehrendes Beispiel des Regencestils darstellt). Sie verherrlichen in militärhistorisch exakter Wiedergabe die Siege des Kurfürsten im Türkenkrieg.

Große Galerie. – Hauptraum an der Gartenseite, Lage und gestreckte Form von der Spiegelgalerie zu Versailles angeregt. Hier Festraum und Ort, an dem Max Emanuel den Besuchern die besten Bilder seiner von ihm erheblich vergrößerten Sammlung vorführen konnte. Stuckkehle von *Dubut;* die stark (zuletzt 1995) restaurierte, mit Grotesken und kleinen figürlichen Bildern bemalte Decke in ersteren von *Stuber*, in letzteren von Amigoni; der grün-weiße Steinplattenboden, Kamine und Portalarchitektur von *Antonio Matteo;* Bronzeschmuck am Portal u. a. von *Guillaume de Groff;* Kistlerarbeiten von *Pichler;* die Groteskenmalereien in den Bögen der elf Fenstertüren von *Johann Paul* oder *Franz Anton Waxschlunger;* die vier Supraportenbilder von *Charles Le Brun* und *Sebastiano Conca* (hier nicht ursprünglich). Wiener Glaslüster von 1750.

Wohnräume des Kurfürstenpaares. – Durch die Galerie erschlossen. In langer Enfilade die repräsentativen Wohnräume: nach Süden die des Kurfürsten, nach Norden spiegelbildlich die seiner Gemahlin. Ausstattung 1722–26 unter *Effner,* dem zuletzt wohl *Cuvilliés* als Entwerfer beistand. Das prächtigere „Rote Appartement" wird farblich stark von Vergoldungen auf beige-weißen Gründen mitbestimmt, ergänzt von meist rotgrundigen Textilien. In den Räumen der Dame herrschten zu Versilberungen blaue und gelbe Farbtöne vor. Überall originales Tafelparkett. Die Stuckkehlen lieferte meistens *Zimmermann,* die Holzarbeiten die *Pichler*-Werkstatt. Deckenmalereien von *Amigoni* (nach dem Zweiten Weltkrieg z. T. stark erneuert).

Vorzimmer des Kurfürsten. Deckenbild mit Thema aus dem Trojanischen Krieg, Zweikampf des Achilles mit Hektor. Über den Türen Leinwandbilder aus dem Umkreis des *Guido Reni:* der junge Bacchus, der junge Herkules; von *Pietro Liberi:* Faun und Mädchen. An den Wänden dieses und des nächsten Raums eine Serie von Wirkteppichen mit Kriegsszenen, überwiegend von *Josse de Vos* in Brüssel nach Entwürfen *Lambert de Hondts* gewebt. – Audienzzimmer des Kurfürsten. Deckenfresko: Odysseus entdeckt Achill unter den Töchtern des Lycomedes. Auf den Supraporten Gemälde, Baukunst und Weinlese, von *Balthasar Augustin Albrecht.* Das italienische Bild über dem Kaminspiegel, Ruhe auf der Flucht, hier nicht ursprünglich. – Schlafzimmer des Kurfürsten. Das Bett mit fein geschnitzter Balustrade, auch die übrige besonders reiche Ausstattung zumeist aus der Kistlerwerkstatt *Pichlers.* Die Textilien mit aufwendiger Gold- und Silberstickerei. Deckenbild mit Darstellung des schlafenden Mars. Im Alkoven Groteskenmalerei von *Stuber.*

Neben dem in der Wand eingelassenen Bild, Jesus und Johannes als Kinder unter dem Fruchtkranz, aus der Werkstatt von *Frans Snyders* und *Peter Paul Rubens,* erinnert die *Velasquez*-Replik des Portraits der Margerita Theresia von Spanien an die spanischen Königsträume des Hausherrn. – Wohnzimmer des Kurfürsten. („Grand Cabinet"). Deckenfresko: Apollo und die Musen. – Niederländisches Malereikabinett. Ehem. auf goldgepreßter Ledertapete kleinformatige Bilder (einige davon heute in der Alten Pinakothek). Plafond mit goldenem Groteskenwerk auf braunem Grund von *Stuber* oder *Waxschlunger.* (Die Tür zum Kapellenbereich neu angelegt). – Rotes oder Jagdkabinett. Decke mit Jagdallegorien in Arabeskenwerk von *Stuber.*

Vorzimmer der Kurfürstin. Deckenbild mit Allegorien auf den Frieden. Supraportenbilder: zwei Allegorien der Caritas von *Carlo Cignani* (?), zwei der „Stärke" und der „Sinnlichen Liebe" von *Antonio Triva.* Das Gemälde der Lucretia als Sinnbild der Keuschheit, aus der Schule des *Paolo Veronese.* An den Wänden ersetzen für Schloß Bensberg gemalte Bilder von *Antonio Pellegrini* die urspr. Gobelins. – Audienzzimmer der Kurfürstin. Deckenbild: Drei Grazien, als Allegorie der Eintracht. Supraportenbilder von *Albrecht:* Spiel und Tanz. – Schlafzimmer der Kurfürstin. Auch hier die reichbestickte „Imperialbettstatt" hinter einer Balustrade. Deckenbild: Ceres als Allegorie des Sommers; im Alkoven Groteskenmalerei von *Stuber.* – Wohnzimmer der Kurfürstin. Urspr. gelbe Brokatell-Bespannung. Das Deckenbild über dem Gesims *Dubuts* zeigt den Triumph der Tugend über das Laster.

Kammerkapelle der Kurfürstin. – Wegen der großen Entfernung zur Schloßkirche durch *Effner* an Stelle des üblichen Kabinetts am Ende des Appartements der Kurfürstin eingerichtet; die Decke in einem laternenartigen Durchbruch ins darüberliegende obere Mezzaningeschoß geöffnet. Vergoldeter Stuck mit fast vollplastischen Figuren der christlichen Tugenden und anbetender Putten von *Zimmermann.* Die Hintergrundmalerei an der oberen Decke mit der himmlischen Glorie 1726 von *Stuber.* Bemerkenswert die Verkleidung der Wände mit Scagliolatableaux von *Wilhelm Fistulator (Pfeiffer),* bez. 1629 (aus der Münchner Residenz 1724 hierher übertragen), die Ergänzungen 1725 von *Johann Georg Baader.* Das Altarbild aus dem *Rubens*-Atelier zeigt die Himmelfahrt Mariens.

Maximilianskapelle. – Der Raum an der Südwestecke des Südflügels nach 1720 durch Herausnehmen bestehender Decken und Hinzuziehen benachbarter Räume in allen Geschossen gewonnen; die schachtartige Form baugeschichtlich bedingt. Ausgestaltung unter *Effner.* Architektonische und ornamentale Wandgliederung in weiß gefaßtem Stuck von *Dubut.* Das Lattengewölbe in Form einer Korbbogentonne mit Stichkappen 1721 von *Asam* mit Unterstützung von *Johann Adam Müller* freskiert. Die dreiteilige (nach dem Zweiten

Weltkrieg stark restaurierte) Deckenbemalung zeigt drei Hauptbilder: Almosenspende des hl. (früchchristlichen) Bischofs (österreichischer Gebiete); über dem Altar Maximilians Enthauptung unter dem römischen Statthalter; Glorie des Heiligen. Das (gut erhaltene) Lünettenbild der südlichen Stirnwand stellt den hl. Bischof als Wohltäter der Armen dar. Im Altarblatt von *Sebastiano Conca*, 1724, der hl. Maximilian vor der Muttergottes kniend. Der prächtige Rahmen aus der *Pichler*-Werkstatt ist Teil einer nicht fertiggestellten Altararchitektur. Die Brüstungsgitter in den Fenstern und an der unteren Empore von *Antoine Motté*. Auf der Hauptempore sechsregistrige Orgel, um 1750, aus der ehem. Münchner Franziskanerkirche im 19. Jh. hierher verbracht.

## LUSTHEIM

★ **Schloß.** Festgebäude und Jagdschloß Kurfürst Max Emanuels im Schema eines italienischen Gartencasinos. In die Mittelachse des Alten Schlosses, von dem schon seit 1679 eine Allee zur hier stehenden Renatusklause führte, gestellt. Abbruch der Klause 1684. Nach Entwürfen von *Henrico Zuccalli* erbaut. Grundsätzliche Ähnlichkeit zu den etwa gleichzeitigen Palais in Dresden und Veitshöchheim. Planänderung 1687: Treppenanlagen, Zwerchhäuser, Ausfüllen der anfangs getrennten Walmdächer zwischen höherem Mittelbau und den querstehenden Seitentrakten, Anbauten an das Belvedère. Innenausbau und Freskierung bis 1688. Neubau des Südlichen Pavillons als neue Renatusklause 1686–88, des Nördlichen Pavillons als Stall- und Wohngebäude 1688/89. Das ab 1695 von *Zuccalli* im weiten Halbkreis um das Schloß errichtete Galeriegebäude, das die Seitenpavillons verbinden sollte, bei seinem Tod 1724 unfertig und um 1750 abgebrochen. Renovierung 1969–71 unter Rekonstruktion der Putzgliederung des Belvedères und Wiederherstellung der originalen Farbfassung (ockergelbe Gliederungen vor weißen Rücklagen).

Äußeres. – Der dreigliedrige Außenbau scheidet sich deutlich in den mittleren, höheren Saalteil und seitlichen zweigeschossige Wohntrakte. Vor den Portalen sind Terrassen angelegt. Der Fassadenstuck an Pilastern, Portalen, Wappenkartuschen und Konsolfries von *Niccolò Perti* und Gehilfen. Die quadratischen, seitlichen Obergeschoßfenster nach unten nur als Nischen ausgebildet.

Inneres. – Beiderseits des durch die zwei Obergeschosse reichenden Mittelsaals Appartements des Kurfürsten südlich und der Kurfürstin Maria Antonia nördlich. Je zwei quadratische Zimmer begleiten einen mittleren Galerieraum mit offenem Kabinett. Darüber schlichte Wohnräume für das Gefolge in ähnlicher Aufteilung. Der Keller enthält Küche und große Dürnitz für das Gesinde.

Ausstattung. – In den Haupträumen urspr. gruppenweise Wandbespannungen; Vorhänge und Sitzmöbel mit goldgefaßtem Damast in

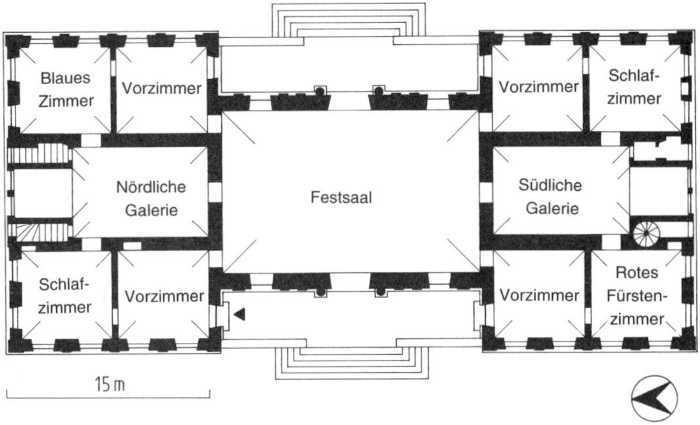


*Oberschleißheim, Schloß Lustheim, Erdgeschoß*

den Farben Rot und Grün (Südflügel), Blau und Gelb (Nordflügel); Fensterleibungen ornamental ausgemalt. Vollständig erhalten nur die Türen und die in Freskotechnik mit partieller Mordantvergoldung ausgemalten Decken, im Saal auch der oberen Wandzonen. – Erster bedeutender profaner Freskenzyklus des Barock in Deutschland, mit dem Thema: Diana als Göttin der Jagd (angeregt vom Gemäldeprogramm des *Emanuel Tesauro* für das 1660 bei Turin erbaute Schloß Venaria Reale). Im Hauptsaal zwischen *Antonio Bernardis* Architekturmalerei *Francesco Rosas* Bilder mit dem Hauptthema, Jupiter erhebt Diana zur Göttin der Jagd. Von *Rosa* auch das Bild im nordöstlichen Zimmer und die komplette Decke im inneren nordöstlichen Raum. Von *Giovanni Andrea Trubillio* die figürlichen Teile im inneren nordwestlichen Zimmer, dem nordwestlichen Eckraum und den beiden Galeriesälen. Am lockersten die Fresken *Johann Anton Gumpps* im Südflügel; von ihm auch die übrigen Randzonen und die 1686 nötig gewordenen Grisailleergänzungen über den Galerieemporen. – An den Saalwänden große Leinwandbilder zum Thema Jagd, mit Portraits des Hofstaates von *Johann Baptist Corlando*. Blumenbilder von *Warrée*.

Im Nördlichen Pavillon der völlig ausgemalte „Schöne Stall“ für 16 Pferde, an der Decke Fresko, Apollo auf dem Sonnenwagen, um 1689/90, wohl von *Stuber*. Die Fassaden hier seit der 2. H. des 18. Jh.s abgeändert. Im außen originalen Südlichen Pavillon die Renatuskapelle, zugleich Klausen- und Hofkapelle. Dementsprechend die innere Einteilung des Gebäudes mit Zugängen zu Mönchswohnung (rechts), kurfürstlicher Empore (Mitte) und Kapelle. –

Kleine ovale Kuppelrotunde, in die rechteckige Mauerschale eingefügt, die zu ihr offenen Resträume als Kapellen und Oratorien genutzt. Stuckzier von *Giovanni Battista Breno.* Das Deckenbild, Himmelfahrt des hl. Renatus, 1687 von *Gumpp,* das Altarblatt, der hl. Renatus vor der Madonna, von *Trubillio,* Bemalung der Seitenaltäre aus der Werkstatt *Zimmermanns.* Helle Raumfassung, 1996/97 restauriert im Sinne einer Zweitfassung von ca. 1760.

★ **Parkanlage.** Erster Garten als ummauertes, rechteckiges Parterre um 1620 an der Ostseite des Alten Schlosses (Grotte unter der östlichen Freitreppe in Resten erhalten.) mit Lindenallee zur Renatusklause in der Mittelachse. Als diese 1684 dem Schloß Lustheim wich, arbeitete dessen Architekt *Henrico Zuccalli* einen großen Gartenplan aus. Darin schon der halbkreisförmige Abschluß im Osten. Ab 1688 Graben der Kanäle zur Lasten- und Vergnügungsschiffahrt, Anlage der großen Alleen. Radialachsen von Schloß Lustheim aus als Schneisen in die angrenzenden Wälder und Felder gelegt; markante Blickpunkte die Domtürme Freisings und die Münchner Frauentürme. Mit dem Bau des Neuen Schlosses 1701 Tieferlegung des Parterres, ab 1717 Modernisierung von Parterre und Boskettzone durch *Dominique Girard.* Künstlerischer Höhepunkt dabei die vom Schloß aus zu betrachtende Blickführung über zwei parallele Fontänenalleen im tief liegenden Mittelparterre, die Kaskade mit zwei unteren kleinen und einer oberen großen Fontäne, den Mittelkanal zum „Point de Vue" Schloß Lustheim. Um Schloß Lustheim herum lag ein Broderiefeld, ohne Bäume innerhalb des Ringkanals. In der Parkmittelachse erstreckte sich entgegen *Girards* Vorstellungen lange die von Max Emanuel gewünschte Mailbahn; der Kanal erst um 1780 gegraben. Nach Vernachlässigung des barocken Gartens Wiederherstellung durch *Carl von Effner* ab 1865: Erneuerung des Hauptkanals, der Kaskade und der runden Fontänenbassins 1867–69. – Die programmatischen Statuen im Parterre, Herkules vor dem vom Kurfürsten bewohnten Südflügel und Athena vor dem Nordtrakt der Kurfürstin, aus der Hand *Giuseppe Volpinis,* kamen schon im späten 18. Jh. an die Nymphenburger Kaskade.

**Ehem. Heeresflughafen.** Südlich der Schloßanlage. Ältester bayerischer Militärflugplatz, 1912 bezogen. Die Gebäude am Nordrand des Flugfeldes 1912–18 erstellt. – Flugwerft, zweigeschossiger, verputzter Walmdachbau und Flugwarte, ein vierstöckiger Turmbau mit äußerem Treppenturm und Aussichtsplattform, 1917–19 in klassizisierenden Formen. Durch die Gliederung in Putztechniken den Bauten der Schloßanlage angepaßt. – Kommandanturgebäude („Flugplatzwache") im Westen der Baugruppe, erdgeschossiger, verputzter Giebelbau in Formen des reduzierten Heimatstils, 1912 (ehem. mit flankierenden hölzernen Flugzeughallen). – Technische Funktionsgebäude und Küchentrakt, 1913/1914 und 1917/18. – Funktional klare Anlage, die Gebäude fast reine Eisenbeton-Skelettkonstruktionen, mit Mauermantel umgeben. Die Decken der zweigeschossigen Werkstätten in den Seitenflügeln aus Hohlziegeln, die große mittlere „Rüsthalle“ stützenfrei von Eisenbeton-Dachbindern mit Hohlziegelflächen und Fensterstreifen überwölbt. Renovierung für Zwecke des Deutschen Museums, München, 1988–90, zugleich mit Erweiterungshallen an Stelle der einstigen Hangars versehen. – 400 Meter südöstlich der Flugwerft Kompensierdrehscheibe, eine Holzgitterkonstruktion in vertieftem Betonzylinder, um 1930.

## MUSEEN IN MÜNCHEN

**Alpines Museum des Deutschen Alpenvereins** (Praterinsel 5). Fertigstellung 1996.

**Alte Pinakothek** (Barer Str. 27). Die Sammlung entstand durch Zusammenlegung der Münchener und der kurpfälzischen Galerien aus Düsseldorf, Mannheim und Zweibrücken. In diesem Bau seit 1836, Wiedereröffnung 1958, Neuhängung 1980. Sammlung europäischer Malerei des 14.–18. Jh.s, insbesondere deutsche und niederländische des 15./16. Jh.s, holländische und flämische des 17. Jh.s und italienische des 15.–18. Jh.s.

**Anthropologische Staatssammlung** (Karolinenpl. 2 a). Seit 1885 Sammlung Johannes Ranke, Sammlung Emil Selenka, v. a. Vor- und Frühgeschichte Bayerns.

**Architekturmuseum der Technischen Universität** (Arcisstr. 21). Pläne, Entwürfe und Nachlässe vor allem Münchner Architekten des 19. und 20. Jh.s.

**Aussiger Heimatstube** (Liebherrstr. 4). Seit 1967. Dokumente von Aussig in Nordböhmen.

**Bayerisches Nationalmuseum** (Prinzregentenstr. 3). Gegründet 1855, ab 1900 hier aufgestellt: Kunst und Kunsthandwerk aus Europa vom frühen Mittelalter bis Anfang 20. Jh., insbesondere Hofkunst der bayerischen Herrscher, süddeutsche Skulptur und Plastik, Kleinbronzen 16./17. Jh., Barockskizzen, religiöse und profane Volkskunst.

**Bayerische Staatssammlung für allgemeine und angewandte Geologie** (Luisenstr. 37).

**Bayerische Staatssammlung für Paläontologie und historische Geologie** (Richard-Wagner-Str. 19).

**Bavaria mit Ruhmeshalle** (Theresienhöhe 16). Aussichtsplattform in der Bavaria (1843–53). Ruhmeshalle mit derzeit 74 Büsten bayerischer Persönlichkeiten.

**BMW-Museum** und **BMW-Galerie** (Petuelring 130). Geschichte des Werkes und seiner Erzeugnisse; zeitgenössische Malerei.

**Botanische Staatssammlung** (Menzinger Str. 67).

**Deutsches Jagd- und Fischereimuseum** (Neuhauser Str. 2).

**Deutsches Museum** (Museumsinsel). Sammlung 1903 durch *Oskar von Miller* gegründet, 1925 das Museum eröffnet: Meisterwerke der Naturwissenschaften und Technik.

**Deutsches Theatermuseum** (Galeriestr. 4 a/6). Gegründet 1910, hier seit 1953. Exponate zur Geschichte des Theaters und Theaterbaus aller Zeiten.

**Glyptothek** (Königsplatz 3). Museumseröffnung 1830, veränderte Aufstellung 1972 nach Wiederaufbau. Sammlung griechischer und römischer Skulpturen, darunter die Giebelskulpturen des Aphaia-Tempels in Aegina.

**Historisches Nähmaschinen- und Bügeleisen-Museum** (Heimeranstr. 68–70).

**Jüdisches Museum** (Maximilianstr. 36). Seit 1989.

**Kunstsammlung des Herzoglichen Georgianums** (Prof.-Huber-Platz 1). Süddeutsche sakrale Kunst, 11.–19. Jh., nach Anmeldung.

**Marstallmuseum** ▷ Schloß Nymphenburg

**Mineralogische Staatssammlung** (Theresienstr. 41). Seit 1759. Dauerausstellung „Reich der Kristalle“ seit 1974.

**Münchner Feuerwehrmuseum** (Blumenstr. 34).

**Münchner Stadtmuseum** (St.-Jakobsplatz 1). Gegründet 1874, im ehem. Stadtzeughaus 1888 eröffnet. Sammlung zur Stadt- und Kulturgeschichte, insbesondere Zeughausbestände, Münchner Wohnkultur, Kostümforschung, Puppentheater, Musikinstrumente, Film, Photo, Brauereimuseum, Geschichte und Topographie der Stadt.

**Museum für Abgüsse klassischer Bildwerke** (Meiserstr. 10).

**Museum Mensch und Natur** (im Schloß Nymphenburg, Maria-Ward-Str. 1 b). Seit 1990 Ausstellung der Staatlichen Naturwissenschaftlichen Sammlungen: Geschichte der Erde und des Lebens.

**Museum Villa Stuck** (Prinzregentenstr. 60/62). Als Museum 1968 eröffnet: Prunkräume, Werke *Franz von Stucks*, Jugendstilgefäße.

**Neue Pinakothek** (Barer Str. 29). Die Sammlung gegründet von König Ludwig I.: europäische Gemälde und Skulptur des 18.–20. Jh.s. – Wechselausstellungen der **Staatlichen Graphischen Sammlung**.

**Neue Sammlung – Staatliches Museum für angewandte Kunst** (Prinzregentenstr. 3). Gegründet 1925. Sammlung von Gerät, Gebrauchsgraphik und Design, Textilien 19./20. Jh.

**Prähistorische Staatssammlung** (Lerchenfeldstr. 2). Gegründet 1885, Wiedereröffnung und Neuaufstellung 1976/77. Exponate von der Altsteinzeit bis zum frühen Mittelalter in Bayern, Vorgeschichte des Mittelmeerraumes.

**Residenz ▷ Residenzmuseum, ▷ Schatzkammer, ▷ Staatliche Münzsammlung, ▷ Staatliche Sammlung Ägyptischer Kunst**

**Residenzmuseum** (Max-Joseph-Platz 3). Gegründet 1920; mit dem Wiederaufbau sukzessive Wiedereröffnung der Abteilungen: Prunkräume, Möbel, Teppiche, Porzellan, Paramente, u. a.

**Schackgalerie** (Prinzregentenstr. 9). Ehem. private Sammlung des Grafen Schack: Gemälde der 2. Hälfte des 19. Jh.s von deutschen Malern.

**Schatzkammer der Residenz** (Max-Joseph-Platz 3). Gegründet 1565, öffentlich zugänglich seit 1897, wiedereröffnet in den jetzigen Räumen 1958. Sammlung von Goldschmiedekunst, kirchlicher Kunst, Schmuck u. a.

**Schloß Nymphenburg.** Prunkräume im Hauptschloß sowie Schloßkirche, im Park Amalienburg, Pagodenburg, Badenburg, Magdalenenklause und Johannis-Brunnwerk. – Marstallmuseum (im Südflügel des Schlosses in ehem. Pferdestallungen und Kavalierwohnungen). 1952 aufgestellt. Höfische Kutschen, Schlitten, Geschirre, Decken u. Pferdebildnisse vom 17.–19. Jh. – Porzellansammlung, Sammlung Bäuml (im Südflügel). Nymphenburger und Frankenthaler Porzellan des 18. und frühen 19. Jh.s. – ▷ **Museum Mensch und Natur.**

**Siemens-Museum** (Prannerstr. 10). Geschichte des Hauses, „Technik zum Anfassen“, Elektronik, Mikroelektronik.

**Spielzeugmuseum** (im Alten Rathausturm). Sammlung Ivan Steiger.

**Staatliche Antikensammlung** (Königsplatz 1). Als Museum 1967 eröffnet. Sammlung antiker Vasen und Kleinkunst.

**Staatliche Graphische Sammlung** (Meiserstr. 10/I). Studiensaal; Wechselausstellungen ▷ Neue Pinakothek.

**Staatliche Münzsammlung** (Residenz, Kapellenhof). Gegründet 1807, Neuaufstellung 1963: Münzen, Geldscheine, Medaillen, geschnittene Steine.

**Staatliche Sammlung Ägyptischer Kunst** (Residenz, Eingang Hofgarten). Eröffnet 1970–72: Ägyptische Antike, koptische Kunst; einzelne assyrische Exponate.

**Staatliches Museum für Völkerkunde** (Maximilianstr. 42). Zugängliche Sammlung seit 1868, in diesem Bau seit 1926: Kunst und Kulturgut fast aller außereuropäischen Regionen.

**Staatsgalerie moderner Kunst** im Haus der Kunst (Prinzregentenstr. 1). Gegründet 1920. Sammlung internationaler Malerei und Plastik des 20. Jh.s.

**Städtische Galerie im Lenbachhaus** (Luisenstr. 33/35). Gegründet 1929: vorwiegend Münchner Malerei und Skulptur 15.–20. Jh., insbesondere *Franz von Lenbach* in den historischen Räumen und Blauer Reiter.

**Sudetendeutsches Archiv** (Hochstr. 8/II).

**Valentin-Musäum** (im Isartorturm). Volkssängersammlung, ständige Ausstellung über *Karl Valentin* und *Liesl Karlstadt;* Münchner „Curiositäten-Schau".

**Zoologische Staatssammlung** (Münchhausenstr. 21).

## MUSEEN IN OBERSCHLEISSHEIM

**Staatsgalerie** im Neuen Schloß Schleißheim. Europäische Barockmalerei des 17. und 18. Jh.s, z. T. Ausstattungsstücke aus der Erbauungszeit. Ergänzt durch Bestände der ehem. Sammlungen aus Düsseldorf, Mannheim, Mainz u. Zweibrücken. (Zweigmuseum der Bayerischen Staatsgemäldesammlungen.)

**Meißener Porzellansammlung Stiftung Ernst Schneider** in Schloß Lustheim. Meißener Geschirr, Tierfiguren und Tafelaufsätze, 18. Jh. (Zweigmuseum des Bayerischen Nationalmuseums, München.)

**Sammlung religiöser Volkskunst Stiftung Gertrud Weinhold** im Alten Schloß Schleißheim.

**Ost- und Westpreußen-Stiftung** im Alten Schloß Schleißheim.

**Zweigmuseum des Deutschen Museums** in der ehem. Flugwerft Oberschleißheim und den angrenzenden modernen Hallen an Stelle der einstigen Flugzeughallen (Abteilung „Luftfahrt").

PERSONENVERZEICHNIS

SACHREGISTER

# KLEINES LEXIKON DER FACHAUSDRÜCKE

→ = siehe

**Abgefast:** Abgeschrägt.

**Achse:** Gedachte Linie durch ein Gebäude, meist Symmetrie-Achse. Im Aufriß: Fassadenelement, aus dessen gleichartiger Reihung sich der Fassadenaufriß ergibt.

**Achtort:** → Oktogon.

**Achtpaß:** → Paß.

**Ädikula:** Giebelbekrönte Rahmung von Tür, Fenster usw.

**Akanthus:** Pflanze (Bärenklau) mit stark gezackten Blättern, als Zierform z. B. am → korinthischen Kapitell und seinen Abwandlungen.

**Altaraufsatz:** Tafel oder Schrein auf dem Altartisch, meist mit „Altar" gleichgesetzt, auch Altarretabel.

**Altarauszug:** Oberer, gesonderter Teil eines → Altaraufsatzes.

**Altarblatt:** Altargemälde.

**Ambo:** In frühchristlicher Architektur ein Lesepodium, Vorläufer der Kanzel.

**Antependium:** Frontverkleidung des Altartisches.

**Apsis:** Chorhaupt, im Grundriß meist halbkreisförmig, Standort des Altars.

**Architrav:** Durchlaufender Stein„balken" über der Säulenstellung; Hauptteil des → Gebälks.

**Archivolte:** Profilierter Bogenlauf; über Portalen meist ausgeziert.

**Arkatur:** Bogenstellung, von Säulen oder Pfeilern getragen.

**Atrium:** Vorhalle, Vorhof.

**Attika:** Mauerzone über dem Gesims der Säulenreihe.

**Attische Basis:** Säulen- oder Pfeilerfuß aus Hohlkehle zwischen zwei Wülsten.

**Aufgehendes Mauerwerk:** Oberirdisches, d. h. sichtbares Mauerwerk.

**Baptisterium:** Taufkirche.

**Barbakane:** Außentor einer mehrteiligen Torbefestigung.

**Basilika:** Kirchenbau, dessen Mittelschiff höher als die Seitenschiffe; durch eigene Fenster beleuchtet. Wenn über den Seitenschiffen Emporen, dann Emporenbasilika. Wenn im Mittelschiff keine eigenen Fenster, dann Pseudobasilika. → Säulenbasilika. → Pfeilerbasilika.

**Basis:** Fuß einer Säule, Grundmauer, oft reich geschmückt.

**Bergfried:** Hauptturm einer Burg.

**Beschlagwerk:** Ornament in Nachahmung bandeiserner Zierbeschläge.

**Blendarkade:** Unmittelbar der Wand aufliegender Zierbogen; auch Blendbogen (Blend = blind, d. h. nicht durchfenstert, nicht freistehend).

**Blendmaßwerk:** Unmittelbar der Wand aufliegendes → Maßwerk.

**Biforium:** Zur Zwillingarkade.

**Birnstab:** Rippe von birnförmigem Querschnitt.

**Böhmische Kappe:** Kuppel, deren Basis ein gedachtes Grundquadrat umschreibt. Die überstehenden Kuppelteile gekappt.

**Bosse:** Unbehauener, roher Stein; unbearbeitete Stirnfläche eines Quaders.

**Bruchstein:** In seiner Rohform versetzter Stein.

**Busig, gebust:** Scheitel der Gewölbekappen übersteigt den der → Gurtbögen.

**Chor:** Der Geistlichkeit vorbehaltener Raum vor dem Hochaltar. Dort das Chorgestühl. Der Chor oft nicht von gleicher Breite wie das Schiff: eingezogener Chor. Der Chorumgang führt um den Chor und das Chorhaupt herum; von ihm gehen die Chorkapellen ab. → Mustergrundriß am Schluß.

**Dachreiter:** Dem Dachfirst aufsitzendes Türmchen, meist über der → Vierung.

**Diamant:** Ornament, geschliffenen Edelsteinen nachgebildet.

**Dienst:** Plastische, im Querschnitt halb- oder dreiviertelrunde, bisweilen auch rechteckige Bauglieder, die der Wand vorgelegt erscheinen. Sie „tragen" die Gewölbe. → Vorlage.

**Diptychon:** Zwei durch Scharniere verbundene Tafeln. → Triptychon, → Polyptychon.

**Doppelkapelle:** Kapelle von zwei Geschossen.

**Dorisch:** Eine der antiken Architektur„ordnungen". Die Säulen haben keine Basis; flaches Kapitell.

**Ecklösung:** Bewältigung ästhetischer Probleme, wie sie vor allem an Gebäude-Ecken auftreten.

**Eingezogen:** → Chor.

**Emblem:** Sinnbild.

**Emporenbasilika:** → Basilika.

**Enfilade:** Zimmerflucht, bei der die Verbindungstüren in einer Achse liegen.

**Epitaph:** Wanddenkmal.

**Fassung:** ein- oder mehrfarbige Oberflächenbehandlung, auch in verschiedenen Materialien.

**Fiale:** Gotisches Ziermotiv, Bekrönung des Strebepfeilers in Form eines Türmchens.

**Gaden:** eigentlich Stockwerk, Geschoß, dann auch Zone, z. B. Fensterzone. – In Franken außerdem: Speicherbauten im Schutze der Ringmauer einer Kirchhofbefestigung.

**Ganerbenburg:** Burg, die einer Erbengemeinschaft gehört.

**Gaube, Gaupe:** Stark vortretendes Dachfenster mit eigenem Dächlein. → Zwerchhaus.

**Gebälk:** Über der Säulenordnung durchlaufende Steinlage aus → Architrav, Fries und Gesims.

**Gebundenes System:** Einem im Grundriß quadratischen → Joch des Mittelschiffs entsprechen jederseits zwei quadratische Joche in den Seitenschiffen.

**Gebust:** → busig.

**Gesprenge:** Bekrönung des Altarschreins.

**Gewände:** Flanken des Portals.

**Gewirtelt:** Pfeiler mit einem plastisch vortretenden Ring um den Schaft: Schaftring.

**Gewölbe:** Tonnengewölbe, meist von halbkreisförmigem Querschnitt. Kreuzgratgewölbe: Durchdringung zweier Tonnengewölbe; die Schnittstellen sind gratig. Kreuzrippengewölbe: anstelle der Grate Rippen. Netzgewölbe: netzartige Anordnung der Rippen ohne Rücksicht auf Jocheinteilung. Klostergewölbe: Kappengewölbe, dessen Kappen auf der Umfassung in ganzer Breite ansetzen und die zum Scheitel konvergieren.

**Grisaille:** Malerei mit Graufarben.

**Gurtbogen:** Verstärkungsbogen, quer zur Längsachse. In der Wandzone entsprechen ihm starke Vorlagen. Der Gurtbogen verdeutlicht die Jocheinteilung.

**Halbsäule:** Nur zur Hälfte aus der Wand hervortretende, im Querschnitt halbkreisförmige → Vorlage.

**Hallenkirche:** mehrschiffige Kirche, die nur von Fenstern in den Umfassungsmauern beleuchtet wird, da kein Schiff das oder die andern mit einem durchfensterten Obergaden (→ Gaden) übersteigt.

**Halsgraben:** Bei Burgen in → Spornlage die künstliche Trennung vom Landrücken; Zugang über Zugbrücke.

**Haustein:** Naturstein, dessen Oberfläche in Steinmetzarbeit behauen ist.

**Ionisch:** Eine der antiken Architektur„ordnungen". Die Säulen tragen ein → Volutenkapitell.

**Joch:** Gleichartiges Gewölbeelement, bestimmt häufig vom Grundmaß der → Vierung. Die Einteilung in Joche durch die Wandgliederung und durch → Gurtbogen verdeutlicht.

**Kämpfer:** Steinlage am Ansatz des Bogens oder des Gewölbes, gegebenenfalls über dem → Kapitell.

**Kaffgesims:** Außen unter den Fenstern durchlaufendes, abgeschrägtes Gesims.

**Kalotte:** Kuppelschale.

**Kapellenkranz:** den → Chor umgebende Kapellenfolge.

**Kapitell:** Haupt einer Säule oder eines Pfeilers.

**Karner:** Beinhaus.

**Karnies:** Architektonisches Schmuckelement mit schwach S-förmig gekrümmtem Profil.

**Kartusche:** Gerahmte Fläche, oft phantastisch ausgebildet, Träger von Wappen, Initialen, → Emblemen.

**Kemenate:** heizbares Wohngemach, dann der ganze, das Wohngemach enthaltende Bau.

**Klangarkaden:** Schallöffnungen im Glockengeschoß des Kirchturms.

**Klausur:** den Konventualen (Klosterangehörigen) vorbehaltener, nur beschränkt zugänglicher Teil eines Klosters.

**Kleeblattbogen:** Bogen mit kleeblattförmigem Umriß.

**Klostergewölbe:** → Gewölbe.

**Konche:** Nische auf halbkreisförmigem Grundriß, von Kugelsegment überwölbt.

**Korbbogen:** Gedrückter Rundbogen.

**Korinthisch:** Eine der antiken Architektur„ordnungen". Die Säulen tragen das → Akanthus-Kapitell.

**Krabbe:** Gotisches Zierelement in Form gekrümmter Blätter, an → Fialen, → Wimpergen usw. häufig.

**Kragstein:** Aus der Fläche vorragender Stein, meist als Konsole oder Auflager gedacht.

**Kreuzarm:** → Mustergrundriß am Schluß.

**Kreuzgang:** Umgang um den Klosterhof innerhalb der → Klausur, an einer Seite an die Kirche anschließend.

**Kreuzgrat:** → Gewölbe.

**Kreuzrippe:** → Gewölbe.

**Krüppelwalm:** Satteldach mit angeschrägten Giebelspitzen, wie z. B. beim Schwarzwaldhaus.

**Krypta:** Gewölbter Raum unter dem Chor; Ort des Heiligengrabs.

**Kymation:** gerundet oder geschwungen (gewellt) profilierte Abschlußleiste.

**Langhaus:** → Mustergrundriß am Schluß.

**Laterne:** Turm- oder Kuppelaufsatz in Form einer monumentalen Laterne.

**Lettner:** Steinerne Schranke, scheidet in Kloster- oder Stiftskirchen die Geistlichkeit von den Laien.

**Ligatur:** Zusammenziehung von Buchstaben, in Inschriften häufig.

**Lisene:** Der Wand flach und bandförmig aufliegendes Gliederungselement, ohne Basis und Kapitell.

**Maßwerk:** Gotische Zierform, ornamental ausgebildete, geometrische Fensterteilung.

**Mensa:** Deckplatte des Altars.

**Mezzanin:** Zwischengeschoß, Halbstock.

**Mittelrisalit:** → Risalit.

**Netzgewölbe:** → Gewölbe.

**Nodus:** Verdickung am Schaft des Kelchs.

**Narthex:** Vorhalle der Kirche.

**Nut:** Rille.

**Obergaden:** → Gaden.

**Oblong:** Längsrechteckig.

**Oculus:** Rundfenster.

**Oktogon:** Achteck.

**Oratorium:** Kleine, meist private Kapelle.

**Ordnung:** Architektursysteme der Antike, die – in sich abgewogen und typisch – in Art und Aufbau einer Regel folgen. → Dorisch, → ionisch, → korinthisch, → toskanisch.

**Palas:** Herrschaftlicher Wohn- oder Saalbau einer Burg.

**Paradies:** Umfriedeter Bezirk vor der Kirche, als → Vorhalle oder → Atrium ausgebildet.

**Paß:** Eigentlich Zirkelschlag, dann Zierform aus mehreren Kreissegmenten.

**Pendentif:** Sphärisch ausgebildete Gewölbekappe, die zwischen rechteckigem Unterbau und Rund einer Kuppelkonstruktion vermittelt.

**Pfeilerbasilika:** Die → Arkatur des Schiffs ruht auf Pfeilern.

**Pietà** → Vesperbild.

**Pilaster:** Pfeilerförmige → Vorlage, der Säule analog mit Basis und Kapitell ausgebildet.

**Piscina:** Taufbecken; Becken an der Wand des Altarraums zum Auswaschen des Altargerätes.

**Polychrom:** Vielfabrig.

**Polygon:** Vieleck.

**Polyptychon:** Mehrere, durch Scharniere miteinander verbundene Tafeln. → Diptychon, → Triptychon.

**Predella:** Sockel des Altaraufsatzes, auch Staffel genannt.

**Profan:** Weltlich. Profaniert: dem kirchlichen Zweck entfremdet.

**Prospekt:** Bei Orgeln die sichtbare, kunstvolle Front.

**Pseudobasilika:** → Basilika.

**Querhaus, Querarm:** → Kreuzarm. → Mustergrundriß am Schluß.

**Randschlag:** Sorgfältige Randglättung bei Quadern.

**Refektorium:** Speiseraum.

**Retabel:** → Altaraufsatz.

**Risalit:** In voller Höhe des Gebäudes vortretender Bauteil.

**Rocaille:** Muschelrand einer asymmetrischen Kartusche, Leitform des Rococo.

**Rustika:** Mauerwerk aus Quadern, deren Stirnseite absichtlich rauh geblieben oder, bisweilen kunstvoll, „roh" bearbeitet ist.

**Sakral:** Kirchlich, geistlich.

**Säulenbasilika:** Kirchenbau, dessen Arkatur von Säulen getragen wird.

**Schaftring:** → Gewirtelt.

**Schallarkaden:** → Klangarkaden.

**Scheidbogen:** Raumkompartimente scheidender Bogen.

**Scheitelrippe:** Nebenrippe bei sechs- oder mehrteiligen Gewölben.

**Schildbogen:** Bogen im Schnitt zwischen Gewölbe und Wand.

**Schluß:** Form des → Chorhauptes, das im Grundriß rechtwinklig, halbrund oder mit Teilen eines Vielecks schließen kann (3 oder 5 Seiten des Achtecks usw.: 3/8- oder 5/8-Schluß).

**Schlußstein:** Formal ausgebildeter Schnittpunkt der Rippen; Stein im Scheitel des Bogens.

**Schwibbogen:** Freistehender Bogen zum Ableiten des Gewölbeschubs oder zum Abstützen einer Mauer.

**Sepulchrum:** Grab. Bei Altären die Einlassung, in der die Reliquie ruht.

**Sgraffitto:** Fassadendekoration in Kratzputztechnik. Verschiedenfarbige Putzschichten übereinander, Zeichnung entsteht Einritzen oder Ausschaben.

**Sohlbank:** Fensterbank, nach außen meist abgeschrägt.

**Spiegel:** Geglättete Stirn des Quaders.

**Spolie:** Älteres Bauglied, in neuem Zusammenhang wiederverwendet.

**Spornanlage:** Burg auf Bergnase.

**Sterngewölbe:** → Gewölbe.

**Staffel:** → Predella.

**Stipes:** Träger des Altartisches.

**Stufenhalle:** Mittelschiff ist höher als Seitenschiffe, aber ohne eigene Beleuchtung.

**Stufenportal:** Das → Gewände tritt stufenförmig zurück.

**Stützenwechsel:** Regelmäßiger Wechsel von Säule und Pfeiler innerhalb einer → Arkatur.

**Supraporte:** Dekoratives Feld über dem Türsturz.

**Tabernakel:** Gehäuse zur Aufbewahrung der Hostie.

**Tonnengewölbe:** → Gewölbe.

**Toskanisch:** Eine der Architektur„ordnungen", in der römischen Antike den griechischen Ordnungen hinzugefügt. → Ordnung.

**Tourelle:** Der Mauer aufsitzendes, erkerartiges Türmchen.

**Trakt:** Größerer, abgesetzter Teil eines Gebäudes; Flügel.

**Traufgesims:** Sims längs der Traufe, gelegentlich mit Wasserspeiern oder -durchlässen besetzt.

**Triforium:** Laufgang über den Arkaden; durchfenstert oder blind (wenn Dachstuhl der Seitenschiffe dahinter).

**Trikonchos:** Gebäudeteil oder Gebäude von kleeblattförmigem Grundriß.

**Triptychon:** Drei durch Scharniere verbundene Tafeln, als → Altaraufsatz häufig.

**Triumphbogen:** Ehrenbogen; in der mittelalterlichen Kunst der Transversalbogen zwischen Schiff und → Vierung.

**Triumphkreuz:** Monumentaler Kruzifix am Triumphbogen oder auf einem Querbalken darunter.

**Tumba:** Über den Boden sich erhebender Grabkasten, Grabmal dieser Form.

**Türsturz:** Waagrechter Abschluß der Türöffnung.

**Tympanon:** Türbogenfeld über dem Türsturz.

**Vesperbild:** Figur der Muttergottes, den toten Christus auf dem Schoß haltend. → Pietà.

**Vierung:** Raumteil der Kirche, in dem sich Langhaus und Querhaus durchdringen, → Mustergrundriß am Schluß.

**Vierungsturm:** Turm über der Vierung.

**Volto Santo:** Heiliges Antlitz, Kopie eines berühmten Kruzifixus in Lucca, 11. Jh.

**Volute:** Schneckenförmiges Schmuckelement.

**Vorlage:** Der Wand zur Verstärkung und Gliederung aufliegender → Pilaster, → Dienst usw.

**Wasserschlag:** Schräge an senkrechten Bauteilen, z. B. an Strebepfeilern, dem Wasserablauf dienend.

**Westwerk:** Monumental ausgebildeter Westbau an karolingischen, ottonischen und romanischen Kirchen. Oft in Verbindung mit eigenem Altar.

**Wimperg:** Gotische Zierform, giebelartige Bekrönung.

**Würfelkapitell:** Kapitell von kubischer Form; seit dem 11. Jahrhundert.

**Zäsur:** Einschnitt, Lücke.

**Zahnschnitt:** Friesartige Reihung klötzchenähnlicher Elemente.

**Zentralbau:** Bauteile sind im Grundriß auf ein gemeinsames Zentrum bezogen.

**Ziborium:** Monumentaler Baldachin über dem Altar; auch sakramentaler Deckelkelch für die Hostie.

**Zwerchhaus:** Giebelartig ausgebildetes Dachfenster, → Gaube. (Zwerch = quer, zum First nämlich).

**Zwerggallerie:** Kleiner Laufgang mit eigener → Arkatur, meist unter dem Dachansatz umlaufend.

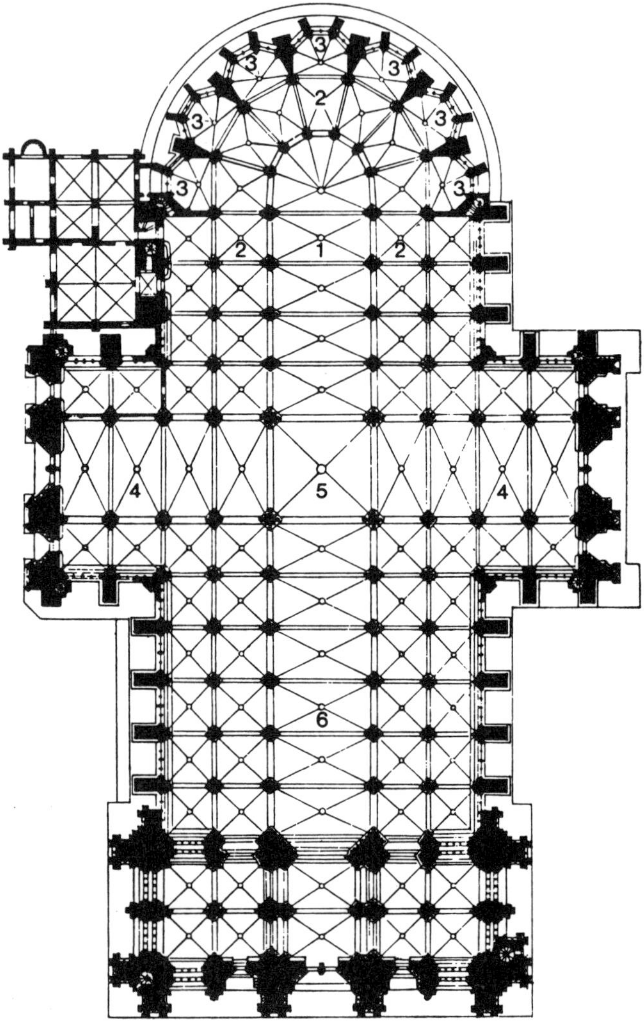


*1 Chor*
*2 Umgang*
*3 Kapellenkranz*
*4 Kreuzarm*
*5 Vierung*
*6 Langhaus*

# GEORG DEHIO · HANDBUCH DER DEUTSCHEN KUNSTDENKMÄLER

*Neubearbeitung durch die Dehio-Vereinigung bzw. im Einvernehmen mit der Vereinigung besorgt durch die Abteilung Forschung des Instituts für Denkmalpflege zu Berlin*

**Baden-Württemberg I:**
**Die Regierungsbezirke Stuttgart und Karlsruhe**
*Bearbeitet von Dagmar Zimdars u.a. 1993*

**Baden-Württemberg II:**
**Die Regierungsbezirke Freiburg und Tübingen**
*Bearbeitet von Dagmar Zimdars u.a. In Vorbereitung*

**Bayern I: Franken**
*Bearbeitet von Tilmann Breuer, Friedrich Oswald u.a. 1979*
*Neubearbeitung in Vorbereitung*

**Bayern II: Niederbayern**
*Bearbeitet von Tilmann Michael Brix u.a. 1988*

**Bayern III: Schwaben**
*Bearbeitet von Bruno Bushart und Georg Paula. 1989*

**Bayern IV: München und Oberbayern**
*Bearbeitet von Ernst Götz, Heinrich Habel u.a. 1990*

**Bayern V: Regensburg und die Oberpfalz**
*Bearbeitet von Jolanda Drexler und Achim Hubel. 1991*

**Berlin**
*Bearbeitet von Sibylle Badstübner-Gröger, Michael Bollé, Ralph Paschke u.a. 1994*

**Bremen, Niedersachsen**
*2., erweiterte und stark veränderte Auflage, bearbeitet von Gerd Weiß u.a. 1992*

**Die ehem. Bezirke Cottbus, Frankfurt/Oder**
*Bearbeitet vom Institut für Denkmalpflege, Berlin. 1987*

**Hamburg, Schleswig-Holstein**
*2., verbesserte und erweiterte Auflage, bearbeitet von Johannes Habich, Christoph Timm und Lutz Wilde. 1994*

**Hessen**
*2., verbesserte und erweiterte Auflage, bearbeitet von Magnus Backes. 1982*

**Mecklenburg-Vorpommern**
*Neubearbeitung in Vorbereitung*

**Rheinland**
*Erster Band des Landes Nordrhein-Westfalen. Bearbeitet von Ruth Schmitz-Ehmke. 1967. Neubearbeitung in Vorbereitung*

**Rheinland/Pfalz/Saarland**
*2., verbesserte und erweiterte Auflage, bearbeitet von Hans Caspary, Peter Karn u.a. 1984*

**Sachsen (Die ehem. Bezirke Dresden, Karl-Marx-Stadt/Chemnitz, Leipzig)**
*Bearbeitet von der Arbeitsstelle für Kunstgeschichte. 1965*

**Sachsen I: Regierungsbezirk Dresden**
*Bearbeitet von Barbara Bechter, Wiebke Fastenrath u.a. 1996*

**Sachsen II: Regierungsbezirke Leipzig und Chemnitz**
*In Vorbereitung*

**Sachsen-Anhalt I (Der ehem. Bezirk Magdeburg)**
*Bearbeitet vom Institut für Denkmalpflege, Berlin. 1974*

**Sachsen-Anhalt II: (Der ehem. Bezirk Halle)**
*Bearbeitet vom Institut für Denkmalpflege, Berlin. 1976*

**Sachsen-Anhalt**
*Neubearbeitung in Vorbereitung*

**Thüringen**
*In Vorbereitung*

**Westfalen**
*Zweiter Band des Landes Nordrhein-Westfalen.*
*Bearbeitet von Dorothea Kluge und Wilfried Hansmann. 1966.*
*Nachdruck mit Nachträgen. 1986*

*Als Sonderbände:*

**Mitteldeutschland**
*Unveränderter Nachdruck der Erstausgabe von 1905. 1991*

**München**
*Bearbeitet von Ernst Götz, Heinrich Habel, Karlheinz Hemmeter und Friedrich Kobler. 1996*

**Stadtkreis Potsdam**
*Teilnachdruck aus dem Band Berlin (Ost), Bezirk Potsdam. 1993*

**West- und Ostpreußen**
*Bearbeitet von Michael Antoni. 1993*

Umzeichnung auf dem Umschlag: Atelier Höpfner-Thoma, München
Satz und Druck: C. H. Beck'sche Buchdruckerei Nördlingen
Reproduktionen: Repro-Center Färber, München
Bindung: Großbuchbinderei Monheim, Monheim

1 *Ev. Erlöserkirche*
2 *St. Sylvester*
3 *St. Ursula*
4 *St. Josef*
5 *St. Benno*
6 *St. Bonifaz*
7 *St. Paul*
8 *St. Margaret (alte Pfarrkirche)*
9 *St. Margaret (neue Pfarrkirche)*
10 *St. Maria in Thalkirchen*
11 *St. Anna (Harlaching)*
12 *Heilig Kreuz (Giesing)*
13 *St. Mariä Himmelfahrt (Ramersdorf)*
14 *Maria-Hilf-Kirche*
15 *St. Nikolaus (Am Gasteig)*
16 *St. Johannes Baptist (Haidhausen)*
17 *St. Michael in Berg am Laim*
18 *St. Anna im Lehel*
19 *St. Georg (Bogenhausen)*
20 *Alte und Neue Pinakothek*
21 *Haus der Kunst*
22 *Bayerisches Nationalmuseum*
23 *Prinzregententheater*
24 *Müllersches Volksbad*
25 *Deutsches Museum*

A *Alter Nördlicher Friedhof*
B *Alter Südlicher Friedhof*
C *Alter Israelitischer Friedhof*
D *Ostfriedhof*
E *Nordfriedhof*

---- *Bezieht sich auf den Plan der Altstadt, siehe vorderes Vorsatzblatt*